交通版高等学校交通工程专业规划教材

CHENGSHI JIAOTONG CHANGZHAN YU SHUNIU GUIHUA SHEJI
城市交通场站与枢纽规划设计

邓亚娟 主 编
韩胜风 梁国华 副主编

人民交通出版社股份有限公司
China Communications Press Co.,Ltd.

内 容 提 要

本教材共分为9个部分,主要包括:绪论;城市交通场站与枢纽规划基础理论;城市交通场站与枢纽设计基础理论;城市常规公共交通场站与枢纽设计;轨道交通场站与枢纽设计;城市综合交通枢纽设计;综合交通枢纽地区疏解道路设计;城市交通场站与枢纽内部交通标志系统设计;交通枢纽地区土地利用规划。

本教材可作为高等院校交通工程、交通运输专业本科生和研究生教材,也可作为相关从业人员的学习参考用书。

图书在版编目(CIP)数据

城市交通场站与枢纽规划设计/邓亚娟主编.—北京:人民交通出版社股份有限公司,2018.8
ISBN 978-7-114-14049-5

Ⅰ.①城⋯ Ⅱ.①邓⋯ Ⅲ.①城市交通—交通运输中心—交通规划②城市交通—交通运输中心—建筑设计 Ⅳ.①U491.1

中国版本图书馆 CIP 数据核字(2017)第 183613 号

交通版高等学校交通工程专业规划教材

书　　名:	城市交通场站与枢纽规划设计
著 作 者:	邓亚娟
责任编辑:	闫吉维　郭红蕊
责任校对:	宿秀英
责任印制:	张　凯
出版发行:	人民交通出版社股份有限公司
地　　址:	(100011)北京市朝阳区安定门外外馆斜街3号
网　　址:	http://www.ccpress.com.cn
销售电话:	(010)59757973
总 经 销:	人民交通出版社股份有限公司发行部
经　　销:	各地新华书店
印　　刷:	北京印匠彩色印刷有限公司
开　　本:	787×1092　1/16
印　　张:	19.5
字　　数:	452 千
版　　次:	2018 年 8 月　第 1 版
印　　次:	2018 年 8 月　第 1 次印刷
书　　号:	ISBN 978-7-114-14049-5
印　　数:	0001—3000 册
定　　价:	42.00 元

(有印刷、装订质量问题的图书由本公司负责调换)

交通版高等学校交通工程专业规划教材
编审委员会

主 任 委 员：徐建闽(华南理工大学)
副主任委员：马健霄(南京林业大学)
　　　　　　王明生(石家庄铁道大学)
　　　　　　王建军(长安大学)
　　　　　　吴　芳(兰州交通大学)
　　　　　　李淑庆(重庆交通大学)
　　　　　　张卫华(合肥工业大学)
　　　　　　陈　峻(东南大学)
委　　　员：马昌喜(兰州交通大学)
　　　　　　王卫杰(南京工业大学)
　　　　　　龙科军(长沙理工大学)
　　　　　　朱成明(河南理工大学)
　　　　　　刘廷新(山东交通学院)
　　　　　　刘博航(石家庄铁道大学)
　　　　　　杜胜品(武汉科技大学)
　　　　　　郑长江(河海大学)
　　　　　　胡启洲(南京理工大学)
　　　　　　常玉林(江苏大学)
　　　　　　梁国华(长安大学)
　　　　　　蒋阳升(西南交通大学)
　　　　　　蒋惠园(武汉理工大学)
　　　　　　韩宝睿(南京林业大学)
　　　　　　靳　露(山东科技大学)
秘　书　长：张征宇(人民交通出版社股份有限公司)

(按姓氏笔画排序)

前　言

　　交通枢纽是城市的门户,是展示城市形象的窗口,是交通换乘组织的中心,也是城市活动聚集的重要场所,交通场站则是交通枢纽的重要组成部分。城市交通场站与枢纽是城市交通网络中的重要节点,通过它可合理解决各种交通工具的停放和维修保养等问题。并且,通过综合交通枢纽可以实现不同交通方式场站之间的合理衔接,各种交通方式的优势互补,从而实现多模式交通出行。本教材可使读者用更加细致的专业手段表述、检验交通分析人员的思想,实现交通工程人员工作成果从语言描述转向专业方案设计描述的自然延伸。

　　(1)系统性强:由于近年来我国各类城市交通枢纽的规划实践活动特别活跃,因此本教材力求从社会对交通工程人才的需求出发,突破以往公路、铁路、水运、航空等大区域综合交通枢纽规划,将内容定位在城市交通场站与换乘枢纽规划设计上。在内容编排上:努力把学生放在城市交通场站与换乘枢纽规划设计初学者的位置上,遵循基础理论—规划设计—应用实践的基本学习过程;在各类交通方式枢纽设计编排中,遵循常规公交—城市轨道交通—公路交通—铁路运输—航空运输的基本顺序。在内容取舍上:考虑到交通工程涉及的边缘学科特点,对相关领域(比如建筑设计等)不做过多的细致理论分析,而是以交通场站与换乘枢纽规划设计的实际应用需要为主,图片较多,实例较多,以求课程的简单明了,避免了那些影响学生学习的冗长细节,尊重本专业学生学习时间。本书采用了国家现行的最新设计标准和相关规范,并选取具有代表性的设计案例辅助讲解和说明,不仅注重单个交通方式内部场站与枢纽规划设计方法,而且考虑到国内外目前交通枢纽建设的大型化、综合化等特点,强调不同交通方式之间的衔接交通规划与设计。

　　(2)突出交通设计:本教材注重交通场站与枢纽建设的重要性,每部分内容均给出了轨道交通、公路交通、铁路运输、航空运输系统之间的衔接换乘设施规划与设计,阐明交通场站与换乘枢纽规划设计的相关选址、影响范围、规模程度和交通流线组织等基础理论,按照换乘枢纽地区总体规划中的功能组成、功能布局、土地开发和建设模式,列举不同类型场站与枢纽、不同交通方式和不同的设计方法。在每章最后一节,还配以各类设计方法的具体应用案例,便于进一步提高理论与实践之间的衔接程度。

　　(3)提出交通枢纽规划与设计方法:由于综合交通枢纽建设是目前国内外交通发展的大趋势,因此,本教材在介绍场站设计的基础上,提出了交通枢纽的规划与设计方法,内容包括交通枢纽内部各交通方式之间的衔接、交通枢纽周边的交通组织以及交通枢纽周边土地利用规划。

(4) 引入案例：由于周边环境及城市发展的影响，在既定的场站与交通枢纽规划设计方法下，不同的城市以及区域有着不同的场站与枢纽设计方案。本教材为拓展学生视野，将大量引入国内外相应的交通场站与枢纽设计案例，加深学生对书本知识的理解。

(5) 章节编排顺序更为合理：不同章节之间，遵循从城市对内交通枢纽到城市对外交通枢纽的编排顺序，使得学习过程能够循序渐进。

本教材共分为9个部分，主要包括：绪论；城市交通场站与规划基础理论；城市交通场站与枢纽设计基础理论；城市常规公共交通场站与枢纽设计；轨道交通场站与枢纽设计；城市综合交通枢纽设计；综合交通枢纽地区疏解道路设计；城市交通场站与枢纽内部交通标志系统设计；交通枢纽地区土地利用规划。

为了实现理论与实践的紧密结合，本书的编审人员既有多年从事交通场站与枢纽教学及科研的专业教师，又有多年从事本领域实际规划设计项目的专家、学者以及工程人员。本教材的突出特点是将设计理念、设计方法通过应用案例合理地体现。本教材可作为高等院校交通工程、交通运输专业本科生和研究生教材，也可作为相关从业人员的学习参考用书。

本教材由长安大学邓亚娟副教授担任主编，同济大学交通设计研究院韩胜风高级工程师和长安大学梁国华教授担任副主编，其中邓亚娟和梁国华主要负责设计方法等内容的编写，韩胜风负责各部分应用案例的编写。参加本教材编写的人员还有：西安建工站改项目建设有限公司马高锋工程师，长安大学许彬博士，长安大学苏华、杜世贝、刘萍萍、王妍捷和李美叶硕士研究生，东北林业大学史伯睿硕士研究生，北京交通大学豆梓琪同学和长安大学王玥骄同学等。

本书在编写过程中，参考了国内外各类场站与枢纽设计规范、指南以及相关研究文献资料，凝结了各研究人员的设计理念、经验与体会，在此对这些文献资料的原作者和相关研究人员表示衷心的感谢。另外，此书还受到陕西省自然科学基金项目（项目编号：2017JM5104）和中央高校基本科研业务费项目（项目编号：310821172002、310821172007、300102218410）的资助。

由于编者水平有限，书中难免有所疏漏，恳请专家读者批评指正，以期不断改进和完善。

编 者
2018年1月于长安大学

目 录

第一章　绪论 ··· 1
　第一节　城市交通枢纽的概念、功能和分类 ······································ 1
　第二节　城市交通场站的概念 ·· 6
　第三节　国内外城市交通场站与枢纽发展现状及趋势 ······················· 9
　第四节　城市交通场站与枢纽规划设计概述 ·································· 16
　本章小结 ·· 20
　复习思考题 ·· 20

第二章　城市交通场站与枢纽规划基础理论 ·· 22
　第一节　城市交通枢纽影响范围确定理论 ······································ 22
　第二节　城市交通枢纽的选址方法 ·· 25
　第三节　城市交通枢纽客流预测 ·· 30
　本章小结 ·· 34
　复习思考题 ·· 34

第三章　城市交通场站与枢纽设计基础理论 ·· 35
　第一节　城市交通枢纽规模及其测算依据 ······································ 35
　第二节　城市交通枢纽总体布置 ·· 42
　第三节　城市交通枢纽内部流线设计理论 ······································ 47
　本章小结 ·· 56
　复习思考题 ·· 56

第四章　城市常规公共交通场站与枢纽设计 ·· 57
　第一节　常规公共交通站点分类 ·· 57
　第二节　常规公共交通首末站设计 ·· 59
　第三节　常规公共交通中途站设计 ·· 62
　第四节　常规公共交通枢纽设计 ·· 77
　第五节　出租车场站设计 ·· 94
　本章小结 ·· 107
　复习思考题 ·· 108

第五章 轨道交通场站与枢纽设计 109
- 第一节 轨道交通车站设计 109
- 第二节 轨道交通换乘枢纽站内部设计 129
- 第三节 轨道交通换乘枢纽站衔接交通设计 141
- 本章小结 150
- 复习思考题 150

第六章 城市综合交通枢纽设计 151
- 第一节 综合交通枢纽的总体布局形式 151
- 第二节 公路客运场站与枢纽规划设计 155
- 第三节 铁路客运场站与枢纽规划设计 169
- 第四节 机场交通场站与枢纽规划设计 195
- 本章小结 216
- 复习思考题 216

第七章 综合交通枢纽地区疏解道路设计 217
- 第一节 内部疏解道路设计 217
- 第二节 内外衔接疏解道路设计 226
- 第三节 对外疏解道路设计 231
- 本章小结 235
- 复习思考题 235

第八章 城市交通场站与枢纽内部交通标志系统设计 236
- 第一节 枢纽乘客信息需求分析 236
- 第二节 枢纽交通标志系统设计 239
- 第三节 交通标志设计 247
- 第四节 综合交通枢纽交通标志系统设计 253
- 本章小结 275
- 复习思考题 275

第九章 交通枢纽地区土地利用规划 276
- 第一节 交通枢纽地区发展模式 276
- 第二节 交通枢纽地区功能组成 279
- 第三节 轨道交通枢纽地区规划 289
- 第四节 交通枢纽型城市综合体 295
- 本章小结 299
- 复习思考题 299

参考文献 300

第一章 绪 论

【课前导读】 本章主要讨论城市交通场站和枢纽的基本概念,并阐述枢纽和场站规划设计的主要内容。第一节介绍城市交通枢纽的概念、功能、分类和分级;第二节介绍城市交通场站与交通枢纽的区别,并阐述了影响交通枢纽演化的因素;第三节介绍国内外不同类型的交通枢纽以及我国交通枢纽存在的问题和发展趋势;第四节阐述城市交通枢纽和场站规划设计的主要内容。

【知识学习目标】 掌握城市交通枢纽的概念、功能以及分类;了解枢纽和场站之间的区别和联系;了解国内外不同类型的交通枢纽;掌握城市交通场站和枢纽规划设计的主要内容。

【能力培养目标】 建立城市交通场站和枢纽的基本概念,掌握其规划设计的主要内容。

【教学重点】 城市交通场站和枢纽的基本概念、分类;场站和枢纽的区别与联系;交通场站和枢纽规划设计的主要内容。

【教学难点】 城市交通场站和枢纽的区别与联系;城市交通场站和枢纽规划设计的主要内容。

第一节 城市交通枢纽的概念、功能和分类

一、交通枢纽基本概念

枢纽,"枢"的本义为门上的转轴,可引申为重要或中心的部分;"纽"本义为器物上可以抓住而提起的部分,可引申为有关全局的关键。枢纽的概念源于图论和网络几何学,美国俄亥俄州立大学 Okely 教授从网络结构角度给予枢纽更加理论化的解释:枢纽是使地区间联系更加方便、能在一系列起讫点对间产生规模经济,使网络输送成本得以降低的节点。

日本学者加藤晃在《城市交通和城市规划》一书中提出:枢纽站的英文原意是终端的意思,用来表示铁路的起终点站,现在借用来表示各类交通线路中的起终点。所谓的枢纽站应该是具有这样一种功能的场所,即当运输对象(乘客、货物)使用某种运输工具,沿特定的路线运行到达枢纽站换乘或转运时,该枢纽站能满足改用其他运输工具或沿其他路线运行[1]的需要。

在我国,不同学者对交通枢纽的定义不尽相同,但大都从微观实体的角度对交通枢纽进行研究,其定义大致有如下几个:

(1)有学者把交通枢纽当作运输枢纽进行解释:交通枢纽(transportation junction)又称运

输枢纽,是几种运输方式或几条运输干线交会并能办理客货运输作业的各种技术设备的综合体。一般由车站、港口、机场和各类运输线路、库场以及运输工具的装卸、到发、中转、联运、编解、维修、保养、安全、导航和物资供应等项设施组成,是综合运输网的重要环节[2]。

（2）交通枢纽是指一种或多种运输方式的交叉与衔接之处,共同办理客货的中转、发送、到达所需的多种运输设施的综合体[3]。

从严格意义上说,交通枢纽和运输枢纽不全相同。运输枢纽这一概念最早由苏联斯卡洛夫在《城市交通枢纽的发展》一书中提出：运输枢纽是国家统一运输体系的组成部分,它决定着路网相邻路径的运输特点,是由若干运输(其中包括不少于两种干线运输)所连接的固定设备(构筑物)和活动设备(运载工具、装卸机械等)组成的一个整体,共同完成货物及乘客运输的中转与地方作业[4]。

相比于交通枢纽,运输枢纽则侧重于乘客和货物运输更有效率和顺利地完成全程运输。简单来说,运输枢纽是为了满足客货运输作业需要而建设的基础设施；交通枢纽强调的主要是交通网络的汇集和连接,满足交通流的继续或改变流向的要求,并不一定要进行具体作业,它既可以表示交通区位条件、网络上的重要节点城市或区域,也可以指载运工具汇集实体站场。

交通枢纽可从三个层次来理解：宏观枢纽区域、中观枢纽城市及微观枢纽场站。宏观枢纽区域是国家运输的中枢,依托城市带或城镇密集地区,如京津唐枢纽区域和沪宁枢纽区域；中观枢纽城市是综合运输体系的重要组成部分,一般依托于国家或区域中心城市,如武汉枢纽城市和南京枢纽城市；微观枢纽场站是综合运输网络的衔接场站,为人员物资运输提供服务设施和辅助功能的城市综合体,如上海虹桥机场[5]。一般来说,我们日常所述的交通枢纽则更多的是指某个具体的微观枢纽场站。服务于一种交通运输方式的交通枢纽称为单式交通枢纽,例如,铁路枢纽、水运枢纽、公路枢纽、航空枢纽等；服务于两种或两种以上交通运输方式的枢纽称为综合交通枢纽。综合交通枢纽的作用是实现不同交通方式线路间的衔接,使得不同交通方式之间实现优势互补,见图1-1。比如,轨道交通线路与高铁线路、轨道交通线路与机场等的衔接可以有效实现城市对内交通和对外交通的合理衔接,汽车站与火车站及高铁站的衔接实现了长距离和短距离交通方式的优势互补。

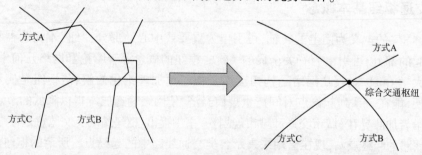

图1-1 综合交通枢纽

综上所述,本书认为交通枢纽是指客货运过程中集结的终点、疏散的起点,相同交通模式不同线路间客货流的中转点,或不同交通模式间客货流的转换点。交通枢纽必须具备以下两个基本要求：一是必须在两条或两条以上运输线路的交汇衔接处形成；二是具有客货流集散、中转换乘、通信信息和辅助服务等功能。

二、城市交通枢纽的概念及功能

1. 城市交通枢纽的概念

对于城市交通枢纽,本书从微观枢纽场站层面上,将其定义为具有两种以上公共交通方式或一种公共交通方式多条线路,具有完整的出行换乘、接驳、集散功能,相关配套服务设施齐全,在一定空间范围内完成客流方式转换的交通场所。

当城市交通枢纽服务的主体对象为城市客流时,可以将其理解成城市客运枢纽。本书主要从三个方面来阐述:城市常规公交枢纽、城市轨道交通枢纽(上述两者统称为城市内部交通枢纽)和城市综合交通枢纽(铁路、公路、水运、航空等)。在实际情况中,城市常规公交枢纽、城市轨道交通枢纽一般指相同交通方式不同交通线路之间汇集而成的枢纽站,当其与其他对外客运方式相结合则形成城市综合交通枢纽。

首先,从城市内外交通方式的角度分析,综合交通枢纽的交通方式分为城市对外交通方式和城市内部交通方式。城市内部交通方式包括常规公交、大容量快速公交(BRT)、轨道交通、出租车、自行车、步行等,其功能是对城市对外运输方式的集散换乘,与城市对外运输方式子系统主要呈互补、协作关系。其次,综合交通枢纽是由相对独立的交通方式站场组成的综合体,城市对外交通方式系统中某一种交通方式的场站并非独立运转,它需要城市内部交通方式的场站进行协作、集散客流,而城市对外交通方式系统中各种交通方式之间的场站是相对独立运转的,如图1-2所示。

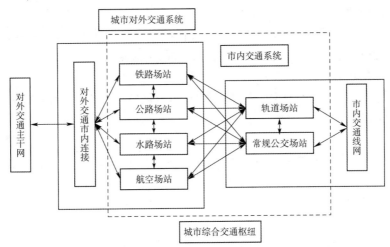

图1-2 城市综合交通枢纽示意图

因此,本书对城市综合交通枢纽的定义为:一种及以上城市对外交通方式为主导,以城市内部交通方式作为集散运输方式,城市对外交通方式和城市内部交通方式紧密联系,各交通方式的站场在空间上和功能上有机结合的场所。

2. 城市交通枢纽的功能

在我国城市化飞速发展的背景下,随着人们出行距离的增加,城市交通组织与出行方式正向多元化方向发展。为满足人们日益增长的出行需求,促进多种交通方式有机衔接,提高现阶段我国运输效率与服务水平,完善国家、城市、区域的交通网络,交通枢纽的建设必不可少。就目前而言,各地政府也开始将交通枢纽作为城市交通基础设施规划的重点加以建设。城市交通枢纽是城市运输体系的重要节点,作为城市的门户或者区域的核心,其相比于单一的交通运输场站而言,有着更丰富的功能与作用。

1) 交通功能

城市交通枢纽是城市交通运输体系的重要组成部分,承载着城市日常客流的直通功能与换乘功能。城市交通枢纽在良好的交通位置、完善的基础设施以及现代化的管理手段的支撑下,满足人们多种出行方式(城市轨道、公交、出租车、小汽车等)以及不同流向、流量的客流集散的需求;各枢纽场站之间的协调以及枢纽站的管理,各种客运方式之间的有机衔接,为乘客提供不同运输方式之间、不同运输线路之间的换乘服务,实现各种运输方式之间的"零距离"换乘目标;通过计算机和通信技术,为枢纽站的组织运营、内部管理、内外联络、乘客出行提供先进的手段和及时、准确的信息。作为城市客流的集散中心,城市交通枢纽为乘客提供了方便快捷的交通运输服务。

2) 城市功能

城市交通枢纽一般位于城市的门户或者区域的核心,因此它同时具有多种城市功能,主要体现在以下四方面:

(1) 城市综合开发功能。

能够促进周边地区形成功能集中、富有活力的城市空间,引导城市空间结构形态的形成,同时带动枢纽所在城市或周边区域的经济开发。

(2) 休闲商业功能。

可举行一些文化休闲活动,如小型音乐会、展示会及其他娱乐活动,为乘客提供吃、穿、用等餐饮购物服务,能在一定程度上满足人们日常的生活需求。

(3) 景观绿化功能。

城市交通枢纽作为城市大门的标志景观,起到美化环境的作用,也可给集散人流、观光人流提供适宜的驻足场所。

(4) 防灾救灾功能。

拥有紧急通道、紧急避难所及一系列完好的防灾救灾设备,还可提供一定的防灾救灾措施。

(5) 辅助服务功能。

提供给乘客各种方便服务(停车场、自行车存车场、公共厕所、公用电话等),为运输车辆提供检测、维修、保养、加油、清洗等辅助服务,为工作人员提供上班、休憩等生产生活服务。

三、城市交通枢纽的分类与分级

1. 城市交通枢纽的分类

我国交通枢纽表现形式具有多样化特征,目前行业内对我国城市客运交通枢纽的分类还未形成共识。因此,本书按照不同的划分标准,将城市交通枢纽分为以下几类:

(1) 按枢纽承担的交通功能与服务范围,分为城市内部交通枢纽和城市对外交通枢纽。其中,城市内部交通枢纽是指轨道交通枢纽和 BRT 或常规公交枢纽,主要服务于城市内客流的换乘;城市对外交通枢纽是指航空枢纽、铁路枢纽、公路枢纽、水运枢纽及综合交通枢纽,其主要解决城市内外交通的衔接问题或作为重要的交通吸引点承担着大量市内交通的换乘功能。具体如表1-1所示。

按交通功能与服务范围的枢纽分类 表1-1

类型	类别	特征
城市对外交通枢纽	航空枢纽	(1)一般位于城市外围; (2)航空客流为枢纽主客流,其他交通方式主要为航空进出港乘客提供交通接驳服务
	铁路枢纽	铁路客流为枢纽主客流,其他交通方式主要为铁路进出站乘客提供交通接驳服务
	长途汽车枢纽	长途汽车客流为枢纽主客流,其他交通方式主要为长途到发乘客提供交通接驳服务
	客运港枢纽	港口客流为枢纽主客流,其他交通方式主要为进出港乘客提供接驳服务
城市内部交通枢纽	轨道交通枢纽	常规公交为轨道交通提供接驳服务
	BRT或常规公交枢纽	具有独立用地的公交场站,并且统一进行换乘管理

注:1. 主客流交通方式即在枢纽日客流量中占比最高的一种交通方式。
2. 本表格来源于《城市客运交通枢纽》(征求意见稿)。

(2)按承担的客流性质,分为换乘型枢纽、集散型枢纽及混合型枢纽。其中,换乘型枢纽是以承担公共交通之间或公共交通与其他客运交通方式之间的换乘客流为主;集散型枢纽以承担公共交通枢纽所在区域的集散客流为主,换乘客流为辅;而混合型枢纽是既有大量换乘客流又有大量区域集散客流的公共交通枢纽。

(3)按交通方式的组合,分为线路换乘枢纽、方式换乘枢纽及复合型枢纽。其中,线路换乘枢纽是指位于公共交通线路交汇处,乘客可以在不同线路之间进行选择换乘的枢纽;方式换乘枢纽是指在公共交通与其他客运交通方式衔接处,乘客可以在不同客运交通方式之间换乘的客运枢纽;而复合型枢纽指兼具线路换乘枢纽和方式换乘枢纽特征的客运枢纽。

(4)按服务区域,分为都市级换乘枢纽、市区级换乘枢纽及地区级换乘枢纽。其中,都市级换乘枢纽是指位于火车站、航空港、客运港、公路主枢纽等对外交通出入口以及城市中心区和CBD地区,吸引全市范围和对外交通客流的公共交通枢纽;市区级换乘枢纽是指位于城区内交通重心处或辐射卫星城、城市新开发区等地的公共交通枢纽;地区级换乘枢纽是指位于地区性区域中心客流集散点的公共交通枢纽。

(5)按照布局形式,分为立体式交通枢纽和平面式综合交通枢纽。立体式交通枢纽分地下、地面、地上多层,各功能区布置于不同层上,通过垂直交通实现不同功能区的零换乘。目前,国内一批新建的综合交通枢纽项目多数采用了立体布局形式,如上海汽车南站、深圳福田综合交通枢纽、成都沙河堡综合交通枢纽等。平面式综合交通枢纽,由各功能分区均设置在地面层,通过平面换乘联系通道实现不同功能区的有机衔接形成的综合交通枢纽。北京火车站、长春凯旋路客运枢纽等属于这一类别。

2. 城市交通枢纽的分级

根据《城市客运交通枢纽设计规范》(征求意见稿),枢纽主要根据日客流量来进行分级,具体可以分为五级,具体指标如表1-2、表1-3所示。

交通枢纽分级   表1-2

级别	枢纽日客流量 P(万人次/日)	级别	枢纽日客流量 P(万人次/日)
特级	P≥80	三级	10≤P<20
一级	40≤P<80	四级	3≤P<10
二级	20≤P<40		

注：城市综合交通枢纽设计时应采用规划年限的全日全方式客流量。

城市综合交通枢纽分类、分级对应关系   表1-3

级别	枢纽类型											
	城市对外综合交通枢纽									城市内部综合交通枢纽		
	航空枢纽	铁路枢纽		长途汽车枢纽		客运港枢纽		综合枢纽		轨道交通枢纽		BRT或常规公交枢纽
	城市外围	中心区	城市外围	中心区	城市外围	中心区	城市外围	中心区	城市外围	中心区	城市外围	中心区、CBD地区或组团中心
特级	—	—	√	—	—	—	—	√	√	√	—	—
一级	√	√	√	√	√	√	√	√	√	√	√	—
二级	—	√	√	√	√	√	√	√	√	√	√	—
三级	√	√	√	√	√	√	√	√	√	√	√	√
四级	√	√	√	√	√	√	√	√	√	√	√	√

注：√表示有对应关系；—表示无对应关系。

上海交通枢纽规划将上海交通枢纽划分为四个等级[6]：

（1）具有对外交通功能的交通枢纽A类，包括2个航空港和3个火车站。此类交通枢纽主体建设以航空、铁路等大型对外交通设施为主，配套设置轨道交通车站、地面公交站、社会停车场、出租车营运站等市内交通设施，形成大型市内外综合客运交通枢纽。

（2）轨道交通换乘枢纽B类。以轨道交通车站为主，结合地面公交站点、出租车营运站、社会停车场和长途客运站等其他交通设施，形成大中型综合客运交通枢纽。除此之外，还要综合考虑地面公交始末站、长途客运站、社会停车场库等交通设施的用地需求和规划建设。

（3）公共交通和机动车换乘枢纽C类。以轨道交通、地面公交和机动车换乘为主体的停车换乘枢纽。主要在城市外环附近、靠近主要公路和轨道交通站点区域，将设置大中型社会停车场，提供优惠停车收费标准和便捷的换乘条件，鼓励有车族多乘公共交通进城。

（4）多条公交车换乘大站枢纽D类。以多条地面公交换乘站点为主体的小型枢纽，即距离轨道交通站点较远的、多条常规公交线始末站集中布局而形成的枢纽。15个D类枢纽中，8个分布在中心城区，7个分布在郊区城镇。

第二节 城市交通场站的概念

一、城市交通场站与枢纽之间的联系

城市交通枢纽相比于单一交通场站而言，有两个突出特点：

一是集多种交通运输方式及多种交通干线于一体。城市交通枢纽将空港、铁路、公路、地铁、轻轨、出租车、小汽车等不同交通方式及其场站集中配置,不同交通方式、交通线路之间相互协作,换乘简便,站房空间的组织清晰。

二是枢纽职能的综合化。丰富的外围商业和服务业,使车站成为集交通功能与商业、服务型内容于一体的综合性多功能建筑。

这种综合性的多功能枢纽站,无论在组织协调多种交通工具方面,还是在城市对外交通和内部交通的结合方面,都具有十分明显的优势。

综上所述,对交通场站和枢纽之间的联系可以作如下理解:城市交通枢纽由多个场站及相关配套设施组成。场站作为城市交通枢纽的主体构成要素,是枢纽提供运输服务功能的依托。场站的发展经历是从"点"到"面"的过程,由于场站吸引范围较小,其服务范围可视作"点",交通枢纽将多个场站有机联系起来,使其覆盖的范围扩展到城市或经济区域的整个"面"上。比如,以火车站为依托的城市综合交通枢纽,其由火车站、常规公交枢纽站、出租车场站以及小汽车停车场等组成。场站与枢纽同时又是一个相对概念,比如城市汽车客运场站在大的城市区域范围内属于场站,而它本身又衔接轨道和常规公交等方式,属于城市综合交通枢纽。

二、城市交通场站的分类

我国场站根据交通方式的不同,共可分以下七类:常规公交场站、轨道交通场站、汽车客运站、铁路客运站、民用机场、社会车辆停车场及自行车存放处。

1. 常规公交场站

车站分为首末站、中途站、枢纽站和出租车营运站。

1)首末站

首末站即公交线路的起点站和终点站,是为线路上的公交车辆在开始和结束运营、等候调度以及下班后提供的停放场地。它既是公交站点的一部分,也可以兼顾车辆停放和小规模保养的用途。

2)中途站

中途站即公交车辆的途经站,提供乘客上下、换乘服务,一般有普通式和港湾式两种形式,具有停车廊、停车区等设施。

3)枢纽站

枢纽站即多条道路公共交通线路共用首末站,是公共交通线网和运营组织的核心,是客流转换和保障运输过程连续性的关键节点,是发挥多方式衔接联运和各自优势的重要环节,也是车辆停放、低保、抢修及调度的重要场所。

4)出租车营运站

设置出租车营运站是为了方便乘客实现"无缝"换乘,满足主要客流集散地各种乘车需求,同时也可以达到让出租车停车候客、减少空载率、节能减排的目的。

2. 轨道交通场站

轨道交通车站分为中间站、区域站、换乘站、枢纽站、联运站、终点站[7]。

1)中间站(即一般站)

中间站仅供列车停靠和乘客上、下车之用,功能单一,是城市轨道路网中数量最多的站。

2）区域站（即折返站）

区域站是设在两种不同行车密度交界处的车站，设有折返线和折返设备。区域站兼具中间站的功能。

3）换乘站

换乘站是位于两条及两条以上线路交叉点上的车站，除了具有中间站的功能外，更主要的是还可以从一条线上的车站通过换乘设施转换到另一条线路上。

4）枢纽站

枢纽站是由此站分出另一条线路的车站，该站可接、送两条线路的乘客。

5）联运站

联运站是指车站内两种不同性质的列车线路可以进行联运及客流换乘，联运站具有中间站和换乘站的双重功能。

6）终点站

终点站是设在线路两端的车站，就列车上、下行而言，终点站也是起点站。终点站设有可供列车全部折返的折返线和设备。终点站也可供列车临时停留检修。

3. 汽车客运站

专门办理乘客运输业务的汽车站，一般设在公路乘客集散点，主要任务是安全、迅速、有秩序地组织乘客上、下车，便于乘客办理一切旅行手续，为乘客提供舒适的候车条件。

4. 铁路客运站

铁路客运站是铁路部门办理客运业务、供乘客上下车之用的建筑，其主要功能是提供输送乘客，解决乘客上、下车和中转换车等服务。

5. 民用机场

民用机场是指专供民用航空器起飞、降落、滑行、停放以及进行其他活动使用的划定区域，包括附属的建筑物、装置和设施。

6. 社会车辆停车场

停车场指的是供停放车辆使用的场地。社会车辆停车场是指为社会车辆提供停放服务、投资和建设相对独立的停车场所，主要设置在城市出入口、大型商业、文化娱乐、医院、机场等公共设施附近。

7. 自行车存放处

自行车存放处是指供自行车停放、保管的场所。

三、影响交通枢纽演化的因素

客运需求是经济社会发展的衍生，交通枢纽是经济社会发展到一定程度下客运需求的客观要求。经济的发展水平、城市化程度和交通运输方式本身的变革是交通枢纽发展演变的重要因素[8]：

1. 经济发展水平的提高

国民经济的发展一般经历前工业化阶段、工业化阶段及后工业化阶段三个阶段。在工业化阶段，大批的农民离开土地，进入城市集中生产，社会经济中人的空间移动，在客运规模和速度等方面的需求必然大幅增加。这就要求乘客运输进行革命性的改造以适应社会经济的发展,这种乘客运输化促进了运输设施的发展。在工业化阶段的末期,随着运输基础设施的完善以及提高运输效率的要求,催生了客运枢纽的发展。传统的运输一体化正在向一体化运输转变,对交通换乘枢纽的组织形式、运输功能和信息化程度提出了更高的集成要求。

2. 城市化的发展程度

城市化程度是催生枢纽发展的一个重要因素。在城市化进程初期,城市人口聚集度较低,有大量人口分布在农村,城际通道上的方式也较为单一。城市化达到一定程度后,人口向城市大规模迁徙和集聚,人口密集的特大型城市、大型城市相继出现,城市间运输通道的方式也更加多样化。城市化进程的加快,促进了城市人口的增长,扩大了用地规模的扩大,增强了城市土地利用强度也不断增强。城市对外出行需求增大,城市内部交通问题也变得更加复杂,使得城市原有单一运输方式的场站布局已经不再适应城市的发展。应该说,城市的发展催生了城市交通枢纽的发展,城市化的发展进程为城市交通换乘枢纽的发展提供了必要条件和基础,也深刻影响了枢纽的规模、数量和特征。交通枢纽和城市之间存在共生关系。

3. 交通方式的变革

交通运输的发展不仅是单纯的技术进步,且满足运输需求,同时也是以一种主导产业的身份发展和演变。以城市轨道交通为代表的轨道交通系统,以磁悬浮、高速铁路为代表的地面高速交通系统正在快速发展着。不同交通方式之间的差异与联系更加明确,优势互补的必要性和有效性得到增强。由公路、城市轨道、铁路等组成的综合客运体系,涵盖了多方式的乘客出行选择,而有效衔接各种运输方式是交通枢纽的关键。

第三节 国内外城市交通场站与枢纽发展现状及趋势

城市大型交通枢纽的概念是近几年随着科学技术集约化、数字化、信息化的迅速发展和人们生活节奏的加快而产生的。换乘枢纽的出现,对于促进城市交通系统的高效运行、优化城市交通的出行结构、改善城市空间发展布局等,都有着积极的意义。目前,城市大型交通枢纽属于新兴的交通基础设施。

一、城市轨道交通枢纽

美国旧金山的港湾枢纽(Transbay)是21世纪现代化的集轨道交通(高速铁路、普通铁路、通勤铁路)以及长途汽车客运、城市道路交通于一体的综合交通枢纽,于2003年开工建设,于2007年建成。港湾枢纽是纽约城市的门户,与旧金山货运枢纽以及海运枢纽相毗邻,位于米娜(Minna)大街和纳托马(Natoma)大街之间,从比尔(Beale)大街延伸到第一大街和第二大街的中央位置。枢纽分为6层:地下二层为轨道交通站台层;地下一层为地下换乘大厅;地面层为集散大厅和有轨电车层;地上一层为地面换乘大厅;地面二层为公交层,能同时容纳26辆铰接式公交车和4辆标准公交车;地面三层为长途公交层,与地面二层一起共用海湾大桥出口坡道[9],如图1-3所示。

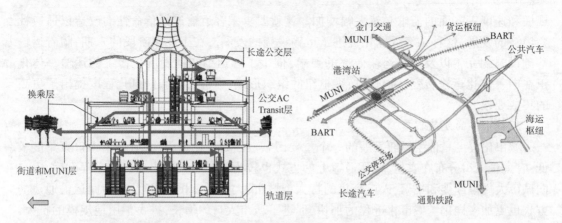

图1-3 美国旧金山港湾枢纽剖面图

注：MUNI- Municipal transportation；BART- Bay Area Rapid Transit.

日本名古屋"荣"交通枢纽于2002年在日本爱知县名古屋市中心"荣"建成启用。枢纽集交通、购物、娱乐、休闲、信息于一体，共分为6层：地下三层是地铁名城线；地下二层为东山线；地下一层为银河广场，市民们可以在广场西侧21世纪科学情报中心获取全国道路交通、旅游、商业、停车场、生活设施、各类活动、天气预报、科学情报等200多种信息；地下半层是大型公交汽车站，面积约6200 m^2，设有10个站台和7个预备停车位，共4家公交汽车公司（名古屋市交通局、名古屋铁道、三重县、JR东海）的25条线路在这里经营，每天有900个班次，开往50多个方向的公交线，包括长途汽车、高速公交车，全部采用电脑调度控制；地上层和屋顶层则为主题公园以及名为"水的宇宙船"的标志性建筑，供市民休闲娱乐，如图1-4所示。据悉，每天来购物旅游的人次在50万人以上，地铁日均换乘人次约24万人，公交车日均换乘人次约9000人。"荣"交通枢纽的建立，极大地便利了市民的生活、出行需求。

 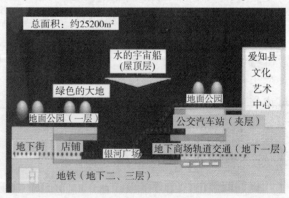

图1-4 日本"荣"交通枢纽示意图

北京东直门交通枢纽是亚洲最大的综合立体型交通枢纽，集合了公交、地铁、机场快线等多种交通方式，担负着市区交通与城市东北部地区交通的衔接任务，是市区与空港之间快速客运走廊的起点，也是市区与东北近郊公路客运的起点。东直门综合交通枢纽占地总面积15 hm^2。因为东直门地处北京市中心城区，该交通枢纽又紧临北京的快速路系统——东二环路，是北京市城市运输网上最敏感的节点。该枢纽的主要作用是加强市区与城市东、北部之间的联系。其枢纽设计方案为：底层为轻轨车站和停车库，地下一层为人流集散大厅和地铁车站等，地面层为公交层，18

条公交线路的到发车站台和夜间驻车均设在该层,地上二层为机场快速铁路的集散区域,地上三层即快速铁路线路层。该方案的乘客换乘方式为平面换乘和垂直换乘,所有的换乘均在枢纽内进行,最大限度地保证了乘客换乘的便捷、舒适和安全[10],如图1-5所示。

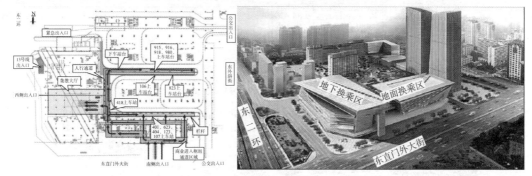

图1-5　北京东直门交通枢纽示意图

二、铁路交通枢纽

柏林中央火车站是德国政府借鉴北美大城市在城市中心建设中央车站或联合车站来解决乘客换乘和城市交通问题,在原地处市中心的莱尔特车站基础上改建而成,是德国人运用"让乘客方便的同时对城市无妨碍"(trouble-free train services)的铁路建设与运营理念以及建设一体化城市综合交通体系的一次成功尝试。柏林中央火车站于2006年建成,历时10年,占地1.5万 m^2,每天有近110列火车进出,可接送30万乘客。其一大特色就是位于不同楼层的交通方式都可以与长途铁路直接衔接,实现了各交通方式间的换乘距离及换乘时间最短。除了满足交通功能之外,占据三个楼层的商场区足以和一个购物中心相媲美,车站的上层还有完善的办公、商务功能,各种功能有效地衔接在一起[10],如图1-6所示。

图1-6　柏林中央火车站剖面图[9]

柏林来哈特枢纽是柏林集轨道交通(高速铁路、普通铁路、市域快速轨道交通、地铁)和道路交通于一体的重要综合交通枢纽。枢纽主要由东西向的高架轨道交通线和南北向的地铁线构成,共分为5层:地上二层和地下二层均为轨道交通站台层,地上二层设有3个轨道交通站台,包括2个市域快速轨道交通站台和1个高速铁路站台,地下二层设有5个岛式站台,分别为普通铁路、高速铁路及地铁线路服务;地上一层和地下一层为换乘大厅,供不同轨道交通线路乘客购票和换乘使用;地面层服务于地面交通,设有私人小汽车和公交车停车场,如图1-7所示。

法国巴黎拉德芳斯换乘枢纽,是集轨道交通(高速铁路、地铁线路)、高速公路、城市道路于一体的综合交通枢纽。拉德芳斯区域位于法国巴黎市区的西北部,城市主轴线的西端。

该枢纽具有交通、商业服务等功能。公交车站层,在枢纽的东侧,公交线路包围了小汽车停车场,设有大量清晰的道路标志,引导车辆快速通过、有序停放;中央为售票和换乘大厅,有商业及其他服务设施;西侧为郊区铁路和有轨电车 T2 线。乘客通过地面出入口和换乘大厅的换乘楼梯,可以很方便地到达商业中心以及地下三、四层的地铁 M1 和 RER-A 线,通过地铁线路将拉德芳斯区域与巴黎市中心区紧密联系起来[9],如图 1-8 所示。

图 1-7 柏林来哈特枢纽示意图[9]

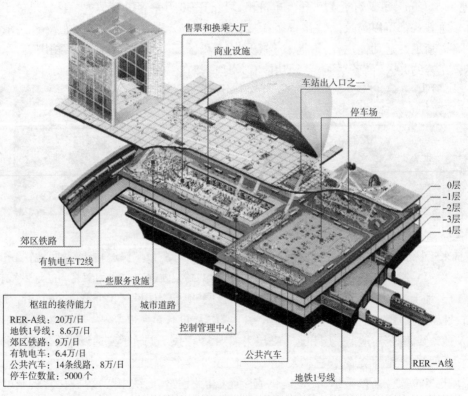

图 1-8 巴黎拉德芳斯枢纽示意图[9]

三、公路交通枢纽

美国纽约港务局汽车总站（Port Authority Bus Terminal）位于纽约的心脏——曼哈顿中城区，是全美国最繁忙的公共汽车站，也是州际公共汽车进出纽约市的主要门户（图1-9）。它位于纽约时代广场西边的第一个街区，既服务于城市公交，也服务于城际间的长途汽车，是美国最大的公交车站，同时也是世界上最繁忙的交通车站，平均每个工作日服务于7200辆公交车和20万人的出行。在交通高峰期，3000m的公交专用车道可以让从新泽西来的公交从林肯隧道直接进入巴士总站，避免了林肯隧道和市内道路中的交通拥堵。其地下通道直接连接了纽约的1237次地铁线，极大地方便了市民的出行。

深圳市福田综合交通枢纽换乘中心（图1-10）是深圳市第一个具备车港功能的综合交通枢纽，是国内最大"立体式"交通综合换乘站，是集城市公共交通、地下轨道交通、长途客运、出租小汽车及社会车辆于一体，并与地铁竹子林站无缝接驳的立体式交通枢纽换乘中心。该枢纽分为6层，地下2层，地面4层。其中，地下二层主要为停车区，设计公交停车位92个，社会停车位581个；地下一层与地铁竹子林站无缝接驳，是公交与地铁主换乘区；地上一层与深南大道相接，北区为服务区和候车区，西区为公交上客区，南区为长途发车区，规划15条公交线路，19条长途班线；地上二层北区为服务区和候车区，南区为旅游、城际巴士及长途发车区，规划12条城际公交线路、7条旅游巴士和13条长途班线；地上三、四层为公用停车区，主要提供私人小汽车主停车换乘使用。福田交通枢纽中心充分运用智能化管理系统，有效提高了管理服务效率和水平，在设计上注重与周边环境的充分协调和自然环保，努力改变交通建筑过去给人的"脏、乱、差"的感觉，为乘客提供亲切自然的换乘环境[10]。

图1-9　美国纽约港务局汽车总站示意图[9]　　　图1-10　深圳市福田综合交通枢纽换乘中心示意图

四、机场交通枢纽

德国法兰克福机场（图1-11）是比较先进的立体式综合交通换乘枢纽。机场大楼的主要功能区分为3层，由上到下为：地上二层为出发层，地面一层为到达层及公共汽车区，地下一层为地铁站及3层地下停车库，大楼旁边另有10层停车库。枢纽各功能区之间设有自动扶梯或专门的换乘通道相连，以方便乘客的换乘。此外，该机场还修建了德国ICE高速铁路到机场的支线，实现航空和高速铁路的联运，甚至不用换行李车，乘客可以直接将行李从铁路车站站台一直推送到机场行李托运处，从而更好地发挥综合交通运输的规模效益[10]。

法国戴高乐机场(图1-12)坐落于巴黎,是法国主要的国际机场,也是欧洲主要的航空中心。在机场规划方面,注重长远性和统一性相结合,制定了机场的长期总体规划,在机场的早期发展阶段预留大片土地,为机场的未来发展提供保障。在枢纽建设方面,着重加强乘客和行李中转能力,成为欧洲中转能力最强的机场。在航站楼运营模式方面,拥有3个航站楼,分别供不同航空联盟运营使用,很好地发挥了同一航空联盟内航空公司的协同效应,提高了机场设施的利用效率并降低了运行成本。戴高乐机场的内外交通也非常发达。对内,通过乘客捷运系统以及路侧的摆渡巴士实现乘客的快速中转,有效提高航站楼之间的中转效率;对外,通过高速公路、区域铁路RER系统以及高速铁路TGV系统等,提供与巴黎市区及多处法国火车站的快捷交通服务,扩大了机场的地面辐射能力[10]。

图1-11　德国法兰克福机场示意图

图1-12　法国戴高乐机场布局图

上海虹桥综合交通枢纽作为上海"十一五"期间规划建设的重大工程,是一个包括高速、城际铁路、机场、磁浮、高速巴士等各种大交通主枢纽在内的巨型综合枢纽。虹桥综合交通枢纽主体建筑呈东西向布局,由2号航站楼、铁路站、长途客运站、东西交通中心和地铁站等组成,总建筑面积达150万m²。上海虹桥机场(图1-13)设有两个间距仅为365m的近距离跑道,2号航站楼与1号航站楼互为卫星厅,同时亦作为浦东国际机场的城市航站楼。铁路站距2号航站楼约450m,规模为30股道、16个站台。长途客运站设置在铁路站以西,设20个发车位。

图1-13　上海虹桥机场布局图

五、我国交通场站与枢纽建设所存在的问题及趋势

综上所述,从国内外交通枢纽的发展趋势看,现代化交通枢纽集中体现的是技术设施的高度集约化、换乘的便捷高效化以及环境的舒适的人性化。首先,不同运输方式之间的差异化发展使得原本单一功能站场迫切需要进行调整,从而导致站场功能综合化发展方向的需求;其次,综合运输管理上越来越迫切的要求,造成综合运输体制机制层面亟待调整与变革;同时,管理上的要求也推动了管理技术的飞速发展。如今,发达国家综合交通枢纽经过百来年的不断发展,在满足基本客运需求之余,不断地体现出人性化特征。

当前,我国交通规划和建设正处在从关注运载效力、被动提高交通效率转向以人为本、主动提高交通效率的过程中。在这样的过程中,交通枢纽体系立体化、综合化是以人为本、主动提高交通效率的关键之一。在建设轨道交通(地面轻轨、地下铁路通道)、公交、轮渡、航空、铁路等现代城市交通体系的过程中,城市交通管理必须重视和研究以人为本、主动提高交通效率的新理念,必须重视和研究交通枢纽体系从相对封闭独立、平面化向立体化、综合化、分级管理体系转变的发展趋势,以达到交通枢纽体系方便换乘、提高效率的目的。

1. 从平面式、独立式向立体式、综合式转变

长期以来,我国的枢纽建设是按照公路主枢纽、港口主枢纽、铁路枢纽和航空枢纽的形式,分别进行专项规划。在每一类规划中,虽然考虑其他交通方式的需求,但规划的系统性不强。即在交通枢纽和主要站点的设计上较少考虑到换乘的方便性以及对整个城市交通状况和城市发展的影响,铁路、公路、民航等各自考虑并设计自己的枢纽、站点,即使有些站点相同,也会各自独立,相互分离。这种各自独立的设计导致了各交通方式之间换乘的不便,乘客常常需要从一个地点移动至另一地点完成换乘,这同样也是导致交通拥堵的隐患之一。

从国外经验来看,多种交通方式之间的换乘设施应实现一体化布置,从平面式设计向立体式设计转换,尽可能缩短换乘距离。国外一些交通问题解决得比较好的大城市,在城市交通枢纽和主要站点的立体化换乘方面都有突出的优点。旧金山港湾枢纽的高速铁路、普通铁路、通勤铁路在同一平面内平行换乘,而长途汽车、公共汽车、出租车在同一立面内的不同平面层进行换乘,换乘距离均在60m以内。巴黎拉德芳斯换乘枢纽的轨道交通线路之间平行换乘,其公共汽车、长途汽车、轨道交通之间的平均换乘距离也不超过60m。

从枢纽运营管理上来看,对大多数的发达国家而言,他们大多采取部门综合模式或跨部门模式,整合与交通运输相关的领域,形成统一综合的运输部进行综合交通运输系的规制管理。这种统一管理的运营模式,是交通枢纽建设与运营的重要体制保障。现今,我国一些城市出现了交通枢纽分级管理体系,即以机场、铁路、轨道交通、市域高速公路和干线公路网为基础,综合考虑规划整个枢纽的交通方式和规模大小,将全市交通枢纽按照对外与对内交通功能的不同分类进行管理。这种管理系统综合化的趋势,也势必给枢纽的建设与运营带来不小的改革。

2. 从人性化的角度出发

人性化的角度即枢纽要处处体现以人为本的理念。从路网的完整和畅通出发,交通枢纽应该在恰当位置让有需求的乘客能够顺利地到达枢纽;在枢纽内部各交通方式之间,需要通过合理的衔接来解决大量车流和人流可能造成的相互干扰的问题,以保证乘客换乘的安全性;各功能区之间也可以通过垂直与水平自动步行道的设置来缩短乘客换乘时间。

此外,在建筑环境方面,适当的空间容量、简洁的平面组织与一目了然的诱导标志,也为乘客提供了优质、安全与必要的服务,充分体现了发达国家公共设计建设"以人为本"的发展理念。例如,日本的东京车站、德国的法兰克福车站在这些方面为乘客提供全方位的咨询和管理服务,从行车时刻表、售票、结算等方面的软联结,到不同方面的运输时刻表安排、不同方向车票出售、不同运营商之间的结算等,都实现了全方位联结,形成了便捷的服务体系。

人性化是综合交通枢纽建设与运营管理中,综合、协作、环保、可持续等设计理念的集中体现。交通枢纽的设计思想应趋从于从人与自然、建筑与环境的统一关系考虑,引入"绿色设计"理念,以此活跃气氛,缓解乘客疲劳与旅途的乏味情绪。在交通枢纽设施设备配置中,人性化设施的配置日益得到加强。

3. 在保证客流集散便捷的前提下,对车站周围空间进行综合开发

根据车站远期的集散客流规模,优先保证并预留足够的客流集散空间;在换乘设施周围进行商业、旅游、居住等空间的开发,充分发挥客流集散的商业价值。旧金山港湾枢纽的综合开发面积仅占总建筑面积的27%,但其预计的收益达到3.25亿美元,占总投资的37%。良好的枢纽布局设计是提高综合交通换乘效率的关键,对换乘站人流资源的商业价值利用也有着至关重要的影响。我国在城市综合交通枢纽的规划设计中,应借鉴国外典型综合交通枢纽的规划设计经验,不断创新,以形成换乘便捷、经营效益好的综合交通枢纽。

第四节 城市交通场站与枢纽规划设计概述

一、城市交通场站与枢纽规划设计理念

1. 城市交通场站设计理念

对于城市交通场站而言,应在充分了解公共交通现状的基础上,按照社会经济发展规模和公共客运发展目标,依据交通行业的国家政策与技术标准,其规划设计理念应从以下几方面考虑:

(1)城市交通场站的规划应该充分与城市总体规划相结合。即交通场站的规划应纳入城市建设规划中,交通场站的建设应纳入城市建设管理中,同时要保证场站的规划必须与建设周期相适应。

(2)在符合国家标准的情况下,应尽量做到经济实用、科学合理、环境优美,体现窗口行业的文明风貌[12]。

(3)用现代化的理念规划建设公交场站。场站应尽可能配有完善的设施,采用现代化的通信调度设备,运用先进的信息技术、控制技术对交通场站实现数字化的管理[12]。

2. 城市交通枢纽设计理念

城市交通枢纽首要功能是方便乘客换乘,因此相比于单个交通场站,交通枢纽应时刻遵循"以人为本"的基本理念,并需做到以下五点[13]:

(1)规划设计组织一体化。交通枢纽的建设涉及多个部门,必须要在规划选址、方案制定上做到组织协调统一,相互积极配合,才能保证各枢纽设施集约布局、有效衔接、资源共享、换乘便捷,实现一体化客运服务功能。

(2)交通运行流程一体化。无论是车流组织还是人流组织,均需要注重交通运行在流线设计上体现一体化,保证乘客在不同交通方式、交通工具转换间的无缝衔接,体现出交通行进过程中的连续、快捷、明确的特征。

(3)基础设施建设一体化。枢纽中各交通设施、各换乘层面会上下叠合,各种设施之间会留有平面、竖向多个接口,枢纽建设涉及不同投资、管理主体。在建设过程中,必须实现相

互协调,相互预留,尽量做到同步建设,如不能同步,则要求先建者必须考虑后建者的实施可能性,并预留接口。

(4)信息导向一体化。不同运输方式之间应做到信息互联互通、信息共享、导向标志风格统一。在导向系统设计设置中,注意诱导系统信息的连续性、一致性。

(5)安全应急处理一体化。必须构建一套有效的协同管理机制,保证交通换乘枢纽内各运输方式在应急状态条件下管理指挥一体化。

二、城市交通场站与枢纽规划设计原则

交通枢纽和场站作为城市的重要交通基础设施,在其规划设计过程中,应体现安全、便捷、高效、集约、绿色、文化等设计原则[13]:

1. 安全

人车分流,减少交织,预留行人缓冲区域,避免出现人流、车流拥堵和瓶颈节点。

2. 便捷

各种运输方式紧密衔接,乘客可以方便、快捷地在短距离内实现换乘或集散。

3. 高效

标志系统清晰准确,交通组织科学合理,以有序、顺畅的交通流线引导建筑空间,快速集散乘客和车辆。

4. 集约

合理利用土地和交通资源,集约化、规模化组织交通出行和换乘。

5. 绿色

遵循环境友好、节约资源的原则,在设计过程中注重可持续发展的理念,为未来的发展预留足够的空间与弹性。

6. 文化

由内部设计至外部设计,均体现以人为本的人文关怀和对人性的尊重。内部设计注重空间人性化设计,提供舒适换乘空间,加强乘客对公共空间的亲切体验;外部设计强调建筑形态与交通功能、地域文化、自然环境相契合、协调。

三、城市交通场站与枢纽规划设计内容

1. 交通场站的规划设计

城市交通场站是构成交通系统的重要基础设施,其规划建设必须依据城市总体建设发展规划,贯彻执行国家有关建设标准与设计规范,结合城市建设发展目标及相应的发展预测。交通场站规划与设计主要分为以下三个方面:场站选址、场站用地布置及场站建筑设施。

场站的选址应根据公共交通车种、车辆数、服务半径和所在区域的用地条件设置;场站的用地布置主要依据车辆的发展规模;场站的建筑设施主要包括信息设施(如信息牌、站牌、时刻表等)、便利设施(如座椅、站台、候车亭等),安全环保设施,部分交通场站,如枢纽站还应具有运营管理设施。

2. 交通枢纽的规划设计

城市交通枢纽的规划设计是以交通系统的"资源"(包括时间、空间、经济的资源)为约

束条件，以问题或目标为导向，对已有和将要建设的枢纽进行交通工程优化设计，实现城市综合客运交通系统的最佳运输效益和效率，最终为枢纽地区和城市提供良好的交通环境和开发环境。

城市交通枢纽的规划设计主要分为两个阶段，即总体规划阶段与设计阶段。总体规划阶段一般包括枢纽的发展现状与趋势分析、枢纽片区的综合规划、功能定位与必要性分析、枢纽选址、需求预测。设计阶段包括枢纽规模的预测、枢纽总体布置、土建工程、枢纽信息导向系统、安全应急系统、经济评价等[14]。

1) 枢纽总体规划阶段

(1) 发展现状与趋势分析包括城市经济社会和交通运输发展现状及趋势两方面。经济社会发展现状与趋势，即阐述所在城市的性质、职能、交通区位、社会发展等概况，分析枢纽影响范围内的人口、城市空间结构及经济发展特点，结合全国及区域经济发展格局的变化趋势和相关规划，预测经济社会主要发展指标。交通运输发展现状与趋势分析主要包括：分析研究枢纽所在城市的交通运输发展现状及趋势（如基础设施的建设情况、客运服务水平及客流出行特征等），从需求、布局、功能、规模、能力、运营等方面评估城市场站的适应状况和存在的主要问题，以及分析各交通方式发展趋势及对枢纽建设的影响。

(2) 枢纽片区的综合规划是根据所在城市的总体规划和相关前期研究成果，介绍综合交通枢纽所在城市片区的功能、用地、交通等综合规划相关情况。一般包括：枢纽所在片区的总体发展定位、用地结构、空间布局形态；枢纽主导方式线网及场站的布设位置；枢纽片区的综合交通规划（轨道交通规划、道路系统规划、公交系统规划、停车场规划等）及相关技术经济指标要求。

(3) 枢纽功能定位就是根据所在城市或区域对外出行特征及枢纽内交通方式构成，明确交通枢纽的服务对象、服务功能、发展目标、各交通方式之间的功能关系。必要性分析就是从促进社会经济发展、引导和适应城市建设、提升乘客出行服务水平等方面阐述枢纽建设的必要性。

(4) 枢纽的选址即在确定枢纽用地的范围内，明确枢纽的位置和建设范围。一般来说，枢纽的选址是多方面条件综合影响的结果，如枢纽场址的地形、地貌、水文、气候；枢纽周边交通现状及规划情况；相关市政配套规划条件及建设进展。

(5) 枢纽的需求预测则是根据设计年限，结合城市客运市场需求特征及趋势，预测各运输方式的客运量、不同运输方式之间的换乘量以及乘客最高聚集人数、高峰小时发送量等指标。

2) 枢纽设计阶段

枢纽的设计是在上述规划的要求下，以交通系统的"资源"（包括时间、空间、经济的资源）为约束条件，以问题或目标为导向，对已有和将要建设的枢纽进行基于"无缝接驳"的空间资源整合和基于"即时换乘"的时间效益优化相结合的交通设计，进而达到空间和时间上综合效率最佳，为乘客提供快捷、方便、舒适、安全的换乘环境，同时提高枢纽集聚和疏解客流的能力。枢纽的设计，无论对早期规划方案还是对日后运营管理，都有重要的意义，如图1-14所示。

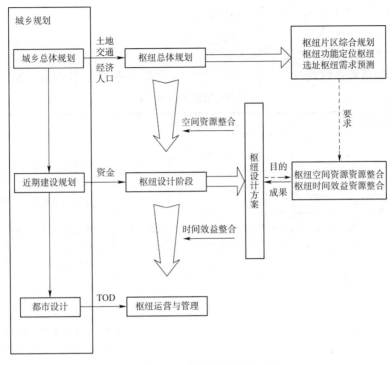

图 1-14 枢纽设计阶段的作用与定位

注：TDD（Transit Oriented Development 的简称），以公共交通为导向的开发。

（1）枢纽规模预测，是在需求预测的基础上，参考各种运输方式的场站技术规范和相关标准，依照相应规划发展的服务水平，确定枢纽的用地及建筑面积。

（2）枢纽总体布置，是研究枢纽功能区域的布设与组合形态，确定枢纽的总体平面布置方案。总体布置主要包括三个方面：功能区域布设与组合形态、交通组织方案和总体平面布局。

功能区域布设与组合形态是确定不同交通方式场站布设区域和明确枢纽的组合形态。对于大型、特大型交通枢纽还需考虑景观环境和视觉的要求。

交通组织方案包括对外交通组织和内部交通组织。对外交通组织就是设计交通枢纽与城市干道、对外集疏通道的交通流线，明确枢纽重要进出口通道，提出交通枢纽对外交通组织优化方案。内部交通组织就是确定各类车流、人流的流线方案。

总体平面布置方案是明确各种运输方式界面划分原则，完成总体平面布设方案以及内部各功能设施的平面布置。

（3）枢纽信息导向系统，又分为信息系统和导向系统。信息系统是指枢纽为乘客提供一体化综合信息服务的集成化、平台式信息管理系统；导向系统是附设于枢纽内部或周边区域，引导乘客正确有效地完成空间定位、换乘选择的信息标志总称。

需要注意的是，一个较为理想的多功能的枢纽不仅需要完善的组织机构，更需要各个环节之间良好的衔接，以保证枢纽在城市交通中发挥强大的作用。

3. 交通枢纽规划与设计成果

一个完善的交通枢纽规划与设计成果应包括以下四部分，主要内容如表 1-4 所示。

（1）枢纽交通设计方案说明书或研究报告。
（2）主要设计表格、图纸。
（3）各种交通方式的行车组织和运营管理建议。
（4）有关的政策措施建议。如：土地开发强度、发展性质、交通管理政策等。

交通枢纽规划设计具体内容表　　　　　　　　　　表1-4

规划与设计内容	主要表格	主要插图
发展现状及趋势分析	所在地区社会经济发展状况表； 所在地历史年份客运量数据； 所在地城市客运站基本情况表	城市区位图； 城市总体规划图； 地理位置示意图； 枢纽周边线网布局规划图
枢纽片区综合规划	建设枢纽界面划分表（各功能区相对空间位置、建设内容、建设时序）； 主要技术经济指标表	所在片区用地结构示意图； 所在片区综合交通规划示意图； 枢纽空间布局形态示意图
功能定位及建设必要性	—	—
枢纽选址	—	用地范围示意图； 周边交通现状图； 市政管网布局示意图
需求预测	各运输方式乘客发送量预测表； 乘客换乘矩阵； 最高聚集人数等指标表	—
规模预测	主要交通设施建设需求规模一览表； 各个交通方式主要技术指标表	—
总体布置	—	各交通方式换乘关系分析图； 功能分区示意图； 拟建项目总平面布置图； 机动车交通组织图； 乘客流线图

本 章 小 结

本章对交通枢纽、城市交通枢纽、城市交通场站的相关概念进行了介绍，讨论了三者的区别与联系，以及城市交通场站和枢纽的功能与分类，探讨了城市交通枢纽的演化因素，分析了我国交通枢纽的现状以及日后的发展趋势，详细介绍了城市交通场站和枢纽的规划设计内容，为后续章节作基本概念的支撑。

复习思考题

1.简要说明交通枢纽和城市交通枢纽的概念。

2. 简要说明城市交通枢纽的各种分类方法。
3. 分析城市交通场站与枢纽的区别与联系。
4. 简述城市交通枢纽规划设计的理念与原则。
5. 简述城市交通枢纽规划设计的主要内容。

第二章　城市交通场站与枢纽规划基础理论

【课前导读】　本章主要讨论城市交通场站与枢纽的规划基础理论。第一节介绍了城市交通枢纽交通影响区的范围；第二节介绍了城市交通枢纽选址的影响因素、原则和方法；第三节介绍了城市交通枢纽客流预测的原理与方法。

【知识学习目标】　掌握城市交通枢纽影响范围的概念；了解影响城市交通枢纽选址的因素并掌握常用的选址方法；了解城市交通场站客流预测的主要内容。

【能力培养目标】　建立城市交通场站和枢纽规划的基本概念，了解相关流程，掌握主要规划内容。

【教学重点】　城市交通枢纽影响范围的确定；交通枢纽选址的影响因素与原则；交通枢纽客流预测的主要内容。

【教学难点】　掌握城市交通枢纽选址的方法；交通枢纽客流预测方法。

第一节　城市交通枢纽影响范围确定理论

一、交通枢纽合理区

合理影响区是由各种交通方式合理接驳的距离边界确定的，通常以距离或面积为主要衡量指标。假设枢纽周边大范围内用地性质均一、开发强度相同、人口密度相当且不考虑路网及道路设施的特性，那么各种交通方式衔接的枢纽影响区范围如图2-1所示。

城市交通枢纽合理的影响区范围不取决于线网密度，而是取决于枢纽密度。如表2-1所示是对莫斯科、汉堡、伦敦、巴黎等城市中心区换乘枢纽路网进行分析研究的结果。从表中可见，决定车站步行距离的指标不是交通路网密度，而是成为"枢纽密度"的车站本身的布置密度，枢纽密度才是城市交通枢纽建设效益参数的决定性指标。城市交通枢纽欲增加其影响区范围，则需增加枢纽密度。事实上，由于受到土地、线网的发展以及枢纽造价等方面因素的影响，线网密度和站距的增加是有一个限度的，而且城市交通枢纽影响区还与接驳方式有关[16]。

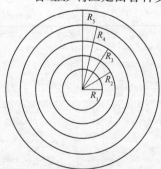

图2-1　交通枢纽影响区示意图
R_1-步行接驳合理半径；R_2-自行车接驳合理半径；R_3-公交接驳合理半径；R_4-轨道交通接驳合理半径；R_5-小汽车接驳合理半径

国外交通枢纽影响区范围[16]　　　　表2-1

参　数	城　市				
	莫斯科	汉堡		伦敦	巴黎
	1980年	1985~1990年	1980年	1980年	1980年
研究地域面积(km²)	36	36	21	20	42
路网密度(km/km²)	1.63	1.91	1.78	2.88	2.48
车站(枢纽)密度(枢纽/km²)	0.7	0.75	1.24	2.2	3.92
平均站距(m)	1310	1260	910	840	470
平均一个车站(枢纽)服务面积(hm²)	144	122	81	46	26
至车站(枢纽)的平均步行距离(m)	455	438	340	255	190
至车站(枢纽)的平均步行时间(min)	7	7	5	4	3

1. 合理步行区

合理步行区范围的大小主要取决于四个方面的因素：

(1)枢纽辐射区域内土地开发模式、居民和就业岗位的空间分布形态以及居民出行方式的选择模式，这是决定其合理步行区的主要因素。

(2)枢纽辐射区域内的路网条件，如路网结构形式、路网密度以及连通度等因素。

(3)枢纽的空间分布密度。决定出行目的地至枢纽距离的指标并不是道路线网密度，而是枢纽密度，同时枢纽密度也将影响枢纽辐射范围的大小和吸引客源的强弱。

(4)出行者的生理条件。出行者至枢纽的合理步行距离，主要取决于出行者的生理条件，只在很小的程度上取决于枢纽在城市中的布局。

通常情况下，居民出行都力求出行时间最短，所以在研究过程中，通过以步行到站时间作为自变量的车站服务半径的函数来确定合理的步行区半径R：

$$R = V_w \cdot t \tag{2-1}$$

式中：V_w——居民出行步行速度(m/s)；

t——居民出行时间(s)。

结合我国城市轨道交通的建设情况，并综合考虑各种因素的影响，建议以85%位下的步行接驳区域作为对外换乘枢纽的合理步行区和步行接驳客流的生成区域，80%位下的步行接驳区域作为轨道枢纽的合理步行区和步行接驳客流的生成区域，70%位下的步行接驳区域作为常规公共交通换乘枢纽的合理步行区和步行接驳客流的生成区域，同时这个区域也可以作为步行衔接布局的重点区域[16]。

2. 合理交通区

从理论上讲，如果不考虑交通工具的使用费用，当乘客使用交通工具去换乘枢纽的时间与步行去枢纽所花的时间相当时，那么他会使用交通工具去交通枢纽。因此，步行合理区与交通合理区的界限，由步行或乘交通工具至交通枢纽消耗同等的时间确定，即认为各接驳方式的合理时间是相等的。

确定枢纽的合理交通区也就是确定各种接驳方式客流的生成区域。根据枢纽聚集效应原理,通过求取接运方式客流的聚集效应衰减函数曲线来确定各种接运方式的合理交通区。可以采用下述两种方法来确定换乘枢纽的合理交通区[16]:

(1)位于城市建成区或枢纽密度较高地区的枢纽,合理步行区边界以外直至另一个枢纽合理步行区边界的范围作为自行车、常规公交以及小汽车(包括出租车)等方式共同的合理接驳区域,该区域所生成的客流,在进行方式划分和路网配流时,采用多种方式竞争的模型来确定各方式的合理交通区。

(2)位于城市边缘区或枢纽密度较低地区的枢纽,采用各交通方式接驳与步行接驳消耗同等时间的原则来确定各接运方式的合理交通区。

以步行合理时间(10 min)为基准,考虑各接驳方式的合理半径,可得如表2-2所示数值。在推测中均假定影响区范围是以枢纽为中心的圆形区域。

表2-2 不同交通方式服务半径与范围[15]

接驳方式	速度(km/h)	最大合理服务半径(km)	最大合理服务区面积(km²)
步行	3~5	0.5~0.8	0.78~2.0
自行车	10~14	1.7~2.3	9.1~16.6
常规公交	16~25	2.6~4.2	21.2~55.4
轨道交通	30~40	5~6.7	78.5~140.9
小汽车	40~60	6.7~10	140.9~314.1

二、交通枢纽影响区

交通枢纽影响区是指现状吸引范围,反映交通枢纽区客源分布状况。一般而言,一个客运交通枢纽所吸引的客源越多,其影响范围越广。但是随着距离的增长,枢纽的相对可达性变弱,枢纽对客源的吸引大小也会随着衰减,这样在考虑两个等级相当的交通枢纽的交互作用时,在二者之间必然存在一些竞争区,如图2-2所示,交通枢纽A和B的吸引力衰减曲线在O点相交,AO区域的乘客以到A枢纽乘车为主,属于A的吸引范围;BO区域的乘客以到B枢纽乘车换乘为主,属于B的吸引范围,而O点所在的一个小区域范围属于枢纽吸引的竞争区。不同等级的交通枢纽有不同的吸引范围,普通站点的吸引范围可能会被附近大型交通枢纽的吸引范围所覆盖[17]。

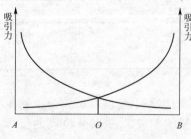

图2-2 交通枢纽影响范围示意图[17]

通常出行者对某个枢纽换乘的选择,与该枢纽的可达性有关。假定出行者每次出行总是选择出行时间最短的方式和路径,那么,若出行者到达某个枢纽乘车时所花费时间最短,则该换乘枢纽的可达性对此次出行吸引最大,他便选择这个换乘枢纽。随着到某特定换乘枢纽的距离增加,其可达性变小,其他换乘枢纽的可达性增大。这样,在两个规模相当的换乘枢纽之间存在一系列点到两个换乘枢纽的可达性相同。将特定枢纽周围的这些点全部找出来并连成线,便得到这一换乘枢纽的影响区。

第二节　城市交通枢纽的选址方法

一、城市交通枢纽选址影响因素

城市交通枢纽的选址主要可以从城市定位、城市形态、交通功能、运输能力四个方面所产生的影响进行综合分析,具体如图 2-3 所示[18]。

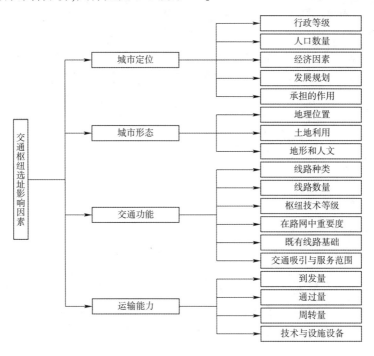

图 2-3　交通枢纽选址影响因素[18]

1. 城市定位

城市定位指的是城市交通枢纽所依附城市的行政等级、人口数量、经济因素(包括经济总量和经济影响力)、城市的发展规划以及在全国和区域中承担的作用。城市定位是一座城市影响力、竞争力和发展潜力的重要表现,是其综合实力的体现。交通枢纽城市定位的高低决定着城市在综合交通运输系统以及全国和区域中的重要性。

城市定位对城市交通枢纽选址规划的影响还体现在枢纽所依托的城市能否实现作为综合交通枢纽的全部功能。

2. 城市形态

城市形态指的是城市的规划格局以及城市土地的功能区划分,主要包括地理位置、地形情况、土地利用情况和人文风情等因素。城市的形态与规模决定了城市的性质、规模、城市用地功能分区、城乡发展和经济发展的方向,决定着该城市节点交通站场的分布与特征,如站场的数量、布置方式和位置,这也是日后会严重影响和制约城市发展的重要因素。因此,城市形态间接影响了城市交通枢纽的运输能力和交通功能。

3. 交通功能

城市交通枢纽的交通功能主要表现在城市交通线路的种类、数量、枢纽技术等级、在综合交通运输系统中的重要度、城市既有交通线路基础以及交通的吸引和辐射范围等方面。

交通功能是影响城市交通枢纽选址的最重要因素。交通线路的种类代表着该城市节点是否属于多种交通方式的交汇处。交通线路的数量、技术等级以及在交通运输系统中的重要度决定了城市交通线路在全国和区域路网中的重要性。城市既有交通线路基础决定了城市路网的基础，也体现了城市节点的发展与建设难度。

4. 运输能力

运输能力包括乘客的到发量、通过量、周转量、运输技术和设施设备。枢纽运输能力是其交通功能实现的基础。交通功能的完善程度决定了枢纽运输能力的大小。到发量、通过量、周转量则具体量化了枢纽运输能力大小。运输技术与设施设备是运输能力的支撑与保证。因此，运输能力是衡量交通枢纽所依附的城市能否充分发挥其综合交通枢纽作用的重要指标，较强的运输能力也是高层级综合交通枢纽所应具备的必要条件。

综上所述，城市交通枢纽的选址规划是城市定位、城市形态、交通功能、运输能力四个方面相互影响、综合作用的结果。城市定位和城市形态是影响枢纽所依托城市在全国或区域交通运输系统中重要性的关键因素。交通功能和运输能力是决定一个城市节点能否成为综合交通枢纽的主要因素。

二、城市交通枢纽选址原则

城市交通枢纽的布局既要着眼城市对外交通，又要充分考虑城市内部交通；既要体现对外交通便捷和城市交通顺畅的统一，又要实现枢纽站场规模效益与城市空间布局的统一。要从乘客出行、枢纽规模效益、城市发展三个角度出发，协调三者之间利益关系，找到最佳平衡点。城市交通枢纽选址应贯彻以下基本原则：

1. 以人为本原则

枢纽站场的选址力求与城市主要居民区、大型客源点之间有便捷的交通联系，应尽量靠近公交等主要的城市交通方式或与公交等城市交通方式合并建设，实现乘客的快速集散和中转换乘，建立"方便、舒适、高效"的客运一体化换乘方式，最大限度地体现"以人为本"的人文关怀，减少乘客换乘过程中的消耗，节约乘客的出行时间和费用。

2. 适应性原则

枢纽的选址要求与枢纽所在城市的经济社会、城市空间布局形态与用地、交通发展格局以及乘客的出行习惯相适应。布局选址必须服从经济、社会发展的战略与目标，符合城市总体规划和生产力分布的格局，与城市总体布局相协调，促进城市各功能区的有效拓展。

3. 协调性原则

枢纽的选址需充分考虑综合交通体系的协调发展，发挥公路运输衔接其他运输方式的优势，处理好与火车站、港口、机场、轨道交通、城市公交以及社会车辆之间的协调关系,做到信息互通、能力匹配,使运输生产的全过程保持高效连续,提高综合运输的总体效益。

4. 统筹性原则

枢纽的选址要有长远战略思想,正确处理局部与整体、远期与近期、需要与可能、新站与旧站之间的关系。在尽可能满足客运需求及减少城市交通干扰的前提下,尽量利用已有站场,以节省投资,从功能分工和服务区域分工上满足新旧兼顾、统筹发展的原则。

5. 有效性原则

城市交通枢纽作为集多种运输方式于一体的交通设施,在枢纽内多种运输方式并不是简单的叠加,在布局过程中需要强调时空布局的有效性,在内部的交通设计与流程安排、外部的交通组织与环境设计都必须坚持有效性原则。有效性原则是提高城市交通枢纽运行效率的重要保证。

三、交通枢纽选址模型

城市交通枢纽选址模型按照其性质划分为两类,即定性选址模型和定量选址模型:

(1)定性选址模型:又称经验法专家咨询选址模型,指的是建立在逻辑思维、逻辑分析、逻辑判断、逻辑推理、创造基础上的定性方法进行公交枢纽选址的模型。

(2)定量选址模型:指的是建立在数学、统计学、数理逻辑、控制论、运筹学等基础上,通过图表、数学公式等建立的枢纽选址模型。

定量选址模型又可分为两类:

①连续型选址模型:如重心法、微分法。

②离散型选址模型:如混合整数规划法、Bawmol-Wolfe 法、逐次逼近模型等。

其中,定性选址模型是专家凭经验和专业知识对相关指标量化后,综合分析得到的选址方案,决策结果受专家知识结构、经验及所处时代和社会环境等多方面因素的影响。由于选址分析取决于主观分析,在规划时更适用于对有限备选站点的优化选址。连续型选址模型不限于对特定备选集合的选择,自由度较大,但规划时难以考虑实际的土地约束条件,结果往往并不实用。离散型选址模型应用广泛,但其具有所需基础数据较多、计算量大的不足。因此,在规划实践中经常将其中几个选址模型结合起来,共同确定枢纽的选址方案。

1. 连续型选址模型

1)一元重心法模型

一元重心法适用于在规划范围内只设置一个站点的问题。虽然实际的运输枢纽中这种问题并不多见,因为多场站布局的变数多,有时为了简化模型,减少工作量,可以把它变成医院场站布局问题求解。

重心法是一种模拟方法,它将运输发生点和吸引点看成是分布在某一平面范围内的物体系统,各点的运输发生、吸引量分别看成该点的重量,物体系统的重心就是场站设置的最佳点,用求几何中心的方法来确定运输场站的最佳位置,其数学模型如下:

设规划区域有 n 个交通发生点与吸引点,各点的发生量和吸引量为 W_j,坐标为 (x_j, y_j),

需设置场站的坐标为(x,y),场站的运输费率为C_j。根据平面物体求重心的方法,枢纽的最佳位置计算公式如下:

$$\begin{cases} x = \dfrac{\sum\limits_{j=1}^{n} C_j W_j x_j}{\sum\limits_{j=1}^{n} C_j W_j} \\ y = \dfrac{\sum\limits_{j=1}^{n} C_j W_j y_j}{\sum\limits_{j=1}^{n} C_j W_j} \end{cases} \tag{2-2}$$

重心法的特点是简单,但它将纵坐标和横坐标视作独立的变量,与实际交通系统的情况相去甚远,求出的解往往是不精确的,只能作为初步场站布局的参考。

2) 微分法模型

微分法是为了克服重心法的缺点而提出的,它的前提条件与重心法相同。系统的总费用F的计算公式如下:

$$F = \sum_{j=1}^{n} C_j W_j [(x-x_j)^2 + (y-y_j)^2]^{1/2} \tag{2-3}$$

通过对总费用F取极小值,即分别令F对x、y的偏微分为零,得到新的极值点。求解公式如下:

$$\begin{cases} x = \dfrac{\sum\limits_{j=1}^{n} C_j W_j x_j [(x-x_j)^2 + (y-y_j)^2]^{1/2}}{\sum\limits_{j=1}^{n} C_j W_j [(x-x_j)^2 + (y-y_j)^2]^{1/2}} \\ y = \dfrac{\sum\limits_{j=1}^{n} C_j W_j y_j [(x-x_j)^2 + (y-y_j)^2]^{1/2}}{\sum\limits_{j=1}^{n} C_j W_j [(x-x_j)^2 + (y-y_j)^2]^{1/2}} \end{cases} \tag{2-4}$$

上式中,物理量意义同式(2-2)。

微分法需要以重心法的结果为初始解,不断迭代,直到前后两次的迭代误差不超过设定范围,从而确定最佳结果。虽然它从数学上可以给出具体位置,但其只是数学解,还需放到实际的交通系统中进行进一步调整。

2. 离散型选址模型

1) 多元站场的混合整数规划法模型

设在一个供需平衡的系统中有m个发生点,各点发生量为a_i;有n个吸引点,各点的需求量为b_j;有q个可能设置的备选场站地址。发生点的交通量可以从设置的场站中转,也可以直接到达吸引点。假定各备选地址设置场站的基建投资、中转费用和运输费率均已知,以总成本最低为目标确定场站布局的最佳方案。

$$\min F = \sum_{i=1}^{m}\sum_{k=1}^{q} C_{ik} X_{ik} + \sum_{k=1}^{q}\sum_{j=1}^{n} C_{kj} Y_{kj} + \sum_{i=1}^{m}\sum_{j=1}^{n} C_{ij} Z_{ij} + \sum_{k=1}^{q}\left(F_k W_k + C_k \sum_{i=1}^{m} X_{ik} \right) \tag{2-5}$$

约束方程为:

$$\begin{cases} \sum_{k=1}^{q} X_{ik} + \sum_{j=1}^{n} Z_{ij} \leq a_i \\ \sum_{k=1}^{q} Y_{kj} + \sum_{j=1}^{m} Z_{ij} \leq b_i \\ \sum_{i=1}^{m} X_{ik} = \sum_{j=1}^{n} Y_{kj} \end{cases} \quad (2\text{-}6)$$

式中：X_{ik}——从发生点 i 到枢纽场站 k 的交通量；

Y_{kj}——从枢纽场站 k 到吸引点 j 的交通量；

Z_{ij}——从发生点 i 到吸引点 j 的交通量；

W_k——备选枢纽站 k 是否被选中的决策变量，被选中时取 1，否则取 0；

C_{ik}——从发生点 i 到备选枢纽站 k 的单位费用；

C_{ij}——从发生点 i 到吸引点 j 的单位费用；

C_{kj}——从备选枢纽 k 到吸引点 j 的单位费用；

F_k——备选枢纽场站 k 选中后的基建投资；

C_k——备选枢纽场站 k 单位交通中转费用。

这种方法在理论上是非常完善的，但仍然是对实际问题的大大简化，没有考虑场站规模的限制、建设成本、运营费用的非线性等实际因素的影响。由于考虑了枢纽场站基本建设投资，出现了 0/1 型整数变量，模型的求解仍很复杂，因此混合整数规划模型只能用于比较简单的交通网络中。

2) 运输规划模型

运输规划模型是忽略了对枢纽场地的基础建设投资，从而将混合整数规划模型简化成线性规划模型，该方法需要事先确定备选枢纽的集合和位置，以及节点间的单位运输费用：

$$\min F = \sum_{i=1}^{m} \sum_{k=1}^{q} (C_{ik} + C_k) X_{ik} + \sum_{k=1}^{q} \sum_{j=1}^{n} C_{kj} Y_{kj} + \sum_{i=1}^{m} \sum_{j=1}^{n} C_{ij} Z_{ij} \quad (2\text{-}7)$$

约束方程为：

$$\begin{cases} \sum_{k=1}^{q} X_{ik} + \sum_{j=1}^{n} Z_{ij} = a_i \\ \sum_{k=1}^{q} Y_{kj} + \sum_{i=1}^{m} Z_{ij} = b_i \\ \sum_{i=1}^{m} X_{ik} + X_k = d_k \\ \sum_{i=1}^{m} Y_{kj} + X_k = d_k \end{cases} \quad (2\text{-}8)$$

式中：X_k——备选网点 k 的闲置量；

d_k——备选网点 k 最大能力（最大可能设置的规模）；

其余符号意义同前。

这是线性规划中典型的运输问题，模型求解的方法比较成熟，可采用表上作业法。

第三节 城市交通枢纽客流预测

城市交通枢纽客流量是随着路网建设、不同交通方式之间的竞争而呈现出动态性变化的特点,这些变化不仅影响着公共交通枢纽的空间布局,也影响着枢纽的规模及多样化设计。因此,客流量预测是城市交通枢纽设计的前提。

城市交通枢纽中乘客的换乘行为主要包括四类:城市外部交通之间的换乘、城市内部交通换乘城市对外交通、城市对外交通换乘城市内部交通及城市内部交通之间的换乘。换乘量的预测是城市交通枢纽客流预测的核心内容,换乘量预测的结果表现为换乘矩阵,换乘矩阵如表2-3所示,通过换乘矩阵,可以获取各种交通方式之间的换乘客流量、各方式的到达总量、发送总量、综合枢纽的总换乘量,这些参数是确定枢纽集疏运系统以及各种交通设施设计的重要依据。要比较合理地预测客流的换乘矩阵,至少需要在以下四个方面开展重点研究[14]:

(1)枢纽对外客运量指标预测。
(2)枢纽对外交通方式集疏运结构预测。
(3)城市交通及商业项目的吸引量预测。
(4)乘客换乘矩阵预测判断。

交通枢纽换乘矩阵[14]　　　　　　表2-3

出发量 O \ 到达量 D		城市对外交通			城市内部交通					到达总量 D
		民航	铁路	公路	公交	出租汽车	社会车辆	轨道交通	其他	
城市对外交通	民航	A_{11}	A_{12}	A_{13}	A_{14}	A_{15}	A_{16}	A_{17}	A_{18}	A_{1D}
	铁路	A_{21}	A_{22} 外—外	A_{23}	A_{24}	A_{25}	A_{26} 外—内	A_{27}	A_{28}	A_{2D}
	公路	A_{31}	A_{32}	A_{33}	A_{34}	A_{35}	A_{36}	A_{37}	A_{38}	A_{3D}
城市内部交通	公交	A_{41}	A_{42}	A_{43}	A_{44}	A_{45}	A_{46}	A_{47}	A_{48}	A_{4D}
	出租汽车	A_{51}	A_{52}	A_{53}	A_{54}	A_{55}	A_{56}	A_{57}	A_{58}	A_{5D}
	社会车辆	A_{61}	A_{62} 内—外	A_{63}	A_{64}	A_{65}	A_{66} 内—内	A_{67}	A_{68}	A_{6D}
	轨道交通	A_{71}	A_{72}	A_{73}	A_{74}	A_{75}	A_{76}	A_{77}	A_{78}	A_{7D}
	其他	A_{81}	A_{82}	A_{83}	A_{84}	A_{85}	A_{86}	A_{87}	A_{88}	A_{8D}
出发总量 O		A_{O1}	A_{O2}	A_{O3}	A_{O4}	A_{O5}	A_{O6}	A_{O7}	A_{O8}	A_{OD}

注:铺灰表示城市内外之间交通换乘行为。

1. 枢纽对外客运量指标预测

枢纽对外交通客运量是指由水运、航空、铁路、公路等对外运输方式承担并出入市境的客运量,包括各种对外运输方式的发送量、到达量等,其指标一般涉及发送量、到达量、最高聚集人数、吞吐量等。对外交通客运量的预测,是论证枢纽各类对外交通设施规模、服务功能以及开展枢纽集疏运交通预测的前提。

其预测过程基本包括以下几个步骤[14]：

(1) 根据城市社会经济发展及城镇化水平变化趋势，预测全社会对外客运总量。

(2) 分析区域综合运输结构变化特征，根据不同对外交通方式分担比例，预测各对外交通方式客运量。

(3) 根据综合交通枢纽中各对外交通方式场站在城市中的空间和布局、功能分工、发送功能等，预测枢纽中该方式场站的到发量。

预测中可使用时间、人口、人均 GDP、人均收入、城镇化比率等作为自变量，运用一元回归、多元回归、非线性回归、弹性系数法、人均出行次数法、灰色预测模型等方法进行预测。对于部分大型综合枢纽，其服务影响范围若超越了所在城市范围时，还应预测各对外交通方式影响范围内乘客的规模与比例。

2. 枢纽对外交通方式集疏运结构预测

枢纽对外交通方式集疏运结构预测是指对外交通方式的乘客到发枢纽，提前预测各方式所用各类城市内部交通方式的比重。一般可根据枢纽所在城市的具体情况，采用经验比例法或构造模型进行计算[14]。

1) 经验比例法

经验比例法主要是根据城市中既有对外交通方式客运场站中集疏运结构比例的现状数据，参考国内外同类枢纽相关数据，结合专家经验，预测枢纽各对外交通方式的集疏运比例。

2) Logit 模型法

对于出行分布可采用"枢纽乘客出行目的划分 + 同类目的乘客目的地选择"的思路进行测算，应用 Logit 模型进行求解。

Logit 模型是求解此类问题比较成熟的方法，其理论是假设出行者对交通方式的选择符合正态分布。现假定乘客选择第 i 种交通方式的因素用 s_i 表示，选择第 i 种交通方式的概率为 $P(i)$，则：

$$P(i) = P(s_i \geq s_j) \quad j = 1, 2, \cdots \quad (j \neq i) \tag{2-9}$$

在建模过程中，乘客换乘选择某种交通方式的影响因素主要包括时间、票价、舒适度、安全性、出行习惯等。在应用 Logit 模型时，一般将这些因素综合为特征函数的线性方程，第 i 种交通方式的特征函数为：

$$s_i = a_0^i + a_1^i t_1^i + a_2^i t_2^i + a_3^i t_3^i + a_4^i f^i \tag{2-10}$$

式中： t_1^i ——换乘走行时间；

t_2^i ——平均候车时间；

t_3^i ——在乘时间；

f^i ——票价；

a_0^i ——其他因素，包括可靠性、出行习惯等对 s_i 的影响程度；

a_1^i、a_2^i、a_3^i、a_4^i —— t_1^i、t_2^i、t_3^i、f^i 的权数。

这样，第 i 种交通方式的分担率可表示为：

$$P(i) = \frac{\exp(-\theta_i s_i)}{\sum_{j=1}^{n} \exp(-\theta_j s_j)} \tag{2-11}$$

式中：θ——出行者对交通方式广义出行费用理解差异系数，则乘客由干线运输方式换乘第 i 种接驳交通方式的比例为 $P(i)$，客流为 $QP(i)$，Q 为干线运输方式客流量。

Logit 模型法是研究各种交通方式选择比例方法中运用得最为广泛的一种理论模型，能够比较全面地考虑出行选择的各项影响因素，但建模过程中参数选取难度较大，需要详细的市场调研。

3）重力模型法

重力模型法是利用四阶段法中的出行分布原理，直接进行换乘量矩阵的预测。重力模型的预测需要构建出行阻抗函数，进行参数标定，因此对数据的依赖性也比较大，需要收集枢纽所在城市既有客运场站的换乘客流历史数据。

根据对约束条件的满足情况，重力模型可以分为以下几类：

(1) 无约束重力模型。

无约束重力模型的形式如下所示：

$$X_{ij} = k \frac{T_i^\alpha U_j^\beta}{t_{ij}^\gamma} \tag{2-12}$$

式中：X_{ij}——交通区 i 到交通区 j 的交通分布量；

T_i——交通区 i 的交通产生量；

U_j——交通区 j 的交通吸引量；

t_{ij}——交通区 i 与交通区 j 之间的交通阻抗参数；

α、β、γ、k——待定系数。

交通阻抗参数是反映交通区之间交通便利程度的指标，是对交通区之间交通设施状况和交通状况的综合反映。因此，交通阻抗参数应选用交通区之间有代表性的交通阻抗指标，例如，在以私人交通为主，或以公交为主，且公交的方式或线路较均匀，同时道路网布局也较为均匀的城市，可使用出行距离作为交通阻抗参数；当城市路网分布不均匀时，可采用出行时间作为交通阻抗参数[17]。

(2) 单约束重力模型。

以乌尔西斯模型为例，具体形式如下：

$$X_{ij} = T_i \frac{U_j f(t_{ij})}{\sum_j U_j f(t_{ij})} \tag{2-13}$$

式中：$f(t_{ij})$——交通阻抗函数，一般有指数、对数等形式；

其余符号意义同式(2-12)。

由于其满足约束条件 $\sum_i X_{ij} = T_i$，故称为单约束重力模型。

用单约束重力模型进行求解时，通常由于模型计算出的交通吸引量与给定的交通吸引量并不相同，常常需要进行迭代运算，直至满足约束条件为止，一般误差不大于3%。

(3) 双约束重力模型。

双约束重力模型需要满足发生、吸引量两方面的约束条件，其模型形式如下所示：

$$\begin{cases} X_{ij} = A_i B_j T_i U_j f(t_{ij}) \\ A_i = [\sum_j B_j U_j f(t_{ij})]^{-1} \\ B_j = [\sum_i B_i T_i f(t_{ij})]^{-1} \end{cases} \quad (2\text{-}14)$$

式中,符号意义同式(2-12)。

同理,计算所得出的结果同样也要满足误差在一定范围内。

重力模型是现在广泛使用的交通分布模型,对交通阻抗参数的变化有敏感的反映,在没有完整 OD 数据时也能使用,但由于交通阻抗很小时,其交通分布量会趋近无穷大,因此,不适用于短距离的分布预测。

3. 城市交通及商业项目的吸引量预测

城市交通枢纽除了对外运输方式吸引客流之外,还包括以下四方面客流,这些客流是预测换乘矩阵中"城市内部交通之间"换乘关系的重要内容,其预测方法如下[14]:

(1)周边开发及配建商业项目吸引客流

当交通枢纽周边或内部配建了一定规模的商业项目时,则需要考虑专程到城市交通枢纽进行商业消费的客流,其吸引客流可按商业建筑面积乘以商业吸引率进行计算。商业的吸引率则根据配建商业建筑的性质、规模,参照相应的标准得到。

(2)城市公共交通吸引客流

在一些大型综合交通枢纽中往往汇集了多种交通方式,可达性明显高于一般交通场站,因此会吸引一部分人群选择该枢纽完成出行。这部分客流预测常需要根据常规公交、轨道交通服务范围内的用地性质、服务人口数,结合居民出行次数、出行方式选择的比例来完成。同时还需要考虑公交线网规划情况,根据不同公共交通线路及站点的服务区域,合理划分城市交通枢纽中城市内部交通的服务范围。

(3)枢纽内部人员通勤客流

枢纽内部通勤人员主要通过不同的城市内部交通方式到达枢纽,因此,枢纽内部的通勤客流可根据不同城市内部交通方式的发送量选取合适的比例计算。

(4)接送人员

城市交通枢纽吸引的客流还应包括到达枢纽接送人员产生的客流,接送人员客流可以根据对外交通到发量预测结果,结合到发接送比例确定。根据调查,目前我国铁路主导型、航空主导型接送比例一般在 10%~20%。

4. 乘客换乘矩阵预测判断

乘客换乘矩阵预测判断是在上述三类预测的结果上,进一步结合相关因素,对乘客换乘矩阵中的各部分换乘需求进行细化分析,整合得到乘客换乘矩阵。在换乘矩阵预测判断中,要优先注意以下几点[14]:

(1)优先满足对外交通与城市交通的换乘需求。

(2)城市内部交通优先解决城市公共交通换乘需求。

(3)按照"航空>铁路>公路"的优先顺序,预测对外交通方式间换乘需求。

需要注意的是,由于枢纽在未来的发展过程中,各种不确定因素都可能对客流产生很大的影响,因此,在预测结果的基础上,还应多参照同类已运营枢纽的相关数据和经验,综合考虑未来城市的发展与资源,预留一定的弹性空间,供后续发展。

本章小结

本章阐述了城市交通场站和枢纽规划理论,从城市交通枢纽影响范围、选址方法及客流预测三个方面进行了重点介绍。

复习思考题

1. 交通枢纽规划主要包括哪些方面?不同层面规划主要内容有哪些?
2. 简要说明城市交通枢纽合理区与影响区概念,以及两者之间的同异性。
3. 影响交通枢纽选址的影响因素有哪些?枢纽选址的原则有哪些?
4. 简要阐述常用的选址模型。
5. 城市交通枢纽客流预测主要包括几个方面的内容?这些方面所需要考虑的因素分别有哪些?

第三章　城市交通场站与枢纽设计基础理论

【课前导读】　本章主要讨论城市交通场站和枢纽设计的基础理论。第一节介绍了城市交通枢纽规模的测算及其影响因素；第二节介绍了城市交通枢纽总体布置的影响因素、目标、原则和常用形式；第三节介绍了城市交通枢纽内部客流的行为以及内部客流流线的分析及优化理论。

【知识学习目标】　了解城市交通枢纽设施的分类和特点，掌握枢纽规模测算的方法；了解影响城市交通枢纽总体布置的因素，掌握总体布置的目标和内容；了解交通流线的基本概念，掌握城市交通枢纽内部流线的主要内容以及流线的组织优化方法。

【能力培养目标】　建立城市交通场站和枢纽设计的基本概念，了解相关流程，掌握枢纽设计的主要内容。

【教学重点】　城市交通枢纽规模测算方法；交通枢纽总体布置的内容；交通枢纽流线分析及组织优化。

【教学难点】　城市交通枢纽规模测算；交通枢纽内部流线分析。

第一节　城市交通枢纽规模及其测算依据

一、城市交通枢纽设施类型划分及其特点

城市交通枢纽是集多种交通方式于一体的换乘中心，它的交通功能主要体现为城市对外交通之间的换乘、对外交通与对内交通的换乘以及城市内部交通之间的换乘三个方面。在对综合交通枢纽进行定位时应首先确保交通功能的实现，它的商业服务功能则可根据具体情况而定。各类交通枢纽设施是城市交通枢纽得以实现其功能的最基本条件。城市交通枢纽设施数量多、规模大。因此，按照一定的标准对其进行合理的分类是研究综合交通枢纽设施设备配置的前提。

按照设施功能的不同，可以将设施分为五类，分别是：站房类设施、场地类设施、换乘类设施、信息类设施和商业服务等辅助类设施。具体如表3-1所示。

交通枢纽设施种类[19] 表3-1

城市交通枢纽设施	站房类设施	客运用房	候车厅、售票处、问讯处、服务处……
		办公用房	办公室、会议室、会客室……
		设备用房	供电设备用房、通信设备用房……
		生活用房	食堂、职工休息处……
		站前广场	乘客活动地带、停车场、其他服务设施……
		铁路车场	高速场、城际场、普通车场、市郊场……
	场地类设施	飞行区	跑道、停机坪……
		长途汽车停车场	洗车设备、检修设备……
		公共汽车停车场、出租车停车场、社会车辆停车场、自行车停车场、轨道交通停车场	
	换乘类设施	平面换乘设施	
		立体换乘设施	
	信息类设施	导向标志(静态、动态)	
	商业服务类设施	休息设施	
		娱乐设施	
		餐饮设施	
		购物设施	
		文化设施	

二、城市交通枢纽测算的影响因素

影响城市交通枢纽测算的因素主要有如下几点[14]：

1. 不同类型枢纽的客运效率

由于不同运输方式的运行特性及其服务的客流需求特性不同,城市交通枢纽主导方的客运效率水平也不同,即使是相同的发送量或换乘量,乘客对于枢纽基础设施的要求也是不同的,这在一定程度上影响着建筑规模需求的测算。

2. 交通枢纽所在的城市规模

由于不同的城市用地规模、不同的人口规模,在设施的容积率控制、用地集约化程度等方面存在一定的政策差别,同一类型的枢纽场站在不同的城市所承担的集散量、换乘量以及交通设施的配置上也不同;即使是在换乘量相同的情况下,位于省会城市、经济发达城市、旅游城市的枢纽建筑规模的配备也要高于一般城市。

3. 枢纽内部公共区域与非公共区域的协调

城市交通枢纽的公共服务区域的主体对象是乘客,根据乘客的服务需求,设施规模还应包括问讯处等;非公共区域主要是站务人员工作区,为乘客非接触区,应在国家标准规定的前提下适当压缩乘客非接触区的建筑规模,降低造价。

4. 不同运输方式换乘空间的合理计算

随着城市交通枢纽向大型化、集约化的趋势发展,换乘的结构与种类也越来越多样化。由于换乘空间属于公共区域,在实际中往往需要多家场站企业共同协调。

三、城市交通场站规模测算

对城市交通枢纽规模的测算需要充分地考虑枢纽内不同交通运输方式所需的用地,其大致思想如下:一是当枢纽内各交通方式相互独立且为平面布局,可分别计算各场站用地面积,然后加和,并扣除其中重复计算的公共部分面积;二是当枢纽包含立体化形态时,即在同一用地面积上包含了多种交通方式、采用多层布局方式,此时应注意用地指标的合理分配[16]。本节主要对不同类型交通场站用地规模进行大致概述。

1. 公路客运站

根据《汽车客运站级别划分和建设要求》(JT/T 200—2004),汽车客运站规模如表3-2所示。

车站占地面积指标[20]　　　　　　　　　　　　　　表3-2

设备名称	一级车站	二级车站	三、四、五级车站
占地面积(m²/百人次)	360	400	500

注:其中规模较小的四级车站和五级车站占地面积不应小于2000m²。

上表中,各级车站其分级客流量指标如下:

1)一级车站

(1)日发量在10000人次以上的车站。

(2)省、自治区、直辖市及其所辖市、自治州人民政府和地区行政公署所在地,如无10000人次以上车站,可选取5000人次以上具有代表性的一个车站。

(3)位于国家旅游区或一类边境口岸,日发量在3000人次以上的车站。

2)二级车站

(1)日发量在5000人次以上,不足10000人次以上的车站。

(2)县以上或相当于县人民政府所在地,如无5000人次以上的车站,可选取日发量在3000人次以上具有代表性的一个车站。

(3)位于省级旅游区或二类边境口岸,日发量在2000人次以上的车站。

3)三级车站

日发量在2000人次以上,不足5000人次的车站。

4)四级车站

日发量在300人次以上,不足2000人次的车站。

5)五级车站

日发送量在300人次以下的车站。

2. 铁路客运站

根据《铁路乘客车站建筑规模设计规范》(GB 50226—2007),铁路客运站设施规模为:铁路客运站的用地面积按照铁路性质的不同进行测算,客货共线铁路乘客车站专用场地最小面积应按最高聚集人数确定,客运专线铁路乘客车站专用场地最小面积应按高峰小时发送量确定,其最小面积指标均不宜小于$4.8m^2$/人。其中,乘客活动地带的每人面积指标为$1.83m^2$,停车场地部分的每人面积指标为$2.96m^2$[21]。

3. 民用机场

机场的航站综合区一般由机坪区和航站区组成。根据《民用航空运输机场工程项目建设用地指标》(建标 157—2011),航站综合用地指标如表 3-3 所示。

航站综合用地指标[22]　　　　表 3-3

序号	年乘客吞吐量（万人次）	航站综合区用地指标（10000m²）		
		机坪区	航站区	综合保障设施区
1	30 以下	5.2	4.0	6.0
2	30~50	5.2~7.1	4.0~6.0	6.0~8.0
3	50~100	7.1~11.0	6.0~10.0	8.0~12.5
4	100~200	11.0~23.5	10.0~17.5	12.5~18.5
5	200~500	23.5~38.5	17.5~30.0	18.0~28.0
6	500~1500	38.5~57.0	30.0~50.0	28.0~35.0
7	1500~3000	57.0~120.0	50.0~120.0	35.0~60.0
8	3000~4000	120.0~143.0	120.0~160.0	60.0~65.0

注:1. 序号 7 表示两条近距跑道年乘客吞吐量;序号 8 表示两条远距跑道年乘客吞吐量。
　　2. 年乘客吞吐量 4000 万人次以上,按设计方案专门计算用地。

根据《民用机场工程项目建设用地标准》(建标 105—2008),乘客航站楼的建筑面积取决于建设目标年典型高峰小时乘客吞吐量和年乘客吞吐量,为满足工艺流程需要,航站楼建筑面积不宜小于 2000m²,按典型高峰小时乘客吞吐量估计航站楼面积的指标如表 3-4 所示。

乘客航站楼建筑面积指标(m²/人)[23]　　　　表 3-4

乘客航站区指标	3	4	5	6
国际及我国港澳台部分	28~35	28~35	35~40	35~40
国内部分	20~26	20~26	26~30	26~30

其中,航站区指标根据年乘客吞吐量(万人次)进行划分,三级为 50~200 万人次;四级为 200~1000 万人次;五级为 1000~2000 万人次;六级为 2000 万人次以上。

4. 轨道交通站

《地铁设计规范》(GB 50157—2013)指出:车站的站厅、站台、出入口通道、楼梯、自动扶梯及售检票口等部位的通过能力,应按该站超高峰设计客流量确定。超高峰设计客流量应为该站预测远期高峰小时客流量或客流控制期高峰小时客流量乘以 1.1~1.4 超高峰系数[14]。车辆基地占地面积宜按表 3-5 进行控制。

车辆基地占地面积指标表(m²/人)[24]　　　　表 3-5

车型	A、B	L_b
车辆基地(厂架修、设备维修)	1000	900
车辆段(定修级)	900	750
停车场	600	500

5. 城市常规公交场站

根据《城市公共汽车和无轨电车项目建设标准》(JB 99-104—1996)中规定,公共汽车、无轨电车首末站、枢纽站、停车场、保养场分项建设时,建筑面积指标应符合表 3-6 的规定。

场站建筑面积指标(m²/标车)[25]　　　　表 3-6

单项工程	建设规模（辆）		
	101～200	201～600	601 及以上
首末站、枢纽站	8～10	8～10	7～9
停车场	—	—	21
保养场	50	52～53	35～36

首末站、枢纽站、停车场、保养场分项建设时,其建筑用地指标应符合表 3-7 的规定。

场站建筑用地指标(m²/标车)[25]　　　　表 3-7

单项工程	建设规模（辆）		
	101～200	201～600	601 及以上
首末站、枢纽站	35～25	25～20	17～13
停车场	—	—	30
保养场	90～85	85～80	53～52

《城市道路公共交通站、场、厂工程设计规范》(CJJ/T 15—2011)中介绍了广州等城市公共交通场站的经验值,如表 3-8 所示。

公交场站用地经验数据[26]　　　　表 3-8

场站分类		首末站	枢纽站	要求
公交场站	总面积(m²)	1000～3000	3000 以上	站场以长方形为佳,出入口位于站场两侧,并与场外道路衔接
	容纳线路数	1～4	5 以上	—

6. 城市客运枢纽用地规模

根据《城市综合交通体系规划规范》(征求意见稿),城市内部客运枢纽应根据枢纽区位、用地条件、公交网络、枢纽集散和转换客流量确定枢纽用地规模。根据高峰小时集散和转换客流规模(除去城市轨道交通之间转换量),城市中心区客运枢纽用地宜按照 0.5～1m²/人次控制,城市集中建设区边缘与市郊型客运枢纽应按照 1～1.5m²/人次控制,并宜符合表 3-9 的规定。

枢纽用地规模　　　　表 3-9

枢纽区位	用地规模(m²)	枢纽区位	用地规模(m²)
城市中心区	2000～5000	城市集中建设区边缘	2000～10000

四、公共换乘空间规模的确定

换乘客流是城市交通枢纽客流的核心组成部分,若换乘空间过大,则会导致土地资源的浪费,增加枢纽建设成本,也相应地增加乘客的换乘距离,给换乘客流带来不便;若换乘空间过小,则会导致换乘空间内部的供给小于需求,降低换乘空间的服务水平以及枢纽的运输效率。因此,合理的公共换乘空间不仅可以保证换乘便捷、安全迅速,为乘客提供舒适的换乘环境，也可以在一定程度上节约枢纽的用地,降低建设成本。

换乘设施由平面换乘设施和立体换乘设施组成,其中,平面换乘设施包括换乘大厅、换乘通道等;立体换乘设施包括步行楼梯、自动扶梯以及垂直电梯三类。根据《城市客运交通枢纽设计规范》(征求意见稿),枢纽换乘厅的规模、换乘通道、出入口、楼梯、自动扶梯等设施的能力,应按超高峰设计客流量确定,其中,超高峰设计客流量为预测远期高峰小时客流量或客流控制期的高峰小时客流量乘以 1.1~1.4 的超高峰系数,超高峰系数应根据枢纽功能定位及客流特征等因素综合确定。

1. 平面换乘设施规模的确定

1) 换乘大厅

换乘大厅是换乘乘客最主要的活动区域,它连接着枢纽的通道、站台、候车厅等重要场所,其规模主要应考虑换乘客流步行所需面积、不同交通方式之间的客流换乘量等。根据《城市客运交通枢纽》(征求意见稿),枢纽换乘厅内用于交通换乘的使用面积应按换乘厅的乘客最高聚集人数进行计算,城市对外综合交通枢纽人均面积不应小于 $2.8m^2/$人,城市内部综合交通枢纽人均面积不应小于 $1.8m^2/$人。对外客运交通枢纽及受节假日影响客流量变化大的对内客运交通枢纽,应考虑乘客临时滞留区域或缓冲区域,按滞留乘客人数计算时,其面积不宜小于 $0.5m^2/$人。

2) 站前广场

站前广场主要为集散客流提供场地,也可作为换乘场地供乘客进行换乘。一般来说,站前广场的换乘主要适用于布局较为分散的对外交通方式之间的换乘,或乘客在公交车、出租车、私人小汽车之间的换乘。站前广场的建筑面积主要考虑交通方式的最高聚集人数以及不同方式站前广场乘客活动地带用地指标(一般选取枢纽主导运输方式或服务水平要求更高方式的乘客活动地带用地指标)[14]。

3) 换乘通道

换乘通道是平面上衔接枢纽各个功能区域之间的咽喉,通道设施在设计时应主要考虑高峰小时各方式间的换乘量、通道通行能力及服务水平。根据《城市客运交通枢纽设计规范》(征求意见稿):1m 宽通道或坡度不大于 5% 的坡道,单向通行的最大通行能力为 4000 人/h(66.7 人/min),双向混行的最大通行能力为 3200 人/h(53.3 人/min),交叉混行的最大通行能力为 2250 人/h(37.5 人/min)。其中,换乘通道宽度不能小于 2.7m。

如表 3-10 所示是我国现行规范中对换乘通道的要求,在建设相应场站时,也应依据相应规范对其进行设计。

我国现行规范中平面换乘通道的技术标准　　　　　表 3-10

《铁路旅客车站建筑设计规范》(GB 50226—2007)	进出站通道、换乘通道应满足乘客进出站高峰通过能力的需要,其净宽不应小于 0.65m/100 人,地下通道净宽不应小于 1m/100 人
《城市轨道交通技术规范》(GB 50490—2009)	通道最小净宽为 2.4m
《地铁设计规范》(GB 50157—2003)	1m 宽通道,双向混行每小时最多通过 4000 人,单向每小时最多通过 5000 人

对于行人通道服务水平,我国尚未有相应的标准,可借鉴美国《道路通行能力手册》

(HCM2010)中行人通道服务水平分级(表3-11)。步行通道在实际设计中还应预留一定的应急安全空间,以备不时之需。

《道路通行能力手册》(HCM2010)行人通道服务水平[14]　　　　　表3-11

服务水平	人均面积 (m²/人)	通行能力 [人/(h·m)]	速度 (m/s)
A	>3	1440	1.2
B	2~3	1830	1.1
C	1.2~2	2500	1.0
D	0.5~1.2	2940	0.8
E	<0.5	3600	0.6

2. 立体换乘设施规模的确定

立体换乘设施主要是指枢纽内部所设置的楼梯、自动扶梯、自动步道以及垂直电梯。因为自动步道的输送能力主要取决于入口处步行带宽度,在自动步带上行走可以加快乘客的移动速度并减少行走时间,但不影响通行能力,因此,双向自动步行带和双向自动扶梯的输送能力接近,可将自动步带看作立体换乘设施[6]。

枢纽内步行楼梯的宽度影响着乘客通过人群的移动能力及移动速度,步行楼梯的宽度是由楼梯的通行能力、服务水平以及高峰时段上下楼梯的客流量所决定的,步行楼梯的设置还应考虑客流方向性。

自动扶梯是对枢纽内楼梯的补充,相比于楼梯而言,自动扶梯、自动步道有着更大的通行能力,因此,在一些客流量大的换乘通道内,常常会设置部分自动扶梯或全部设置自动扶梯。自动扶梯和自动人行道的设置应符合《自动扶梯和自动人行道的制造与安装安全规范》(GB 16899—2011)中的相关规定。当水平换乘距离超过300m的换乘通道,宜设置乘客自动人行道,自动人行道的倾斜角不应大于12°。

垂直电梯主要是为老年人、残障人士、搬运重物、孕妇等行动不便的人设置的,因此在枢纽内垂直电梯的设置应充分考虑特殊群体的需求。垂直电梯的服务水平是以乘客候梯时间和拥挤水平为依据的,拥挤时人均占据空间大约为0.17m²/人,舒适时至少要达到0.28m²/人,垂直电梯的需求人数可按所设电梯区域所属运输方式的高峰小时换乘量的10%~15%来确定[14]。

根据《城市客运交通枢纽》(征求意见稿),枢纽换乘空间内的楼扶梯的设置应符合下列规定:

(1)建筑层间高差大于等于3m时应设上行自动扶梯,宜设下行自动扶梯;提升高度大于等于6m时,应设上、下行自动扶梯。

(2)当自动扶梯提升高度大于13m时,宜同方向分段连续设置,但各段自动扶梯扶手带转向处之间的水平净距不得小于5.0m,且水平梯级踏板数以及扶梯宽度应相同。

(3)与一部上行或下行扶梯并列设置的楼梯净宽不宜小于2.8m。

(4)分期建设的自动扶梯应预留位置。

(5)自动扶梯的维修空间应满足设备故障、维修、大修等作业时的运营要求。

立体换乘设施的宽度不应过小,同时其通行能力也应满足相应的标准。立体换乘设的净高、净宽应符合如表3-12所示要求,最大通行能力应满足如表3-13所示要求。其中对外交通枢纽中,主要服务于对外交通方式的设施在设计时,其最大通行能力应乘以0.9的折减系数。

立体换乘设施最小净高、净宽　　　　　　　表3-12

名　称	最小净宽(m)	最小净高(m)
单向人行换乘楼梯	2.1	2.4
双向人行换乘楼梯	2.8	2.4
与上下行自动扶梯并列设置的人行楼梯(困难时)	2.1	2.4

注:通往自行车库及小汽车库的换乘楼梯宽度不应小于1.4m。

枢纽换乘空间各种设施的最大通行能力　　　　　　　表3-13

名　称		最大通行能力	
		(人/h)	(人/min)
1m宽楼梯	单向下行	3400	56.7
	单向上行	3000	50
	双向混行	2600	43.3
1m宽自动扶梯或自动步道	0.50m/s	4400	73.3
	0.65m/s	5400	90
0.60m宽自动扶梯或自动步道	0.50m/s	2600	43.3
	0.65m/s	3200	53.3

注:1. 楼梯与扶梯并列设置时,上行和双向混行楼梯的最大通行能力不应大于3100人/(h·m)。

2. 自动扶梯上不得使用行李车,自动步道上使用行李车时最大通行能力应乘以0.8的折减系数。

3. 对于倾斜角大于6°的自动人行道,其额定速度应限制在0.5m/s以内。

第二节　城市交通枢纽总体布置

　　城市交通枢纽的总体布置是枢纽设计阶段的重要内容,它需要在枢纽的类型、功能定位、需求规模基本确定后,结合城市具体的发展规划目标、交通运输条件,遵循交通组织的原则与目标,确定城市交通枢纽的总体空间布置方案。交通枢纽总体布置是一个反复考虑、综合权衡的过程,在实际中经常需要结合枢纽的实际功能特点,反复衡量各因素的影响,不断进行调整。

一、城市交通枢纽区域总体布置的影响因素

1. 枢纽基地条件

1)枢纽基地自然条件

基地自然条件分析主要包括:基地的地形与地貌、基地及其周边的地质与水文条件、基地周边的气候与小气候条件。

2)枢纽基地周围环境

考虑问题的着眼点不能仅局限于枢纽基地之内,而应将其看成是城市整体环境的一个

组成部分,把基地内的问题放到城市的整体背景环境中来看待。对于枢纽基地周围的环境,可从以下四个方面考虑:基地外围的道路交通条件;基地邻近的其他场地的建设状况;基地所处城市环境整体的结构和形态;基地附近具有的一些特殊的城市元素。

枢纽基地外围的道路交通条件对场地规划制约的第一个层次是通过法规来体现的,即依据城市规划及规范中各种不同交通量场地的出入口与交通设施的关系来确定。第二个层次是一般性不包含在规范之中,主要包括:基地周围的城市道路等级和走向情况,人流、车流的流量、流向情况等。在枢纽中交通量大、对外联系较多的区域,如公交车的到发车位等,应当布置在与外部交通联系较为方便的位置。枢纽建筑的规划必须与城市交通密切配合,而成为其中的重要环节。

通过枢纽场地的规划设计,不仅要优化基地内的环境,而且应促进城市整体环境的改善。

2. 城市规划与相关规范对场地的要求

对用地范围的控制:规划对用地范围的控制由建筑红线和道路红线共同组成。

对用地强度的控制:规划对用地强度的控制主要通过容积率、建筑密度、绿化率等指标来实现。

对建筑范围的控制:规划对建筑范围的控制由建筑范围控制线来实现。

其他:规划中对于建筑高度、交通出入口方位、建筑主要朝向等的要求,在场地总图设计中均应予以满足,这些要求对场地总图设计的影响有时是十分关键的。

二、城市交通枢纽地区总体布置的目标与原则

1. 枢纽总体布置的目标

1) 实行交通枢纽一体化规划

实行一体化的规划方式,在国土部门的领头作用下,结合交通枢纽的周边区域,进行一体化的规划。根据国家的相关规定与项目投资的规模,对土地的开发面积进行合理的确定。发挥交通枢纽的特点,结合其具体的地理位置,将交通枢纽与区域开发相结合。充分考虑周边城市的发展状况和发展需求,把交通枢纽的建设融入现代化城市建设中。发挥政府的作用,对交通枢纽的建设进行合理的规划和控制,并加以有效的监督。在总体规划与地区结构规划的前提下进行交通枢纽规划,实现一体化的规划方式。

2) 将交通枢纽与商业布局相结合

城市交通枢纽结合了多条交通线路与多种交通方式,具有较大的人流量。人流量是构成市场的基础和重要因素,因此,在进行交通枢纽规划中,需要对人流量作用带来的商业价值进行合理规划。换乘人流具有一定的物质需求,在综合交通枢纽的换乘通道和换乘层设置商业街可以为乘客提供餐饮购物以及休闲娱乐等服务。还可以设置当地的特色风情街,让经过的乘客了解当地的特色文化,展现当地的特色产品,利用交通为商业提供市场条件,同时商业也为交通旅途提供便利。

3) 保证枢纽的开发运作,合理规划资金

将城市交通枢纽的规划分为交通设施规划与经营开发规划两个部分。做好对交通设施方面的规划,保证交通枢纽站台的重要功能。此外,还要加强对经营方面的规划,利用交通

枢纽内的餐饮购物、旅游休闲等获取大量资金,将这些资金运用到交通设施的建设与维护中,使二者在相互促进中不断发展。要注重各个模块的联系,实行整体性的规划,同时加强运行维护上的灵活性。

4）确立良好的交通枢纽发展模式

确立良好的交通枢纽发展模式对于实现枢纽一体化的开发具有重要作用。这往往需要做好对交通枢纽与周边土地的规划,对设计、建设、投融资、运营等多方面的规划,建立交通枢纽建设项目公司,使交通枢纽在建设过程中以及建设后都有负责的具体部门。

2. 枢纽总体布置的原则

1）注重整体性的原则

总图规划阶段是以处理基地中各要素的相互关系为主,而不是各要素本身的详细设计,目的是使场地形成合理的、相互协调的有机整体。这个阶段不要对于局部和细节过多地关注,应当从项目的全局出发,把握整体利益大于局部利益的原则。

2）注重功能特性的原则

交通枢纽是解决城市交通问题的建筑,在总图的规划布局中,要突出它的交通属性,以满足交通功能为前提。

与交通运输网络规划相结合是做好交通枢纽设计的基础。交通枢纽是分布在交通运输网络中的重要节点,交通枢纽必须依托于一个城市及其所在区域的交通运输网络。在交通枢纽的总图设计中,应该首先对该区域的交通状况及发展有一个全面、系统的认识,建立起一个系统的交通网络的概念,规划中应当使场地内部的功能组织、道路系统与整个区域的交通运输网络顺畅衔接。

保证乘客出行的便捷、安全是做好交通枢纽设计的首要因素。客运枢纽内部具有密集的人流和车流,人们汇集到枢纽中来的首要目的是出行和换乘。因此,应保证多种交通方式的顺畅衔接以及乘客在集散、换乘中的便捷性和安全性,对于不同性质、不同方向的流线,应当分开设置、避免互相穿插。

3）用地集约化的原则

由于市场运作的需求,交通枢纽往往是集众多功能于一身的综合性建筑。综合交通枢纽应以交通功能为主,各项设施的配备要首先满足交通功能的要求,同时要兼顾经营开发等多方面的要求,合理利用地形,将场地中性质相同或相近的区域相组合,控制用地面积,尽量少占土地,提高土地利用效率,为今后留有必要的发展条件。

4）可持续性发展的原则

要有动态、发展的观念。随着实际需求的变化,交通枢纽建筑将会变化自身的功能定位以适应社会发展的需要。由于乘客的需求是在不断发展、不断变化的,枢纽设计应具有足够的前瞻性、弹性及适应性,要考虑到这种发展变化以及可能的修改,为未来的发展留下接口和余地。

要建立与环境和谐的理念。遵循生态规律、注重对生态环境的保护,是必须贯彻设计过程始终的观念。

场地的规划布局阶段是对项目进行宏观把握的关键阶段,决定着整个设计的理念、方向及目标。要本着环境建设和保护相结合的原则,在建筑物的选址、气候控制、植物的栽培等方面加以充分考虑,创造舒适、优美、整体有序、协调共生并具有可持续发展特点的良性生态系统和环境,力求取得经济效益、社会效益、环境效益的统一。

例如,在主体建筑位置的布局时,要考虑日照、朝向、风向等问题,尽量采用自然采光和通风以及太阳能取暖,节约能源。

三、城市交通枢纽总体布置内容

1. 枢纽的基地条件分析

在进行具体的总体布置前,往往需要结合实际情况对枢纽周边基地条件进行分析。这里所指的基地是从广义上讲的,指枢纽所处基地中所有设施及系统所组成的整体。具体包括建筑物、交通系统、绿化景园设施和工程系统等,这些要素互相依存,共同构成一个有机的、完善的整体——场地。

2. 枢纽总体布置阶段

场地的总体布置阶段是落实规划要求的最直接的步骤。总体布置的工作内容主要包括三个方面:功能区域布设与组合形态、交通组织方案以及枢纽总平面的布置。

功能区域布设与组合形态是确定不同交通方式场站布设区域和明确枢纽的组合形态。具体而言,就是根据枢纽用地和建设条件,分析不同交通方式间的换乘关系,确定不同场站的功能布设区域;分析不同交通方式间的衔接技术,明确交通枢纽的组合形态为不同运输方式之间的平纵布局形式及衔接方案做技术铺垫。对于大型、特大型交通枢纽,还需对考虑景观环境和视觉的要求。

交通组织方案包括对外交通组织和内部交通组织。对外交通组织主要设计交通枢纽与城市干道、对外集疏通道的交通流线,明确枢纽重要进出口通道,提出交通枢纽对外交通组织优化方案。内部交通组织就是确定并优化各类车流、人流的流线方案。

枢纽总平面布置就是明确各种运输方式界面划分原则,完成总体平面布设方案以及内部各功能设施的平面布置,对可选的多种布设方案进行比选,得出推荐方案。

四、总体布置的条件分析与常用布局形式

1. 总体布置的条件分析

1)基地与城市的关系分析

(1)基地位于城市中心

第一,应注重保持城市整体空间结构完整,使城市功能延续。当场地位于市中心时,由于大量的车道、停车场对场地的切割,常常导致枢纽与城市其他部分割裂开来,对城市的整体结构和空间连续性产生了破坏性的冲击。在总图规划中,建议采用集中或周边立体式布局,同时可通过在基地周边与城市相临的部分布置绿地、广场、商业设施等与城市相关的设施,并尽可能采用步行系统,将枢纽与城市其他部分衔接起来,使城市生活在这里得以延续。

第二,应避免将进出口设在城市主要道路上。由于城市中心区道路交通量大,而枢纽车辆对周边路网交通负荷又有很大的影响。当基地位于城市中心区域时,在总图布局时应避免将车辆进出口设在城市主要道路上。同时,流线设计应有利于外部车辆流线组织,使其尽

可能简洁,减少不必要的绕行,必要时应与城市规划部门沟通,对周边路网、车流向及信号灯配时进行调整。

第三,应减少枢纽噪声、废气对城市环境的影响。位于市中心的枢纽,其基地周边多为居住、办公、商业用地,减少其对周边环境的影响显得尤为重要。因此,在总图规划中应避免将车道、停车场及车场辅助用房面向城市主要道路布置。同时可将大型车场结合绿地设置,并与周边建筑保持适当的距离,或设置大型车库,在其中设置尾气收集及降噪设施。

(2)基地位于城市中心与城市周边区域衔接处

应使建筑进出口和与城市衔接的公共交通布置在沿城市中心区一侧。同时,建议设置一定规模的商业开发区域,形成区域性中心,既充分利用了客源优势,又可减少去较远的市中心区购物的人流量,大大降低城市交通负荷。

基地位于城市周边区域与外埠公路衔接处时,应注意与城市公交的衔接。由于基地距城市中心较远,如无足够的城市公交与之衔接,将大大降低枢纽的使用率。建议将这类枢纽与公交枢纽站或城市轨道站点结合设置。

2)基地与枢纽规模的关系分析

用地紧张时,应以集中、立体式布局为主,可节省建设用地。用地较为宽松时,应以周边、平面式布局为主,可节省造价。

3)基地周边路网分析

周边路网完善时,总图规划可不考虑分期建设。

周边路网不完善时,总图规划应考虑分期建设,根据周边道路实施规划确定枢纽分期建设的安排。在周边用地性质不明确的情况下,应尽可能将基地周边用地预留出来作为发展用地,将来根据城市规划对枢纽所在区域进行规划,再确定基地周边的用地性质。

4)枢纽换乘复杂程度分析

一般而言,若换乘枢纽复杂程度为复杂时,枢纽可以采用立体式布局;换乘枢纽复杂程度较为简单时,枢纽可以采用平面式布局。具体如表3-14所示。

换乘枢纽复杂程度 表3-14

复杂程度	含 义	建 议 布 局
复杂	含三种以上交通方式的换乘,或枢纽内包含两种以上交通方式的枢纽站(或中心站)	建议采用立体式布局,可大大缩短乘客行走距离
简单	含三种以下交通方式换乘,或换乘仅以一种交通方式与其他交通工具换乘为主的枢纽	建议采用平面式布局,可节省造价,降低建筑复杂程度

5)枢纽的换乘关系分析

枢纽不同交通方式的换乘是影响枢纽总体布置的重要因素之一,一般可根据枢纽的主导方式与各种交通方式的关联大小,优先安排换乘量大的功能区进行布置。

6)枢纽配套商业开发规模及建设分期情况分析

在总图规划前,应明确商业开发规模及其是否可与枢纽同期建设。当不能同期建设时,在设计中应为商业分期建设提供充分的条件,并应保证分期建设实施时,枢纽可以正常使用。

2. 总体布置的常用布局形式

建筑物是场地中的核心要素,处理好建筑物与其他内容的关系是场地布局的重点工作。常见有周边式(图 3-1)和集中式(图 3-2)两种布局形式。

1) 周边式布局

周边式布局就是指枢纽建筑沿基地周边设置的布局。周边式布局可根据各交通场站的分布形式分为平面式布局和立体式布局。

2) 集中式布局

集中式布局是指枢纽建筑布置在基地中部或一侧的布局方式。同理,根据交通场站分布的不同,集中式布局也可以分为立体式和平面式。

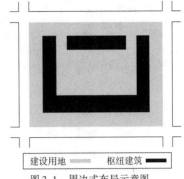

图 3-1 周边式布局示意图

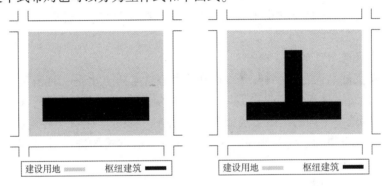

图 3-2 集中式布局示意图

第三节 城市交通枢纽内部流线设计理论

一、城市交通枢纽内部集散客流行为分析

一般来说,大型城市交通枢纽需要集散城市各种交通方式所带来的客流,具体可以细分为集聚客流和疏散客流,两种客流特性存在着许多的不同之处。

1. 集聚客流的特性分析

集聚客流是指从城市各个角落向城市交通枢纽方向移动的客流,主要有以下特性[27]:

1) 时效性与分散性并重

城市交通枢纽的集聚客流主要是城际长途客流,由于列车在规定的时间内必须发车,因此乘客必须要在规定的时间之前到达大型客运枢纽,但由于出行者与枢纽的距离不同及采用的集聚交通方式的不同,导致了集聚客流可以在相对分散的时间内从出发点出发。

2) 集聚交通方式多样化

居民到达交通枢纽的交通方式是多种多样的,可以是地铁、轻轨、BRT 等大容量的公共交通方式,也可以是常规公交、出租车、私人小汽车等交通方式。

2. 疏散客流特性分析

疏散客流是指从大型客运枢纽向城市各个角落进行疏散的客流,主要有以下特性[27]:

1）客流疏散时间短、数量大

城市交通枢纽尤其是以火车站为主干交通方式的枢纽,列车到站后下车的乘客相对比较多,几乎是在同一时间涌出枢纽,为了防止影响后到列车的乘客疏散,前车的乘客必须要在很短的时间内换乘城市各个方向的交通工具。由于疏散时间集中且疏散量大,使得疏散客流对城市交通的影响要大于集聚客流。

2）准时性要求低

由于受当前我国公共交通晚点的影响,乘客在乘坐公共交通外出时都会选择时间相对充裕的交通方式,大部分疏散客流在疏散时不像集聚客流那样必须在规定的时间内到达,因此乘客在疏散时可能会考虑比较经济而相对准时性比较差的疏散方式。

3）疏散交通方式多样化

与集聚客流一样,居民从大型交通枢纽进行疏散的交通方式是多种多样的,可以是地铁、轻轨、BRT 等大容量的公共交通方式,也可以是常规公交、出租车、私人小汽车等交通方式。

3. 影响集散客流行为的因素分析

与消费者购买商品的行为一样,乘客选择集散方式本质上也是一种消费行为,乘客作为消费者,通过向消费客体运输企业购买运输服务来实现自身的空间位移。在城市客运枢纽系统中,乘客可以选择不同的集散方式如公交车、地铁、出租车等,乘客在选择过程中会综合考虑各种因素使自身得到最大的满足。乘客在进行集散方式的选择时,乘客自身的偏好也会影响其选择结果[28]。

1）乘客出行的需求层次

城市乘客为了能够完成预期的活动,才会乘坐某种交通工具来实现空间位移,从而生成了城市交通枢纽的乘客集散活动,所以乘客出行的首要要求是能够安全地到达目的地。在安全到达目的地的基础上才延伸出了较高层次的要求,如快捷性、方便性、舒适性等。快捷性主要是指无交通拥堵,能够准时顺畅地到达目的地;方便性主要是指乘客距公交、地铁等站点较近,中途无换乘或少换乘以及目的地附近有站点停车场等;舒适性是乘客对乘车环境、文化娱乐及行李放置等内容的要求。当这些较高层次的要求得到满足后,乘客就会追求更高层次的需求,如乘客集散的人性化、信息化等。人性化是指以方便、舒适乘客为目的,主要指优化城市客运枢纽内部的设施以及附近公交站点、停车设施的设置;信息化主要是指乘客出行前的信息查询和出行过程中的信息服务等。

2）乘客心理偏好

偏好是一种活动倾向,是指消费者认为重要的物品,并愿意为之付出代价。与消费者购买商品的行为类似,乘客对于其购买的运输产品,如选择不同的交通方式、选择不同的出发时间也存在一定的品牌偏好,这种偏好是乘客在多次集散过程中逐渐积累形成的,并且一旦形成,在以后的集散过程中,乘客会极力维护其对该种集散方式偏好的忠诚度,轻易不会改变。

3）乘客的自身条件

一般乘客的身份、职业、收入水平、家庭环境等因素不同,会对疏散方式的选择产生不同影响。对于脑力劳动者,在出行过程中比较注重舒适性、安全性等服务因素;对于商贸工作者,更加注重快速性、方便性等服务因素;对于收入较低的学生、体力劳动者,其出行主要考虑的是经济性,其偏向于选择价格较低的集散方式。由于不同家庭传统和氛围的影响,不同家庭之间,其成员对集散方式的选择也会有所不同。

4)乘客的出行目的

乘客的出行目的主要是指出行的原因及动机,不同出行目的乘客集散方式的选择也是存在差异的。一般公务出差的乘客出行偏重于选择快速性、安全性好的交通工具;探亲访友、外出旅游的乘客在选择集散方式时更加注重舒适性及方便性;外出打工、求学的乘客比较注重集散方式的经济性。

二、城市交通枢纽内部交通流线分析

1. 交通流线的概念和种类

交通流线是指行人、车船、货物在一定范围内集散活动形成的一定的流动过程及流动轨迹。

1)根据相交形式分类

根据其相交形式,交通枢纽内部流线可分为平行流线、汇合流线、分歧流线及交叉流线,如表3-15所示。

不同流线特点及其示意图　　　　表3-15

流线种类		流线间相互影响	具体实例
平行流线	同向平行流线	无影响	
	对向平行流线		
汇合流线		存在合流点	
分歧流线		存在分流点	
交叉流线	平面交叉流线	存在冲突或交织	
	立体交叉流线	无影响	

(1)平行流线是指两条或多条流线之间没有干扰,平行布置,不同的流线可同时平行作业。一般来说,平行流线又可根据流线方向的不同,分为同向平行流线和对向平行流线。同向平行流线是指两条流线方向一致;对向平行流线则指两条流线的运行方向相反。

(2)汇合流线是指从两个或多个不同方向的交通流会合成一个方向的流线,在同一时间内,互相妨碍,不能同时运行。

(3)分歧流线是指交通流由一个方向分成两个不同方向,在同一时间内一个交通实体只能选择一个方向前进。

其中,汇合流线和分歧流线相互间可以进行不同的组合,根据其不同的组合形式又可分为连续分流、连续合流、合分流、分合流四类。其常见的形式如表3-16所示。

分流、合流流线组合形式　　　　　　　　　　表3-16

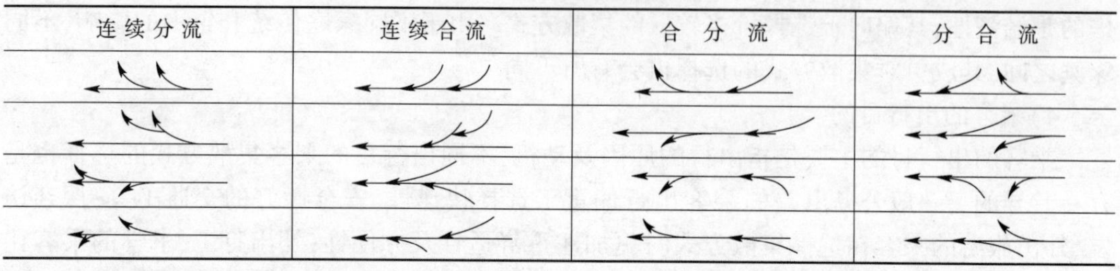

连续分流	连续合流	合 分 流	分 合 流

(4) 交叉流线是指交通流线从两个不同的方向进入交叉点，然后按两个不同的方向离开交叉点，这时一个方向的交通流线与另一个方向的交通流线形成交叉。交叉流线又可根据交通流线所处空间的不同分为立体交叉流线和平面交叉流线。立体交叉流线是指不同流线间在立体层面上进行交叉；平面交叉流线则指不同流线在同一平面上产生交叉。

2) 根据在枢纽站的功能分类

根据在枢纽站的功能，交通流线分为内部流线和外部流线。内部流线，顾名思义是指高铁客运枢纽站系统所涉及的各种人员、车辆、物品在枢纽内部活动而产生的流动过程和流动路线；外部流线是指进入枢纽内部道路与城市主干道联系的流线，目前在水平面上的表现通常为两种方式，一种为比较平直的多边形，另一种为圆弧形。

3) 根据流线上流动的实体分类

根据流线上流动的实体，交通流线可以分为人流线、物流线和车流线。其中人流的实体分为乘客和非乘客；车辆可以分为客运车辆(包括城际交通车辆、城市轨道交通车辆、城市公交车辆、社会车辆和非机动交通车辆)和特殊车辆(主要包括公安执勤车辆、救护车辆)；物品则包括商品、供应物资和生活垃圾等。

4) 根据交通客流目的分类

根据交通客流目的，交通流线分为进站流线、出站流线及换乘流线[29]：

(1) 进站流线

因为人们从不同的方向集聚进入枢纽乘车，因此进站人流的形成是一个从分散到集中的过程，如图3-3所示。进站流线的特点是线路比较简单，流线明确，但在客流较为集中时易造成拥堵，如出行高峰期。

(2) 出站流线

出站流线类似于进站流线，在列车到站后人流分为换乘人流和出站人流，出站人流在明确出站方向后选择出站即可，如图3-4所示。出站流线的特点是到站站台人流密度大，行进速度较快，人流目的明确。

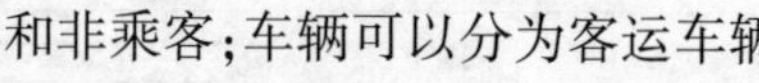

进站 → 购票 → 检票 → 候车 → 上车

到站 → 换乘通道 → 换乘大厅或站台
　　　→ 出站通道 → 检票 → 出站

图3-3　进站流线示意图 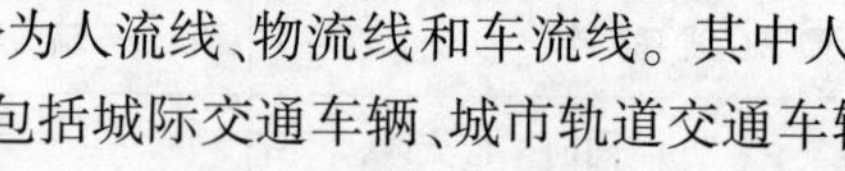　　　　　图3-4　出站流线示意图

(3) 换乘流线

换乘是枢纽站的一个重要功能，不仅包括多条线路之间的换乘，还包括多种交通方式之间的换乘。人们通过在枢纽站进行换乘到达不同的目的地，因此会在站内产生一定时间的停留候车，并在换乘过程中形成换乘流线。换乘流线的特点是换乘人流易与进出站人流形

成交叉,造成拥挤和混乱。同时,由于交通方式选择的多样性,不同交通方式之间的换乘也会加剧流线设计的复杂程度。

2. 枢纽流线的描述方法

在对流线进行分类的基础上,对于流线主要通过定性和定量两种方法来进行描述,从而进行分析研究。

1) 定性描述

交通流线的定性描述有两种描述方法:流程图表示法和组织图表示法。

流程图表示法是将乘客的各种行为流程按照行动的先后顺序用流程图块和连接线表示,它能确切地表示流线过程中的相关任务,如图 3-5 所示。

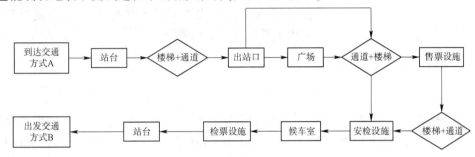

图 3-5　流程图表示法[30]

组织图表示法是一种直观地表现流线位置的方法,是基于枢纽平面图或立体图的基础上将行人的行为轨迹通过线条表示出来。流线的方向一般用线条箭头的方向来代表,流线的密度一般用线条的粗细来代表,不同种类的流线则采用不同线形来表示。

流程图表示法和组织图表示法从不同的角度描述了行人流线的具体情况,其优缺点和适用环境如表 3-17 所示。

流线描述方法比较[31]　　　　　　表 3-17

表示法名称	优 点	缺 点	适 用 环 境
流程图表示法	清晰明了,清楚地表达了综合交通换乘枢纽的各组成部分之间的关系,也体现了人流在综合运输换乘枢纽中的行为流程	没有体现设施对乘客的影响,并且不容易分析冲突点以及设施环境对人行走过程的影响	用于分析乘客行为的逻辑顺序,便于按乘客的行为流程进行流线设计和组织
组织图表示法	直观地表现出了设施的结构和各流线,便于分析不同流线产生的冲突点	绘制复杂,同样无法体现各种流线的特点、设施对乘客及设施环境对人行走过程的影响	用于分析固定设施布置和相关参数对流线导向性作用及流线对固定设施布置影响

2) 定量描述

目前,国内外的学者还很少应用定量的方法对流线进行描述,我们对于流线的定量描述也是探索性地借鉴其他领域对于不同实体流线的定量描述。对于交通流线(主要为行人流线)特征的描述可以参考其他实体类型流线的特征描述,提取共性参数[30]。

行人流线特性可以借助交通流模型进行分析和描述。目前,描述行人流特性的变量在微观和宏观特性分析领域均有定义。微观变量主要是指运动轨迹和行人时距,宏观变量则通过流量、密度和速度进行描述,这三者关系如图3-6所示。

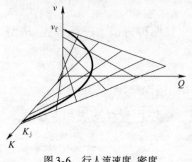

图3-6 行人流速度、密度、流量关系图[31]

流量指在单位时间里通过某一区域断面的人数,通常用往返双向的合计数表示。具体的流量大小可以用单位宽度或整个区域的宽度所通过的人数来表示。

密度是指给定的时刻在某一区域的人数,与流量类似,密度也可以用1m宽的带状区域或整个区域来计算。

速度指行人的平均运动速度,分为两种情况:一是时间平均速度,即人群在某一段时间里通过某个断面的平均速度;二是空间平均速度即人群在某一时刻,所观测的区间内人群速度的平均值。

三、城市交通枢纽内部流线组织优化理论

1. 流线设计遵循的原则

城市交通枢纽内部流线的好坏对枢纽的运营有着至关重要的作用,一个好的流线往往可以提高运输效率,提升服务水平,给乘客带来便利、舒适,同时也有利于枢纽内部空间结构的优化和基础设施的布设。交通流线应本着以人为本的理念,遵循以下原则:

(1)枢纽流线应以乘客流线为主,应避免人流、车流、物流之间的相互干扰、冲突,从平面或立体上尽可能将各种流线分开设置。

(2)乘客流线中应在换乘客流的基础上,保证主客流优先,同时也要考虑多种乘客的特殊需求。

(3)应缩短乘客在枢纽内的步行距离,尽可能保证平均换乘距离最小,避免流线的迂回。

(4)公交间换乘距离不宜超过120m,公交地铁间换乘距离不宜超过200m,不同方式间的换乘距离不应超过300m,当超过时,宜采用自动步道设施或立体换乘形式。

(5)应尽量避免流线的拥挤,保障流线的通行能力,在出入口尽可能快速疏散乘客。

2. 交通枢纽的流线分析

城市交通枢纽内的行人流线,由于内部功能的复杂化和乘客出行习惯的转变,合理组织流线,使之畅通而不互相干扰,简洁而不迂回、曲折,已是整合行人流线的迫切要求。

内部行人流线的组织安排与枢纽内部功能布局、空间组合有着十分密切的联系。在设计枢纽建筑功能与空间布局的同时,必须考虑流线的组织与安排。从宏观上,要将行人流线的组织设计与空间的序列、层次及结构相结合并逐次展开。从微观上,要详尽了解和分析透视各独立功能系统的使用特征和功能间的交叠与联系方式,以保证流线的组织符合人们在枢纽内使用各种功能的行为模式。

城市交通枢纽流线分析包括两部分内容:流线设计和流线组织,具体如图3-7所示。

流线设计是对交通组织的静态规划,即对枢纽功能布局的规划,这其中包括在既有枢纽设施布置方案确定的情况下确定枢纽内部流线的生成,以及在流线生成的情况下确定枢纽内部流线所形成的瓶颈区域。

流线组织是对交通组织的动态规划,即对枢纽内部实体流线的组织和优化,这其中包括

分析产生瓶颈区域的原因及提出消除瓶颈区域的相关措施和手段。为了使枢纽内部流线走向合理、简洁、顺畅，对枢纽内部进行流线分析必须要将流线设计和流线组织有机结合。

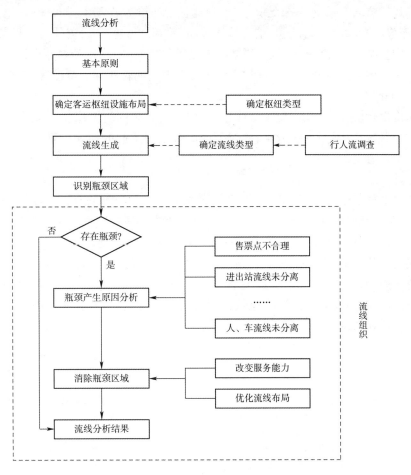

图 3-7　流线分析流程[13]

流线分析的总体思路如下：根据流线分析的目标对枢纽进行区域划分，分区域统计各类流线的数量，分析流线的静态分布规律。根据枢纽内不同功能区域存在的各种不同去向的客流，研究不同功能区域内的流线占用情况。根据客运枢纽内部流线的分类，在既定综合枢纽布局方案下生成枢纽内部的行人流线，识别客运枢纽中的瓶颈区域，对由流线分析识别出的瓶颈区域进行局部优化。

一般来说，为使枢纽设施布置更加合理，流线分析的目标应分为以下五点[31]：

(1) 确定客运枢纽内部流线类型。

(2) 确定客运枢纽内部各类型流线分布情况。

(3) 减少瓶颈区域产生，对于容易产生冲突点和瓶颈区域的功能区，合理组织流线走向，控制流线密度等相关参数。

(4) 为客运枢纽内部各功能区域引导标志系统的优化提供参考路线。

(5) 为客运枢纽内部交通流模拟仿真提供约束条件和基础参数。

3. 城市交通枢纽交通流线布局常用的方法

城市交通枢纽在实际设计过程中,首先研究枢纽所在区域、场地等方面的具体条件对于枢纽中各种运输方式布设的特殊要求,初步确定各种运输方式基本排布、基本走向,在此基础上,大体布设各个功能空间,同时结合流线分析,推敲每一条交通流线。如果某块区域内交通流线特别复杂、交叉严重,可以采用多种方法优化交通流线,达到对原设计方案的调整、优化。枢纽设计中常用的交通流线优化方法主要有分类简化法和分层法等。

1) 分类简化法

当枢纽内部运输方式众多,交通流线也极为复杂,如果同时考虑所有的流线,则很难做到统筹兼顾,而通过对不同流线分类,并对不同流线采用不同的模式分别处理,是降低设计难度的一种常用方法。

2) 分层法

当枢纽内部局部流线组织特别复杂、交叉严重时,可以灵活融合线式、面式、体式三种交通流线布局模式,将对其他交通流线干扰严重的交通流线通过竖向交通核转移到其他层面上,即通过分层法实现交通流线的分离。

4. 流线瓶颈的识别

识别流线瓶颈是流线分析中最为关键的一步,直接决定了后面工作的进行方向。根据目前国内外的研究,最为常用的流线瓶颈识别方法主要有三种:通行能力法、延误法及密度法。其各自特点和适用范围如表3-18所示[32]。

流线瓶颈识别方法[32]　　　　　　　　表3-18

瓶颈识别方法	特　点	适 用 范 围
通行能力法	通过实际流线通行能力与设计通行能力比较,识别流线中的瓶颈区域	对于流线中各环节处的瓶颈识别都有比较好的效果
延误法	根据流线产生延误的类型应用不同方法确定流线中的瓶颈区域,有助于分析设施服务能力	对于流线中各流线段的链接处,即服务区域的瓶颈识别有比较好的效果
密度法	通过实际流线密度与设施服务水平的比较,识别流线中瓶颈区域	对于流线中各流线段的瓶颈识别有比较好的效果

1) 通行能力法

这种方法是将流线划分成为若干的流线单元,保证流线单元内道路的通行能力均衡。当计算出的设施通行能力大于实际通行能力时,那么这个位置流线的交叉干扰很小,可以忽略,自然就不会出现拥堵;反之,当计算出的设施通行能力小于实际通行能力时,那么这个位置就是设施的瓶颈所在。

2) 延误法

延误是判断综合枢纽内行人流线顺畅程度的一个重要参数。从延误的大小还可间接地分析设施的服务能力和服务水平,所以,用延误作为指标进行流线瓶颈识别具有很重要的意义。乘客在客运枢纽内延误的产生源自排队、拥挤及等待三种行为。排队延误是指乘客因排队导致的延误,其最根本的产生原因是可选服务设施的服务能力小于乘客到达;等待延误是由于乘客到达服务设施后,服务设施并不可用而产生的延误,如列车尚未进站时乘客在站台上等待时间就属于等待延误;拥挤延误是由于不同流线之间的交互作用导致流线中的行人在一定区域由于无序化而产生拥挤导致的延误。

3)密度法

流线所占用单位面积上乘客越多,密度越大,流线越是拥挤。当密度越来越大,乘客不得不在流线某个节点排队时,此时的密度称之为阻塞密度。在这个方法中,需要强调的一点是,由于流线有宽有窄,故单纯用每米多少行人不足以对不同出行流线的情况进行公正的对比,所以进行交通瓶颈识别时,将原来的密度除以流线宽度,得到的单位面积作为基础才更加合理。

5. 消除瓶颈的方法

消除城市交通枢纽内部流线瓶颈的方法可分为两种。一种方法是通过改变设施的服务能力和服务水平来增加各个流线节点的通行能力和减少延误时间,以此来达到消除瓶颈的目的。另一种方法是重新组织和设计流线的分布和走向,即研究流线和设施布置之间的关系,通过调整流线在设施布置中的分布来消除瓶颈区域[32]。具体措施如表3-19、表3-20所示。

1)改变服务能力,消除瓶颈的具体措施

改变流线通行能力方法[32]　　　　　表3-19

措　施	特　点	应 用 实 例
加建线上式高架候车厅	增加候车厅容客数量,缩短乘客进入站台流线长度,有效分隔进出流线	法国巴黎北站高层线上候车厅设计
加建楼层	在结构允许的情况下,在候车厅内部加建楼层,提供服务设施,可以有效缓解单层候车厅服务能力不足的情况	上海站站房立面扩建
弹性空间分配	通常采用通透可活动的隔断,根据客流的变化情况合理分配客运枢纽内部空间资源	成都北站候车厅改造
增加服务设备数量应用先进服务设备	通过增加服务设备数量,应用先进服务设备,缩短服务时间,降低对流线速度的阻碍	日本大阪多列自动检票口

2)优化流线布局,消除瓶颈的具体措施

消除流线瓶颈方法[32]　　　　　表3-20

措　施	特　点	应 用 实 例
简化枢纽内部空间	将传统的各个功能区域封密空间紧密连接,去除封闭阻碍,使各个功能区域衔接自然,流畅	北京南站枢纽内部的空间改造
合理规划设施布置	通过服务设施的合理布局牵引流线走向,最大可能地减少流线冲突	德国法兰克福车站设施布置优化,分层设计牵引流线
合理分流	通过对进出站方式的合理规划,对进站流线和出站流线的完全分离来减少流线间的冲突	长春站采用双向上进下出式进站方式,将进出站流线合理分开

本章小结

本章从城市交通枢纽规模测算、总体布置及内部流线设计三个阶段对城市交通枢纽设计进行了介绍,阐述了设计阶段各层面的具体操作方法和步骤。

复习思考题

1. 交通枢纽设计主要包括哪几个方面？不同层面设计内容都有哪些？
2. 简要说明城市交通枢纽规模测算的影响因素和方法。
3. 简要说明城市交通枢纽总体布置的影响因素和形式。
4. 简述城市交通枢纽中的客流行为。
5. 城市交通枢纽流线分析主要包括几个方面的内容？如何进行内部交通组织流线的优化？

第四章　城市常规公共交通场站与枢纽设计

【课前导读】 本章讨论了常规公共交通场站与枢纽设计问题。第一节介绍了常规公交站点的分类；第二节阐述了公交首末站设计，主要包括公交首末站选址原则、设计规模、设施布置、详细设计等内容；第三节阐述了公交中途站设计，主要包括中途站选址原则、设施布置、各类中途站详细设计等内容；第四节阐述了常规公共交通枢纽设计，主要包括枢纽选址、路内常规公交枢纽布局设计、路外常规公交枢纽布局设计等内容；第五节阐述了出租车场站设计，主要包括出租车站点设置原则、枢纽内出租车场站具体布局设计等内容。

【知识学习目标】 掌握常规公共交通场站与枢纽的基本概念和设计思路。掌握常规公交枢纽和出租车场站的功能区布局和相关设计方法。

【能力培养目标】 建立城市交通枢纽布局设计的理论和方法体系，使学生具备常规公交车站、常规公交枢纽、出租车场站的功能区布局设计能力。

【教学重点】 常规公共交通场站与枢纽的基本概念、功能定位、设计原则；常规公交站点的布局设计；常规公交枢纽的布局设计；出租车场站布局设计。

【教学难点】 公共交通站点设计；公共交通枢纽设计；出租车场站布局设计。

第一节　常规公共交通站点分类

一、按公交车站功能分类

常规公共交通站点按功能可分为首末站、中途站、换乘站三种。

首末站：为线路上的公交车辆在开始和结束营运、等候调度以及下班后提供合理的停放场地的必要场所。

中途站：是公交线路途经站，实现乘客乘降与换乘，通常情况下由一个完整的站台、人行道以及站牌等辅助设施所组成，为沿线乘客服务，提高线路区段通过能力[49]。

换乘站：是具有完整的出行换乘、接驳、集散功能以及齐全的相关配套服务设施的，在一定空间范围内完成客流方式转换的交通场所。

二、按公交车站换乘枢纽影响因素分类

按照公交站点衔接方式种类和性质以及衔接线路条数可分为[38]：

四线换乘站点:以多种交通方式衔接,例如对外交通、轨道交通、出租、公共汽车、社会机动车、自行车等,大规模的、客流量很大的集散点。

三线换乘站点:以公共交通汽车、出租车为主,涉及部分其他换乘方式(如地铁、自行车等),规模较大的集散点。

二线换乘站点:以地面公交首发线路为主,伴有少量的其他换乘方式,规模较小的集散点。

一线换乘站点:以地面公交中途换乘方式为主,进行客流转换的换乘枢纽点。

三、按城市道路等级对公交站点影响因素分类

城市道路等级主要分为四类,即快速路、主干路、次干路、支路,不同等级的公路上,其车流、人流量有很大差异,其直接影响到站点的布置和公交线路网的规划,所以对公交站点的分类分级有重大影响。按照道路等级和站点规模,将站点分为以下几类:

大型站点:道路等级为快速路,配车总数(折算为标准车)大于50辆;

中型站点:道路等级为主干路,配车总数(折算为标准车)26~50辆;

小型站点:道路等级为次干路,配车总数(折算为标准车)8~25辆;

微型站点:道路等级为支路,配车总数(折算为标准车)小于等于7辆。

从道路等级对站点分类分级影响因素看,快速路、主干路对站点影响较大,次干路、支路对站点影响较小。加之对站点规模的影响进行综合评定,将站点划分为以上四类。

四、按公交站点所处城市区位影响因素分类

公交站点周边城市地面空间的开发情况不同,将对公交站点布置、公交线路布设产生很大影响。根据城市地面空间的功能分区不同,可将公交站点划分为以下几类:

商业中心型:是指公交站点周边土地开发以零售业为主,兼有少量办公、住宅等设施。该类车站主要服务于商贸零售等人流来往频繁、人流量大的一些百货大厦。高峰期持续时间长,交通情况复杂,对机动车静态动态交通需求大。因此,这类地区公交需求量大,站点布置和线网布设复杂,其对公交站点分类分级产生很大影响。

商务办公型:是指公交车站周边土地开发以商务大厦、办公大楼为主,兼有少量商业、居住等配套设施。该类站点主要服务于上班族,其高峰期主要是早高峰、晚高峰等上下班时段,平常时段客流较正常。此类站点布设需要统计该地区高峰时段客流情况,合理布置站点。

大型公共建筑型:是指公交车站周边多为公共设施、大型公共建筑,如体育场、图书馆等设施。这些公共设施多为区域乃至整个城市服务。虽然大型公建使用频率不高,但是使用期间地区瞬时车流、人流量剧增,交通压力大,道路交通组织复杂。因此,这类站点的合理布局设置,将有效缓解交通压力。

自然人文型:是指公交车站周边土地开发以文体教育、旅游景点为主的区域,这类地区常处于城市外围区域,对公交站点布置有一定要求,逢节假日迎来乘车高峰。其对公交站点分类有一定影响。

其他城市用地类型:是指公交车站周边土地开发以工业区、住宅区为主,其客流量比较

平均,没有太大波动,对公交站点分类影响不大。

五、公交车站分类汇总

综合考虑换乘枢纽影响因素、城市道路等级影响因素和城市区位影响因素,将公交车站划分为四类。

一类:公交站点规模大,人流量大。满足城市区位影响因素的有"商务中心型""商务办公型",城市道路等级因素有"大型站点",满足换乘枢纽影响因素的有"四线换乘站点""三线换乘站点"。

二类:公交站点规模较大,人流量较大。满足城市区位影响因素的有"商务办公型",满足城市道路等级因素有"中型站点",满足换乘枢纽影响因素有"三线换乘站点"。

三类:公交站点规模一般,人流量一般。满足城市区位影响因素的有"大型公建型""自然人文型",城市道路等级因素有"小型站点",满足换乘枢纽影响因素的有"二线换乘站点""一线换乘站点"。

四类:公交站点规模小,人流量少。满足城市区位影响因素的有"其他城市用地类型",满足城市道路等级因素的有"微型站点",满足换乘枢纽影响因素有"一线换乘站点"。

公交车站分类理论汇总如表4-1所示。

公交车站理论分类汇总表　　　　　　表4-1

项　目	一　类	二　类	三　类	四　类
区位因素	商务中心型 商务办公型	商务办公型	大型公建型 自然人文型	其他城市用地类型
道路等级因素	大型站点	中型站点	小型站点	微型站点
换乘枢纽因素	四线换乘站点 三线换乘站点	三线换乘站点	二线换乘站点 一线换乘站点	一线换乘站点
规模	大	较大	一般	小
人流量	大	较大	一般	较少

第二节　常规公共交通首末站设计

公交车辆首末站的主要功能是为线路上的公交车辆在开始和结束营运、等候调度以及下班后提供合理的停放场地的必要场所。它既是公交站点的一部分,也可以兼具车辆停放和小规模保养的用途。对首末站的规划,主要包括首末站的位置选择、规模的确定以及出入口道路的设置等几方面内容。

一、公共交通首末站选址

首末站应与旧城改造、新区开发、交通枢纽规划相结合,并应与公路长途客运站、火车站、客运码头、航空港以及其他城市公共交通方式相衔接。

首末站的主要功能为:作为公交车线路的起、终点,为公交车辆运营和城市居民的公交出行服务,并且提供公交乘务人员、调度工作人员、驾售人员、车队其他人员工作和休息的场所。因此,首末站为了满足公交车的掉头、调度、停放以及工作人员的办公环境,需要具备一定的建筑空间。一般以规划的公交线路为依据,设置在首末站点的路外。

因此,首末站的选址应满足以下原则:

(1)公交首末站的设置应与城市道路网的建设及发展相协调,选择在紧靠客流集散点和道路客流主要方向的同侧。

(2)与城市公共客运交通走廊相临近,且便于与其他客运交通方式换乘(如火车站、客运车站和地铁站)。

(3)首末站宜设置在道路使用面积较富裕而人口又比较集中的居住区、商业区或文体中心等主要客流集散点附近。

(4)在火车站、客运码头、长途客运站、大型商业区、分区中心、公园、体育馆、剧院等活动集聚地多种交通方式的衔接点上,宜设置多条线路共用的首末站。

(5)长途客运站、火车站、客运码头主要出入口100m范围内应设公共交通首末站。

(6)0.7万~3万人的居住小区宜设置首末站,3万人以上的居住区应设置首末站。

(7)在设置无轨电车的首末站时,应根据电力供应的可能性和合理性将首末站设置在靠近整流站的地方。

(8)在缺乏公共交通首末站用地的地方,可利用建筑物或道路资源安排首末站,但不应在平交路口附近设置首末站。

二、公共交通首末站设计

1. 首末站设计规模

首末站的规模应按线路所配运营的车辆总数确定,一般配车总数(折算为标准车)大于50辆的为大型站点,26~50辆的为中型站点,小于26辆的为小型站点。并应符合下列规定:

(1)线路所配运营车辆的总数宜考虑线路的发展需要。

(2)每辆标准车首末站用地面积应按 $100 \sim 120 m^2$ 计算;其中,回车道、行车道和候车亭用地应按每辆标准车 $20 m^2$ 计算;办公用地含管理、调度、监控及职工休息、餐饮等,应按每辆标准车 $2 \sim 3 m^2$ 计算;停车坪用地不应小于每辆标准车 $58 m^2$;绿化用地不宜小于用地面积的20%。用地狭长或高低错落等情况下,首末站用地面积应乘以1.5倍以上的用地系数。

(3)当首站不用作夜间停车时,用地面积应按该线路全部运营车辆的60%计算;当首站用作夜间停车时,用地面积应按该线路全部运营车辆计算。首站办公用地面积不宜小于 $35 m^2$ 。

(4)末站用地面积应按线路全部运营车辆的20%计算。末站办公用地面积不宜小于 $20 m^2$ 。

(5)当环线线路首末站共用时,其用地应按本条(3)、(4)款合并计算,办公用地面积不宜小于 $40 m^2$ 。

(6)首末站用地不宜小于 $1000 m^2$ 。

2. 首末站详细设计

(1)首末站的设计内容应符合表4-2的要求。

首末站设计内容 表4-2

设　　施		首　站	末　站
信息	站牌	√	√
	广告牌	*	*
服务	公用电话	√	×
	无障碍设施	√	√
	候车廊	√	*
	座椅	√	×
	公厕	√	×
	非机动车存放	√	*
	机动车停车换乘	*	×
安全环保	隔离护栏	*	*
	照明	√	√
	监控	√	×
	消防	√	√
	绿化	√	*
运营管理	站场管理室	√	×
	线路调度室	√	√
	智能监控室	√	×
	驾驶员休息室	√	×
	卫生间	√	×
	茶水间	√	×
	清洁用具杂物间	√	×
	停车坪	√	√
	回车道	√	√
	抢修和低保	√	×

注："√"表示应有的设施，"*"表示可根据具体情况选择，"×"表示可无的设施。

（2）首末站的入口和出口应分隔开，且必须设置明显的标志。出入口宽度应为标准车宽的 3~4 倍。当站外道路的车行道宽度小于 14m 时，进出口宽度应增加 20%~25%。在出入口后退 2m 的通道中心线两侧各 60°范围内，应能目测到站内或站外的车辆和行人。

（3）首站候车廊规模和构成应符合下列规定：

①候车廊应在明显的位置设置站牌标志和发车显示装置。

②候车廊廊长应为 6m 的整数倍，且不宜小于 18m。

③站亭高度不宜低于 2.5m，站亭顶棚宽度不宜小于 1.5m，且不应超出顶棚宽度。

④当多块站牌竖向排列时，最上面站牌顶边距地面的高度不宜大于 2.2m，最下面站牌底边距地面的距离不宜小于 0.4m。

⑤站台长不应小于两辆标准车长加上车辆前、中、后各 5m 的基准，宽度不应小于 2m，且应高出地面 0.20m。站台应采用水泥混凝土材料，厚度不小于 0.15m。

⑥站台可设置隔离护栏,护栏离站台靠马路边缘不宜小于0.2m,护栏宜选用不锈钢材料。

如图4-1所示为某公交首末站平面布局图,如图4-2所示为某公交首末站鸟瞰图,如图4-3所示为某公交首末站平面详细设计图。

图4-1 公交首末站平面布局图

图4-2 公交首末站鸟瞰图

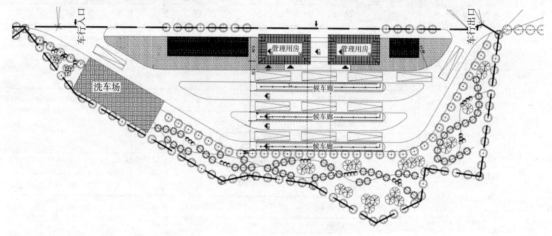

图4-3 公交首末站平面详细设计图

第三节 常规公共交通中途站设计

一、公共交通中途站通用设计

1. 站点选址原则

公交车辆的中途站点规划在公交车辆的起、终点及线路走向确定以后进行,规划的原则为:

(1)中途站点应设置在公共交通线路沿途所经过的各主要客流集散点上。

(2)中途站点应沿街布置,站址宜选择在能按要求完成车辆的停和行两项任务的地方。

(3)交叉口附近设置中途站点时,一般设在过交叉口50m以外处;在大城市车辆较多的主干道上,宜设在100m以外处。

(4)中途站点的站距受乘客出行需求、公交车辆的运营管理、道路系统、交叉口间距和安全等多种因素的影响,应合理选择,平均站距在500~600m,市中心区站距宜选择下限值,城市边缘地区和郊区的站距宜选择上限值;百万人口以上的特大城市,站距可大于上限值。不同的车辆类型和区域条件下的站间距范围如表4-3所示。

典型的车型与站距分类表　　　　　　表4-3

公交车辆与服务类型	最大设计速度（km/h）	站台速度（km/h）	站间距(直线距离)(m)		
			CBD地区内	非CBD地区	
				传统系统	现代系统
市内公共汽车	80~105	13~23	150~300	150~200	300~460
区域性公共汽车	80~105	20~30	150~300	360~900	600~1500
快速公共汽车	80~105	25~50	*	1200~9000	1500~4500

注:*通常只有1~2个首末站在CBD内或与CBD相连。

除考虑以上通用选址原则外,中间站选址还应考虑:

1)选择站点处的地理位置

地理位置是公交站点选址中最重要的一个因素。地理位置主要包括这一站点周围存在住宅区,公共设施区(包括商业金融场所、文化娱乐场所、医院、名胜古迹景点等),工厂企业等的数目。如果这一站点周围住宅区较多,这里的出行产生交通量就会很大,即生成交通量会很大;公共设施也会吸引较多的交通量,特别是公共休息日的时候,较多的人流将会被吸引,即会产生较多的交通量;如果工厂企业多,则不住在工厂的工人也会有很多,就会产生较大的交通吸引量。这样,在此处设置站点的优势就会很大,但站点要尽量避免设置在路口转弯处,而应当与路口保持一定的距离。

2)选择的站点位置上其他公交线路影响

公交站点选址时应该考虑:选择的地点是否同时是其他几条公交线路设置的站点,如果这个地点处设置的公交线路数目太多,就会影响车辆进出站点的时间和乘客进出车站的拥挤程度,因为乘客出行会考虑时间成本和舒适度,可以考虑将这一公交站点设置在同一站的另一个地点上。有时新建线路预备设置站点处还未开通其他线路,在这一地点设置公交站点的可能性就是百分之百。

选择公交站点在一站多点的哪个点设置时,应该考虑的另一个因素是:此地点与考虑的这条公交线路上,从这一站到下一站的去向相同的公交线路数目是多少。同一站点上,会有很多条公交线路与考察的这条公交线路到下一站的去向相同,这样的公交线路数目太多,就可以考虑不在这个位置设置站点,这样不仅可提高人们出行的效率,也可以节省资源。

另外,还要考虑在这一站点附近有没有其他轨道交通的存在,比如地铁、轻轨。如果常规公交和轨道交通共线运营且轨道交通在这个地方有站点,就可以考虑不在这个地方设置公交站点。如果常规公交和轨道交通有接有驳,且这个地方设置有轨道交通的站点,那么就有必要在这里设置公交站点,方便出行者的换乘。

3)交叉口附近公交站点的位置选择

在公交出行的起点和终点,乘客一般要通过步行或者自行车到、离公交站点,公交停靠站的设置应使乘客步行和骑行时间最短。显然,交叉口是各个方向人流汇聚和分散最为便捷的地方,因而交叉口附近是公交站点布置的理想位置。

一般规定,在交叉口附近,公交停靠站应设置在离交叉口50m以外处;对于新建、改建交叉口,公交停靠站应设置在平坡或者坡度不大于1.5%的坡道上,当地形条件受限制时,坡度最大不得超过2%。下面对在交叉口下游和上游的公交站点设置分别进行说明。

(1)在交叉口下游(出口道)设置公交站点。

①在下列情况下,优先考虑在交叉口下游设置公交站点:

a. 存在视距问题。

b. 机非混行的道路,公交车频繁使用右侧非机动车道;机非分隔道路或机动车专用道路,右侧机动车道不是公交车专用道,机动车高峰期间公交车频繁使用外侧机动车道。

c. 机动车高峰期间上游右转车流量超过250辆/h。

d. 公交车为左转的情况。

②公交停靠站设置在交叉口下游时,离开(对向进口道)停车线的距离按如下原则确定:

a. 无信号灯控制的交叉口,停靠站必须在视距三角形外(包括车站内同时停放的最大车辆数)。

b. 下游右侧拓宽增加车道时,应设在右侧车道分岔点向前至少15m处。

c. 在新建交叉口且非港湾停靠站的条件下,按道路等级:主干道上距停车线至少80m,次干道距停车线至少50m,支路距停车线至少30m。

(2)在交叉口上游设置公交站点。

①下列情况,优先考虑在交叉口上游设置公交站点:

a. 公交流量大,车辆停靠不产生冲突与危险。

b. 右转车道公交车占主要比例。

②公交停靠站设置在交叉口上游时,离开停车线的距离按如下原则确定:

a. 边侧为拓宽增加的车道时,停靠站应设在该车道分岔点之后至少15m,并将拓宽车道加上公交站台长度后做一体化设计。

b. 边侧无拓宽增加车道时,停靠站位置应在外侧车道最大排队长度的基础上再加15~20m处,停靠站长度另外确定。

c. 对新建交叉口,且非港湾停靠站情况,按道路等级:主干道上距停车线至少100m,次干道距停车线至少70m,支路距停车线至少50m。

4)上、下行对称公交停靠站相对位置的确定

一般规定,上、下行对称的站点宜在道路平面上错开,即交叉设站,其错开距离应不小于30m;同时,为方便乘客过街换乘,错开距离也不宜过大,其相对位置有迎面错开与背向错开之分。

(1)公交站迎面错开设置。

如果公交站迎面错开距离很小,又需要在二者之间设置行人过街横道,则行人过街横道可能会离公交站太近,以至于公交车在行人过街横道前形成排队;由于公交车体积较大,很容易阻挡其左侧机动车驾驶员和右侧过街行人的视线,从而导致交通事故的发生。此时要注意调整行人过街横道的位置,将其与公交站的距离拉开;对于两块板道路,可以将对称站点调整为背向错开。

(2)公交站背向错开设置。

对于三块板或一块板道路上的非港湾式公交站点,如果两站点间的距离太近,容易出现"双重瓶颈"的情况,使得道路通行能力大大缩小,所以要注意适当拉开两站点间距离或将站

点改为港湾式。对于港湾式公交停靠站,如果由于站台长度不足而产生排队溢出,则也会出现类似的问题。对于四块板或两块板道路,则不存在这个问题。

2. 中途站设施布置

根据美国《道路通行能力手册》(HCM),在公交停靠站和车站及公交车辆上安装中途站设施使乘坐公交车辆更加舒服和便利。典型的设施如下:

(1) 长椅子,以便乘客候车时乘坐。
(2) 防风、雨、雪及太阳的棚。
(3) 信息化标记,以提示车辆的路线、目的地及到站时刻。
(4) 垃圾桶。
(5) 电话,以便乘客在候车或紧急需要的情况下进行联络。
(6) 售货摊位,从通勤的公共汽车站的报栏到报摊、卖花摊、卖食物的小车、公交售票和流动售货及一些类似于轨道交通车站或公交换乘中心的服务设施。
(7) 空调车,以便在炎热和潮湿的天气里提供舒适的乘车环境。

中途站设施应符合如表4-4所示的要求。

中途站设施　　　　　　　　　　　　　　　表4-4

设　　施		配　　置
信息设施	站牌	√
	无障碍设施	√
便利设施	候车亭	O
	站台	O
	座椅	O
	自行车存放	O
安全设施	候车廊	O
	照明	√

注:"√"表示应有的设施,"O"表示可选择的设施。

3. 中途站分类

根据布局形式不同可将公交中间站的形式划分为直线式与港湾式,二者优缺点比较如表4-5所示。

直线式和港湾式公交站点的优缺点比较　　　　　　　　　　　　　　　表4-5

分类	优　　点	缺　　点
直线式	(1) 公交车辆进出站点容易,能减少公交车辆的站点延误; (2) 设计简单,建造费用较低,容易改造	(1) 停靠占用一条车道,形成倒立瓶颈,降低路段通行能力,高峰期间容易造成交通堵塞; (2) 公交停靠时,尾随车必须减速行驶和变换车道,驾驶员容易采取不安全操作,存在安全隐患
港湾式	(1) 公交上下客在道路之外完成,很大程度上减少了交通运行延误; (2) 为公交车停靠和乘客上下车提供了一个安全场所,很大程度避免了不安全因素; (3) 最大限度地减少了直行交通延误	(1) 公交进出站不便,尤其是在道路交通流量大时,公交出站困难,增大了公交车辆的站点延误; (2) 相比只显示停靠站,占用空间大,建设费用高,不易改造

二、直线式公共交通车站设计

城市道路网中,由于老城区原有道路多为支路、次干道等级较低的道路,居民出行公交需求、机动车交通量较小,同时规划红线内的空间不足,为了不影响非机动车和行人的通行,公交停靠站的设计多占用机非隔离带、行人道的适当面积,公交车停靠时利用车道停靠,即称为直线式停靠站。

直线式停靠站利用机动车车道进行停靠,建设过程简单,造价低。但是随着公交停靠站泊位数的增加,相较于一个泊位数而言,后续泊位的利用效率较低,并且在高峰时段易造成拥堵,形成交通瓶颈,降低道路通行能力。公交停靠的时间越长,对相邻车道交通流影响越大。

《城市客运交通枢纽设计规范》(征求意见稿)中规定站区非港湾停靠站应符合图4-4～图4-6和表4-6的规定。

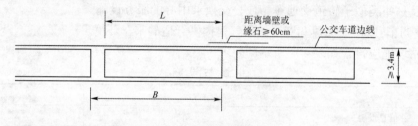

图4-4　无超车道直接式停靠站

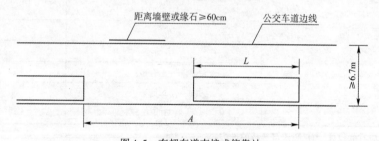

图4-5　有超车道直接式停靠站

注:每个超车位上的公共汽(电)车可以单独驶入驶出。

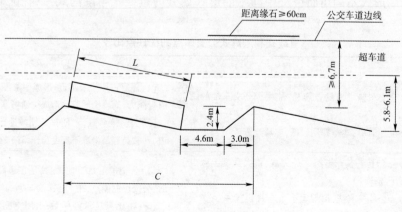

图4-6　锯齿式停靠站

站区非港湾停靠站设计参数(m) 表4-6

参　　数	普通公交	铰接公交
L	12	18
A	24.5	30.5
B	13.5	19.5
C	19.8	25.9

1. 站点区域长度设计

公交车辆停靠过程包括减速进站、停车等待及加速前进三个阶段,因此,直线式公交站点区域长度 L 一般均包括公交车加速离站距离 L_{out}、减速进站距离 L_{in} 及公交站台长 L_s 三部分。如图 4-7 所示[39]。

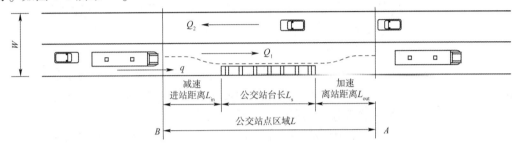

图 4-7　直线式公交站点的站点区域组成示意图

公交站点一般处于交叉口进口道或者出口道,也可能处在道路中段。通常,在两车道街道上首先设置交叉口进口道站点,因为车辆不能够绕过停靠的公交车而行驶。在路肩宽阔的街道或者多车道情况下,车流可以自由地绕过公交车而通行,此时,从视距考虑,交叉口出口道站点就成为首选。在路肩宽阔或者多车道的情况下,车流受到信号的控制,此时,公交车站可以设置在进口道或出口道。公交站点的设置应该尽量减少在改变车道时以及靠近左转区时的交织过程的难度。和其他车行道的原理一样,站点布局的连贯性可以减少乘客和驾驶员的潜在干扰,公交站点不能紧靠车行道设置,以最大限度地减少冲突、保证视距。

为了满足车辆停靠和站内各种设施的设置需要,站点区域长度设计要顾及可能出现的交通情况。对于直线式站点,当交通量很大时,在正在站台提供上下客的公交车前方,可能仍有车辆滞留在站内等待出站,而在车辆后方,可能出现车辆等待进站。在设计站点区域长度时,要考虑到道路交通量很大,有多辆公交车停靠的情况时,预留足够的空间,满足公交车站内排队、等待进出站。公交车进出站的预留空间,在正常情况下,同时作为公交车辆减速进站和加速离站所需的缓冲路段。

若前方路段允许小汽车路内停靠,则公交车直行出站会受到前方停靠的小汽车的阻挡,需要变换车道出站,此时,需要提供一个车位长的空间供公交车等待汇入交通流。

不受路内停车区影响的直线式站点:由于直线式站点本身即占用一个车道,公交车可以直接加速进出站,汇入车流,此时站点对应的加、减速路段长度可以适当减小。在实际设置站点区域时,在公交车流量不高的直线式站点上,前端的加速段长度可取 7.5m;站台后端车辆可以直接进站,不需要变换车道,车辆间的安全距离可以减少为 2m,站点减速段的距离可取为 14m。其对应尺寸如图 4-8 所示。

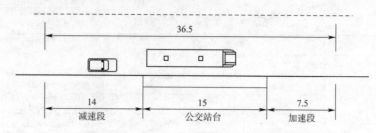

图4-8 不受路内停车区影响的直线式站点尺寸示意图(尺寸单位:m)

对于受路内停车区影响的直线式站点,其站点区域设计主要考虑以下几点:

(1)一般在设计中,站台前后端各提供一辆公交车等待进出站。站台前后端外过长的空间可能引起站点拥挤,导致乘客在站外上下车,造成空间浪费。

(2)如果使用中发现后端仅提供一辆公交车等待进站的空间不能满足实际需求,此时,需要重新增加站位和站台长度。因此,正常设计工作中,在确定合理站位数之后,站台前后只需要各提供一辆公交车的等待空间。

(3)站点前端预留空间可视为站点减速段,其长度为一个设计车长加上与站台公交车之间的一个车辆间安全距离。设计中,站内公交车辆之间的安全距离通常取为3m,因此,对于标准12m长的公交车辆,站前端加速段长度设计为15m。

(4)在后端站台的减速段长度,要根据情况比前端适当放宽。对于处在减速段等待的车辆,可能出现其前后各有一辆车辆的情况,故需要加上两个车辆间安全距离。因此,对于标准12m长的公交车辆,站台后端减速段长度设计为18m。

(5)同理,当站台每增加一个标准12m长的公交车站位时,站点区域长度要同时增加15m;若每增加一个18m长的铰接车站位时,站点区域长度要同时增加21m。

(6)通常情况下,对于单站位的直线式站点,位于交叉口出口道和进口道时,其站点区域长度至少分别有28m和31m;位于道路中段时,站点区域长度至少有46m。转向之后的交叉口出口道的公交站点区域至少需要28m,当然,更长的区域能使驾驶员更容易停靠。对于铰接车辆,公交站点影响区域要增加6m。

以单站位(公交车标准车长为12m)直线式站点为例,受路内停车区影响的各地点公交站点区域的一般尺寸如图4-9所示。

2. 站点区域宽度设计

在确定了站位数和站台长度的基础上,进一步对站点区域宽度进行优化设计时,可先计算出站点所需的乘客等待面积,再除以设计的站台长度,所得的商值即为满足乘客等待所需的站点宽度;乘客等待面积的取值是由站点区域行人服务水平决定的。

对于大多数公交车站来说,公交站台宽度优化设计的步骤如下:

(1)以满意服务水平为基础,确定单位乘客等车空间。

(2)估计在给定的一段时间内等待一辆公交车的乘客最大需求量。

(3)可通过单位乘客等车空间与乘客最大需求量的乘积,计算有效的等车面积。

(4)可通过0.5m的缓冲宽度(靠近车行道)加上有效等车面积进行计算,得到总的等车面积。

(5)在公交停靠站和车站上候车的乘客所需的空间应该包括被雨篷、长凳、信息标志和其他附属设施占据的空间,总的等车面积还要加上站点附属设施占用面积。

(6)用总面积除以设计的站台长度,所得的商值即满足乘客等待所需的站台宽度。

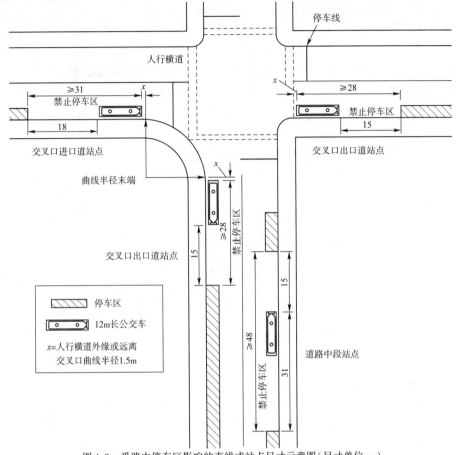

图4-9 受路内停车区影响的直线式站点尺寸示意图(尺寸单位:m)

三、港湾式公共交通车站设计

港湾式停靠站就是在道路车行道外侧,采取局部拓宽路面的公共交通停靠站,公交车辆停靠在港湾内,而不占用行车道。

1. 港湾式公交停靠站停靠特性分析

车辆在站台附近的运行可以分为两个阶段,分别为进港湾和出港湾过程。进港湾阶段包括变道行驶以及减速停车两个动作,出港湾阶段不受停靠车辆的影响,直接采取转弯半径加速离站。进出站规则为公交车辆按照先后顺序进站,按照由远及近进行停靠,保证停车的秩序,从而不产生混乱。如图4-10所示,为规则下的进出港湾示意图。

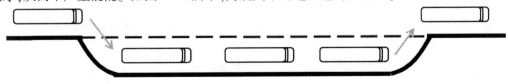

图4-10 规则下的进出港湾示意图

与传统的直线式车站相比,港湾式车站的优点表现在:可以减少对旁侧交通的干扰,尤其对窄路更有成效;可以在一定程度上规范驾驶员的进站行为,增加安全性;可有效控制乘客的候车范围,间接地减少车辆延误时间。

1) 双港湾式停靠站

双港湾式公交停靠站主要是由两个港湾式组成,在停靠站前通过导流渠化对不同线路的公交车辆进行分流,使公交车辆能够顺利进入平台,同时可以起到缓冲作用,为进站公交车辆提供等候空间。双港湾公交中途停靠站,适合公交线路较多的城市主干道、机非分隔带绿化宽度、非机动车道或人行道宽度比较富余的情况,允许压缩机非分隔带、非机动车道和人行道宽度。双港湾式公交停靠站对公交线路需要进行一定的分组,从空间上对公交停靠泊位横向拉开并规定各组线路的停车位置;且发车频率比较高的线路应在外侧站台停靠,发车频率低的线路在内侧站台停靠。其设置形式如图4-11所示。

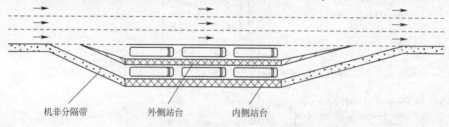

图4-11 双港湾式公交停靠站设计形式示意图

在公交线路较多(多于10条)的主干道上,在道路条件允许的情况下,交叉口进口道可采取双港湾式公交停靠站布置形式,即对公交线路进行一定的分组,从空间上对公交停靠泊位横向拉开(图4-12)或纵向拉开(图4-13),且规定各条公交线路的停车位置。

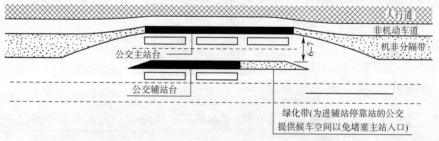

图4-12 横向拉开双港湾式停靠站(尺寸单位:m)

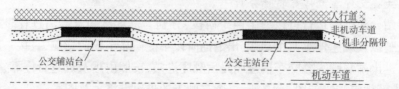

图4-13 纵向拉开双港湾式停靠站

横向拉开的双港湾式公交停靠站由主站和辅站两部分组成。辅站占用外侧车道布置,为了较少地影响进口道排队车辆,一般只设1~2个公交泊位。辅站后设置的绿化带起到一定缓冲作用,保证主站的入口不被堵塞。主站设为港湾式停靠站,它和辅站站台之间应有一间距,用于设置主站的停泊位和超车道。主站的设置占用了非机动车的行驶空间,为避免非机动车、行人与机动车之间的相互干扰,将停靠站处的非机动车道也相应向后退而设置为港湾式,并压缩该处的人行道宽度。

纵向拉开的双港湾式公交停靠站由两个普通的港湾式停靠站组成。为了避免前后两个单港湾停靠站各自车辆停靠时发生冲突而造成进出站困难及阻塞,应当根据情况(停靠泊位数及车身长度等)适当地设置这两个站台之间的间距,保证车辆的顺利停靠及超车。但此纵向拉开的双港湾式停靠站间距不宜过大,应当防止乘客在两站台之间步行换乘距离过大,因此一般设置成30m,最多不超过50m。设置4个停靠泊位时,每个站台各设2个停靠泊位(图4-13)。当要求共设置5个停靠泊位时,为了减少停靠泊位多的主站与停靠泊位相对较少的辅站之间进出口站的相互干扰与影响,应当将辅站设置在主站的前方,设置2个停靠泊位,而将主站设置在后方,设置3个停靠泊位。这样,由于辅站停靠泊位较少,要进入辅站和排队等待进站的车辆较少,减少了对从主站驶出车辆的影响,保持了道路的畅通。如果主站设置在前方,由于主站上停泊位较多,当停靠车辆和待停靠车辆较多时,排队驶入主站的车辆将有可能严重影响从辅站驶出的车辆,从而造成道路交通的阻塞。

2)深港湾式停靠站

深港湾公交中途停靠站是一种具有多个服务通道的公交中途站,允许多辆公交车同时在站为乘客提供上下车服务,可有效减少站内各类车辆之间的相互干扰,减少"公交列车化"现象,提高通行能力,改善服务水平。深港湾公交中途站在设置时,应注意通道宽度要充分考虑外形尺寸及营运特点,满足公交车辆通行顺畅的要求,加减速段曲线半径要满足车辆在通道与主线道路之间顺畅进出的要求,同时要设置足够宽度的人行道,并进行无障碍设计,公交线路应进行分组,规定停靠站台。该形式适合在公交线路多、乘客集散量大且有一定条件的地方设置,但每个公交停靠站不宜设置过多的停靠车位,避免由于公交进站停靠时排队影响其他停靠站台的公交通行。其设置形式如图4-14所示。

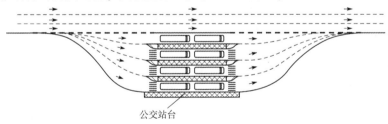

图4-14 深港湾式公交停靠站设计形式示意图

2. 港湾式公交停靠站站台尺寸计算

港湾式车站从几何外形上可分为三大类:梯形、抛物线形及流线型。梯形适用范围广,设计简单,但与车辆行驶轨迹不符,造成面积浪费;抛物线形适用于分隔带较窄,或用地紧张时;流线型采用复曲线形式,线条流畅,符合车辆的行驶轨迹,但设计较复杂。

港湾式公交停靠站尺寸包括三部分:减速段、站台及加速段。在对站台尺寸进行设计时,需要对三部分进行计算。

港湾式停靠站应符合图4-15和表4-7的规定。

1)站台泊位数量的确定

由于车辆按照先进先出的方式进出站台,因此,站台的长度取决于泊位的数量和长度,但是一般的泊位单位长度与车辆的本身长度和前后安全间距相关,所以主要因素为泊位数量。泊位数量决定了车辆进入站台的数量,也就决定了公交站点的服务率。泊位数量越多,可以停靠的公交车辆越多,对道路主线影响越小,但是泊位数量过多,造成空间的过多浪费,带来了运行效率低的反作用。因此,如何确定合理的泊位数量,是在设计港湾式停靠站时一项重要的内容。

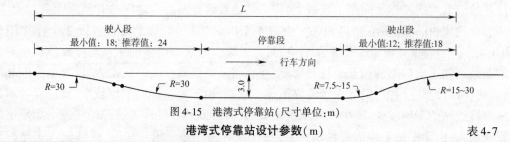

图 4-15　港湾式停靠站(尺寸单位:m)

港湾式停靠站设计参数(m)　　　　表 4-7

驶入段	停靠段	驶出段	港湾长度
≥18	$(L_v+3)+(L_v+1.5)(n-1)$	≥12	$\geq(L_v+3)+(L_v+1.5)(n-1)+30$

注:1. L_v 为车辆长度; n 为车站停靠泊位数。
　　2. 停靠段长度按公交车顺序进站设计。

根据美国《通行能力手册》(HCM)可知,公交站台处的通行能力计算公式如下[40]:

$$C_c = \frac{(g/T) \cdot 3600 \cdot R}{(g/T) \cdot D + t_c} \cdot n \tag{4-1}$$

式中: C_c——公交停靠站单个泊位的通行能力(veh/h);
　　　n——有效泊位数;
　　　g/T——绿信比;
　　　g——交叉口绿灯时长(s);
　　　R——停站时间和到达车辆变化而进行校正的折减系数,美国《通行能力手册》对普通公交的推荐值为 0.833;
　　　D——用于乘客上下车总时间(s);
　　　t_c——连续两辆公交车之间最小时间间隔,包括公共汽车开关门的时间,根据调查结果,一般为 4~5s。

双港湾式公交停靠站的主站和辅站在停靠站内干扰较小,可以粗略认为是两个独立的停靠站。假设主站和辅站各自通行能力主要受各子站内部车厢之间的相互干扰的影响,因此,横向双港湾式停靠站有效泊位数可以看成单港式和非港湾式停靠站的组合,纵向双港湾式停靠站可以看成两个普通单港湾式靠站的组合,由此可得双港湾式停靠站的有效泊位计算公式:

横向双港湾式停靠站:

$$n_{i+j} = n_{1i} + n_{2j} \tag{4-2}$$

纵向双港湾式停靠站:

$$n_{i+j} = n_{2i} + n_{2j} \tag{4-3}$$

式中: n_{i+j}——泊位数 $i+j$ 所对应的双港湾式停靠站有效泊位数;
　　　n_{1i}——泊位数 i 所对应的非港湾式停靠站有效泊位数;
　　　n_{2i}、n_{2j}——泊位数 i、j 所对应的双港湾式停靠站有效泊位数。

根据美国《通行能力手册》(HCM)查得非港湾式停靠站以及单港湾式停靠站在设置不同泊位数时的有效泊位数,并根据式(4-2)、式(4-3)算得双港湾式停靠站在设置不同泊位数时的有效泊位数,以及在特定条件(取 $g/T = 0.5$,$D = 30s$、$60s$、$90s$,$t_c = 5s$)下根据公式(4-1)算得不同停靠站形式下的公交停靠站通行能力。

表4-8给出了不同乘客上下车时间和不同泊位数所对应的不同停靠站形式下公交停靠站的停靠能力。此表只是粗略地计算了停靠站站台处的停靠能力,通过比较可以看出港湾式停靠站的泊位有效利用率高于非港湾式停靠站。同时,随着公交车在车站停靠时间的增长,上述三种类型停靠站的通行能力均会降低,但港湾式公交停靠站比非港湾式停靠站通行能力大,特别是随着泊位数的增加,这种优势更加明显。当车站设置的泊位数较多时,双港湾式公交停靠站则比前两种停靠站的通行能力更大。

非港湾式、单港湾式及双港湾式公交停靠站对应的有效泊位数及通行能力　　　表4-8

停靠站形式		非港湾式				单港湾式				横向双港湾式		纵向双港湾式	
泊位数(个)		2	3	4	5	2	3	4	5	4	5	4	5
有效泊位数 n		1.75	225	2.45	205	1.85	2.6	3.25	3.75	3.6	4.35	3.7	4.45
停靠能力 (veh/h)	20s	175	225	245	250	185	260	325	375	360	435	370	445
	30s	131	169	184	187	739	195	244	281	270	326	277	334
	60s	75	69	105	107	79	111	139	161	154	186	159	191
	90s	52	67	73	75	55	78	97	112	108	130	111	133

2)单个停车位尺寸取值

在确定了停靠站点的泊位数量之后,接下来需要确定的就是单个停车位的尺寸,这样,整个站点的长度即可确定。单个车辆进出站长度分解为变道长度、减速长度以及出港湾加速长度,基于此,单个停车位尺寸如表4-9所示[79]。

一般港湾式停靠站的站台长度　　　表4-9

泊位数(个)	1	2	3
总长(m)	36	63	90

实际上,车辆在进站过程中,加减速过程均在渐变段完成,变道长度可以考虑进行缩减,在站内的停车只需在停车位内完成,考虑到在先后顺序进站、由远及近的规则下,某些情况下会出现停靠站近端停满、远端空闲的状态,此时车辆需要进行变道停车,但是这种情况是在同时到达车辆较多的情况下才会发生,因此,综合考虑,建议对12m的公交车,单个停车尺寸为公交车身长度加上前后安全距离,安全距离一般取2.5m,建议单个停车尺寸取15m。

3)站台宽度设计

港湾式公交停靠站的宽度包括车辆与路侧石之间的距离和公交车的宽度。车辆与路侧石之间的最小距离为15~25cm,公交车的宽度一般为2.4~2.55m。因此港湾式公交停靠站的宽度为2.4~2.8m,再为公交车的停靠预留一些富余宽度,因此港湾式公交停靠站宽度采用3m较为合适。此外,乘客候车区域宽度取决于机非分隔带的宽度,可以在其基础上进行适当的扩张或缩减,对于没有机非分隔带的沿边停靠站,宽度以候车区域要求为主。

如图4-16、图4-17所示分别为港湾式停靠站效果图与港湾式停靠站实景图。

3. 安全措施

近年来,公交车站内事故频发,主要是因现场混乱造成的。设计任务时应该让车站尽量为乘客提供方便,引导他们不违反交通规则,消除安全隐患。

图 4-16　港湾式停靠站效果图　　　　　图 4-17　港湾式停靠站实景图

1）通视区域问题

为避免事故,停车道上不应有乘客。除了做相关的管理工作,还要考虑车站设计对乘客的安全引导作用。当站内有不适当的树木、电线杆等物时,会阻碍乘客的视线,导致乘客站到车道上候车,带来极大的安全隐患;同时,进站的驾驶员也不能看到站内的情况。为此建议在港湾式车站上游设立通视区域(图4-18),在通视区域内不应有影响驾驶员进站前观察

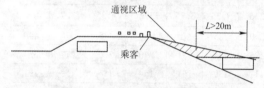

图 4-18　车站的通视区域

站内情况的障碍物,而只能种植低矮灌木。

2）路缘石问题

公交站台不应设置路缘石,因为这样易使上下车的乘客摔伤或绊倒而发生危险。至于排水问题,可以通过增加站台的横坡及增加雨水口的数量来解决。

3）停靠站的秩序混乱问题

停靠站的混乱主要由公交车、旁侧的车辆、非机动车、行人、乘客的相互干扰引起。而这种干扰又主要由公交车的进站不规范和行人的无秩序造成。因此,对公交车进站秩序和乘客候车秩序进行管理是十分迫切和必要的。另外,在停车区域内应有标志标线,人流过大时在站台的一侧应设置护栏[41]。

四、快速公共交通车站设计

车站作为 BRT 系统组成要素之一,必须保证大量公交车辆及乘客高效、快速及舒适的通行,其设计是否科学合理对该系统的整体运营效果起着决定性作用。不合理的车站设计,将导致公交车辆及候车乘客在站台处的集结和拥堵,从而大幅降低系统运行效率及服务水平。

1. 车站位置的确定

车站的位置设置必须满足线路设计的技术要求,因地制宜、合理布置,有效利用空间,结合城市总体规划设于人流密集、存在需求的地点。根据车站类型,应合理布设车站站台、进站设施,最大限度地吸引客流,使得乘客能够安全、方便、快速地进出车站,并妥善处理好

BRT车站与城市交通、地面建筑、地下管线、地下构筑物等之间的关系,尽量减少房屋拆迁及管线迁移,减少施工时地面交通及市民生活的影响。

原则上应考虑以下几点因素:不超越道路规划红线;临近现有公交车站、地铁车站、公共自行车站点等,便于与其他交通方式的接驳与换乘;间距不超过500m,避免乘客步行距离过长,但可根据实际客流需求及道路条件进行调整;离开交叉口一定距离,充分利用路段中间多余的车道和通行能力,不占用交叉口过多的车道,保证路段和交叉口车道数的匹配。

通常情况下,BRT站台的设计流程如下:数据调查→流量预测→子站规模计算→站台类型选择→站台尺寸确定→车站位置选择→建筑外观设计→附属设施设计。

2. 子站规模计算

BRT系统与常规公交系统主要的不同之处在于通过增加站台的子站数量,增加系统总体运力,使得BRT系统运力达到并超过轨道交通运力水平。

BRT车站的子站数计算,应基于前期调查数据及客流预测结果,根据高峰小时每个车站到站的公交车辆数量及上下车客流可以得出车站所需的子站数目。

$$X = T_d \cdot F + (P_b \cdot T_b + P_a \cdot T_a) \tag{4-4}$$

式中:X——饱和度;

T_d——停站时间(s);

F——BRT车辆到站频次(veh/h);

P_b——总的上车人数(人次);

T_b——每个乘客的平均上车时间(s);

P_a——总的下车人数(人次);

T_a——每个乘客的平均下车时间(s)。

通常情况下,当站台饱和度大于40%时,需要设置2个子站;饱和度大于80%时,需要设置3个子站,以此类推。

3. 车站形式选择

BRT车站通常位于道路中央,一般有两种形式:岛式(整体式)和侧式(分离式)。

1) 岛式站台

单体设置,站台双侧开门,上下行车辆分别停靠站台两侧。优点:不小于5 m的站台宽度能有效地平抑潮汐客流的影响,车站设备和管理只需要一套系统,车站售票区域有较宽裕的通行空间,且站台利用率高,占用较少的道路资源,节约车站投资;方便乘客中途折返乘、换乘;不影响未来道路的拓宽。缺点:当站台两侧车辆同时到站、同时上下客时,上下行客流干扰较大;左侧开门形式不利于常规公交车换乘,运力不足时,难以调动普通公交车进行支援;路段设置的岛式站台进出站需要专门的过街设施,如天桥或人行通道,增加了成本。路口设置的整体式岛式站台,考虑行人急于乘车的心理因素及下车集中客流通过的影响,路口可能存在安全隐患和乘客滞留的现象(图4-19)。

2) 侧式站台

成对设置,站台单侧开门,上下行车辆分别停靠不同站台。优点:不改变乘客乘车习惯,仍然右侧上下车;可根据不同线路客流情况,灵活配车,客流需求小的可采用现状车型,不需改造;可使用灵活式运营模式,对远期系统扩展和升级改造的适用性较好。缺点:占用路幅宽度较大;不方便乘客的中途折返;车站设备不能共享,需要增加相应售检票人员和设备(图4-20)。

图4-19 岛式快速公交车站

图4-20 侧式快速公交车站

4. 车站尺寸确定

站台尺寸设计得是否科学合理,对整个BRT系统的运营效率及乘客舒适度有着至关重要的影响。车站规模应满足规划期内高峰小时客流集散量大小、车站所处位置远期发展规划、系统运营管理需求及事故期间乘客紧急疏散要求等因素。车站的设计尺寸主要体现在长度、宽度及高度三方面。

1) 站台长度

合适的站台长度可以保证车站有足够的能力容纳高峰时段进站的车辆及候车乘客,保证BRT系统的高效运行。站台长度通常由售检票区长度加上登乘区长度构成。售检票区长度主要由售票亭、设备房以及检票闸机位置确定,一般情况下为10~15m。登乘区长度通常由选用的BRT车辆长度及子站数量决定。

对于子站站台而言:站台上下客区长度通常大于或等于两辆BRT车辆长度(双泊位)。选用18m车辆的系统,子站站台长度通常为40m;选用12m车辆的系统,子站站台长度通常为30m。对于多子站站台而言:通常是由N个子站站台单元长度加上子站与子站间车辆抽头及汇入的长度共同组成。

2) 站台宽度

合适的宽度会改善乘客候车及通行环境舒适程度,缩短乘客上下车及车辆停驻时间,提高系统运营效率。

BRT站台宽度从乘客角度而言,远比站台长度重要,其对乘客舒适度水平起着至关重要的作用。站台宽度在满足各种设施布设的前提下,要考虑以下几点:高峰小时上下车客流量;候车客流量的决定;基础设计、结构宽度的决定。站台宽度计算公式为:

$$W_p = W_s + W_u + W_c + W_{opp} \tag{4-5}$$

式中:W_p——站台宽度(m);

W_s——结构宽度(和建筑结构设计有关,通常为0.6~1m);

W_u——单向候车乘客所需站台宽度(通常$1m^2$的站台可供3人候车);

W_c——行进乘客所需站台宽度(通常1m的宽度可供2000人次/h通过);

W_{opp}——反向候车乘客所需站台宽度(侧式站台单向候车,为0)。

3）站台高度

合适的站台高度应与车辆地板高度一致，可保证乘客的水平登乘，缩短上下车所需时间及车辆停驻时间，提高系统运行效率。在BRT系统中，为了进一步减少乘客上下车时间，一般BRT系统都采用水平登车的模式。在水平登车模式下，站台采用和车辆底板同样的高度，从而使得老人、儿童、残疾人等上下车变得安全和容易。

我国大多数城市BRT系统采用低地板车辆，站台高度通常为0.35m；国外部分城市BRT系统选用高地板车辆，站台高度通常为1.1m。

5. 建筑设计

优秀的BRT车站建筑设计，不仅应满足系统本身的运营要求，为乘客提供方便、舒适和安全的候车环境，通常还需从美学文化、气候特点、乘客友好性、实施便捷性等方面进行考虑。现代时尚、简洁明快的建筑外观，不仅有助于将BRT定位成一种高品质的新型公交出行方式，还能让BRT系统跃升为一道亮丽的城市风景线。

建筑设计的基本要求为：

(1) 布局合理，力求紧凑，便于运营管理，设置与常规公交系统相匹配的指引标志和乘客服务系统。

(2) 遮阳挡雨，安全耐用，具有人性化，站内具有良好的通风、照明、卫生、防灾等条件。

(3) 选材和配色需契合系统整体形象，保证系统的高度可识别性。

(4) 结合车站周边环境，符合城市总体风格，与整体景观融为一体。

(5) 积极采用新技术、新工艺、新材料，方便施工，减少干扰，降低成本。

第四节　常规公共交通枢纽设计

一、公共交通枢纽选址

在分析总结以往常规公交换乘枢纽选址影响因素的基础上，本书从宏观和微观两个角度对影响换乘枢纽布局选址的因素做出全面系统的分析[43]。

1. 宏观影响因素

城市中影响常规公交换乘枢纽选址的宏观影响因素主要包括城市规模及空间扩展趋势、城市经济基础及未来发展趋势、城市人口分布及土地利用的布局形态、客流集散点的规模和等级、城市道路网和常规公交线网结构、城市地形、地势及地质条件、城市历史、人文条件、商业战略、政治因素等方面。

1) 城市规模及空间扩展趋势

城市规模是决定公共交通客运需求的一个重要因素，它与城市布局共同决定了路外换乘枢纽的数量和基本位置。城市空间扩展有两大趋势：一是城市由同心圆环状向外扩展模式转变为沿轴向发展模式；二是城市由单中心发展模式转向多中心发展模式。城市的空间扩展趋势不同，路外换乘枢纽的空间布局也将不同。

2) 城市的经济基础及未来发展趋势

常规公交换乘枢纽的建设都需要投入大量的资金。因此，城市的经济基础及未来发展趋势对换乘枢纽的规划布局、线网和枢纽的实施都将产生重要的影响。

3）城市人口分布及土地利用的布局形态

城市人口密度、房屋建筑密度、工作岗位密度及商业区的集中程度等人口和土地利用的布局形态对客流的产生及流向有着重要影响，因此，在进行常规公交换乘枢纽选址时有必要仔细分析现状和规划的城市人口分布、土地利用布局及客流集散点分布的形态。

4）换乘点的规模和等级

客流换乘点是常规公交换乘枢纽的设置区位，但并不是所有的客流换乘点上都设置同等级别、同等规模的换乘枢纽，只有当客流量的规模达到一定级别，才有必要设置相应级别的换乘枢纽。

5）城市道路网和常规公交网的形态结构

常规公交换乘枢纽必须通过道路网和常规公交线网来集散客流，以达到与周边用地衔接并为之提供较高可达性的目的。另外，由于公交线路一般沿城市道路进行布设，因此道路网的格局将对常规公交线路的走向产生影响。

6）城市的地形、地势及地质条件

在进行常规公交换乘枢纽的选址时，要考虑所处预设区域的地形地势及地质条件对枢纽设计和建设的影响，尽量将枢纽选在地形地势及地质条件比较好的地方，方便公共交通枢纽的设计与建设。

7）城市的历史、人文条件

枢纽的规划布局必须遵守国家对历史文物、自然风景区等方面的保护性法规，当枢纽的选址与之相抵触时必须避让。

8）商业战略

在交通换乘枢纽的规划建设的同时，应该进行商业开发，加快回收资金，提高经济效益。对商业开发的性质、规模应做具体分析，严格控制。因为商业服务必然引起人流滞留，并可能吸引额外的客流，从而影响到换乘枢纽的功能发挥。

9）政治因素

在保密单位及高级外事部门附近，不宜设置换乘枢纽。因迎宾或其他政治需要，对枢纽或与其连接的干道做某些处理，也是在情理之中。因此，政治因素对枢纽选址、交通组织也有影响。

2. 微观影响因素

常规公交换乘枢纽选址的微观影响因素主要包括换乘枢纽的设计规模和等级、换乘枢纽内衔接的各种交通方式、换乘枢纽的重要程度、换乘枢纽内商业设施的布置、换乘枢纽负荷标准和换乘耗时等方面。

1）换乘枢纽的设计规模和等级

不同规模和等级的常规公交换乘枢纽所承担的客运任务不同，其选址的区域也不相同，常规公交换乘枢纽的选址必须考虑换乘枢纽所承担的客运量、客流强度和换乘强度等。

2）换乘枢纽内的各种交通方式

换乘枢纽内汇聚的各种交通方式的多少、各种交通方式集散客流能力的强弱都将对换乘枢纽的布局产生影响。同时，在布局常规公交换乘枢纽时，应考虑换乘枢纽的实际功能要求,满足枢纽内各种运输方式的设计要求,并使各种交通方式相互协调。

3)换乘枢纽的重要程度

换乘枢纽在整个交通系统中重要程度的不同,必定有不同的布局选址要求。因此,应对换乘枢纽的规模及其用地情况进行充分的考虑。

4)换乘枢纽内商业设施的布置

换乘枢纽内部商业设施的布置形式及规模,对换乘枢纽的布局选址存在着很重要的影响。换乘枢纽内商业设施的布置形式必将对乘客的换乘距离和换乘时间产生影响,应以尽量减少乘客换乘时间为主要目标。

5)换乘枢纽负荷标准和换乘耗时

枢纽负荷标准和换乘耗时是指换乘枢纽在某级服务水平条件下运营质量必须达到的标准。因此,常规公交路外换乘枢纽的选址必须满足换乘枢纽的设施符合和换乘耗时的标准要求。

常规公交路外换乘枢纽选址的宏观及微观影响因素如图4-21所示。

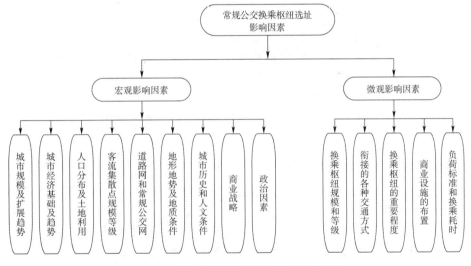

图4-21 常规公交路外换乘枢纽选址影响因素

二、路内常规公共交通枢纽布局设计

常规公共交通换乘枢纽的设计既要实现乘客能够在不同的公交线路间协调换乘,又要提高换乘服务的可靠性,实现安全换乘和有效集散,还要考虑"以人为本"的行人无障碍设计,具体设计原则如下:

(1)系统性原则:不同的公交线路应在枢纽处形成连贯的换乘,通过站点的有效衔接,枢纽内部要实现乘客在不同线路的公共汽车之间达到安全的最短路径换乘。

(2)疏导原则:常规公共交通换乘枢纽的设计,应对换乘人流进行有效的疏导,而不是采取某种交通管制方式对乘客进行管制。

(3)分离原则:分离枢纽内部及周边各种交通方式的流线,建立通畅、安全的步行换乘通道。

(4)综合性原则:明确枢纽的功能定位,在发挥其集散功能的基础上,合理开发附属功能。

1. 路段换乘模式设计

根据常规公共交通换乘枢纽的功能，路段换乘可以分为单向换乘、双向换乘及设置公交专用道情况下的换乘。

1) 单向换乘

在单向换乘中，换乘枢纽只在道路一侧设置，乘客通过站外换乘或平行换乘方式，在同向而不同线路的公共汽车之间进行换乘。当换乘枢纽内部线路过多时，若只设置一处站点，会导致车辆停靠过分集中，进出困难，停靠秩序难以保证，此时可采取拉疏站点的设计模式。拉疏站点能够缓解换乘站点处因停靠集中而造成车辆排队过长的问题。拉疏方式分为纵向拉疏与横向拉疏两种，即单港式和双港式停靠站模式。纵向拉疏是把不同线路的公共汽车停靠区沿线分散布置(图4-22)，在设置停靠线路时，要考虑站台的换乘要求，把有换乘关系的线路设在同一站台，实现多数乘客的平行换乘，减少乘客在枢纽内的无序换乘。同时又要考虑公共汽车的发车频率，将发车频率低的公共汽车线路安设在前方，避免下游停靠站停靠车辆过多，影响上游站台公共汽车的停靠。

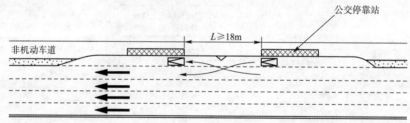

图4-22 纵向拉疏模式

横向拉疏是在道路横断面上同时设置两排公共汽车停靠站，例如机非分隔带大于4m的路段，停靠站的设置可充分利用机非分隔带及人行道停靠，一排设置在机非分隔带上，公共汽车在机动车道上停靠，另一排可利用人行道作换乘站台，公共汽车在非机动车道停靠，两个停靠站均可做成港湾式，使乘客在两个站间进行换乘(图4-23)。此时需要考虑把存在换乘关系的线路设在同一站台内，以实现多数乘客的平行换乘。同时亦要考虑把换乘量大的线路设在人行道边缘停靠，以保证多数换乘的乘客无需过街换乘。

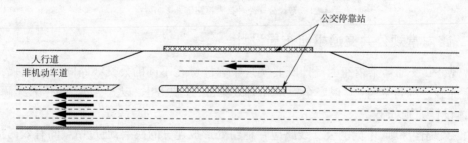

图4-23 横向拉疏模式

2) 双向换乘

在我国的大多数城市，公交换乘站点都设置在道路两侧，乘客可以实现同向及异向的换乘。根据公交换乘站点道路断面形式的不同，行人过街换乘设施的设计也有所不同。城市道路的横断面一般分为一块板、两块板、三块板及四块板。对于一块板和三块板的道路，因没有中央分隔带，站点间的车流、人流易相互干扰；而两块板和四块板道路，双向换乘站点间的车流、人流间的影响会相对减少,但由于分隔带的影响,要注意考虑行人过街换乘设施的设计。以具有代表性的三块板道路为例,如果单从换乘的角度考虑,异向换乘站台应在道路两边对称布置,以减少乘客的换乘步距,在道路条件允许的情况下,应尽量设置双向全港湾式停靠站,以保证车流、人流通行顺畅。但我国城市普遍存在着用地紧张的情况,城市道路的车道数也并不充裕,很大一部分公交停靠站为非港湾式停靠站,此时就要保证异向站台的间距,以免造成路段局部瓶颈,影响路段机动车通行。

行人过街设施一般都会设置在停靠站的上游,在异向的两个换乘站点之间,这主要是为了减少乘客的换乘步距。根据调查表明,为了使行人能够安全地过街换乘,双向站点错开距离不应小于30m。在条件允许的情况下,可以利用过街信号在时间上分离换乘人流与机动车流(图4-24)。

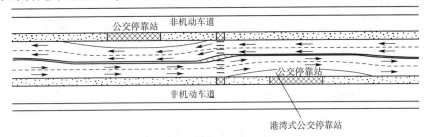

图4-24 三块板道路公交换乘节点衔接模式

3)设置公交专用道情况下的换乘

专用道形式下的路段换乘又分为两种模式,一种是专用道位于中央分隔带外侧车道,另一种是专用道沿分隔带设置。当专用道设于外侧时,可采用常规模式设置换乘站台,当专用道沿分隔带设置时,换乘站台设在分隔带上,此时要求站台长度需满足进站车辆最大排队长度,站台面积需满足最大集散客流量,乘客利用人行天桥或地下通道换乘。当采用人行横道换乘时,必须采用信号灯分离换乘人流和机动车流。根据公交专用道位于中央分隔带内侧和外侧的不同,其换乘节点的设计模式分别如图4-25、图4-26所示。

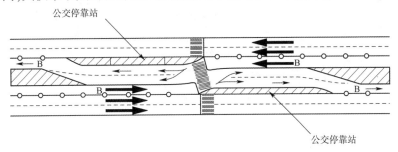

图4-25 公交专用道位于中央分隔带外侧换乘枢纽设计模式
B-公交车流

2.交叉口换乘模式设计

1)平面交叉口换乘模式

根据交叉口换乘范围,交叉口换乘可分为本象限换乘、相邻象限换乘及对向象限换乘,如图4-27所示。交叉口是不同方向公交线路分支的节点,于交叉口附近布设换乘枢纽能迎合多数乘客的换乘需求,但由于受交叉口交通条件的影响,在进出口道设站点时需满足停车长度的要求,增加了乘客的换乘步距。乘客换乘的步行时间包括正常的行走时间和过街等待时间。行人的过街不仅影响换乘步距和换乘时间的长短,而且对换乘的安全性和交叉口的有序化起着关键作用。为减少乘客换乘的过街次数,提高交叉口换乘的整体效率,同时考虑缩短主要换乘方向的衔接距离,在布设站点时,要首先找出交叉口的换乘主流向,从而满足绝大部分乘客的换乘需求。当换乘线路间存在重合路段时,应尽量实现乘客的平行换乘。例如某一交叉口,两条方向相交的线路之间换乘量较大,如图4-28a)所示的方案1:站点1与站点2、站点3与站点4之间的换乘量比较大,布站时可将两向站台分别设置于进口道和相邻的出口道上;如果站点1与站点4不宜改动,而当站点1与站点3、站点2与站点4之间的换乘量较大时,可以将站点2、站点3改设在进口道的上游,如图4-28b)方案2所示。

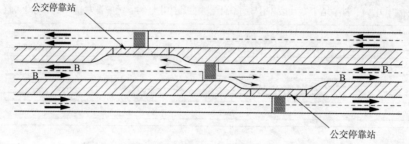

图4-26 公交专用道位于中央分隔带内侧换乘枢纽设计模式

B-公交车流

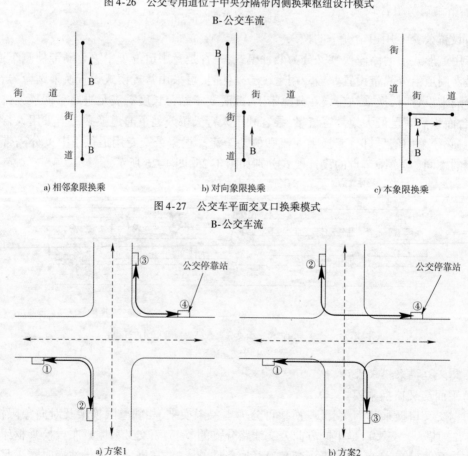

a) 相邻象限换乘　　　　b) 对向象限换乘　　　　c) 本象限换乘

图4-27 公交车平面交叉口换乘模式

B-公交车流

a) 方案1　　　　b) 方案2

图4-28 十字平面交叉口公交节点布置方案图

2) 立体交叉口换乘模式

随着快速公交网的建立，许多公交车辆已进入高架道路行驶，于是出现了立交上下间的换乘形式。立体换乘是在不同平面上设置的公交线路之间进行换乘。异面道路公交线路间交叉换乘时，从提高换乘服务水平的角度来说，缩短换乘距离是最直接的方式，将不同平面、不同方向的公交线路的站点都设置在道路立体交叉重叠的范围内，应用人行天桥系统衔接换乘站之间的联系，形成立体换乘枢纽模式，如图 4-29 所示。

三、路外常规公共交通枢纽布局设计

为减少换乘节点对周边交通的不利影响，周边公共汽车、电车换乘枢纽的线路数及换乘规模都受到一定的限制，当换乘需求达到一定规模时，就应当考虑路外换乘模式。路外换乘是利用规划预留的路外土地，为较大规模的公共汽车、电车线路衔接所提供的乘客专门换乘区域。路外常规公交换乘枢纽最为常见的三种布局形式，即岛式、站台式及组合式。

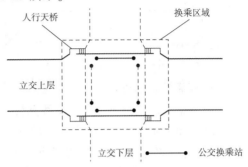

图 4-29 立体交叉口公交换乘模式

1. 岛式

岛式方式又可以分为停靠站在岛外和停靠站在岛内两种形式。

1) 停靠站在岛内

该类布局形式使得公交线路停靠站点都集中在枢纽的中间岛上（如图 4-30、图 4-31 所示为不同形状的中间岛），乘客上下车和换乘都可以在中间岛上进行，因此人流和车流的冲突会比较小，换乘距离短，便于换乘。因为车辆要绕岛作顺时针行驶，这种形式的枢纽站就会产生行驶路径的交织，这样在车辆运行时就会降低运送效率，并且这种布局形式的待发车辆进入停靠站位时会不太方便。

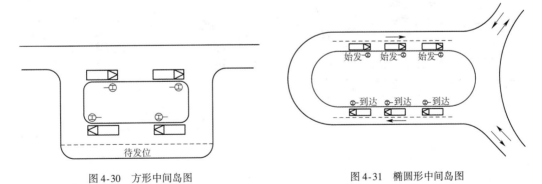

图 4-30 方形中间岛图　　　　图 4-31 椭圆形中间岛图

为了减小岛的长度以减短换乘路径，可以把停靠处做成锯齿状（图 4-32）。这种停靠方式适用于线路终点站，而不适用于通过的线路，因为这样车辆就不能顺利无阻地离站。另外，中间岛的形式也可以根据枢纽的用地条件来确定，可以设计成多边形或其他样式（图 4-33）。所有的停靠站在岛内的岛式枢纽，由于站点间距短，不需要行人穿越车行道，因此它适用于换乘关系紧密的情况，但必须给予岛上出发和到达的乘客以指引。

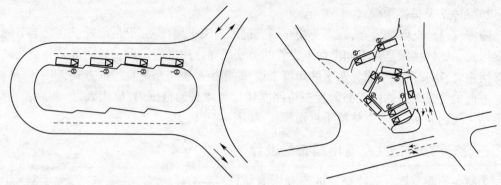

图 4-32　锯齿形停靠站图　　　　　图 4-33　道路交叉口中间的枢纽

2）停靠站在岛外

该类布局形式由于不同公交线路停靠站点分散布置在枢纽的周围，所以乘客上下车和换乘都在周边步行区域内进行，从而避免了人流和车流的冲突。由于车辆绕内部的岛作逆时针行驶，因此行驶路线不产生交织，枢纽运行的安全性和效率都比较高。

另外，该类布局形式在枢纽的中央位置设置了公交车辆的待发车位，解决了停靠站在岛内布局形式中"因停靠站停车空间不足而带来的车辆无处停放的问题"。并且由于外援较长，停靠站在岛外的枢纽所需基本面积会小于停靠站在岛内的枢纽，见图4-34。

这种布局形式的不足之处在于乘客区域较为分散，线路之间的换乘不是十分便捷。此外，车辆从待发位驶入停靠站时也会不太方便。枢纽的形式主要由地点条件和交通的要求而决定。如果为了缩短乘客换乘距离，交通枢纽设计时应该优先考虑紧凑型的设计，避免狭长的停靠站。通过锯齿形停靠边缘，可使过长的外缘延伸得到控制(图4-35)。

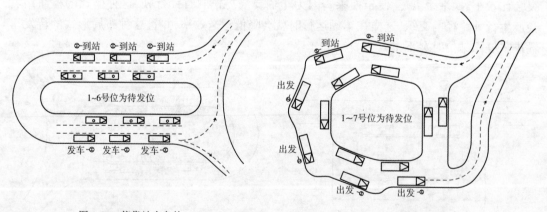

图 4-34　停靠站在岛外　　　　　　图 4-35　锯齿形停靠站

外部停靠的岛式解决方法，适用于客流量大并伴随大比例的始发和终到交通，以及换乘路线较少的情况。进出站的乘客不需要穿越车行道，站内换乘的乘客也不需跨越车行道而到达换乘线路，但可能会有较长的换乘路径。因此必须对交通关系认真分析，布置相应的站点。如果遮挡设施和外缘的建筑相融合，对于这种枢纽布局形式会比较有利。

根据公共汽车、电车在换乘区的运行路线与停靠方式的不同，岛式布局路外换乘包括以下两种模式：

单向穿越式:站台分散平行放置在站台间的通道中,公共汽车、电车的停靠与行驶方向是一致的,并且每个通道只供一条线路停靠;通道中只有两条车道,一条作为停靠区,另一条作为超车道;乘客利用站台间衔接的人行横道进行集散与换乘。

双向穿越式:站台布设与通道设计基本与单向穿越式相同,但是公共汽车、电车的运行方向存在异向行驶。缺点是乘客换乘需要跨越车行道,致使人、车相互干扰,易产生换乘混乱。

2. 站台式

与用地较少的岛式方法比,停靠站布置在单独的站台上,能够让枢纽站容下更多的线路。这种方法在区域性交通或在位于城市中心的枢纽中运用较多。该类布局形式采用前进停车、前进发车的停放方式,站台对应发车方向斜向布置(图4-36),因为斜向站台适合车辆在行驶动力学方面的操纵性能。而且当车道较窄时,这样的布置可以让车辆平行于路缘石紧挨站台进站。这种布局形式可以有效地节省用地空间,且各线路进出站台比较方便。总之,斜向的停靠站台使得单位停车面积较小,能够节约用地,而且能够让枢纽变得更加细长,车辆驶入驶出方便灵活。站台的斜角也可以由枢纽用地条件来决定。

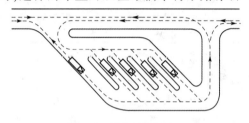

图4-36 站台斜向布置

垂直的布置适合进站和出站较宽的车道。但要让驾驶员使车辆平行于站台停靠,要有足够的入口宽度才行(图4-37)。特别是铰链车,为了能正确地行驶和节约车道宽,最好把它的进出车道布置在站台和进口之间。这类布局形式的缺点在于乘客上下车需要穿越车行道,人流与车流冲突会比较严重。另外,该布局形式由于各停靠站停靠线路固定,因此灵活性比较差,当某个停靠站停车空间不足时,该停靠站的公交线路不能使用其他停靠站台,而且该布局形式在站点扩建和交通设施添置方面也不够方便。

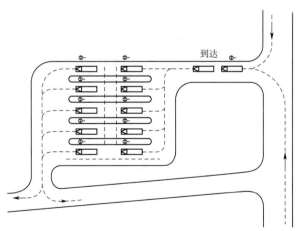

图4-37 站台平行布置

通常,城市公共交通枢纽站应布置在道路交通空间以外,并且有分离的进出口。只有在特殊情况下,枢纽站才能占用城市道路空间(图4-38)。

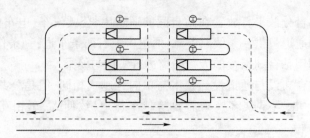

图 4-38　占用道路资源的布局形式

根据公共汽车、电车在换乘区的运行路线与停靠方式的不同,站台式布局路外换乘包括以下模式:

平行停靠式:所有公共汽车、电车共用一个站台,车辆在站台的两侧平行换乘停靠;乘客在站台内进行平行换乘,利用地下通道或站台两端集散。

进入停靠式:布置思路与平行停靠式相同,只是停靠的方式变为斜向停车,应用停靠的方式不同,进入停靠式比平行停靠式能容纳更多的交通路线。

环形平行停靠:平行停靠式的改进,由两侧停车改为四侧停车,车辆环绕站台行驶。乘客利用地下通道集散。

环形进入停靠:进入停靠式的改进,由两侧停车变为四侧停车,车辆环绕站台行驶。乘客利用地下通道集散。环形的停靠模式大大增加了衔接线路容量,使用于换乘较大的城市对外交通枢纽。

3. 组合式

以上所说的几种方法并非在所有情况下都是适合的。地区条件与道路网的相对位置、运行的方式,以及可用空地的形状都可能需要以上方式的变异或几种设计元素的组合。最常见的就是枢纽站和其他公共交通设施组合,如出租车站点、停车场和自行车停车位。如图 4-39 所示为德国汉堡的一个名叫 Niendorf-Markt 的公交枢纽站,采用的就是岛式和站台式的组合形式。

对于以上三种布局形式,公交枢纽场地的进出口设置都应遵循方便乘客换乘,保证公交车安全、顺利进出,尽量降低对路段通行能力影响的原则。在布置公交枢纽场地进出口的位置和数量时,应重点考虑公交车辆的交通组织和高峰时进出口的拥挤问题。进出口越多,越方便使用者的进出,但是也有可能增加管理上的难度,因此需要综合考虑。

四、常规公共交通枢纽详细设计

一个典型公交枢纽站包括三部分,即站台、车辆周转区、路侧区域(包括公交运营者,乘客、行人的人行道及辅助设施),各个部分所需区域是分别决定的。详细设计步骤包括:

第 1 步:确认公交枢纽站内的线路数及其频率,确定公交的线路交通组织;

第 2 步:确定容纳的各种设施;

第 3 步:选择车站设施标准,如线形/锯齿形、单/双泊车位;

第 4 步:决定各车站设施的质量与各站台的尺寸;

第 5 步:决定最合适的布局结构;

第 6 步:导出场地要求,能否容纳设施;

第7步：决定车站衍生的步行需求及步行设施的合理规模；
第8步：细节设计，如站台、行人岛、排队区、周转道路及步行设施等；
第9步：确定标志标线及信息服务设施位置，全面分析考虑其他因素。

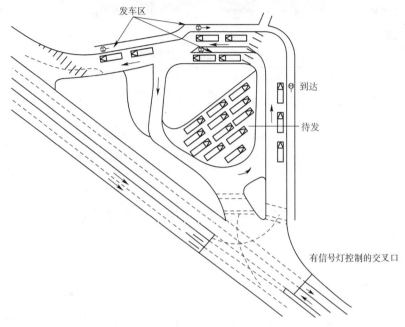

图4-39　岛屿与站台的组合形式

城市公共交通枢纽的详细交通设计不能只适用当前的交通需求，而必须考虑城市公共客运交通和土地利用结构的发展，各功能设施的详细设计应该考虑今后可能的变化和扩展。为了满足增加线路班次和线路网的扩展，在对枢纽进行详细设计时应尽可能设置预留空地作为今后扩展的需要。对于公共交通枢纽站，乘客上下车需要停靠站点，终点站线路需要待发车位。待发位通常也用于备用车和高峰小时加车的待发，或作为运行间隔时车辆的停放处。因此，车辆停靠和等待车位的数量取决于公共交通枢纽站的功能、枢纽的布局形式、枢纽站中交通线路组织方式、线路数量、发车班次和密度。浙江省长兴县某公交枢纽实景图如图4-40所示。

图4-40　浙江省长兴县某公交枢纽

1．公交站场及辅助设施

1）用地面积

研究城市公共交通枢纽的面积，首先是根据满足基本交通功能所需的最小面积和满足环境景观功能所应该确保的面积的总和计算出枢纽的基本面积,然后根据枢纽的功能构成、设施配置计划、周边用地情况等综合研究,最终确定枢纽的用地面积。根据《城市道路公共交通站、场、厂工程设计规范》(CJJ/T 15—2011),公交枢纽站的标准为:枢纽站规划用地面积按每标准车用地 90~100m²计算,另加回车道、停车廊用地(约20m²/标准车)。综合考虑,枢纽站的平均用地面积为 110~120m²/标准车。公共交通枢纽最小用地面积要求见表 4-10。

公共交通枢纽最小用地面积　　　　　　　　表 4-10

停靠位数(个)	始终点线路数(条)	公交用地面积(m²)	其他面积(m²)	小计(m²)	绿化面积(m²)	总计(m²)
3(1个发车位,2个蓄车位)	18	7128	720	7848	1385	9233
	10	3960	400	4360	769	5129
	5	1980	200	218	385	2565
	3	1188	120	1308	231	1539
	1	396	40	436	77	513

注:1. 根据规范,绿化面积按照总面积15%计算预留。
　　2. 其他面积,包括调度室、休息室等。
　　3. 根据地铁出入口到公交站点步行距离控制在 50~100m 的要求,公交用地面积不应大于9500m²。

2)地形和纵坡

有效的车道排水能提高枢纽站的交通安全,避免等候的乘客被路边的积水溅到身上的烦恼。枢纽站应尽可能设在能够满足站场最低排水要求的地方。因此,最有利的纵坡是在 0.4%~1.0%,最大纵坡最好不要超过 2.5%,因为太大的倾斜面会给等候的乘客造成困难,特别是在冬季道路冰冻时对车辆停靠和停车都会有一定的问题。

3)车道尺寸

为了保证车辆能够畅通无阻的运行,行车道的横断面必须要有足够的宽度。以下是推荐的常规尺寸,但在特定的地点条件下,投入运行的车辆的行驶和转弯轨迹可能不一样,在这种情况下就需要根据地形条件单独验证,有必要的话还可以建立模型进行模拟。

(1)停车道。

公交站台边的停车道的建造必须符合车辆行驶性能要求和运行的要求。到发区停车道的长度和站台的长度取决于停靠位的数量、车辆长度(12m 或 18m)、车辆间的安全距离(约1m),以及停车位置前后的进站和出站长度。车辆相互独立不受影响的进站方式,车辆之间的距离要满足车身能够完全平行和贴近站台边缘停靠,在这里假设站台边缘和车门间的夹缝最大不超过 0.1m,那么停车道宽可以设为 3m。如图 4-41 所示为车辆不能独立进出的站台使用长度,如图 4-42、图 4-43 所示为车辆能独立出站的站台使用长度。

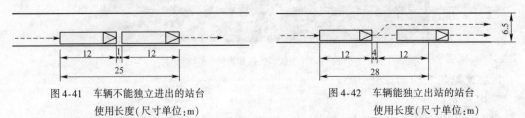

图 4-41　车辆不能独立进出的站台　　　　图 4-42　车辆能独立出站的站台
　　　　使用长度(尺寸单位:m)　　　　　　　　　使用长度(尺寸单位:m)

为了避免站点过长的前后设置,特别是车辆需要互不影响的进出站时,可以设置锯齿形的停靠位(图 4-44)。这种设置方法的前提是车辆长度不得超过站台的设计长度。

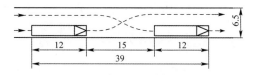

图 4-43　车辆能独立进出站的站台使用长度(尺寸单位:m)

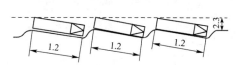

图 4-44　站台为锯齿形停靠站的停车道尺寸(尺寸单位:m)

(2)行车道。

公交车停靠位置不同,要求的行车道宽度也各不相同,有时还与等候位的摆放有关。通常一个不被频繁使用的站台,行车道宽 3.5m 就够了。如果使用频繁且有对面等候位的站台,单向行车道宽至少要 6m。如果为了车辆可以从停下的车辆边上驶过,行车道宽至少要 6.5m。如图 4-45 所示为椭圆形岛式停靠站行车道尺寸。

平行站台的尺寸取决于站台的布置和公交车停车角度,如果站台宽度为 2.5m,长度相当于 1~2 辆车长度,其尺寸如图 4-46 所示。

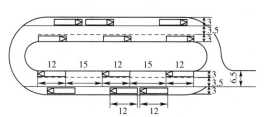

图 4-45　椭圆形岛式停靠站行车道尺寸(尺寸单位:m)

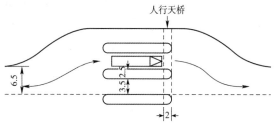

图 4-46　平行站台的枢纽站行车道尺寸(尺寸单位:m)

(3)调头车道。

为了保证行车的安全性,调头车道的设计可以如图 4-47 所示,外侧半径 15m,内侧半径 8m,同时要求在调头弯道周围要留出一条大概 1.5m 宽的空地,不设置其他设备。

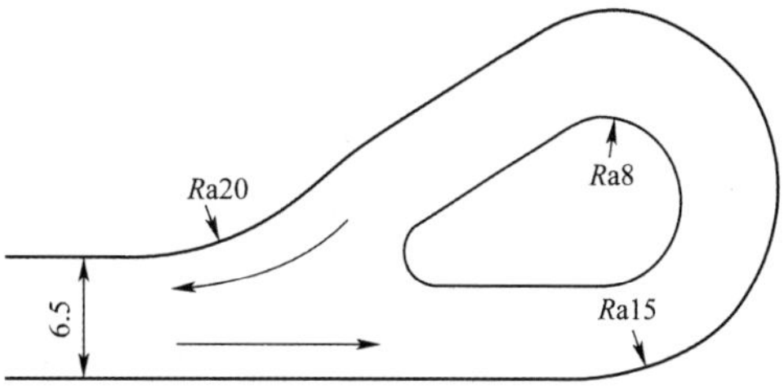

2. 换乘空间

1)乘客候车空间

通常乘客候车场地直接设置在公交车停靠位置的边上,候车场地的长度由满足运行所必需的停靠站长度 L_n 决定。候车场地宽度与枢纽站的站台最高聚集人数有关,计算式如下:

图 4-47　公交车调头弯道(尺寸单位:m)

$$B = \frac{F_e + M_{max} \cdot F_f}{L_n} \tag{4-6}$$

式中:B——乘客等候场地宽度(m);

F_e——站台上设备的面积(m^2);

M_{max}——站台最高聚集人数(人次);

F_f——每位乘客需求面积(通常 $F_f \geq 1.5m^2$)。

鉴于乘客上下车的舒适性,站台宽度应尽量大一些,通常不应小于 2m。进出站处的人行道路、台阶和坡道应根据枢纽站的客流量设置足够的宽度。尽量使进出站处和场地持平，不设置人行天桥或地下通道。出入口处还要考虑残疾人通行方便。

2）步行廊道

(1) 最小宽度。

《城市道路工程设计规范》(CJJ 37—2012) 规定了不同道路类型的最小人行道宽度，如表4-11所示。由编号7可知，城市公共交通枢纽人行道的最小宽度为4.5~6.0m。

不同功能道路人行道最小宽度　　　　　表4-11

编　号	道　路　类　型	人行道最小宽度(m)
1	住宅内部道路	1.5
2	区间路	1.5~3.0
3	一般街道及工业化道路	3
4	一般商业性道路	4.5
5	主次干路商业集中路段及文体场所附近道路	4.5~6.0
6	大型商场或文娱场所路段及商业特别集中的道路	6
7	火车站、城市交通枢纽及群众集聚较多的道路	4.5~6.0
8	林荫路	1.5~4.5

(2) 合理设计宽度。

人行道宽度以行人流量和流向为基本依据，满足乘客步行要求，保障乘客的交通安全步行空间连续性和所需的交通服务水平。因此，城市公共交通枢纽人行道合理设计宽度可参考如下方法：

$$B = b \left[\text{int} \left(\frac{P}{C} \right) + 1 \right] \tag{4-7}$$

式中：B——人行道宽度(m)；

b——单个人行道的宽度(m，通常取0.75m)；

P——步行人流量(人次)；

C——单个人行道的通行能力(通常取1800per/h)。

当计算的设计宽度小于《城市道路工程设计规范》(CJJ 37—2012) 规定的最小人行道宽度时，应以规范为准，并要充分考虑周边用地条件和服务水平要求。

3. 换乘停车空间

在《城市客运交通枢纽设计规范》(征求意见稿)中规定，常规公交枢纽站交通设施配备要求见表4-12。

常规公交枢纽交通设施基本配置要求　　　　　表4-12

枢纽级别	BRT或公交首末站(座)	公交专用匝道	公交场站区路	自行车停车场	行人过街设施	上落客区	出租车蓄车区
三级	≥10	◎	◎	◎	◎	●	○
四级	3~10	—	—	◎	◎	●	○

注：●表示应；◎表示宜；○表示可；—表示无要求。

自行车具有体积小、机动灵活、使用方便等特点，因此被广泛用作短途交通工具。作为短途或短驳的交通工具,自行车有着巨大的优势。然而,要实现自行车交通的有序发展,利用公共交通的优势,必须在公共交通枢纽站为自行车提供道路外的专用停车场地。假定枢纽换乘方式结构预测结果中,枢纽年平均高峰小时自行车换乘公共交通的交通量为 Q_{BiR},考虑停车场利用率以及周转率等因素,枢纽的自行车停车场容量可按下式计算得到:

$$C_{Bi} = \frac{Q_{BiR}}{\gamma\alpha} \tag{4-8}$$

式中:C_{Bi}——枢纽自行车停车场容量(车位);

Q_{BiR}——年平均高峰小时自行车换乘公共交通的交通量(人次/h);

γ——自行车停车场利用率;

α——自行车停车场周转率。

机动车每个停车位的存车量以一天周转 3~7 次计算;自行车每个停车位的存车量以一天周转 5~8 次计算。自行车停车场主要设计指标如表 4-13 所示。

自行车停车场主要设计指标 表 4-13

停车方式		停车宽度(m)		车辆横相间距(m)	过道宽度(m)		单位停车面积			
		单排	双排		单排	双排	单排一侧停车	单排两侧停车	双排一侧停车	双排两侧停车
斜列式	30°	1	1.6	0.5	1.2	2	2.2	2	2	1.8
	45°	1.4	2.26	0.5	1.2	2	1.84	1.7	1.65	1.51
	60°	1.7	2.77	0.5	1.5	2.6	1.85	1.73	1.67	1.55
垂直式		2	3.2	0.6	1.5	2.6	2.1	1.98	1.86	1.74

五、常规公共交通枢纽设计案例

1. 上海市某国际中心公交枢纽

该国际中心总建筑面积 444328.4m²(其中商业中心面积约 13 万 m²)。由两幢 263m 高的办公楼和一座三层的主题商业中心组成,其中计容建筑面积为 243464.4m²,地下室共 6 层,地下总面积为 191637m²。公交枢纽位于商业中心 1 层北侧,北接轨道交通 12 号提篮桥站,南通商业中心 1 层,层高 9m。本枢纽功能定位为:区域交通集散点,普通公交与轨道交通的换乘枢纽。该国际中心总平面布局如图 4-48 所示。

通过居民需求预测得到,公交枢纽远期客运量为 0.6 万人次/d,高峰小时客运量为 0.12 万人次/h,折算成交通量,即全天公交出行总量为 608 辆,高峰小时出行量为 80 辆。按照枢纽规划 4 条公交线路,可得到高峰小时发车间隔为 3min。

枢纽用地平面大体呈 U 字形布局,南北向长 52.6m,东西向长 137.7m。本枢纽共布置 4 条公交线路,按每条线路"一停两备"规模布置,两条线路共用一个站台,采用前后布置的模式,一条线路在前,另一条线路在后,四条线路共享两个站台。共设置停车位 12 个,其中发车位 4 辆,蓄车位 9 辆。配套公交枢纽总建筑面积 4000m²。配套公交站房采用分散式布置,按每条线路设置一处考虑,共有 4 处,包括功能有公交调度室、驾驶员休息室、公共厕所等,内嵌于整体建筑中,总建筑面积为 222.29m²。枢纽详细设计成果如图 4-49 所示。

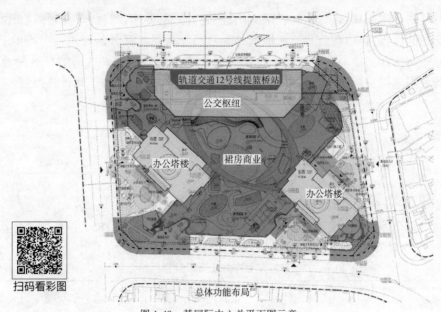

图4-48　某国际中心总平面图示意

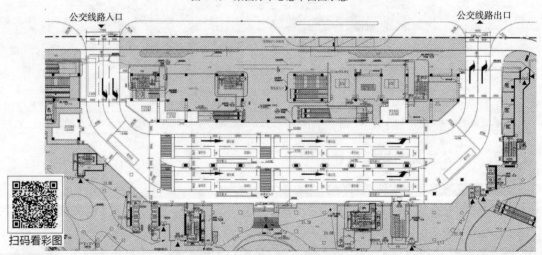

图4-49　枢纽详细设计图示意

枢纽中央由西向东布置4处13m×1.4m长的候车廊，根据交通组织方案，分为两组，一组设置于中央岛式站台上，另一组设置于南侧人行道上。候车廊设不锈钢护栏，设置盲道，与市政盲道相连，方便乘客候车，创造一个舒适的候车环境。候车廊的布置情况如图4-50所示。

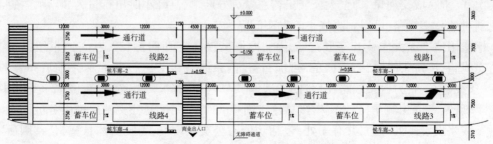

图4-50　候车廊布置图（尺寸单位：mm）

2. 上海某广场公交枢纽

该枢纽为上海某广场配套公交首末站项目,位于虹桥商务区核心区北片区,迁虹路以北,申贵路以南,申长路和申虹路之间。根据公交规划及相关控制性详细规划,为虹桥枢纽内配套公交枢纽之一,具体位置见图4-51。本项目的功能定位为:地块交通转换枢纽,区域交通集散节点。

图4-51 公交枢纽总平面图

根据居民出行方式预测的结果,本项目2018年和2020年高峰小时的公共交通需求分别约为406人次和581人次。折算成高峰小时公交车流量为14辆/h和20辆/h,平均发车间隔为12min和10min。

枢纽用地平面大体呈矩形,南北向长83m,东西向长38m,项目总体地块东北角,周边为规划大型商业中心,枢纽占地面积为3228.5m²。本公交枢纽站拟建3条公交线路,其配套设有调度用房、车队管理用房、管理用房以及公共厕所等功能。枢纽内,公交车辆在地面层完成停靠。规划共设置出入口两处,均位于申虹路上,为右进右出,入口宽度为12.1m,位于枢纽北部,出口宽度为13m,位于枢纽南部。共布置3条规划线路,枢纽内每条线路按一停两备布置,项目设置公交站台3处,各长48m,车行通道宽7m,枢纽内共有停车位9个,每个站台设置3个,1个为发车位,2个为候车位。公交车辆自北部入口进入枢纽,自北向南运行,完成上下客及候车后,自南部出口驶出,总体呈现逆时针流转路线,流线清晰,保证安全。

首末站站房采用集中式布置,布置于发车区域与申虹路之间,总面积为381.0m²。其配套设有调度用房、车队管理用房、管理用房以及公共厕所等功能用房,从而与枢纽外很好地隔开,避免了对枢纽外居民或其他相关功能区的影响。内部人行通道与枢纽外部的人行道连接,避免了枢纽基地内的人车流线交叉,有效保证了行人的安全。如图4-52、图4-53所示。

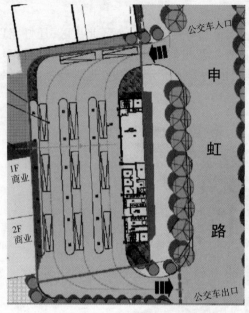

图4-52 公交首末站总平面图　　图4-53 公交首末站布置示意图(尺寸单位:m)

第五节　出租车场站设计

在《出租汽车站点设置规范》(DG/TJ 08-2108—2012)中有如下基本规定：

新建、改建、扩建交通枢纽、公共活动场所、文化娱乐场所、宾馆酒店、商业场所、医院、居住区等场所时，应同步考虑设置出租汽车站点，并与周边环境相协调。

出租汽车站点应安装经统一编号的出租汽车站牌，道路内站点的站牌宜设置在与站点第一个泊车位相平行的人行道侧石内侧，道路外站点的站牌宜设置在站点的入口位置。

同一地点道路内及道路外都具备设置候客站条件的，应设置在道路外。

轨道交通枢纽站(3条及以上轨道交通线通过的车站)及轨道交通换乘站应设置候客站，一般轨道交通站点及公交枢纽站视具体情况设置。

在火车站、客运码头、机场、公路客运站等对外交通枢纽和医院、大型宾馆、商业中心、文化娱乐和游览活动中心、大型居住区及市内交通枢纽等地方应设置出租汽车营业站或候客点、停靠点，并应根据出租车方式乘客流量的需求确定用地规模。

一、出租汽车站点设置及出租车营运场站设计

1.道路外设置的出租汽车站点

1)设置原则

(1)道路外设置的出租汽车站点应结合各类建筑用地规划进行设置。

(2)对于火车站、码头、航空港等客流量较大的交通集散点宜设置出租汽车营业站。

(3)以下情况应设置出租汽车站点：

①5万人以上的居住区主要出入口处，应设置候客站。

②建筑总面积大于3000m²的商业、办公场所应设置候客站。

③建筑总面积大于2000m²的娱乐、餐饮、旅馆等服务场所应设置候客站。

④建筑总面积大于2000m²的影(剧)院、体育场(馆)、展览馆、游览场所、园林等公共活动场所应设置候客站。

⑤建筑总面积大于4000m²的综合医院、社区医院等医疗场所应设置候客站。

⑥大专院校宜设置候客站。

⑦客运交通场站应设置出租汽车站点。

2)设置要求

(1)道路外设置的出租汽车站点应设在建筑基地用地范围内部,出口、入口宜分开设置并位于建筑基地用地范围内部。站点的设置应符合内部交通组织的规定。

(2)道路外设置的出租汽车站点出入口与车辆、行人出入口应分开设置,安全距离宜大于5m,若设置在一起,应采用物理分隔。

(3)道路外设置的出租汽车站点应按照《道路交通标志和标线》(GB 5768.1—2009)(GB 5768.2—2009)(GB 5768.3—2009)及《道路交通管理设施设置技术规程》(DBJ 08-39—1994)的要求,设置交通标志、标线和交通安全设施。

3)平面布局

(1)道路外设置的出租汽车站点平面及出入口设置应符合以下规定:

①若道路外设置的出租汽车站点出入口与道路直接连接的,出入口应符合行车视距要求,安全视角不小于120°,出入口宜采取右转交通组织。出租汽车站点的出入口与城市道路平面交叉口的距离应符合《城市道路平面交叉口规划与设计规程》(DGJ 08-1996—2001)的规定。出租汽车站点出入口距离人行过街天桥、地道、桥梁、隧道引道、公交车站应大于50m。

②出租汽车站点的设置应避免影响其他车辆、行人的通行。

(2)道路外设置的出租汽车站点内部布局应符合以下规定:

①出租汽车站点的平面布局应按照人、车分流的原则,避免乘客、车辆流向冲突。

②道路外设置的出租汽车站点所属建筑工程总平面应保证建筑基地内有车辆环通道路或回转场地,并符合机动车流与上下客及出租汽车站点之间交通组织的要求。在出租汽车站点内上下客区域应区分设置停车道和行车道,车道长度不小于停车上下客区域长度。

③建筑基地内道路宜采用工程措施限制车速,车速不宜大于10km/h。

④出租汽车站点内部车道宽度应遵守下列规定:

a. 车辆单向行驶的,车道宽度不应小于3.5m。

b. 车辆双向行驶的,车道宽度不应小于6m。

c. 弯道处转弯半径(内径)小于15.0m时,单向行驶的弯道处车道宽度不应小于4.0m,双向行驶的弯道处车道宽度不应小于7.0m。

⑤位于建筑物内部的出租汽车站点主要设计指标,如纵横净距、净空、通道宽度、通道最小平曲线半径、最大纵坡等应符合《车库建筑设计规范》(JGJ 100—2015)的要求。

2. 道路内设置的出租汽车站点

1)设置原则

(1)道路内设置的出租汽车站点为候客站,根据候客站设置道路情况分为港湾式候客站和非港湾式候客站两类。

(2)在城市道路上设置的出租汽车站点,应以港湾式候客站为主,确需设置出租汽车站点但无法设置港湾式候客站的,可视情况设置非港湾式候客站。

(3)城市次干路上应综合考虑道路车道数、隔离设施、非机动车和机动车流量、乘客数量及本市道路停车相关规定等因素设置候客站。

(4)通行车辆较少的支路、堵头路,可视情况设置。

(5)交叉路口下游车道数大于其上游车道数的,可在下游右侧车道内,距交叉口转角缘石曲线的端点起向下游方向30m处视情况设置。

(6)已建的交通枢纽站和城市公共交通枢纽站等客流量大的站点以及部分公共建筑、居住小区没有规划建设出租汽车站点的,可在周边有条件的道路上视情况设置候客站。

(7)下列情况不应设置出租汽车站点:

根据道路等级,交叉口上游车道离转角缘石曲线的端点起向上游方向80~150m,下游车道离转角缘石曲线的端点起向下游方向50~80m的范围内,等级高的道路取上限,等级低的道路取下限,支路、堵头路可适当放宽限制;在设有人行道隔离设施的路段、人行横道、施工地段、铁路道口、弯道、窄路、桥梁、陡坡、隧道、高架道路上下匝道口以及距离上述地点50m以内的路段;公共汽电车站点、急救站、加油站、消防设施以及距离上述地点30m以内路段;车行道一侧已有占路障碍物,另一侧距障碍物30m以内的路段。

2)设置要求

(1)道路内设置出租汽车站点应符合以下条件:

设置出租汽车站点后,道路空间障碍率应不大于35%。

不宜在城市主干路和城市次干路上设置非港湾式候客站。在城市支路或设有道路停车场的道路上,可结合道路停车泊位设置非港湾式候客站,设置条件应满足表4-14的要求。

设置出租车候客站与车行道宽度关系表　　表4-14

交通组织形式	道路宽度(m)	出租汽车候客站设置
分割的非机动车道	非机动车道≥5	容许单侧设置
	非机动车道<5	禁止设置
双向通行道路	≥27	在有固定中心隔离的设施容许双侧设置
	12~27	容许单侧设置
	<12	禁止设置
单向通行道路	≥8	容许单侧设置
	<8	禁止设置
街巷混行交通道路	≥8	容许单侧设置
	<8	禁止设置

(2)交通应符合以下规定:

候客站设置后,应保证人行道有足够的宽度供行人正常行走,设置候客站后人行道宽度应大于1.8m。

候客站的设置应充分考虑站点所设置道路的道路服务水平,具体条件应符合表4-15的规定。

出租汽车候客站在不同道路服务水平道路上的设置要求　　表4-15

V/C	服务水平	交通状况	高峰小时系数PHF	候客站设置
$V/C \leq 0.6$	A	自由流	≤ 0.7	容许
$0.6 < V/C \leq 0.7$	B	稳定流(轻度延误)	≤ 0.8	容许
$0.7 < V/C \leq 0.8$	C	稳定流(可接受延误)	≤ 0.85	容许
$0.8 < V/C \leq 0.9$	D	接近稳定流(可容忍延误)	≤ 0.9	有条件的容许设置
$0.9 < V/C \leq 1$	E	不稳定流动(拥挤)	—	禁止
—	F	强迫流动(堵塞)	—	禁止

注:1. V/C:单位时间实际车辆通行数与道路设计通行车辆数之比。
    2. 高峰小时系数PHF:高峰小时交通量与按高峰小时内某一时段的最高交通量扩大为高峰小时交通量之比。

3)平面布局

(1)港湾式候客站的平面布局的最低参数要求应符合表4-16的规定,平面示意图如图4-54所示。

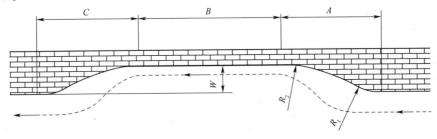

图4-54　港湾式候客站平面示意图

A-驶入渐变段长度;B-停靠区域长度;C-驶出渐变段长度;R_1-驶入第一转弯半径;R_2-驶入第二转弯半径;W-港湾宽度

港湾式候客站设置参数要求　　表4-16

布局参数类型	R_1(m)	R_2(m)	A(m)	B(m)	C(m)	W(m)
推荐布局参数	18	12	10	6N	7	3
标准布局参数	15	12	9	6N	6	2.5

注:1. N为设置候客泊位数。
    2. 出租汽车站点候客泊位按照6m的长度设计,停放方式属于平行式、前进停车。
    3. 此处标准布局参数是按照30m/h行驶速度下的设置参数值。

(2)非港湾式候客站直接设置在机动车道或非机动车道上,候客泊位长度应为6m,车道宽度应不小于2.5m。

如图4-55所示为出租汽车停靠站实景图。

3. 出租车营运场设置原则

当出租汽车采用网点式营业服务时,营业站的服务半径不宜大于1km,用地面积宜为$250 \sim 500 m^2$。营业站应符合下列规定:

(1)营业站应配套相应的服务设施,服务设施可包括营业室、驾驶员休息室、餐饮间、卫生间等。

(2) 营业站用地宜按每辆车占地不小于 32m² 计算。其中,停车场用地不宜小于每辆车 26m²。

(3) 营业站建筑用地不宜小于每辆车 6m²。

(4) 营业站的建筑式样、色彩、风格应具有出租汽车行业特点。

a)

b)

图 4-55 出租汽车停靠站

4. 枢纽站出租车泊位配置

交通场站配置的出租汽车站点泊位指标不应小于如表 4-17 所示的规定。

交通场站配置的出租汽车站点泊位指标　　表 4-17

项　目	评价指标	配置泊位指标
客运码头	高峰日客流集散量	(高峰日客流集散量)$^{1/5}$
长途汽车客运站	高峰日客流集散量	(高峰日客流集散量)$^{1/4}$
轨道交通	远期高峰小时客流集散量	$0.5 \times$ (远期高峰小时客流集散量)$^{1/4}$
公交枢纽	高峰日客流集散量	$0.25 \times$ (高峰日客流集散量)$^{1/4}$

二、枢纽内出租车场站的单体布局

考虑综合交通枢纽内出租车场站的单体布局中不难发现,场站的布局是与枢纽内部场站之间的衔接方式、枢纽的布局及其场前广场的位置息息相关的。此外,我国目前的综合枢纽建设大部分都采用"高进低出"方式。将以出租车进站的乘客安排在高架层,以出租车出站的乘客安排在地面层,上下车位置紧靠进出站大厅口。因此,就其场站的位置而言,可将出租车场站分为三种布局方式:出租车场站布设在地上、出租车场站布设在地下、出租车场站分别在地上和地下[44]。

1. 出租车场站布设在地上

这类布置方式一般是综合枢纽站比较常用的模式,其对枢纽站广场的面积大小有一定的要求。按其布置的位置,地上出租车场站又可分为水平式布局和立体式布局。

1) 水平式

水平式布局是指将出租车场站布置在站前地面广场或其周围,换乘客流从出站口出来以后,通过走廊、通道或者阶梯等到达出租车站台的一种模式。采用这种布局,一般要求枢纽内部的站前广场具有较大的面积,出租车蓄车场的位置不要远离换乘大厅,同时出租车落客区的位置要尽量靠近售票厅或者进站口,上客区位置靠近出站口。出租车送完乘客后可离开车站或转入蓄车场等候换乘乘客。

2)立体式

立体式布局是指在出租车车站的布局中,综合利用和开发场站的地面、上空及其地下空间,除了在水平方向上可以实现与其他场站衔接外,在垂直方向上也可以实现。这种方式的布局一般造价较高。在综合枢纽的布局中,一般也需要一个综合的换乘大厅,以换乘大厅实现枢纽内部各换乘客流在水平和垂直方向上的换乘。

2. 出租车场站布设在地下

这种车站的布局方式,一般应用在枢纽站前广场面积较小、地面没有足够的空间设置出租车场站,或者在出租车场站的总体布局中,作为主体出租车场站的补充,通过地下通道或者阶梯,到达出租车站台。同时,场站布局在地下,针对那些出站口的高程在地面以下的枢纽站,出租车场站可直接在地下实现与综合换乘枢纽接驳、布局方案。这种方案还可以方便换乘人流直接完成交通方式的换乘,以减少选择出租车场站换乘的人流对其他换乘流线的交叉影响。地下的场站布局,一般要求出租车送完乘客后可便捷地离开车站或转入地下蓄车场等候换乘乘客。

3. 出租车场站分别在地上和地下

这类出租车场站的设置一般是与社会停车场相结合的。由于枢纽单独的由地面或地下解决不了其内部客流的换乘和停车问题,因此需要把场站布置在站前广场的地上和地下。一般情况下,出租车停车场在上,社会停车场在下。

三、枢纽内出租车场站的内部布局

1. 出租车场站与其他场站的衔接方式

综合以上对出租车场站单体布局的研究可以看出,出租车场站基面与其他场站基面就水平位置上来说,有同一基面和垂直分开的基面两种方式。而综合交通枢纽中出租车场站内的人流,通过站台、步行通道等方式实现场站与场站之间的接驳。因此,出租车场站人流换乘的途径可以分为以下几种:

1)"通道"衔接

如市内铁路客运站与场站之间的步行联系通道;出租车场站内的人流,通过步行的通道或者地下过街通道实现不同场站之间的换乘,这种衔接方式,一般用于出租车场站与其他场站在同一基面上的衔接。

2)"换乘站厅"衔接

即客流在不同交通方式之间换乘时,其换乘与转驳都要在换乘站场中进行;换乘站厅衔接的这种方式,常用于大型的综合交通枢纽中,换乘站厅一般为综合交通枢纽空间中的一个节点。在这个节点中,不仅来自出租车场站中的人流,其他场站中的人流也可在站厅中实现多种换乘。当各种场站的基面不在同一水平面上时,站厅换乘常常是解决不同场站换乘的一种良好的方式。

3)"阶梯换乘"衔接

阶梯换乘一般将两线重叠部分的结构做成整体的结点,上下两座站台采用阶梯直接连通。这种换乘方式在公交场站中比较常见,例如天津站出站口经过地下通道后,经过台阶上来以后就是公交场站的站台。

4)"站外换乘"衔接

这种衔接方式增加了客流与其他人流交织的次数,且换乘步行距离长,致使交通换乘不方便;这种换乘方式,常用在平面布局比较分散的综合交通枢纽中,场站之间没用直接的衔接方式例如早期的一些枢纽站中,出站人流往往通过步行一段距离以后才能到达其他的一些交通场站。

2. 站台的布置方式

出租车的站台是换乘客流在换乘不同交通方式中的一个转折点。一般分为接客站台与送客站台,送客站台一般要求站台的位置与综合枢纽内的进站口相距较近,可以最大限度地为乘客服务。接客站台一般要求与出租车蓄车场具有方便直接的联系,因此按照这两个站台合并与否,出租车站台分为两种布局方式:接、送客站台合并布置;接、送客站台分开布置。

1)接、送客站台合并布置

这种站台的布置模式主要适用于候车厅与出站口距离较近与规模较小的车站,在有集中式站房的站前广场内也应用得比较多。接、送客站台合并布置,有助于缩短出租车的流线,避免穿越整个广场,也不会造成车流与人流的混合交叉。

2)接、送客站台分开布置

这种站台的布置模式是指出租车的上客点与下客点不在同一地点,再者相距有一定距离,上客点一般方便与出租车蓄车场和出站口的联系,下客点一般与进站口较近,下客点的乘客下去以后,出租车可以方便地驶入出租车蓄车场等候出站的乘客。分开布置停靠可进一步缩短乘客的步行距离,能更大限度地为乘客服务,因此,在我国的大型及特大型火车站的枢纽内的站台布局模式中应用得较多。如:在上海虹桥综合交通枢纽中,出租车在高架桥车道边把乘客送到候车厅以后再回到出租车蓄车场,排队等候出站的乘客。

3. 出租车场站内出租车与站台连接方式

1)蛇形布局

上客区采用传统的蛇形布局。即出租车排成一队,类似蛇形,站台沿车道布置,等待上车的乘客。这种方案的特点是排队流线较长,且场站占据的规模较大,人车混流;上客区有效上客车位一般为前三四个,同时受单一发车道影响,场站的发车率相对较低,偶发性的大客流不建议使用。

2)岛式布局

所谓岛式布局,即在出租车场站内用一些条形的区域作为出站人流的上客区,出租车停泊在区域的两侧,上客站台沿条形区域布置。这种多岛式的布局方式,发车效率高,有助于人车分流。缺点是场站规模较大,工程投资及其运营成本较高。此外,乘客在此要进行短时间的选择,不利于出站口的及时疏散。

3)矩形阵列式

矩形阵列式布局是指场站的出租车以矩形阵列的方式等候发车位,而站房的出站人员在场站的站台候车区域。当出租车进入发车位后,在场站的候车区域等候的乘客进入场站斑马线,分别乘坐等候在发车位的出租车。矩形阵列式布局一般会采用灯控系统对车辆发车进行控制,所有的出租车统一放行。此种方案行车路线紧凑,发车效率较高,对间歇性较强的出站客流比较适用。

4)混合式

混合式的场站布置方式是指在一个场站内,出租车与站台的接驳方式中存在不止上面的一种,例如岛式、蛇形布局的复合。这种接驳方式一般是因为单一的布局不能满足车站人流瞬时换乘的需要,需要靠其他的换乘方式及时疏散多余人流。缺点是要求场站的规模比较大。

四、枢纽内出租车停靠站详细设计

1. 出租车下客区设计

下客区域设计在车站(或站前广场)的进口处。至少设置通过性车道和用于出租车下客的车道;采取措施减少其他车辆对出租车的干扰。出租车的下客区域可以直接连接到上客区域,提高出租车的利用效率;落客后的出租车在排队区满员后,能够进入等车循环区(图4-56)。要求考虑残疾人的下客泊位和相应的设施,车道可以满足消防车、救护车等处理紧急事务车辆以及枢纽货车的通行要求。

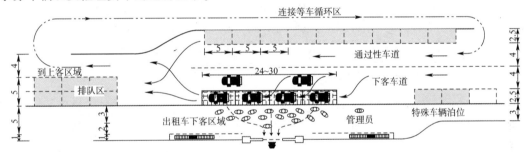

图4-56 出租车下客区的设计示意图(尺寸单位:m)

2. 出租车上客区设计

1)依次进出泊位的模式

设置乘客排队长廊,无上下客车道,设置通过性车道,供其他车辆行驶。出租车不能独立进出,必须依次进出,上客泊位长5m(图4-57),方便排队区的管理。为残疾人、携带行李的乘客以及多人同时上车提供足够的人行道的空间。乘客排队顺序与车辆排队一致,乘客必须首先乘坐第一辆车,首车影响后续车辆。考虑天气保护措施,比如设置顶棚。

(1)单上客点出租车上客区的主要设计要点有:

①第一个车位为上客车位,后面为空载出租车蓄车位,在蓄车位与上客车位之间设置有一条停车线,即排队等候线,以有利于保障上客区的空间。

②乘客采用单通道排队系统,采用隔离栏设置;在非上客车位与乘客之间也同样采用隔离栏隔开,以维持上车秩序。

③在上客车位位置,最好进行无障碍设计,并适当增加车道宽度,方便乘客放行李及上车。

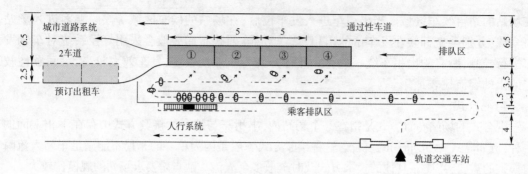

图4-57 出租车上客区的空间设计一示意图(尺寸单位:m)

(2)这种设置形式的主要特点及适用性主要为:

①出租车和乘客排队的公平性,先到先离开,能够比较好地维持排队上车秩序。

②需要的用地面积较小且为狭长形布置,能够有效地利用枢纽衔接道路的车道及人行道进行布置。

③只有一个上客点,当乘客的流率较大时,乘客的平均等待时间将比较长,因此适用于乘客流量小的情形。

2)单独进出泊位的模式

出租车可以单独进出每一个上客泊位,泊位长8m(图4-58)。设上下客车道,设置通过性车道,供其他车辆行驶,消除其对出租车的干扰。必须保证出租车排队区和上客泊位之间的可见性,驾驶员可以发现有空泊位,或者通过调度员和信息系统来调控。

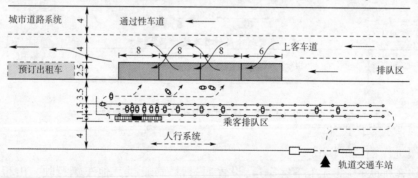

图4-58 出租车上客区的空间设计二示意图(尺寸单位:m)

3)锯齿形泊位的模式

锯齿形的出租车泊位符合车辆行驶特征,可以方便出租车进出。需要设置通过性车道,而不需要上下客车道(图4-59)。

(1)该形式的出租车上客区的主要设计要点有:

①将上客点设计为锯齿形,并连续布置多个上客点,只需设置1个空载出租车的排队通道。

②乘客在上客点后方排队,根据规模要求,可以将排队通道设置为迂回式,以增加排队容量。

③在有条件时,在出租车上客区的位置设置车辆检测设施及指示信号灯,当该上客点为空时,则在左侧显示绿灯信号,以引导出租车进入排队区域;也可以采用人工指挥的方式

放行。

④由于乘客的排队区域相对集中,可以在行人排队区设置雨棚,甚至是半封闭的候车室,以提高上客区的服务水平。

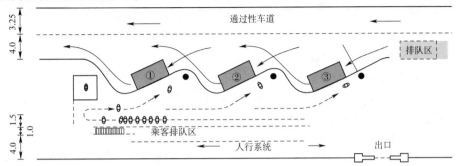

图 4-59　出租车上客区的空间设计三示意图(尺寸单位:m)

(2)该形式的主要特点及适用性为:

①所有的乘客均能够在车道边就直接上车,不需要跨越机动车道,避免了人车冲突。

②锯齿形的设置使得出租车辆的进出相对干扰较小,大大提高了使用的效率,适用于出租车和乘客流量均较大的情况。

③各个乘客排队通道相对独立,无相互干扰;而乘客的排队到上客区通过信号指引,管理方便,排队秩序好。

④出租车的排队通道只需要一个,对于排队的场地要求相对较低,可以合理利用周边的道路设施或停车场来布置。

⑤在上客区区域对地块的要求相对较高,且由于乘客的排队区域比较集中,因此往往适合于设置在有较大站前广场,或者是能够将出租车上客车道边引导到枢纽站厅外的情况,此时可以将乘客的排队区域布置在站厅内,能够大大提高出租车上客区的服务水平。

4)并列式站台的模式

需要管理员指导乘客如何选择并列的两个站台,要合理调度出租车进入站台。方便乘客进入站台,考虑无障碍设计,对于路中的站台,需要设置栅栏(图 4-60)。

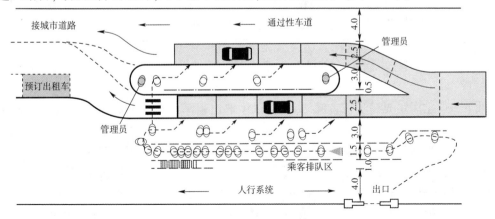

图 4-60　出租车上客区的空间设计四示意图(尺寸单位:m)

该形式下的出租车上客区,需要在内侧上客区设置一个禁停区,方便乘客到达外侧上客车位,同时与内侧上客区上客车位之间,应再布置 1~2 个蓄车位,以缓冲由于乘客到达时对后续车流的干扰与冲突。

该形式的出租车上客区的系统特征可以认为是在同一时间能够有多名乘客离去,即乘客平均上客的相对时间减少了,可以根据多个上客点的时间和上客点的数量进行折减后再进行仿真,计算其规模。该形式的主要特点及适用性为:

(1) 占地相对紧凑,能够比较好地设置在与轨道车站站台平行的车道上。

(2) 乘客到达外侧的上客区需要跨越内侧上客区,增加了上客区排队秩序的管理难度,需要有专门的管理人员在穿越区进行管理,指挥出租车乘客的放行顺序,否则容易引起人车冲突,进而影响到系统的运行效率。

(3) 出租车排队为多通道,能够适用于有不同出租车系统的枢纽车站,比如城郊接合部枢纽车站,由于出租车分为城区出租车和郊区出租车,能够分别排队,如上海的莘庄站的南广场。

5) 无蓄车位的模式

在一些轨道车站,有只设置了出租车上下车位,而无蓄车位的情况,有沿路边设置,也有设置为港湾式(图 4-61),但是这种形式由于泊位数一般较少,且由于上车秩序很难管理,建议只在出租车和乘客量均很小的情况下设置。

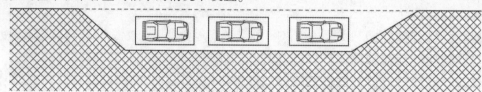

图 4-61　无蓄车位的多上客点出租车上客区的设计形式示意图

五、枢纽内出租车场站设计案例

某火车站站前地下空间以地铁一号线为界分东西两个地下空间,地铁一号线以西地下空间设计为地下两层,占地面积 37000m²,建筑面积 73000 万 m²,其中地下一层主要为地下人行通道、集散空间、下沉广场、出租车候车、公厕、设备用房等,地下二层主要为机动车库、设备用房、兼顾人防等。地铁一号线以东地下空间设计为地下一层,占地面积 15000m²,建筑面积 15000m²,主要为新建铁路公寓地下室以及预留的轨道交通地下站厅。

地下一层空间主要是步行者网络系统,以中部出租车候车库及周边环形地下通道以解决中心广场—火车站—轨道交通—长途客运—公交换乘—地下过街—出租换乘的各方向人流互通。它是地面与地下的过渡区,临中兴路设下沉广场及采光棚将阳光引入地下。通过下沉式广场将整个步行系统串联,将铁路站、各地铁站、地下停车场、长途客运站地下售票厅、地下出租车候车站、各种交通方式的客流相互间的联结,实现外围环形人行主干道多种交通方式无缝换乘及流畅、快速、便携换乘功能,在地下形成一个交通换乘功能的地下城。地下一层平面布局图见图 4-62、图 4-63。

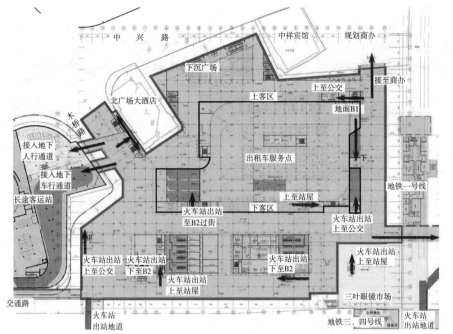

图 4-62 地下一层平面布局图

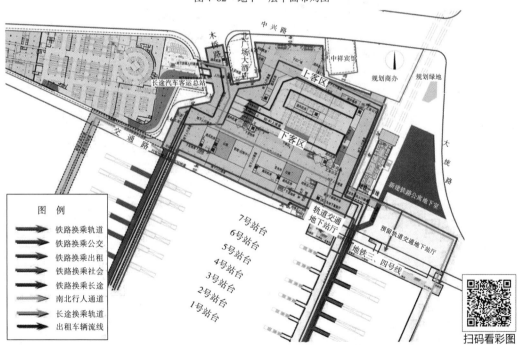

图 4-63 地下一层交通流线图

出租车下客区邻近站屋,上客区邻近中兴路,车行顺畅,步行稍远。考虑出租车上客位、下客位、蓄车位、人车交织等不同情况,提出三个出租车场设计方案,如图 4-64 所示,并对其进行多方位比较,最终选择方案一作为最佳方案,如表 4-18 所示。

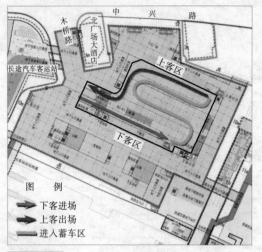
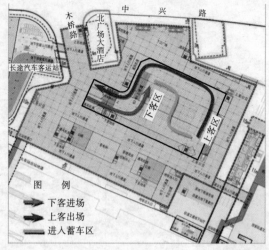

a) 出租车候客点方案一　　　　　　　　　　b) 出租车候客点方案二

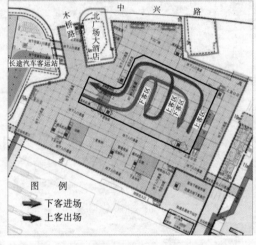

c) 出租车候客点方案三

图4-64　出租车候车点布局图

出租车候车点布局方案比选　　　　　　　　表4-18

比 选 项	方案一	方案二	方案三
人车是否有交织	否	否	否
车辆间是否有交织	否	否	是
下客位个数	10	5	15
上客位个数	20	14	24
蓄车数	80	60	0
上客区与铁路西出口最短距离(m)	280	335	275

续上表

比 选 项	方案一	方案二	方案三
上客区与铁路东出口最短距离(m)	300	190	188
下客区与铁路站屋最短距离(m)	30	95	90
上客区与长途客运最短距离(m)	190	280	280
下客区与长途客运最短距离(m)	210	230	230
推荐方案	√		

出租车场的范围为100m×50m，采用的是8.5m×8.5m柱网的梁板结构体系，车辆等候区采用的是多线等候形式，从下客区进入后，包含了4条等候线，另加1条上客线，每条等候线和车行通道均为双车道，共计停车位80辆，详细设计见图4-65。在建设过程中，机电设计单位据此配备了专项的出租车场控制系统，以便于控制管理。

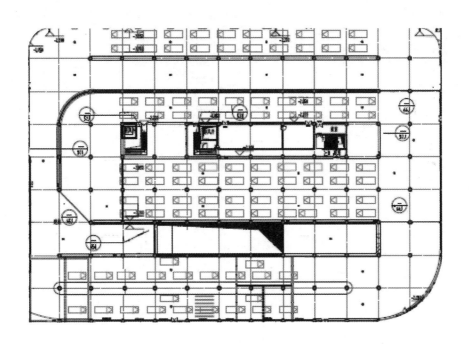

图4-65 出租车场详细设计图示意

本 章 小 结

本章在介绍常规公共交通车站及枢纽相关概念、功能定位、设计原则的基础上，详细阐述了常规公交车站、常规公交枢纽和出租车场站的系统构成、功能布局以及详细设计，从总体上搭建了常规公共交通场站与枢纽设计的基本知识框架。

复习思考题

1. 常规公共交通站点的分类有哪些?
2. 常规公交中的中途停靠站有几种设置形式?有何优缺点?
3. 路内以及路外常规公交枢纽站的设计形式分别有哪些?
4. 枢纽内出租车上客区的设置原则和形式有哪些?
5. 以某城市为背景,收集和调研资料,进行该城市的常规公交枢纽布局设计。
6. 以某城市为背景,收集和调研资料,进行该城市某综合交通枢纽内出租车场站设计。

第五章 轨道交通场站与枢纽设计

【课前导读】 本章讨论了轨道交通车站及枢纽设计问题。第一节介绍了轨道交通车站分类及布局设计;第二节介绍了轨道交通换乘枢纽站内部设计,主要包括换乘站一般设计原则、换乘方式等内容;第三节阐述了轨道交通换乘枢纽站衔接交通设计,主要包括与常规公交、小汽车、出租车、非机动车、步行交通的衔接设计等内容;第四节对大雁塔地铁换乘枢纽站进行了详细的案例分析。

【知识学习目标】 掌握轨道交通车站分类及布局设计;掌握轨道交通换乘枢纽站详细设计;了解轨道交通换乘枢纽站衔接交通设计。

【能力培养目标】 建立轨道交通车站及换乘枢纽布局设计的理论和方法体系,使学生具备轨道交通车站、换乘枢纽站的功能区布局设计以及衔接交通设施设计能力。

【教学重点】 轨道交通车站的分类、内部设施空间布局;轨道交通换乘枢纽站内部设施及交通组织设计;轨道交通换乘枢纽站衔接交通设计。

【教学难点】 轨道交通换乘枢纽站内部设计及相关指标计算;轨道交通换乘枢纽站衔接交通设计。

第一节 轨道交通车站设计

车站是完成城市轨道交通运输生产任务的基层生产单位,除了承担内部大量列车的到发、通过及折返等行车技术作业外,还承担大量的乘客售检票、乘降、换乘等客运作业。因此车站的主要功能是实现客流的集散和换乘,保证整条线路中的技术设备运转、信息控制、运行管理,以确保运输的通畅、便捷、准时和安全。

一、轨道交通车站的分类

1. 按照车站与地面的相对位置分类

可将轨道交通车站分为高架车站、地下车站和地面车站(图5-1)。

(1)地面车站:造价比较低,但会对轨道交通所经过的区域造成分割,一般建在用地面积不受限制的区域。

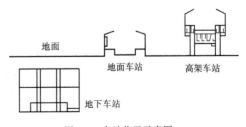

图5-1 车站位置示意图

(2)高架车站:为了节省车站周边的地面资源,并充分利用线路与地面之间的垂直空间,高架车站多采用双层设计,站台层在上方,站厅层在下方。

①站桥合:高架车站的结构和站内轨道结构是连在一起的。

②站桥分离:站内轨道结构和线路高架桥的结构是连通的。

(3)地下车站:根据车站结构顶板与地下深度的不同,可分为浅埋式车站和深埋式车站。

①浅埋式车站:单跨、双跨、三跨及多跨。

②深埋式车站:单拱、双拱、三拱及多拱。

2. 按照站台形式分类

可将轨道交通车站分为三种:岛式站台,侧式站台,岛、侧混合式站台。

(1)岛式站台:站台位于上、下行行车线路之间,这种站台布置形式称为岛式站台。岛式车站具有站台面积利用率高、能灵活调剂客流、乘客中途改变乘车方向方便、车站管理集中、站台空间宽阔等优点,一般常用于客流量较大的车站。

(2)侧式站台:站台位上、下行行车线路的两侧。侧式车站站台上下行乘客可避免相互干扰,造价低,但是站台面积利用率低,不可调剂客流,中途改变乘车方向经地下通道或天桥,车站管理分散,站台空间不及岛式宽阔,因此,侧式站台多用于两个方向客流量较均匀(或流量不大)的车站及高架车站。

(3)岛、侧混合式站台:岛、侧混合式站台是将岛式站台及侧式站台同设在一个车站内,主要用于两侧站台换乘或列车折返。岛、侧混合式站台可布置成一岛一侧式或一岛两侧式。

3. 按车站运营性质分类

可将轨道交通车站分为中间站、区域站、换乘站、枢纽站及终点站(图5-2)。

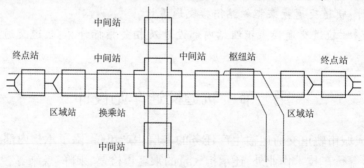

图5-2 站点位置示意图

(1)中间站(即一般站):中间站仅供乘客上、下车之用,功能单一,是地铁路网中数量最多的车站。

(2)折返站(即区域站):区域站是设在两种不同行车密度交界处的车站,设有折返线和设备。区域站兼有中间站的功能。

(3)换乘站:换乘站是位于两条及两条以上线路交叉点上的车站。除了具有中间站的功能外,更主要的是它还可以从一条线上的车站通过换乘设施转换到另一条线路上的车站。

(4)枢纽站:枢纽站是两种及以上交通工具在空间上集中,实现大量客流在交通方式间交换的车站。

(5)终点站:终点站是设在线路两端的车站,就列车上、下行而言,终点站也是起点站

（或称始发站）。终点站设有可供列车全部折返的折返线和设备，也可供列车临时停留检修（车辆段或停车场宜设在线路两端）。如线路远期延长后，则此终点站即变为中间站。

4. 按地理区位和城市功能分类

可分为对外衔接枢纽、网络节点站、商业中心站、普通车站。

根据车站在城市里所处的地理区位不同，车站服务的客流类型也有差异，车站在城市中发挥的主要功能的不同，将车站分为以下几类：

（1）对外衔接枢纽：位于城市交通和城际交通的衔接点，主要功能是实现长途客运汽车、铁路、航空等车站与城轨的衔接。如上海新客站、北京南站等。

（2）网络节点站（换乘站）：位于城市轨道交通网络中两条及以上线路交叉、衔接的站点，主要功能是实现网络内部的客流交换。

（3）商业中心站：位于大型商业中心区的站点，周边商业及配套功能齐全，主要功能是承担客流的到发，车站本身也会开发部分商业功能。工作日客流以通勤为主，节假日客流以休闲为主，可能有换乘客流。

（4）普通车站：线路上的普通终端站和中间站，位于大型商业区以外的其他社会功能区，主要功能是完成客流的到发作业，通常以通勤客流为主。

各类车站的主要特点如表5-1所示。

各类车站的主要特点　　　　　　　　　表5-1

类　型	特　　点						
	地理区位	主要衔接交通	主要客流	主要功能	规模	日均客流量	组织难度
对外衔接枢纽	综合枢纽	市内外	外埠	对外衔接	大	20万~100万	难
网络节点站	多线交汇	市内	通勤	换乘、到发	大	20万~100万	难
商业中心站	商业中心	市内	通勤、休闲	到发	中	5万~20万	较难
普通车站	其他区域	市内	通勤	到发	中小	20万以下	较易

很多车站会同时具备交通和商业功能，车站的功能也随着城市的发展发生转变。可以根据其主要客流类型来分类，比如，以换乘客流为主的归为换乘站，以通勤或休闲客流为主的归为商业中心站。所有车站都兼有与其他城市交通方式衔接换乘的功能。

二、车站建筑空间布局

1. 车站建筑空间布局概述

车站建筑分为主体建筑和附属建筑。主体建筑主要包括站台、站厅、设备及管理用房、列车运行空间，附属建筑包括出入口、通道及风亭（或风井）等[35,36]。

车站建筑设计遵循的原则为：最大限度地吸引客流，流线顺畅；确保乘客安全，方便乘客的出行和换乘，站位优先选择在拆迁和占道少及施工期间对地面交通干扰少的区域，能充分利用地上地下有限空间进行物业开发。

1）站位和总平面布置的影响因素

（1）周围环境。它主要包括：现有道路及交通条件，公交及其他交通方式站点设置，周围建筑物功能性质，车站周围现有建筑物和地下管线的布置情况和拆迁改移条件，规划建筑物、管线方案和可能的实施时间等。

(2) 客流来源及方向。车站要能最大限度地吸引客流,需根据主要客流的来源和方向考虑站位和出入口通道的设置。

(3) 车站功能要求。不同功能性质的车站,其总平面布局是不一样的。对于换乘站,应考虑乘客的换乘条件,尽可能减少换乘距离,并应有足够的换乘能力;对于接驳大型客流集散点的车站,要考虑突发性客流特点;对于有列车折返运行需要的车站,应考虑车站配线的设置以及由此带来的车站站位及平面布局的变化等。

(4) 施工方法。结合工程地质、水文地质条件和周围状况,提出可实施的施工方法,结合总平面方案一同考虑。

2) 车站平面布局流程

(1) 收集设计资料:线路、车站位置的地形、地貌图及车站的客流资料;有关城市道路、公交站点的资料;批准用地范围内现状总平面图及规划总平面图;有关城市地下过街道和天桥的位置;有关城市地下管网、地下建筑物、地下构筑物的资料;地区内的文物古迹及其他有价值的资料。

(2) 平面布局设计:根据站址区域的条件,对车站站位、主体建筑布置和出、入口通道、风道与风亭位置以及车站结构形式和施工方法进行综合研究。平面布局设计既要满足车站必要功能的要求,也要考虑到站址条件的实际情况。

(3) 平面布局方案比选:既要满足车站各方面客流的通过能力,方便乘客乘降和换乘,也要注意工程建设与改造旧城区、发展新城区结合。尽量减少车站埋深,特别重视出入口通道、风道与风亭位置的协调。

3) 平面布局的要点

(1) 车站站位及设计规模选择。

车站站位应符合路网规划和线路平纵断面设计的要求,满足城市规划和地面交通要求。最大限度地吸引客流,充分考虑乘客使用安全、快捷,方便乘降,便于施工,最大限度减少施工期间对周边环境的影响。

车站设计规模应满足远期设计客流及设备设置需要。车站设计应充分利用地下、地上空间,并予以综合利用和开发。车站设计应满足有关规范、规则的要求。

(2) 车站出入口及通道布局。

车站出入口的主要作用在于吸引和疏散客流,因此,车站出入口位置最好选择在沿线主要街道的交叉路口或广场附近,尽量扩大服务半径,方便乘客。

对于火车站、公共汽车站、电车站附近的车站,其出入口应与其他各类车站尽量接近,便于乘客换乘。

单独修建的地面出入口和地面风亭,其位置应符合当地城市规划部门的规划要求,一般设在规划红线以内。

4) 绘制车站总平面布置图

根据设计方案进行车站总平面布置图的绘制,考虑到设计阶段不同,图纸内容、深度也不一样,一般按1:500的比例进行绘制,主要包含以下内容:

(1) 站中心的详细位置,包括线路里程、坐标。

(2) 车站主体的外轮廓尺寸,包括端点的线路里程、关键点的位置坐标。

(3)车站出入口、地面风亭、通道的位置、尺寸、坐标。
(4)车站线路及区间线路的连接关系。
(5)车站周围地面建(构)筑物情况、地下管线、道路及道路规划红线等。
通过以上程序所形成的车站平面布局图如图5-3所示。

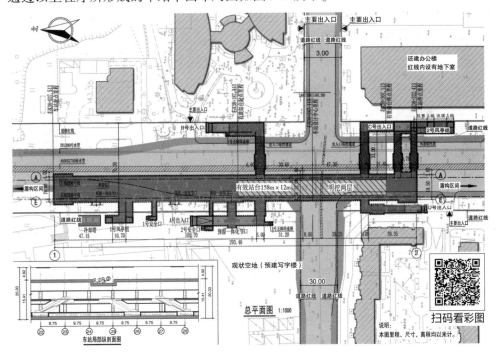

图5-3 车站总平面布局图示意

2. 车站主体建筑层次与布局

1)车站建筑层次

车站地段的轨道中心线的高程决定了该车站的空间位置及建筑结构类型。地面车站与高架车站通常为2层,分别是站厅层和站台层。地下车站的层次有多种形式,根据其埋置深度,又可以划分为浅埋式和深埋式车站。浅埋车站一般分为1~2层,深埋车站一般分为2~3层,少数分为4层。

2)车站建筑布局

(1)乘客流线是车站的主要流线,也是决定车站建筑布局的主要依据。站内除乘客流线外,还有站内工作人员流线、设备工艺流线等。这些流线具体、集中地反映出客运组织与站内建筑布局之间的功能关系。

如图5-4所示为地下二层车站的布局;如图5-5所示为地下三层车站的布局。

(2)地面车站的布局。

地面车站:地面车站可设计成单层或双层。地面单层车站宜为侧式站台车站,站厅布置在线路的两侧,两站厅用天桥或地下通道连接。地面双层车站的站厅宜设在站台层的上方。

①当城市轨道线路在市区边缘或郊区时,由于地面交通量不大,为降低成本,可以考虑

将城市轨道车站设置在地面,尤其是轻轨系统。

②地面形式的城市轨道交通主要是基于既有的街道,线路设计相对简单,重点是处理与道路交通的关系和先行权的问题。

③地面轻轨车站设计的重点是要考虑乘客及行人穿越道路时的干扰以及安全问题。

④地面车站主要是要能解决好乘客进出车站的流线,在此基础上,应尽可能简洁,缩小站房面积,降低车站造价。

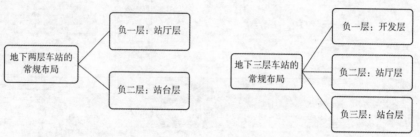

图 5-4　地下二层车站的布局图　　图 5-5　地下三层车站的布局图

(3) 高架车站的布局

高架车站多是因为环境景观等因素,铺设高架线路产生的。为减少高架桥的工程量,高架车站的线间距设置布局思路和地面车站一致。

①相同之处在于站台候车方式、站台长度(根据车辆编组确定)、售票检票方式等。

②不同之处在于分别位于地上和地下,客流行进的方向和站厅站台的组织顺序正好相反。

③由于车站建于地面以上,具有空间开放的条件,不需设置庞大的空调机房而大大缩小设备用房的面积。

④车站位置因线路走向的不同,有设于城市交通干道中央的,也有设于城市交通干道一侧的。

⑤车站站台的候车形式同样有岛式和侧式两种,一般以侧式站台候车为主,以利于城市架空桥道铺设。

建设高架车站需要注意的问题有:

①高架线路一般位于中心城外。

②高架车站位于地面上,建筑要和城市的风格、周围的环境相协调。

③高架线路一般建于城市道路的中心线,也可设置在绿化隔离带,从人行道进入高架车站的楼梯、天桥兼作过街人行天桥之用。

④由于道路面积有限,可考虑将设备用房放在路边。

⑤由于设置在地面上,故不考虑环境控制系统。

根据客流量与功能要求、线路及站址环境等条件,地下车站可设计成单层、双层或多层。单层车站的站厅宜布置在车站的两端,两站厅用楼梯和通道连接。双层车站的站厅宜设于上层,站台层设于下层。

三、乘客使用空间布局

乘客使用空间主要包括站厅、站台、出入口、通道等空间及相应的客流服务设施和楼梯扶梯升降设备。

站厅层:根据各通道的客流量,设置售票、进出站检票、付费区与非付费区的分隔,站厅与站台的上下楼梯与电、扶梯等空间和设备的位置和数量。

站台层:根据客流量及列车编组情况,确定站台的有效长度及宽度。

乘客使用空间设计首先由站台层着手,根据列车编组确定站台的有效长度,结合站台两端应有的设备用房和必需的端头,初步确定车站长度。

1. 车站设计原则

地下车站建筑设计,应根据车站规模、类型及总平面布置,合理组织人流路线,划分功能分区。在组织人流路线时,应考虑下列要点:

(1)进、出站客流线路和换乘客流要分开,尽量避免交叉和相互干扰。

(2)乘客购票、问询及使用公用设施时,均不应妨碍客流通行。

(3)当地铁与城市建筑物合建时,地铁客流应自成体系。

(4)车站公用区应划分为付费区与非付费区,由进、出站检票口将之分隔。换乘一般应设在付费区内。

(5)车站的站厅、站台、出入口楼梯和通道、升降设备、售票口、检票口等部位的通过能力应相互适应,其通过能力宜按远期超高峰客流量确定。

(6)有噪声源的房间应远离有隔声要求的房间及乘客使用区;有高音质要求的房间,应有隔声和吸声措施。

(7)车站应考虑防灾设计和无障碍设计。

车站的建筑布置应能满足乘客在乘车过程中对其活动区域内各部位使用上的需要。乘客流线是地铁车站的主要流线,也是决定车站建筑布置的主要依据。站内除乘客流线外,还有站内工作人员流线、设备工艺流线等。这些流线具体地、集中地反映出乘客乘车与站内房间布设之间的功能关系。为了能够合理地进行车站平面布置,设计人员必须了解和掌握这些功能关系,将地铁车站各部位的使用要求进行功能分析。

2. 站厅层设计

1)站厅的位置

站厅的位置与车站埋深、人流集散情况、所处环境条件等因素有关。站厅设计的合理与否,将会直接影响到车站使用效果及站内的管理和秩序。站厅的布置与车站类型、站台形式及布置的关系密切。站厅的布置有如图5-6所示的四种形式。

(1)站厅位于车站一端——这种布置方式常用于终点站,且车站一端靠近城市主要道路的地面车站,如图5-6a)所示。

(2)站厅位于车站两侧——这种布置方式常用于侧式车站,一般用于客流量不大的车站,如图5-6b)所示。

(3)站厅位于车站两端的上层或下层——这种布置方式常用于地下岛式车站及侧式车站站台的上层或高架车站站台的下层。客流量较大者多采用此种布置方式,如图5-6c)所示。

(4)站厅位于车站上层——这种布置方式常用于地下岛式车站及侧式车站,常用于客流量大的车站,如图5-6d)所示。

2)付费区和非付费区设置

付费区内设有通往站台层的楼梯、自动扶梯、补票处等。在换乘站,尚须设有通向另一车站的换乘通道。

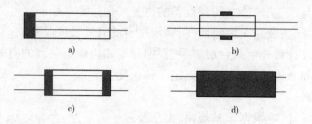

图 5-6 站厅的位置

非付费区内设有售票、问询、公用电话等,必要时,可增设金融、邮电、服务业等机构。其中,售票口和自动售票机设置的位置与站内客流路线组织、出入口位置、楼梯及自动扶梯的布置有密切关系,一般应沿客流进站方向纵向设置,布设在便于购票、比较宽敞的地方,尽量减少与客流路线的交叉和干扰。

进、出站检票口(机),应分设在付费区与非付费区之间的分界线上,且应垂直于客流方向。为了分散进、出站客流,避免相互干扰拥挤,通常,进站检票口(机)布置在通往站台下行客流方向的一侧;出站检票口(机)布置在站台层上行客流方向的一侧,宜靠近出入口。检票口(机)处宜设监票亭,便于对乘客进行监督和检查。需要补票的乘客,可到设在付费区内的补票处办理补票手续。如站厅位于整个车站上层时,应沿站厅一侧留一条通道,使站厅两端非付费区之间便于联系。

站厅面积一般除应考虑正常所需购票、检票及通行面积外,还须考虑乘客作短暂停留及特殊情况下紧急疏散等,并留有适当余地。

站厅内车站用房宜集中设置,便于联系与管理,与乘客有联系的房间,如售票、问询、站长室、公安室等应面向或临近非付费区。

3)售检票设施

售票可以分为人工售票、半人工售票及自动售票三种。人工售票与半人工售票亭的尺寸相同。半人工售票的方式为人工收费找零、机器出票,售票机将作为主要售票设备。人工售票亭、自动售票机数量 N_1 的计算公式如下:

$$N_1 = \frac{M_1 K}{m_1} \tag{5-1}$$

式中:M_1——使用售票机的人数或上下行上课的客流总量(按高峰小时计算);

K——超高峰系数,选用 1.2~1.4;

m_1——售票能力,人工售票取 1200 人/h,自动售票机取 600 人/(h·台)。

进出站检票口数量必须根据高峰小时客流量来计算。检票口数量 N_2 计算公式为:

$$N_2 = \frac{M_2 K}{m_2} \tag{5-2}$$

式中:M_2——高峰小时进站客流量(上下行)或出站客流量;

K——超高峰系数,选用 1.2~1.4;

m_2——检票机检票能力,取 1200 人/(h·台)。

售票机和检票机的服务能力见表 5-2。

售票机和检票机的服务能力　　　　　　　表 5-2

部 位 名 称			最大通过能力(人次/h)
人工售票口			1200
自动售票机			300
人工检票口			2600
自动检票机	三杆式	非接触 IC 卡	1200
	门扉式	非接触 IC 卡	1800
	双向门扉式	非接触 IC 卡	1500

3. 站台层设计

站台是供乘客上、下车及候车的场所。站台层布设有楼梯、自动扶梯及站内用房。

1) 站台长度

站台长度分为站台总长度及站台计算长度两种。站台总长度是根据站台层房间布置的位置以及需要由站台进入房门的位置而定,是指每侧站台的总长度。站台计算长度是指远期列车编组总长度与列车停站时允许的停车不准确距离之和。站台计算长度 L 的公式为:

$$L = ln + l' \tag{5-3}$$

式中:l——地铁列车车辆长度(前车钩中心至后车同一钩中心距离,m);

n——车辆联挂节数;

l'——列车停站不准确距离,通常取 1~2m。

2) 站台宽度

站台宽度主要根据车站远期预测高峰小时客流大小、列车对数、结构横断面形式、站台形式、站房布置、楼梯及自动扶梯位置等因素综合考虑确定。

岛式站台:楼梯及自动扶梯沿站台中间纵向布置,两侧布设侧站台。侧站台是乘客上、下车及候车的场所,在站台计算长度范围内,其面积应不小于远期预测上行及下行高峰小时客流人数所需的面积。

侧式站台:楼梯及自动扶梯、车站用房均可布置在站台计算长度范围以外,在此情况下,站台宽度应满足乘客上、下车,候车及进、出站通路所需面积的要求。

单拱结构车站:由于站内不设立柱,站台宽度不考虑柱宽度。矩形断面车站,站台设有立柱,侧站台宽度应考虑立柱宽度尺寸。

我国目前现行的规范和标准对站台宽度尚无统一的计算方法,现介绍设计中常用的几种计算方法。

(1) 方法一(经验法)。

① 侧式站台宽度。

计算公式为:

$$B_1 = \frac{MW}{L} + 0.48 \tag{5-4}$$

式中:B_1——侧式站台宽度(m);

M——超高峰小时每列车上车人数(人次);

W——人流密度,按 0.4m^2/人次计算;

L——站台有效长度(m);

0.48——站台安全防护宽度(m)。

②岛式站台宽度。

计算公式为:

$$B_2 = 2B_1 + C + D \tag{5-5}$$

式中:B_2——岛式站台宽度(m);

B_1——侧站台宽度(m);

C——柱宽(m);

D——楼梯、自动扶手宽(m)。

(2)方法二(按客流量计算)。

①站台总面积。

计算公式为:

$$A = NWaP_{车}(P_{上} + P_{下}) \cdot 1\% \tag{5-6}$$

式中:A——站台总面积(m);

N——列车车厢数;

W——人流密度,按0.75计算;

a——超高峰系数,一般取1.2~1.4;

$P_{车}$——每节车厢人数(人次);

$P_{上} + P_{下}$——上、下乘客百分数。

②侧式站台宽度。

$$B_1 = \frac{A}{L} + B' + 0.48 \tag{5-7}$$

③岛式站台宽度。

$$B_2 = 2B_1 + C + D \tag{5-8}$$

式中:B_1——侧式站台宽度(m);

B_2——岛式站台宽度(m);

A——站台总面积(m);

C——柱宽(m);

D——楼梯、自动扶梯宽度(m);

L——站台计算长度(m);

B'——乘客沿站台纵向流动宽度,一般取2~3m。

(3)方法三。

岛式站台宽度:

$$B_d = 2b + nz + t \tag{5-9}$$

侧式站台宽度:

$$B_c = b + z + t \tag{5-10}$$

$$b = \frac{Q_{上} \cdot \rho}{L} + b_a \tag{5-11}$$

$$b = \frac{Q_{上 \cdot 下} \cdot \rho}{L} + M \tag{5-12}$$

式中：b——侧站台宽度(m)，公式(5-9)和公式(5-10)中，应取公式(5-11)和公式(5-12)计算结果的较大值；

n——横向柱数；

z——纵梁宽度(含装饰层厚度，m)；

t——每组楼梯与自动扶梯宽度之和(含与纵梁间所留空隙，m)；

$Q_{上}$——远期或客流控制期每列车超高峰小时单侧上车设计客流量(人次)；

$Q_{上 \cdot 下}$——远期或客流控制期每列车超高峰小时单侧上、下车设计客流量(人次)；

ρ——站台上人流密度，取 $0.33 \sim 0.75 m^2$/人次；

L——站台计算长度(m)；

M——站台边缘至站台门立柱内侧距离(m)，无站台门时，取0；

b_a——站台安全防护带宽度(m)，取0.4，采用站台门时用 M 替代 b_a 值。

在以上站台宽度计算基础上，站台最小宽度还应满足如表5-3所示要求。

侧站台最小宽度　　　　　　　　　　　　　　　　　表5-3

车站站台形式		站台最小宽度(m)
岛式站台		8.0
多跨岛式车站的侧站台		2.0
无柱侧式车站的侧站台		3.5
有柱侧式车站的侧站台	柱外站台	2.0
	柱内站台	3.0

3) 站台高度

站台高度是指线路走行轨顶面至站台地面的高度。站台实际高度是指线路走行轨下面底板面至站台地面的高度。站台高度主要根据车厢地板面距轨顶面的高度而定。

站台按高度可分为低站台和高站台，其选择需要与车型匹配。若站台与车厢地板高度相同，称为高站台，一般适用于流量较大、车站停车时间较短的场合，考虑到车辆满载时弹簧的挠度，高站台的设计高度一般低于车厢地板面50~100mm。站台比车厢地板低时，称为低站台，适宜于流量不大的场合。

地下车站站台应考虑排水要求，横断面设1%的坡度。

4) 轨道中心与站台边缘距离

根据车辆类型确定的建筑限界给定了从轨道中心到站台边缘的距离，实际设计时还要考虑10mm左右的施工误差。若站台设在曲线上时，需考虑线路加宽、超高、车辆偏移、倾斜的影响，轨道中心至站台边缘距离 L 可按下式确定：

$$L = L_1 + E + 0.8C \tag{5-13}$$

式中：L_1——轨道中心到建筑限界边的距离加10mm的施工误差(mm)；

E——曲线总加宽值(m)；

C——线路超高值(m)。

4. 楼梯与升降设备

1)楼梯

当升降高差在5m以内时,一般采用楼梯,大于6m时,上、下行宜增设自动扶梯。每个楼梯不超过18步,休息平台长度宜在1.2~1.8m,双向通行不小于2.4m,当宽度大于3.6m时,应设中间扶手。

车站用房区内,上下层之间至少应设一处楼梯。除设在出入口内的楼梯外,站厅层至站台层供乘客使用的楼梯应设在付费区内。

每座车站均应在付费区及车站人行通道出入口,按运营、土建及紧急疏散要求设置足够的步行楼梯。人行通道内的步梯还应同时留有足够的富余量,以满足过街行人的需要。

为保证地面车站站厅付费区至站台间扶梯损坏或停止运行时仍能满足乘客疏散的要求,至少应设一个净宽不小于2400mm的步梯。

设有上、下行扶梯的车站人行通道出入口,应在两台扶梯之间设净宽不小于1800mm的通道,或在其他部位设净宽不小于2400mm的辅助步梯。

2)自动扶梯

我国地下车站,根据具体情况,自动扶梯采取一次或分次安装。站厅层供乘客至站台层使用的自动扶梯应设置在付费区内。

《地铁设计规范》(GB 50157—2003)中规定,车站出入口的提升高度超过8m时,宜设上行自动扶梯;超过12m时,除设上行自动扶梯外,并宜设下行自动扶梯。站厅与站台层的高差在5m以内时,宜设上行自动扶梯;高差超过5m时,除设上行自动扶梯外,宜设下行自动扶梯。

布置自动扶梯时,应参考下列规定:

(1)自动扶梯相对布置时,两自动扶梯工作点间距离不小于20m。

(2)自动扶梯工作点至墙的距离不小于站台层为8.5m,出入口为6m。

(3)自动扶梯与楼梯相对布置时,其间的距离不宜小于15m。

(4)自动扶梯工作点至检票口的距离不宜小于10m。

(5)分段设自动扶梯时,两段之间距离不应小于8.5m。

3)电梯

在每座车站中除考虑在设备与管理用房区设置一部工作人员专用的电梯外,还要设置能满足残障人士进出的专用电梯。

车站内需要考虑无障碍设计的要求,在非付费区内设置了残疾人电梯。

地面和站厅内的残疾人专用电梯设置在车站同一端,并应尽可能靠近。

设置在地面的残疾人专用电梯门的下口应比附近地面高程至少高150mm,并要设无障碍坡道。

自动梯台数 N_3 的计算公式为:

$$N_3 = \frac{NK}{n_1 n} \tag{5-14}$$

式中:N——预测下车客流量(上下行,人次/h);

K ——超高峰系数,取 1.2~1.4;

n_1 ——自动扶梯输送能力(人次/h),取 8100 人次/h(自动梯性能为梯宽 1m,梯速为 0.5m/s,倾角为 30°);

n ——自动扶梯的利用率,选用 0.8。

楼梯宽度的计算公式为:

$$B = \frac{NK}{n_2 n} \tag{5-15}$$

式中:N ——预测上客量(上下行,人次/h);

K ——超高峰系数,取 1.2~1.4;

n_2 ——楼梯双向混行通过能力[人次/(h·m)],取 3200 人次/(h·m);

n ——楼梯的利用率,选用 0.7。

楼梯和自动扶梯的最大通过能力宜符合如表 5-4 所示的规定。

楼梯和自动扶梯的最大通过能力　　　表 5-4

部位名称		最大通过能力(人次/h)
1m 宽楼梯	下行	4200
	上行	3700
	双向混行	3200
1m 宽通道	单向	5000
	双向混行	4000
1m 宽自动扶梯	输送速度 0.5m/s	6720
	输送速度 0.65m/s	≤8190
0.65m 宽自动扶梯	输送速度 0.5m/s	4320
	输送速度 0.65m/s	5265

注:自动售票机最大通过能力根据采用设备实测确定。

4)楼梯和自动扶梯的最小宽度

楼梯和自动扶梯的最小宽度宜符合如表 5-5 所示的规定。

楼梯和自动扶梯的最小宽度　　　表 5-5

名称	最小宽度(m)
通道或天桥	2.4
单向楼梯	1.8
双向楼梯	2.4
与上、下均设自动扶梯并列设置的楼梯(困难情况下)	1.2
消防专用楼梯	1.2
站台至轨道区的工作梯(兼疏散梯)	1.1

5)楼梯和自动扶梯紧急疏散验算

人行楼梯和自动扶梯的总量布置除应满足上、下乘客的需要外,还应按站台层的事故疏散时间不大于 6min 进行检算,消防专用梯及垂直电梯不计入事故疏散用。

$$T=\frac{1+(Q_1+Q_2)}{0.9[A_1(N-1)+A_2B]} \tag{5-16}$$

式中：Q_1——一列进站列车的断面流量；

Q_2——两车间隔时间内站台上总候车人数(按预测最大候车客流计算)及站台层工作人员人数(人次)；

A_1——自动扶梯通过能力[人次/(min·m)]；

A_2——人行楼梯通过能力[人次/(min·m)]；

N——自动扶梯台数；

B——人行楼梯的宽度(m)。

5.车站照明设施

照明在城市轨道交通系统车站室内环境中起相当重要的作用，它不仅保证城市轨道交通系统运行所需的照度要求，而且在光照艺术处理下，可增添人们对地下空间的亲和感。在城市轨道车站中，照明灯具按布置方式分主要有整体照明、局部照明及灯箱照明。

整体照明是城市轨道车站照明的主要形式，它要考虑布置方式及照明灯具的形式，一般以长条形日光灯为主，具有较好的显色系数，也可组合其他形式的荧光灯和一些筒灯布置。灯具尽量以直接照明的方式布置，这样有利于提高光照效率和便于维修更换灯具。灯具的布置形式要和顶面用材形式有机结合，这样才能取得较好的光照艺术效果。

灯箱照明在地铁中的应用较多。广告灯箱的引进，增加了车站的光照度标准，同时增添了车站内部的色彩和人情气氛。而指示标志灯箱则是城市轨道车站功能的重要信息亮点，人们通过它的指引，可以安全无误地完成旅程。而标志灯箱的艺术造型又是体现现代化地铁车站室内环境的元素之一。

四、车站用房

地铁车站用房包括设备用房、运营管理用房及辅助用房三部分。

设备用房：是为保证列车正常运行、保证车站内具有良好环境条件及在事故灾害情况下能够及时排除灾情不可缺少的设备用房，主要包括通风与空调系统设备用房、强弱电系统设备用房、给排水与消防系统设备用房。其中，面积最大的是通风与空调系统设备用房，包含区间通风机房、环控机房、冷水机房等。强弱电系统设备用房主要有变电所、配电室、通信机械室、电源室、信号机械室、公网引入室。给排水与消防系统设备用房有消防泵房、污水泵房及废水池等。

运营管理用房：是为保证车站具有正常运营条件和营业秩序而设置的办公用房，供进行日常工作和管理的部门及人员使用，是直接或间接为列车运行和乘客服务的，主要包括车站控制室、服务中心、站长室、交接班室(兼会议室、餐厅)、公安保卫、更衣室、公厕、茶水间、清扫员室、垃圾堆放点等。

辅助用房：是为保证车站内部工作人员正常工作生活所设置的用房。

1.车站设备管理用房布置原则

合理紧凑地布置地下车站的设备、管理用房，目的是减少空间浪费，节省工程投资。

(1)地铁车站设备用房的平面布置主要是根据各系统的工艺要求而定，房间布置必须满足车站设备的使用功能。环控电控室应靠近环控机房而设;小通风机房靠近新风道及排风道,可与环控机房合并布置。通信、信号用房靠近车站控制室而设;降压变电所宜设在站台冷水机组一端;牵引变电所尽量设在站台层;照明配电室在站台、站厅各设2间,靠近公共区。污水泵房设在厕所的下方;废水池设在站台层的最底端,墙面应保留控制柜、管道安装条件。

(2)地铁车站管理用房的平面布置主要根据车站运营需要,同时考虑乘客的人性化服务理念而定。车站控制室设在站厅层客流多的一端,服务中心尽可能设在出入口闸机附近。站长室设在车站控制室旁,警务室靠近站厅公共区集中设置。公厕设在公共区非付费区内。交接班室、茶水间、更衣室都设在站厅管理区内部。清扫间站厅、站台层各设一间,可利用楼扶梯下部空间;垃圾堆放点结合出入口公厕布置。

(3)地铁车站设备管理用房在满足工艺和运营需要的前提下归类布置,有人值班的设备管理用房尽量设于车站的同一端。设备管理用房分别设于车站的两端,并呈大、小头形状布置。根据车站实际运营情况,车站环控的大、小系统运行特征和列车的运营时间有关:一般夜间车站停运时,车站环控大系统停止运行,只有少数管理用房仍需使用空调系统,因此,应将停运后仍需要使用环控小系统的设备管理用房集中布置,以达到合理节能的效果。

2. 设备用房

设备用房通常分设于车站的两端,中间留出站厅公共区,有利于客流均匀通向站台候车。在设备用房中面积最大的是环控机房,一旦环控机房得到合理紧凑的布置,其余设备用房就较易解决。

1)环控设备用房的设计

在地铁车站设备用房的设计中,车站的环控设备用房面积约占车站设备及管理用房面积的50%,对车站规模起决定性作用。

要根据车站的边界条件、环控模式进行计算,确定设备的型号,使设备型号合理,符合车站规模的要求,防止粗估造成环控机房面积过大。

2)变配电设备用房的设计

一般情况下,变配电设备用房,布置在站台层的两端,其长度直接控制站台层的长度,即控制车站规模,合理布置变配电设备用房,同样是控制车站规模的重要因素。

车站设备用房的土建设置具体要求见表5-6。

车站设备用房参考表 表5-6

房间		面积(m²)	备注
AFC管理室		15~20	靠近售检票区
环控机房	无集中供冷	1000~1250	为一般情况下规模,不含风道、风亭、冷却塔面积
	有集中供冷	760~900	—
气瓶室		20~25	靠近被保护房间
降压变电所		220~280	尽量设在站台层
牵引降压混合变电所		380~480	尽量设在站台层
照明配电室		8~12	每层每端各设一处
环控电控室		30~40	邻环控机房

续上表

房　　间		面积(m²)	备　　注
蓄电池室		15~25	宜设在站台层
电缆井		5	按需要定个数
通信设备室		20~30	尽量设在站台层
通信电源设备室		15~25	邻通信设备室
民用通信设备室		15	尽量设在站厅层
信号设备室	联锁站	50~65	尽量设在站台层(与车站控制室同一端)
	无联锁站	20~30	—
信号电源设备室		15~20	联锁站设,邻信号设备室
电梯机房		6	设在最下层
污水泵房		20	卫生间下方,内设污水池
废水泵房		20~25	位于车站最低点
消防泵房		50~60	高架、地面站设,内设72m³水池
屏蔽门设备及控制室		15~20	设在站台层
工务用房		15~20	设在有道岔站台层

3. 管理用房

车站内运营管理、技术设备用房的组成和面积受地铁系统的组织管理体制、技术水平、设备设施及车站规模等级的影响,由各专业的技术标准和设备选型情况,结合车站功能需要进行确定。如表5-7所示是根据我国目前地铁建设的实践,归纳总结后所提出的车站各类用房面积,供规划阶段参考。

车站管理、辅助用房面积参考表　　表5-7

房间名称	设置面积(m²)	房间名称	设置面积(m²)
车站控制室(含防灾控制)	35~50	信号设备室(含防灾控制)	63
站长室	15~18	交接班室(兼会议、餐室)	20
站务员休息室	12~18	休息室	12
收款室(票务室)	16~20	清扫间	6~8
警务室	12~15	维修巡检室	8~12
AFC设备室	35	库房	35
备用间	12	通风机房	300
茶水间	8~10	环控机房	927
综合监控设备室	20	客服中心	6
照明配电室	10	通信仪表室	20
环控电控室	50	通信设备室	20
冷冻机房	140	通风空调电控室	49
气瓶室	20	消防泵房	48
更衣室(分男、女)	6×2	民用通信设备房	80

五、车站附属建筑

1. 车站出入口

总体方案构思完成、站位初步确定后,接着要考虑车站出入口和地面风亭的数量和位置。车站出入口的主要作用在于吸引和疏散客流,因此,车站出入口位置最好选择在沿线主要街道的交叉路口或广场附近,尽量扩大服务半径,方便乘客。

1) 出入口的规模与数量

车站出入口数量可根据进出站客流的数量和方向确定。首先,要满足进出站客流的通过能力;其次,应尽可能照顾各个方向的客流,以方便乘客进出站。

一般车站出入口的数量,应根据客运需要与疏散要求设置。浅埋车站的出入口不宜少于 4 个。当分期修建时,初期不得少于 2 个。小站的出入口数量可酌减,但不得少于 2 个。

2) 出入口布局原则

车站出入口布置,应与车站主要客流量的方向一致,一般选在城市道路两侧、交叉口及有大量人流的广场附近,出入口宜分散均匀布置,以便最大限度地吸引乘客。

建筑形式,应考虑当地气候条件和具体位置,可有独建式或合建式,且车站出入口位置应设置有特征的地铁统一标志,以引导乘客。

车站出入口应尽可能与城市过街地道、地下街、天桥、下沉式广场等公共建筑相结合,以方便乘客,减少用地和拆迁,节约投资。

3) 出入口平面形式设计

一字形出入口:指出入口、通道呈一字形布置。这种出入口占地面积少,人员出入方便。由于口部宽度要求,不宜修建在路面狭窄地区。

L 形出入口:指出入口与通道呈一次转折布置。由于端口部较宽,不宜修建在路面狭窄的地区。

T 形出入口:指出入口与通道呈 T 形布置。采用这种形式时,人员出入方便,由于口部比较窄,适用于路面狭窄地区。

其他形式:一般由出入口位置、地面交通换乘要求具体确定,常用的有 n 形和 Y 形出入口。n 形出入口指出入口与通道呈两次转折布置,由于环境条件所限,出入口长度按一般情况设置有困难时,可采用这种布置形式的出入口。n 形出入口人员要走回头路。Y 形出入口布置常用于一个主出入口通道有两个及两个以上出入口的情况,这种形式布置比较灵活,适应性强(图 5-7)。

4) 出入口详细设计

出入口宽度按照车站远期预测超高峰小时设计客流量计算确定,但应考虑到客流不均匀的影响,宽度应设置有一定富余,即根据出入口位置、主客流方向以及可能产生的突发性客流,分别乘以客流不均匀系数。

车站出入口宽度的总和,应大于该站远期预测超高峰小时设计客流疏散所需的总宽度。

地面出入口的建筑体量和建筑形式要结合地面建筑的特点统一考虑、适当控制,与周围城市景观相协调,并满足车站 500m 服务半径的需求。

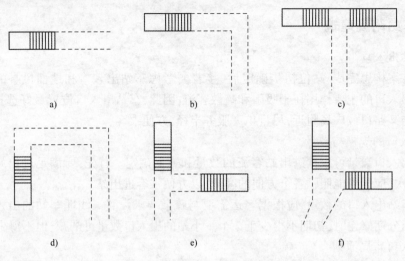

图5-7 出入口平面形式

(1) 通道宽度计算。

通道宽度根据各出入口已确定的客流量和通道通过能力经计算确定(图5-8)。

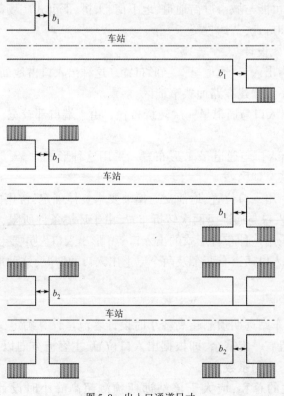

图5-8 出入口通道尺寸

单支(二侧)

$$b_1 = \frac{超高峰客流量 \times a}{2 C_1} \quad (5-17)$$

双支(二侧)

$$b_2 = \frac{\text{超高峰客流量} \times a}{4 C_1} \qquad (5\text{-}18)$$

式中:C_1——通道双向混行通过能力;

a——出入口客流不均匀系数,一般取 1~1.25。

(2)出入口宽度计算。

出入口宽度同样按车站远期预测超高峰小时客流量计算确定(图 5-9)。

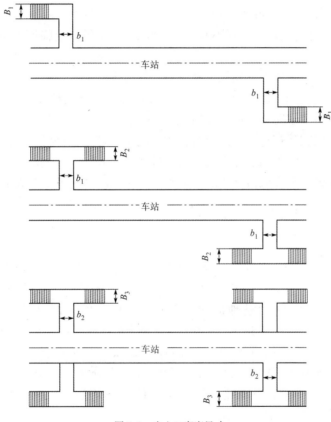

图 5-9 出入口宽度尺寸

单支(二侧)

$$B_1 \geqslant b_1 \quad (\text{m}) \qquad (5\text{-}19)$$

双向(二侧)

$$B_2 = \frac{1.25\, b_1}{2} \quad (\text{m}) \qquad (5\text{-}20)$$

双向(二侧、四支)

$$B_3 = \frac{1.25\, b_2}{4} \quad (\text{m}) \qquad (5\text{-}21)$$

2. 通风井(风亭、风道)

设计标准：

车站通风亭的数量取决于当地条件、车站规模、温湿度标准等因素，按环境控制要求计算确定。轨道交通车站一般设2个通风道。

车站通风亭的平面形式及断面尺寸应根据环控要求、车站所在地的环境条件、道路及建筑物设置情况等因素综合考虑决定。站内通风管道位置一般设在车站吊顶内或站台层站台板下的空间内。车站附属用房设局部通风。

地面通风亭一般均设有顶盖及围护墙体，墙上设一道门，供运送设备使用。通风亭上部设通风口，风口外面设金属百叶窗。通风口下缘距地面的高度一般不小于2m，特殊情况下通风口的高度可酌情降低，但距地面不宜小于0.5m。位于低洼及临近水面的通风亭应考虑防水淹设施。

地面通风亭的大小主要根据通风量及风口数量决定。

地面通风亭位置应选在空气良好、无污染的地方，可设计成独建式或合建式，并尽量与周围环境相协调。城市道路旁边的地面通风亭，一般应设在建筑红线以内。

地面通风亭与周围建筑物的距离应符合防火间距的规定，其间距不应小于6m。进风口和排风口之间应保持一定距离。如果进风口和排风口之间的水平的距离小于5m，其高差不应小于3m；如果进风口和排风口之间的水平距离大于5m，高差可不作规定。

六、车站防灾设计

1. 车站消防

车站内划分防火分区，中间公共区(售检票区或站台)为一个防火分区，设备用房区各为一个防火分区。有物业开发区的车站，物业开发区为独立的防火分区。每个防火分区内设两个独立的、可直达地面的疏散通道。所有的装修材料均按一级防火要求控制。《地铁设计规范》(GB 50157—2003)中规定，除站厅和站台厅外，每个防火分区的最大允许使用面积不应超过$1500m^2$。附设在地铁车站内的地下商场、地下车库、地下仓库、地下娱乐场所等，均应按规定的面积划分防火分区。每个防火分区的使用面积不应超过$500m^2$。对于设有自动喷水灭火系统的上述场所，其防火分区面积可以按设有自动喷水灭火系统面积增加1倍。

2. 建筑防水淹技术要求与措施

(1)加高出入口地面高差：将车站地面出入口、地面通风亭等口部地面高出室外地面150~450mm。出入口可做一般处理，可设计成敞口式、半封闭式或全封闭式。

(2)口部设活动挡水板：在车站地面出入口、地面通风亭等口部，除入口方向的其他三边设1.0~1.2m高并具有一定强度的实体挡墙，入口处挡墙两侧留凹槽，设活动挡水板。位于洪水地区的上述口部，应将出入口、地面通风亭等口部地面设施设置在最高洪水位以上150~450mm处，出入口宜设全封闭式，入口处设活动挡水板。

(3)设防水密闭隔断门：防水密闭隔断门是在隧道内设置的隔水设施，当隧道内发生水情时，利用防水密闭隔断门将水堵截在一定的范围内，不致波及全隧道，确保其他部位的安全。

第二节 轨道交通换乘枢纽站内部设计

一、换乘站一般设计原则

(1) 尽量缩短换乘距离,做到路线明确、简洁,方便乘客。
(2) 尽量减少换乘高差,避免高度损失。
(3) 换乘客流宜于进、出站客流分开,避免相互干扰。
(4) 换乘设施的设置应满足换乘客流量需要,且留有扩、改余地。
(5) 应周密考虑换乘方式和换乘形式,合理确定换乘通道及预留口位置。
(6) 换乘通道长度不宜超过100m,否则应设置自动步行道。
(7) 应尽可能节省修建成本。

二、换乘方式

换乘方式分为站台直接换乘、站厅换乘、通道换乘及站外换乘四种基本方式以及组合换乘方式。

1. 站台直接换乘

站台直接换乘是指两条线路的乘客不经过站厅或出站,而直接通过站台进行换乘。根据两线站台的作业方式,站台直接换乘可分为站台同平面换乘、站台立体换乘以及交叉节点站台换乘。

1) 站台同平面换乘

站台同平面换乘一般适用于两条或多条平行线路,而且采用岛式站台的车站,乘客换乘时,由岛式站台的一侧下车,到站台另一侧上车,换乘极为方便。但由于这种换乘方式要求两条线具有足够长的重合段,其中一条线路在建设过程中需要把车站预留线及区间交叉预留处理好,工程量大,线路交叉复杂,施工难度大,因此,这种车站往往需要较大的工程投资和极好的线路间施工协调,比较适用于用地资源较好,建设期相近或同步建设的两条线路的换乘站建设。

双线双岛式站台和双线岛侧式站台:

进入车站的两条线路平行走向,最多只能实现两对四方向的同站台换乘,而其他方向均需通过站厅层或者通道换乘(图5-10、图5-11)。

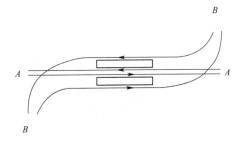

图5-10 同站同平面双线双岛式换乘站

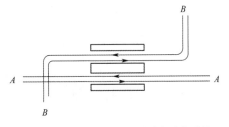

图5-11 同站同平面双线岛侧式换乘站

2) 站台立体换乘(上下平行站台换乘)

同线路同站台换乘:进入换乘枢纽站的两条线路平行走向,两个车站站台上下重叠设置,一般构成"一"字形组合,站台上下对应,便于布置楼梯和自动扶梯。乘客就在同一站台达到换乘目的,或通过楼梯、自动扶梯等到另一车站的站台换乘,两线四个方向均能在上、下层站台完成换乘。如图5-12所示。

同方向同站台换乘:同方向同站台形式是将两条线路中相同方向的股道布置在同一层面上,保证同方向客流在同一个站台平面内实现换乘,其他方向的客流需通过设处在上下岛式站台之何的梯道或自动扶梯实现换乘,如图5-13所示。这种形式适用于同方向换乘客流较大而折角换乘客流较小的情况。

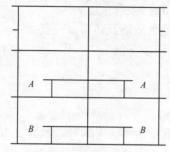

图5-12 同线路同站台换乘

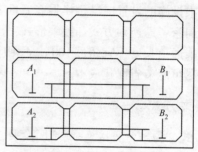

图5-13 同方向同站台换乘

异方向同站台换乘:将两条线路中不同方向的股道布置在同一层面上,保证不同方向的客流在同一个站台平面内实现换乘,相同方向的客流需通过设置在上下岛式站台之间的梯道或自动扶梯才能实现换乘。这种形式用于折角换乘客流较大而同方向换乘客流较小的情况。

3)交叉节点站台换乘

十字换乘:岛式与岛式、岛式与侧式、侧式与侧式呈十字交叉换乘,形成上、下站台一点换乘,后建线路可预留接口,北京地铁比较多地采用这种换乘方式,如复兴门、建国门及西直门等车站。如图5-14所示。

T形换乘:岛式与岛式、岛式与侧式、侧式与侧式呈丁字交叉换乘,情况和前三种形式相同,不同之处在于一条线路的站台计算长度外延伸段与另一线路的站台计算长度内相交完成换乘。如图5-15所示。

L形换乘:岛式与岛式、岛式与侧式、侧式与侧式呈L字形交叉换乘,如图5-16所示。

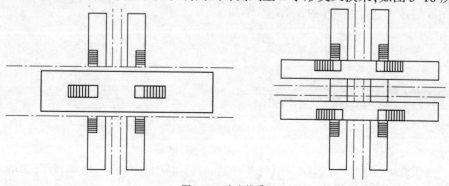

图5-14 十字换乘

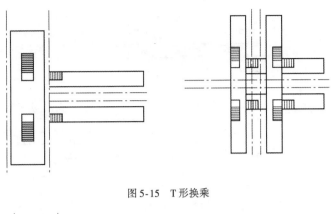

图 5-15　T 形换乘

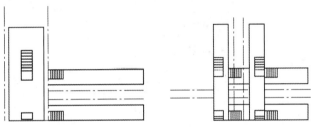

图 5-16　L 形换乘

2. 站厅换乘

设置两条线路或多条线路的公用站厅,或相互连通形成统一的换乘大厅。乘客下车后,无论是出站还是换乘,都必须经过站厅,再根据导向标志出站或进入另一个站台继续乘车。站厅换乘方式是较为普遍的一种换乘方式(图 5-17)。

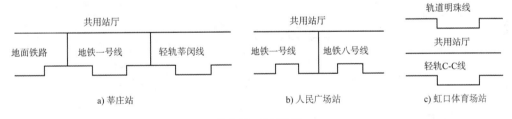

图 5-17　站厅换乘

3. 通道换乘

可取得较大宽度的换乘楼梯,换乘量比后者大,但走行距离也比后者长。通道换乘使用单通道、双通道或多通道把需要组织换乘的车站连接起来,达到换乘的目的。此种形式的换乘方式往往通过站厅层的沟通。达到在付费区内换乘的目的,换乘距离长,不直接(图 5-18)。

4. 站外换乘

公共换乘广场是可以与商业开发和综合交通枢纽建设相结合。它除了用于轨道交通间的换乘,还可以用于与其他公共交通形式间的换乘。换乘广场可设在地下、敞开式半地下、地面或高架。这种换乘方式适用于换乘量较大的大型枢纽站。

5. 组合换乘

两线以上组合换乘通常是上述换乘形式的组合,其有 H、N、Y 等形式(图 5-19)。

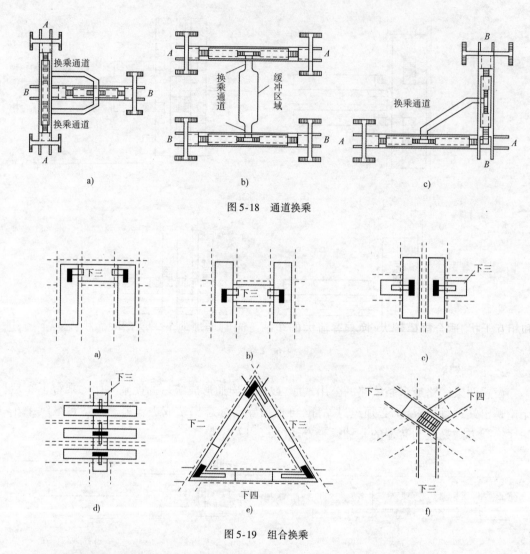

图 5-18 通道换乘

图 5-19 组合换乘

三、大雁塔换乘枢纽站设计案例

1. 换乘站总体设计

西安大雁塔换乘站主要服务于地铁三号线与四号线,由于地处大雁塔旅游景点,周边商业发达,因此该站是一个大型客流集散点。该站共分为三层空间,其中地铁四号线位于地下三层,下穿大雁塔北广场且采取某些措施避开重点历史保护区大雁塔,三号线位于地下二层,公用站厅层设在地下一层。

由于地铁三、四号线地下埋置深度不同,且为T形布置,因此,同站台平行换乘难以实现;经过各种方案的比选,最终决定采用节点换乘方案。根据车站换乘客流流线是否顺畅,是否方便快捷乘客换乘作为评价车站功能好坏的重要指标,并综合考虑两个车站所处的地理位置和周边环境,最终确定大雁塔车站设计为T形岛—岛换乘,其中四号线设在地下三层为岛式站台,三号线设在地下二层为岛式站台,效果如图5-20所示。

图 5-20 T形岛—岛换乘效果示意图

在三、四号线两岛式站台之间设置两组直达换乘楼扶梯,实现两线之间真正的"台—台"换乘,并可满足换乘量大的要求。同时,三、四号线站台均有直接通向站厅层的楼扶梯,若远期换乘客流过大,可实现乘客"厅—厅""台—台"的便捷换乘。

地下二层站台适当加长换乘距离,可以缓解三号线站台至四号线站台换乘客流的拥挤和相互干扰,适合规模较大、换乘客流大的车站。同时增加地下一层站厅面积,解决人流进出站和过街问题,以及站厅换乘人流的拥挤和相互干扰。将大雁塔北广场的西北和东北角设计为下沉式广场,三号和四号线的风亭与出入口设置在下沉式广场内,解决了风亭与出入口影响大雁塔广场景观问题,以及广场上大客流进出站的问题。

2. 换乘站站台设计

1) 三号线岛式站台总体设计

根据已知资料,三号线将采用 A 型(车辆宽度 3.0m,车辆高度 3.8m,车体长度 22.8m)列车,近期 6 节编组,远期 8 节编组,其中首尾两列为带驾驶室的车辆,根据《城市轨道交通线路与站场设计》中表 5.4,可得出 A 型车带驾驶室车厢长度为 24.4m,每节列车的载客量达 1440 人。经计算,三号线岛式站台计算长度为 188m。

站台宽度主要根据车站远期预测高峰小时客流大小、列车对数、结构横断面形式、站台形式、站房布置、楼梯及自动扶梯位置等因素综合考虑确定。岛式站台,楼梯及自动扶梯沿站台中间纵向布置,两侧布设侧站台。侧站台是乘客上、下车及候车的场所,在站台计算长度范围内,其面积应不小于远期预测上行及下行高峰小时客流人数所需的面积。经计算,岛式站台宽度为 12m。

2) 四号线岛式站台总体设计

计算原理及方法同三号线岛式站台长度计算一样,四号线岛式站台长度取值为 188m。四号线岛式站台宽度岛式站台宽度基本原理与三号线岛式站台一致,具体计算结果如下:

按照换乘楼梯宽度计算岛式站台宽度为 13.4m,按照直通楼梯计算,岛式站台的宽度为 10.4m,综合方案一、二考虑,四号线站台宽度取值为 14m。

3) 站台层设施设备的设计

三号线岛式站台布设沿东西走向,其主要客流换乘设施包括中间(与四号线站台部分交织部位)设置一部升降直梯(可直接通往地下四号线站台和上层站厅区)、东西向各设置一部固定楼梯和上、下行电扶梯;适当将站台西向延长,在东端设置一处公共卫生间及设备用房,减少换乘客流在站台上造成堵塞;同时合理布设若干个休息座位及其他消防辅助设施。四号线岛式站台与三号线站台层T形节点处设置一部连通上层站台的固定楼梯及电扶梯;在北向的站台上合理布设两部上下行自动扶梯及楼梯(直接通往公用站厅层)、并在北端布设直接通往站厅层的升降电梯,而公共卫生间及车站用房则一并布设在该站台的北端;同时合理布设若干个休息座位及其他消防辅助设施。

3. 大雁塔换乘站站厅设计

根据已知资料,大雁塔换乘站规划有6个出入口,可通向东、西、南、北四个方向。其中,1号、2号出入口设在雁塔北广场北进出口两端,方便乘客东南、西南走向;3号、6号出入口设在西影路和小寨东路并与1号、2号出入口相对,方便乘客东北、西北走向;4号、5号出入口设在雁塔北路两侧,方便乘客向北流通。

站厅层的付费区需设置通往三、四号线站台层的楼梯、自动扶梯、升降设备及其他乘客服务设施。站厅层的非付费区需设置安检设备、车站控制室、小型商业活动地、咨询台、自动售票机、进出站闸机等设施,且车站的六个出入口通道在也应设置在站厅层的非付费区内,便于乘客出行,方便转换。

进出口闸机、安检设备、固定楼梯及自动扶梯的设置原则上均应垂直于客流方向,且应保证避免进站客流与出站客流流线相互干扰,其中进站闸机应布置在通往站台下行客流方向一侧,出站闸机布置在通往站台层上行客流方向一侧,并靠近出入口通道;自动售检票机宜与进出站闸机靠近设置,提高进出站的能力;票厅宜布设在进出站闸机旁边,便于监督与管理乘客逃票行为和危险进出站行为,并方便乘客补票、顺利进出站;车站控制室宜布设在站厅层的一端,尽量与进出站客流流线垂直,方便乘客监督及工作人员的管理;小型商业活动地及咨询台宜布设在站厅的另一端,避免与车控室集中布置,从而造成对车控室工作的干扰,故宜布设在进出站闸机附近,使其更好地服务于乘客,但应保证不对乘客快速进出站流线造成阻碍。设置自动售票机34台,按照车站需求以及使用的便利性,我们设计大雁塔车站共设3个票务中心,每一个面积为$8m^2$。进站闸机17台,出站闸机19台。

经计算,三号线、四号线楼梯以及换乘通道楼梯宽度均为5m,具体设计结果见表5-8。

楼梯宽度计算结果统计　　　　　　表5-8

楼梯走向	作用	水平长度(m)	固定楼梯台数以及方向的设计	楼梯阶数(步)
F-2 到 F-1	3号线直达站厅	12	并排设计两组,扶梯中间设5m	$(12-1.2)/0.3=36$
F-3 到 F-1	4号线直达站厅	24.2	并排设计两组,扶梯中间设1m	$(24.2-1.3\times3)/0.3=68$
F-2 到 F-3	3、4号线之间换乘	12	平行4号线站台设一组,扶梯中间设5m	$(12-1.2)/0.3=36$
备注	楼梯的倾角均为30°; 水平休息平台宽除了4号线的直达楼梯为1.3m,其他的均设1.2m; 楼梯每一阶宽0.3m			

三号线、四号线和换乘上行扶梯数量 2 台,下行扶梯数量 2 台,具体设计结果见表 5-9。

共布置升降直梯 2 台,其中四号线站台北端设置 1 部直达站厅层的升降电梯,三号线站台中部设置 1 部可通往三号线站台和站厅层的升降电梯。

自动扶梯台数计算结果统计　　　　　　　　　表 5-9

楼梯走向	作　　用	自动扶梯台数以及方向的设计
F-2 到 F-1	3 号线直达站厅	并排设计两组,每组 1 上 1 下
F-3 到 F-1	4 号线直达站厅	并排设计两组,每组 1 上 1 下
F-2 到 F-3	3、4 号线之间换乘	平行 4 号线站台设一组,2 上 2 下
备注	自动扶梯的倾角设计 30°;自动扶梯的宽度均使用 1m	

4. 车站用房设置

经收集、查询大量资料,发现站厅层上需布设的车站用房可达 30 个,因此将其配件参考面积分成两大部分设置。分配方式见站厅设计图,在此不详述。

1) 三号线站台层上的用房设置

牵引变电所、降压变电所、整流变压器室集中设在站台东端,以便为整个三号线站台层提供充足稳定的电源。设备用房区通道宽度根据规范设为 3m,加上预留空间,在此取 4m 以方便大型设备的搬运,并在条件允许的情况下实现各室之间的连通。静压室、烟烙尽室紧挨牵引变电所布设在其西边。照明配电室、蓄电池室应集中布设在静压室西边,用来确保站台上用电设备、照明设备的电压、电流稳定,照明条件良好。废水泵房紧挨蓄电池西边布设,跨过 2.5m 的通道,并与污水泵房靠近,满足规范中污水泵房与废水泵房应设在卫生间最低端,墙面应保留控制柜、管道安装的预留空间,并防止穿越用电管线等的要求。在污水泵房的东边设置一处屏蔽门控制室,当个别屏蔽门不能正常开启或关闭,出现机械故障等问题时,方便工作人员、驾驶员监控管理和维修。在站台的最东端依次平行布设牵引变电所、降压变电所、整流变压器室,主要用来调控和管理站台的用电性能。紧靠废水泵房依次布设卫生间(分男、女)和清扫室,其中由于垃圾堆放点占用面积小,在此实现与清扫间联合设置。

为了保证站台层上用电设备正常工作,确保电能充足和性能稳定,照明配电设备室在站台的另一端仍增设一处,蓄电池室紧挨其增设一处,同时合理布设站务员休息室与静压室。

针对不同用房布置,合理设计通道宽度,取值范围为 2~4m,以保证大型仪器搬运顺畅。具体位置见三号线岛式站台层设计图。

2) 四号线站台层上的用房设置

由于四号线站台一部分深入到三号线站台下部与之交织,并在南端交织部分设有直升电梯,可用空间较小,因此将四号线的车站用房集中布设在站台北端。

最北端布设牵引变电所,相邻平行布设降压变电所和整流变压器室;紧挨降压变电所依次布设静压室、烟烙尽室、照明配电室、蓄电池室和废水泵房;污水泵房布设在废水泵房的东边;邻近布设一处站务员休息室;遵循规范要求,卫生间(分男、女)仍靠近污水、废水泵房,布设在其南边,与清扫间(包含垃圾堆放点)相邻布设。

针对不同用房布置,合理设计通道宽度,取值范围为 2~4m,以保证大型仪器搬运顺畅。具体见四号线岛式站台层设计图。

5. 出入口、通道及风亭布置

1)出入口平面布置

大雁塔换乘站共设 6 个出入口,其中:出入口 1 通往雁塔北广场、慈恩镇、学苑商店、慈恩客栈等西南方向;出入口 2 通往大唐长安会馆、兴达五金土杂店、芙蓉东路等东南方向;出入口 3 通往招商银行、黄金老碗鱼雁塔店、光彩灯具城等东北方向;出入口 4 通往陕西省科学技术信息研究所、雁塔烟酒商贸等北边用地;出入口 5 通往西安国旅大雁塔门市部、长安大学研究生院等北边方向;出入口 6 通往中国邮政储蓄银行、西安科技大学、薇客朵俪店等西北方向。布置形式详见雁塔换乘站站厅设计图。

2)出入口通道宽度

根据实际情况的限定,大雁塔站共分 6 个出入口,且都采用单只单侧,具体计算如表 5-10 所示。

出入口及通道宽度计算表　　　　　　　　　　　表 5-10

	出入口编号	计算结果	实际取值		出入口编号	计算结果
通道宽度	①	1m	综合车站厅层的商业开发等因素,将①②取成4m;③④⑤⑥取成5m	出入口宽度	①	5m
	②	0.83m			②	5m
	③	1.2m			③	6.25m
	④	1.33m			④	6.25m
	⑤	1.4m			⑤	6.25m
	⑥	1.3m			⑥	6.25m

车站通风道的平面形式及断面尺寸应根据环控要求、车站所在地的环境条件、道路及建筑物设置情况等因素综合考虑决定。站内通风管道位置一般设在车站吊顶内或站台层站台板下的空间内。地面通风亭的大小主要根据通风量及风口数量决定。地面通风亭位置应选在空气良好无污染的地方,可设计成独建式或合建式,并尽量与周围环境相协调。由于大雁塔北站所处的地理位置及周边环境没有足够的绿化空间,采用出地面的高风亭。高风亭体积大,造型处理难。可考虑地铁三号线车站将高风亭设计为城市雕塑、广告牌、候车亭等多种形式。车站低风亭对城市景观影响小,目前大多数城市采用绿化护围敞口低风亭设计。

3)车站风亭设计建议

车站风亭设计尽量采用独立设置,与周边建筑结合设置需要慎重,以免影响工期和运营使用。对车站风亭和冷却塔的位置、形式应充分论证,并采取相应的防噪、遮挡措施,将其影响降至最低。

如图 5-21~图 5-24 所示。

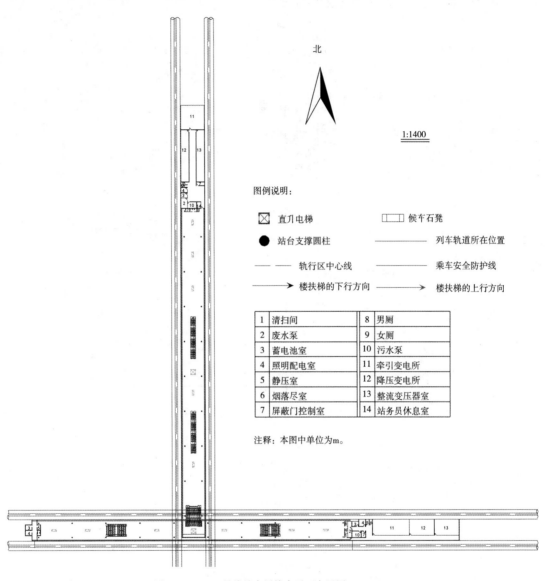

图 5-21　三、四号线站台层综合平面布置图（1∶1400）

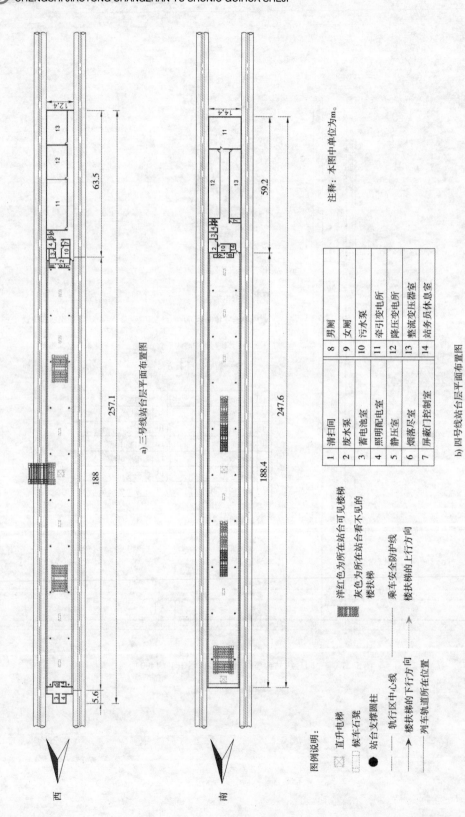

图5-22 三号线及四号线站台层平面布置图(1:1000)

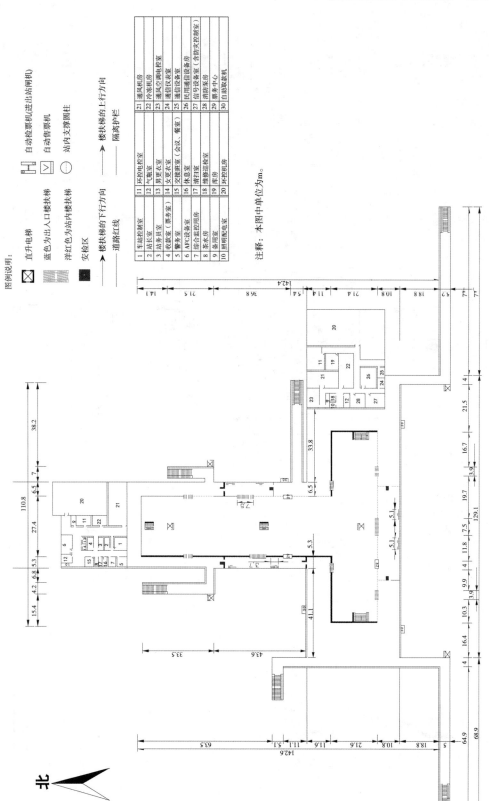

图 5-23 三、四号线换乘站站厅层设计图（1:1000）

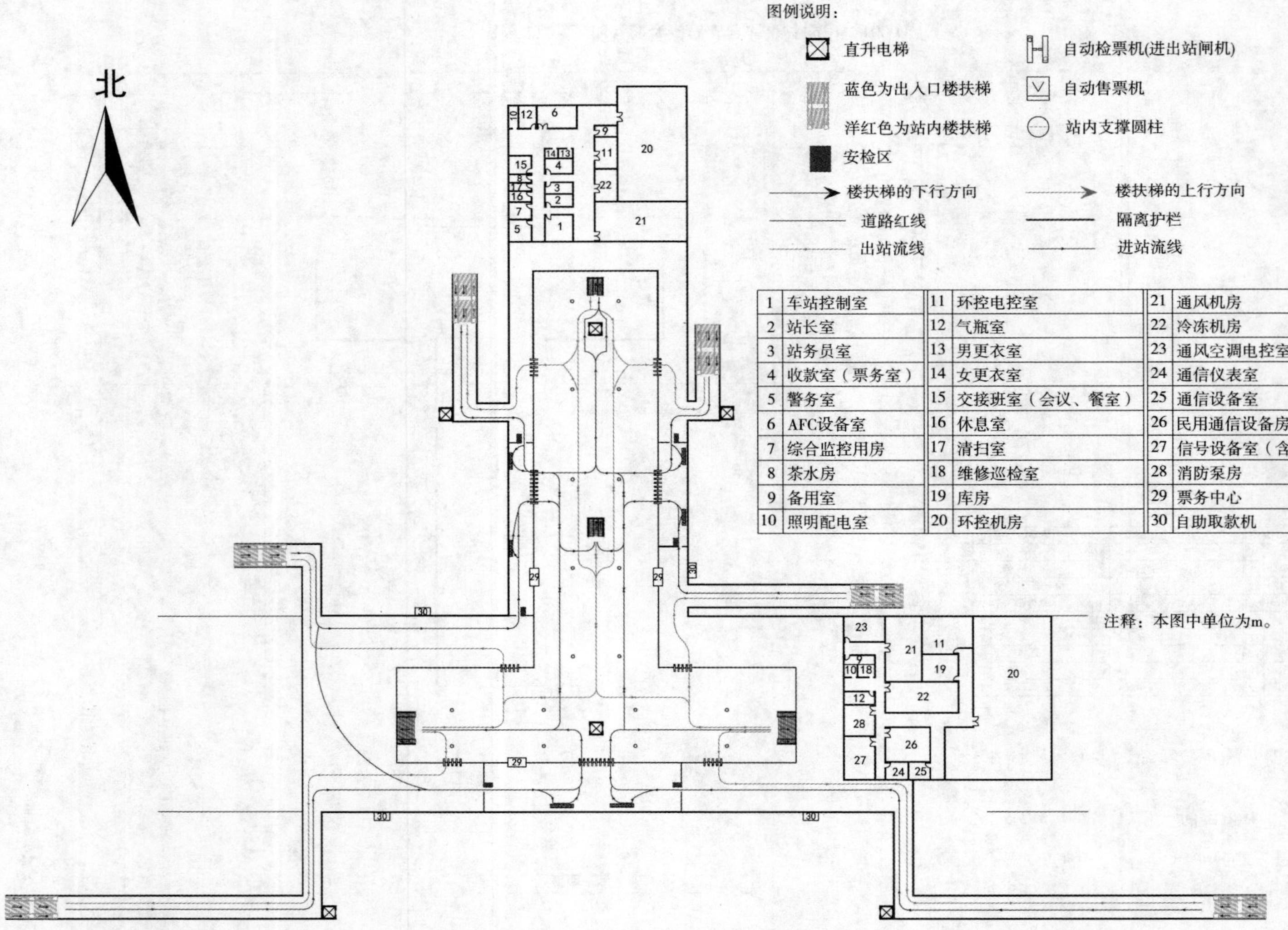

1	车站控制室	11	环控电控室	21	通风机房
2	站长室	12	气瓶室	22	冷冻机房
3	站务员室	13	男更衣室	23	通风空调电控室
4	收款室（票务室）	14	女更衣室	24	通信仪表室
5	警务室	15	交接班室（会议、餐室）	25	通信设备室
6	AFC设备室	16	休息室	26	民用通信设备房
7	综合监控用房	17	清扫室	27	信号设备室（含防灾控制室）
8	茶水房	18	维修巡检室	28	消防泵房
9	备用室	19	库房	29	票务中心
10	照明配电室	20	环控机房	30	自助取款机

图5-24　三、四号线换乘站站厅层客流流线设计图(1：1000)

第三节 轨道交通换乘枢纽站衔接交通设计

枢纽设计的主要目标之一,就是解决不同交通站场间的"无缝衔接",提升乘客换乘的便捷度,而直接承担乘客、交通工具间衔接转换、集散功能的换乘功能空间设计,对以上目标的实现起着关键作用[47]。

轨道交通车站衔接交通设施配置要求见表5-11。

轨道交通枢纽交通设施基本配置要求　　　　　　　　　　　表5-11

枢纽级别	区位	BRT、公交枢纽站、中途站	上落客区	出租车蓄车区	自行车停车场	行人过街设施
特级	中心区	●	●	○	●	●
一级	中心区	●	●	○	●	●
二级	中心区	●	●	○	●	●
二级	城市外围	●	●	○	●	◎
三级	中心区	◎	●	○	●	●
三级	城市外围	◎	●	○	●	◎
四级	中心区	◎	●	○	●	●
四级	城市外围	◎	●	○	●	◎

注:●表示应;◎表示宜;○表示可。

一、衔接常规公交设计

公交接驳设施一般包括公交停靠站及公交场站,应根据轨道交通车站功能定位、周边道路交通条件、用地规划条件、换乘客流需求等,进行合理设计。

1. 与公交衔接原则

(1)公交停靠站距轨道交通车站宜小于或等于50m,不应大于150m。公交停靠站位于轨道交通车站站前广场内时,应增加站前广场面积,满足公交换乘客流等候、集散要求。

(2)当公交停靠站设置在交叉口进口道或出口道时,宜设置在距交叉路口50m以外处,在主干路上,宜设置在距交叉路口100m以外处。立交桥匝道出入口段不得设置公交停靠站。

(3)快速路及主干路宜设置公交专用道接驳地铁换乘客流,公交停靠站应设置为港湾式停靠站,距快速路出入口不应小于100m。

(4)公交停靠站宜与出租车停靠站分开设置。同站台设置时,出租车停靠站宜设置在公交停靠站上游不少于50m处。

(5)公交场站应根据轨道交通接驳换乘需求,结合城市总体规划和综合交通规划设置,以接驳中远距离换乘客流为主。

(6)公交场站应与轨道交通车站站前广场衔接,公交场站上下客区域至轨道交通车站距离宜小于或等于150m,不应大于200m。

2. 与常规公交枢纽换乘衔接设计

1)与路内常规公交枢纽换乘设施设计

一般来说,轨道交通与路内常规公交枢纽换乘设施有以下四种衔接模式,具体见图5-25。

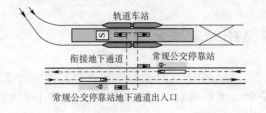
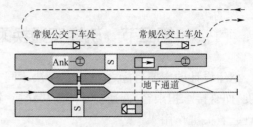

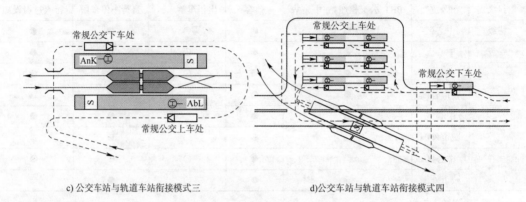

图 5-25 公交车站与轨道车站衔接模式

（1）模式一：公共汽车直接在道路旁边停靠，通过人行设施与轨道车站相连，往往适合于轨道线路和道路平行的情况，容易出现公交进出车站与道路交通相互干扰的情况。在我国较为常见，上海明珠线和北京1号线都采用该模式。

（2）模式二：公共汽车在道路边直接停靠，可利用地下通道与地铁车站相联系。公共汽车与轨道交通处于同一平面，公交上下客车站与轨道合用同一侧式站台，并用地下通道联系两个侧式站台，该形式确保有一个方向换乘条件很好，而且步行距离很短，适合于轨道交通与公交换乘客流方向不均衡系数较大的情况。

（3）模式三：公共汽车与轨道交通处于不同一平面，使公共汽车到达站和轨道交通出发站同处一侧站台，而公共汽车出发站与轨道交通到达站同处另一侧站台。该形式使轨道交通与常规公交共用站台，两个方向都有很好的换乘条件。

（4）模式四：在交通繁忙的轨道交通枢纽站，入站的公共汽车很多，采用沿线停靠法会因停靠站空间不足而造成拥挤，因而可采用多个站台的方式。为保证换乘轨道交通的常规公交乘客就近换车，可将公交的进站停靠站台设计在通道入口前，每个公交站台都应该与轨道交通站（需要时建自动扶梯）相连。另外，当常规公交从主要干道进入换乘站时，最好能够提供常规公交优先通行的专用道或专用标志，以减少其进出换乘站的时间延误。

2）与路外常规公交枢纽换乘设施设计

当常规公交枢纽与轨道交通接驳时，如果该公交枢纽换乘布局形式为停靠站在岛的岛屿形式，则可以考虑将地下通道的另一个出入口设置在公交枢纽范围内的中间位置，以方便乘客在公交与轨道之间进行换乘，如图5-26所示。如果该公交枢纽换乘布局形式为停靠站在岛外的岛屿形式,则可以利用停靠站的外边缘步行区直接与轨道交通换乘站厅连接,该方式可以有效地使客流均匀分布在整个换乘流程上,提高换乘过程的通畅性,但是这种方式也相应地增加了乘客的换乘距离,如图5-27所示。

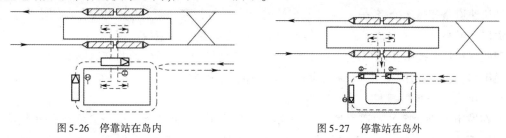

图5-26　停靠站在岛内　　　　　　　图5-27　停靠站在岛外

二、衔接小汽车设计

1. 停车换乘设施

狭义来说,停车换乘设施指的是布置在城市中心区外围,供小汽车出行者长时间停放小汽车,换乘轨道交通进入中心区。本书主要是着眼于狭义。从广义上来看,停车换乘也可以看作一种交通方式,甚至本身就是换乘枢纽,为小汽车交通和公共交通、个体交通和合乘交通提供相互衔接的场所。一般可以分为以下四类:

长途停车换乘设施:是属于城市群范畴的概念。往往由于中心城市的地价过高,人们转到相邻的城市中居住,而形成市际通勤交通,比如北京和天津、丹佛和玻尔得、纽约和新泽西。坐落在距离中心城市(CBD)65~130km处,一般与城际铁路、城际轨道交通、通勤铁路以及高速公路相接。

城郊停车换乘设施:位于城市的郊区、边缘组团和卫星城镇,连接到轨道交通和快速路上。距离市中心(CBD)、主要的就业区和大型活动中心6~50km。

市内内部停车换乘设施:在城市市区内部,连接到市区干线和城市主干道上,坐落在距离市中心2~7km范围内。

中心区外围停车换乘设施:在中心区的外围,连接到市区辅助线上,其主要功能在于保护中心区,禁止机动车交通进入中心区。

如图5-28所示为停车换乘设施与区位、轨道线路对应关系图。

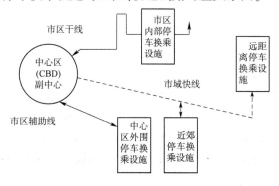

图5-28　停车换乘设施与区位、轨道线路对应关系图

在停车换乘设施的规划设计中需要注意:停车换乘方式比较适合位于城市周边地区和高

档居住小区的轨道车站;一般不适合位于中心城区的轨道车站,这是由中心区土地资源短缺和中心区调控要求所决定的;枢纽必须提供足够规模的停车泊位,满足停车换乘的需求;停车设施应力求靠近轨道车站,对狭义的停车换乘,最好是在车站的两侧建设停车楼,一侧直接连接对外快速道路和高速公路,另一侧进入车站的行人步行距离最近,配备规模合理的步行通道,避免停车换乘乘客穿越城市道路以及与其他人流混杂,给换乘造成不便;应制订适合的停车场收费政策和管理措施,吸引乘客,并保证乘客的安全使用;减少停车场的交通影响,进行相应的交通组织,改善周边的交通"瓶颈";设置行车线路指示标志和停车诱导系统。

2. 小汽车停车场规模

在城市外围地区的轨道交通车站设置小汽车停车场,使自驾车出行者实现停车换乘公共交通系统进入城市中心区,是缓解城市中心区交通压力、调节交通需求的一项有效的方法。假定枢纽的换乘方式结构预测结果中,枢纽中小汽车换乘公共交通的交通量为Q_{CR}。类似自行车停车场地的计算方法,考虑停车场利用率和周转率等因素,枢纽社会停车场容量可按下式计算得到:

$$C_C = \frac{Q_{CR}}{\psi_C \cdot \gamma \cdot \alpha} \tag{5-22}$$

式中:Q_{CR}——枢纽年平均早高峰小时小汽车换成公共交通的交通量(人次/h);

ψ_C——小汽车早高峰小时每车次平均载客人数(人/车次);

γ——小汽车停车场利用率;

α——小汽车停车场周转率。

考虑到停车场的造价,在用地条件允许的情况下,人们会优先选择建设地面停车场,即露天平面式停车场。但是,如果地面停车场的车位设置过多(国际经验值为600个车位),则通往公共交通站点的步行路径就会过长,且进出口处的交通亦会出现问题。一旦所需的车位过多,或者用地面积出现不足,这时就必须考虑建设多层立体式停车场或停车楼。

三、衔接出租车设计

出租车交通系统的主要构成要素包括:乘客、出租车、城市道路以及出租车站。要素相互作用,实现"位移"这种特殊商品的生产。乘客通过出租车站与出租车联系,进入城市道路。所以必须通过对出租车、道路和出租车站统一管理来实现运输效益的最大化。

出租车交通,从道路效率和交通安全的角度考虑,应该实现人流和车流的分离。但出租车交通系统若被简单地分隔,完全割裂乘客和出租车的联系,就没有存在的必要了。出租车交通运营取决于行人和车辆的适度接触,出租车需要在良好的道路条件下覆盖大面积的区域拉客;行人需要能够随时随地地、方便地搭乘出租车。因此,出租车的发展要求出租车交通流和人行系统要有必要的重叠交叉。在我国,目前没有解决的问题就是:如何合理地实现出租车和乘客的有效衔接,既满足主要的出租车乘客的需求,又尽可能地减少出租汽车对道路交通的干扰,而建立合理的路外出租车换乘系统是解决问题的可行办法。

1. 与出租车衔接原则

(1)出租车接驳设施一般包括出租车停靠站及出租车场站,应根据轨道交通车站功能定位、周边道路交通条件、用地规划条件、换乘客流需求等,进行合理设计。

（2）出租车接驳设施的设置应考虑出租车输送能力、接驳换乘距离、设施服务水平等因素。

（3）出租车停靠站距轨道交通车站宜小于或等于20m，不应大于50m。出租车停靠站位于轨道交通车站站前广场内时，应增加站前广场面积，满足公交换乘客流等候、集散要求。

（4）出租车停靠站不得设置在快速路主路上。当出租车停靠站设置在交叉口进口道或出口道时，宜设置在距交叉路口50m以外处，在主干路上，宜设置在距交叉路口100m以外处。立交桥匝道出入口段不得设置出租车停靠站。

（5）出租车停靠站宜与公交停靠站分开设置。同站台设置时，出租车停靠站宜设置在公交停靠站上游不小于50m处。

（6）出租车场站应根据轨道交通接驳换乘需求，结合城市总体规划和综合交通规划设置，以接驳中远距离换乘客流为主。

（7）出租车场站应与轨道交通车站站前广场衔接，出租车场站上下客区域至轨道交通车站距离宜小于或等于50m，不应大于100m。

2. 出租车换乘系统结构

枢纽的出租车换乘设施，是通过设置的出租车站，提供道路空间外集中实现出租车和乘客之间供需关系的场所。主要功能在于：满足乘客搭乘出租车的需求；为出租车进出道路系统提供缓冲的区域；实现交通功能转换，完成乘客在不同交通方式和出租车之间的换乘。枢纽出租车换乘设施的主要组成要素为：下客区域，等车循环区，排队区，上客区域。

枢纽出租车换乘系统的结构如图5-29所示。

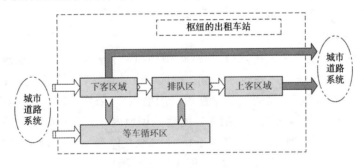

图5-29　枢纽出租车换乘系统的结构

出租车上下客区域可以在同一个位置，也可以分散布置，出租车下客区域的位置应尽可能设在车站进口附近较方便的位置；上客区相对可以灵活布置，尽量考虑人行系统相配合设计，其位置应较公共汽、电车的停靠位置远点。出租车进出以及上下客区的流线、等车循环区和排队区应尽可能与公共汽、电车车行路线分离，减少出租车对公共汽、电车停靠和行驶的干扰。同时加强对出租车停靠的管理，有序流动，禁止随意停车。

3. 出租车停车场规模

公共交通枢纽内出租车停车场规模的确定方法与小汽车停车场规模的确定方法相同，主要区别在于参数的选取上，特别是平均载客数和停车场的周转率指标。出租车停车场规模计算公式为：

$$S_T = \frac{Q_{TR} \cdot \beta \cdot \overline{S}_T}{\psi_T \cdot \gamma \cdot \alpha} \tag{5-23}$$

式中：S_T——枢纽出租车停车场面积；

Q_{TR}——枢纽年平均早高峰小时出租车换成轨道交通的交通量；

ψ_T——出租车早高峰小时每车次平均载客人数；

β——到达枢纽的出租车进入停车场停车候客的比例，一般取 0.5~0.8；

γ——出租车停车场利用率；

α——出租车停车场周转率，一般大于小汽车停车场周转率。

四、衔接非机动车设计

1. 与非机动车衔接原则

(1) 非机动车停车场应根据规划用地，结合轨道交通车站的周边环境、相邻市政道路及地下管线等因素合理设计。

(2) 轨道交通车站各出入口均应设置非机动车停车场，用地困难时，可集中设置或利用现况市政设施，可利用人行道树池间隙、过街天桥下等空间布设停放。

(3) 非机动车停车场应与非机动车专用道路组成连续的交通系统。

(4) 非机动车停车场的交通组织及竖向设计应与周边的交通组织和竖向相适应。

(5) 非机动车停车场一般包括平面简易停车场、平面绿化停车场、立体停车场（含立体停车架、地下停车库等）等。在用地条件许可时，宜采用绿化停车场。

(6) 根据轨道交通非机动车停放特点，非机动车停车周转率宜取 1.0~1.2。

(7) 本书中非机动车的设计车辆为自行车。

2. 非机动车停车场设置原则

(1) 非机动车停车场应包括出入口、停放设施、管理用房、围栏、绿化景观、照明设施、给排水设施、公共服务设施及交通导向标志等。设计时应处理好各项设施之间的关系。

(2) 非机动车停车场应根据服务对象性质及用地条件，采用分散与集中相结合的原则进行布设。一般宜布设在轨道交通车站出入口附近的场地内，距离不宜大于 50m。

(3) 非机动车停车场占地面积可参考以下指标：非绿化停车 1.8m^2/辆，绿化停车 2.8m^2/辆。停车指标为综合占地面积，包含通道、绿化、停车设施等面积。

(4) 非机动车停车场内交通流线应明确，尽量避免交叉。

(5) 非机动车的停放方式有垂直式和斜列式两种，平面布置可按场地条件采用单排或双排排列。

(6) 非机动车停车场净空不应小于 2.5m。

(7) 非机动车停车场出入口与市政道路存在交叉时，出入口两侧应保证停车安全视距。

(8) 非机动车停车场车行出入口应设置定时开放式大门，采取封闭式管理。

(9) 非机动车停车场车行出入口应与市政道路行车方向垂直布设。车行出入口与非机动车道间有人行步道相隔时，应将人行步道进行无障碍处理，消除高差。

(10) 非机动车停车场应分别设置车行出入口和人行出入口。车行出入口宽度应满足两辆非机动车同时推行进出，一般为 2.5~3.5m；人行出入口为人行专用口，单向宽度宜为

0.5~0.6m，呈 T 字形设置。

（11）非机动车停车场停车位在 0~500 辆范围时，应至少设置 1 处人行出入口和 1 处车行出入口，当停车位大于 500 辆时应至少设置 2 处车行出入口。

（12）非机动车停车场平面设计应处理好直线与平曲线的衔接，考虑非机动车的交通特性，非机动车道转弯半径应不小于 3m。

（13）非机动车停车场停车区域划分应按组排列，每组停车长度宜为 15~20m。

（14）非机动车停车场竖向设计应保证安全、适用、经济、美观；充分发挥土地潜力，节约用地，合理利用地形、地质条件，满足城市各项建设用地的使用要求，减少土石方及防护工程量，保护城市生态环境，增强城市景观效果。

（15）非机动车停车场竖向应结合地铁车站出入口的设计高程，周边市政道路高程，沿线地形、地物、地下管线高程等综合确定。

（16）非机动车停车场竖向设计应与排水相结合，坡度宜为 0.3%~3.0%。

（17）非机动车停车场排水方向横、纵坡向应简单布置，宜采用单坡向，地势起伏较大的情况可采用多变坡点多坡向设置。

（18）非机动车场的排水设施应结合广场、市政道路等相连设施整体进行设计，在竖向低点处结合周边大市政排水设施布设雨水口、边沟等适当的排水设施。

（19）非机动车停车场照明应根据亮度要求，采用灯具无眩光控制标准，并具有良好的诱导性。

（20）非机动车停车场照明设施选型应能和周围沿线景观协调一致，灯杆灯具的色彩和造型应符合街道景观的基调。

3. 附属设施设置原则

（1）非机动车停车场附属设施布设应按照安全、便捷、人性化、经济环保的原则，因地制宜合理布设。

（2）非机动车停车场附属设施一般应包含管理用房、围栏、指示标志、停车架、停车棚等设施。

（3）管理用房宜设置在停车场出入口处、便于观察监管进出人员及车辆的位置，面积宜不小于 $6m^2$，使用年限不宜低于 8 年。管理用房内应设置照明、电源及灭火器等设施。

（4）围栏应沿非机动车停车场外侧边界布设，材质一般采用不锈钢或铁艺材料，栏杆高度应在 1.2~1.5m 范围内，使用年限不宜低于 8 年。

（5）指示标志应设置在出入口明显位置，标志采用单柱或附着式；版面内容应写明开放时间、收费标准、相关安全规定等信息内容。

（6）停车架应结合停车场形状、位置、尺寸等因素综合考虑确定设置类型及布设形式。停车架一般分为螺旋式和卡位式。停车架应分单元布设，长度以 15~20m 为宜。

（7）非机动车停车场车棚宜结合车站周边环境及景观要求设置。

（8）车棚结构应根据强度要求，采用结构支撑力控制标准，并具有良好的耐久性、美观性、实用性，使用年限不宜低于 8 年。

（9）停车棚位置应与车场内物品（停车架、绿化植物），地下管线等的摆放与布设位置统筹考虑,以免产生矛盾。

(10)车棚布设位置及高度应确保车场内、外的视距要求,以免对现况行车视距造成影响。

(11)车棚平面位置应与停车区统一设置,车棚只在停车区内设置,确保车棚投影面积可完全覆盖停车区域。

(12)非机动车停车场应考虑设置公共自行车车位、安全监控设施、便民服务设施等。

(13)结合公共自行车站点规划,在非机动车停车场内选择适当位置,设置公共自行车车位,使公共自行车接驳形成"公共自行车+轨道交通+公共自行车"的出行模式。

(14)根据非机动车停车管理需求,宜设置监控摄像头等监控设施,确保车场内安全管理。

(15)非机动车停车场应在视线遮挡位置设置凸面镜,保证安全性和通视性。

(16)非机动车停车场内宜设置打气筒、自行车修理工具等便民服务设施。

五、衔接步行交通设计

1. 步行衔接设施布局要点及容量预测[45]

换乘舒适、安全和时间最短是轨道交通站点换乘衔接的总体目标。不同的轨道交通站点类型具有不同的换乘衔接战略,但慢行设施均是必选的衔接模式。以杭州市轨道交通站点为例,根据站点所处地区、用地服务功能和交通功能的不同,分为综合枢纽站、交通接驳站、片区接驳站及一般换乘站四大类。不同类型站点在步行交通方式分担率上存在级差。通过预测轨道交通站点远期换乘客流流量、流向,按照"以人为本"的原则,来选择能充分满足换乘需求而又经济合理的方式。步行交通系统规划应遵循以下原则:

(1)满足换乘客流量的需要。
(2)尽量缩短乘客的步行距离。
(3)充分考虑客流方向,创造连续的换乘条件。
(4)合理布置风雨连廊,努力提高舒适性与服务水平,吸引乘客。
(5)结合环境与景观等因地制宜。

2. 步行设施规模推算

步行设施的规模需要根据换乘客流量进行预测。一般,轨道交通站点总的换乘客流量得到后,步行设施规模的推算关键在于确定其换乘方式分担率。对于新建或未建车站,无法进行实地调查。因此,可参照现有所属地域和周边开发功能较为相似车站的调查特征。各类换乘设施的配置规模可作如下计算:

$$Q_{\text{pds}} = \frac{Q_{15\min}}{15} \times 60, WP = \frac{Q_{\text{pds}}}{V} \quad (5-24)$$

式中:$Q_{15\min}$——高峰15min所有步行需求(人);

Q_{pds}——单位时间步行人流需求(人/h);

V——单位宽度步行通道人流量(人/m·h);

WP——步行通道宽度(m)。

3. 步行设施规划布局

步行作为短距离出行的最基本方式，是城市交通的主体。根据调查分析，我国大城市步行交通占总出行的40%，其可接受距离为400~600m。轨道交通因其快速、安全、准时、舒适等优点，吸引范围可增大到600~1000m。研究发现，步行者在舒适的步行环境，或以娱乐休闲为目的步行出行时，其步行距离可以扩大，因此在轨道交通站点布置步行系统时，需要考虑建立以枢纽为中心，以独立人行步道为主干，具有良好导向标志的城市公关空间体系，构成彼此连续的线形关系，采取"并联"和"串联"的方法与枢纽周围的公共建筑紧密地结合起来，实现枢纽步行交通流的"不停顿流动"。步行系统规划原则包括：

(1) 对沿线道路断面进行优化，保证人行道的宽度。
(2) 增加必要的过街设施。
(3) 根据实际情况，在车站出入口与客流集散点之间建立直达通道。
(4) 设置必要的人行指示标志。
(5) 对步行系统进行景观一体化设计，形成舒适的步行空间环境。
(6) 在车站出入口客流较大处尽量顺出口方向设置风雨连廊，长度不宜大于50m。

六、衔接交通设计案例

此公共交通枢纽基地位于某大型居住区基地拓展区，紧靠地铁7号线的刘行站，形成一个以6条公交始发站、社区巴士停靠站、出租车停靠区、非机动车停放站和社会车辆停车场融为一体的综合交通换乘枢纽，该枢纽的建设对方便顾村地区市民出行起到积极作用，同时也为缓解市区交通压力带来保障。

此枢纽基地面积7835m²，其中道路及停车区面积5400m²，绿地面积1500m²。总建筑面积385m²，其中监控管理用房面积250m²，公厕用房面积100m²，调度用房面积30m²。围墙长度360m，公交站台数量6个，公交车停车数量35辆，出租车蓄车数量12辆，自行车停车数量360辆。枢纽平面布局见图5-30。在相对车流量较小的陆翔路、沪联路设置小型车停车换乘场，方便停车取车人流换乘地铁7号线（至地铁站230m步行距离），见图5-31。

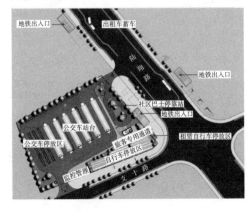

图5-30 枢纽平面布局图

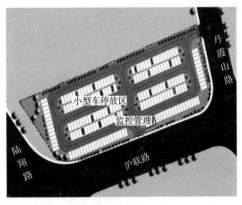

图5-31 小汽车停车场布局图

本 章 小 结

本章在介绍轨道交通车站分类、空间布局、附属建筑、设计原则等内容的基础上,详细阐述了轨道交通换乘枢纽站的系统构成、功能布局以及衔接交通设计等内容,从总体上搭建了轨道交通枢纽功能布局设计的基本知识框架。

复习思考题

1. 按照车站的建筑结构特点,可以把城市轨道交通车站划分为哪几类?各有什么特点?
2. 车站的建筑空间由哪几部分构成?分别有什么作用?请简述。
3. 影响车站站位和总平面布局的因素有哪些?请举例说明。
4. 已知以下条件,某地铁线路所使用的车辆长度均为19m,列车采用8节编组,列车停站误差距离为1m。某车站预测超高峰小时每列车上下车人数为400人,站台上人流密度为$0.4m^2$/人,站台安全防护宽度为0.48m。如果在该站设置岛式站台,站台上立柱宽度为1.5m,楼梯、自动扶梯宽度为4m。请使用本章所介绍的方法计算其站台宽度。
5. 请简述换乘站设计的原则,并举例说明现有城市轨道交通换乘站设计中的不合理之处。
6. 轨道交通换乘的方式有哪些?请以你熟悉的城市轨道交通实际线路车站举例说明。
7. 轨道交通枢纽布局设计过程中需要考虑的主要问题是什么?
8. 以某城市为背景,收集和调研资料,模拟进行该城市某轨道交通换乘枢纽站布局设计。

第六章　城市综合交通枢纽设计

【课前导读】 本章讨论综合交通枢纽的基本概念。第一节介绍了综合交通枢纽的总体布局形式；第二节介绍了公路客运枢纽的规划设计思路；第三节详细讲解了铁路客运枢纽的规模和布局设计；第四节讲述了机场交通场站的规划与设计。

【知识学习目标】 掌握综合交通枢纽的基本概念和设计原则；掌握综合交通枢纽的主导交通方式；了解公路客运站、铁路客运站、机场的规模确定、平面布局、流线设计等。

【能力培养目标】 建立综合交通枢纽功能布局设计的理论和方法体系，使学生具备综合交通枢纽布局设计能力。

【教学重点】 公路、铁路、机场交通枢纽的规模确定、平面布局、流线设计。

【教学难点】 平面布局；规模确定；流线设计。

第一节　综合交通枢纽的总体布局形式

综合交通枢纽已不只是一个单纯的交通枢纽，而是集商业、办公、居住、娱乐等为一体的区域地区中心。综合交通枢纽带来的交通便利，增强了以枢纽为核心的城市用地综合开发的力度。大容量的城市快速公共交通系统与紧凑型土地使用的特征，具体体现在综合交通枢纽的空间换乘布局模式设计上。枢纽内交通方式之间的衔接换乘方式分为平面换乘、立体换乘及混合换乘。对应枢纽内各种交通方式之间的衔接换乘方式，枢纽的空间换乘布局模式可以分为平面式、立体式及混合式三种类型[53]。

一、平面式

平面式换乘是指所有交通方式在同一平面上，乘客通过地面步行道、人行天桥或地道来进行换乘。在平面式换乘中，由于各种交通方式均布置在同一平面上，占地面积较大，步行换乘的距离较小。常见的平面换乘包括地面常规公共交通线路之间的换乘、轨道交通地面站与其他交通方式间的换乘。

综合交通枢纽的平面式换乘布局模式是指枢纽内各种交通方式设施在同一水平面上的投影不重叠或少部分重叠的组织模式。根据各种交通方式设施布置的分散程度，枢纽平面式换乘布局模式又可以分为比邻式和分离式两种类型[54]。

比邻式布局是指各种交通方式在一个较小的范围内设置的组织模式。这种模式是最为经

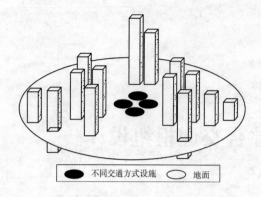

典的,在所有综合交通枢纽模式中对换乘乘客来说最为方便。其建设投资小,且工程技术要求不高,因此在早期的各类综合交通枢纽的规划设计中得到了广泛的运用。枢纽周边用地开发采用 TOD(Transportation Oriented Development)模式,在枢纽附近呈高密度综合开发,且开发强度随步行距离的增加而降低。如图6-1所示为较常见的比邻式枢纽换乘布局模式示意图。

图6-1 常见比邻式枢纽换乘布局模式示意图

分离式布局是指各种交通方式在一个较大的范围内分散设置的组织模式。在以该模式开发的城市公共客运枢纽内,乘客通过地面步行道、人行天桥、地道或商业街来实现各种交通方式或交通线路之间的换乘。如图6-2所示为常见分离式枢纽换乘布局示意图。

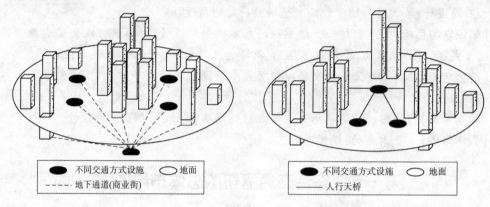

图6-2 常见分离式枢纽换乘布局模式示意图

二、立体式

综合交通枢纽主体建筑分为地下多层、地面层及地上多层。目前,立体式综合枢纽已成为枢纽布局规划的主流设计,其主要特点是在最节约的空间内实现最短距离、最少时间、最高效的多种运输方式换乘。与平面换乘相比,立体换乘占用的土地面积较小,不同层面之间可以通过自动扶梯或垂直电梯来连接,为乘客换乘提供方便。立体换乘将不同的交通方式在不同的层面分开,通过交通分流消除了不同交通方式间的相互干扰,尤其是行人活动空间与车辆之间的干扰,增加了安全性并提高了换乘效率。缺点是垂直换乘投资一般较大。

城市综合交通枢纽的立体式换乘布局模式是指枢纽内各种交通方式设施在同一水平面上的投影完全重叠或少部分不重叠的组织模式。具体来说,立体式综合交通枢纽是集换乘、餐饮、购物、娱乐等多种功能于一体,实现多种客运方式在一幢交通建筑的室内或周边进行垂直或水平方向的最短距离换乘的枢纽形式。

通常,一个立体式综合交通枢纽以一个主体换乘为中心,如火车站或机场的对外交通换乘,在主体换乘大厅内通过自动扶梯或垂直电梯实现各种交通方式的相互衔接与联系。根据枢纽内不同交通层面设置交通方式种类的差异,立体式综合交通枢纽又可以分为分层独立式、分层组合式及综合式三种类型。

分层独立式是指在立体式综合交通枢纽内,不同的交通层面上均只设置一种交通方式的形式。如西柏林地铁动物园站,有4层,地上、地下各2层。第一层为远程火车和城市快速铁路车站;第二层有车站的业务部门和银行、商店、餐厅等服务设施;第三层为双线路地铁站和搭车服务中心;第四层为9路地铁站,线路方向与第三层双线路地铁横向立体交叉。各层均有服务设施。在站内通过自动阶梯或步行阶梯实现各层间的连接,乘客能迅速地换乘到其他交通工具上去。

分层组合式是指在立体式综合交通枢纽内,不同的交通层面上均设置两种或两种以上交通方式的形式。如香港九龙站是机场铁路沿线规模最大的车站,连接着香港的心脏地带和赤腊角新机场,是铁路和其他交通工具之间的交汇点。为适应未来的城市密度及交通系统规模,规划师从行人、公路、铁路交通系统,公共空间系统,建筑布局及其未来发展的连接系统等方面,对九龙站进行三位的立体化城市设计,如图6-3所示。在车站内,各交通层面均布置有多种交通方式,所有层面均通过车站中央大厅连接,并由中央大厅与车站平台层上及周围商业房地产开发区连成一片。其中,中央大厅是整个建设的焦点,如图6-4所示。

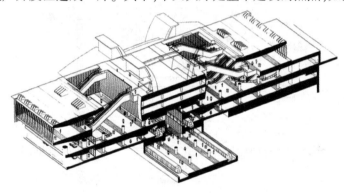

图6-3 香港九龙站剖面图

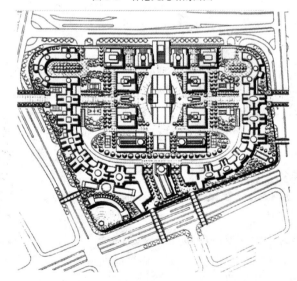

图6-4 香港九龙站总体平面图

综合式是独立式加组合式的形式。如巴黎戴高乐机场TGV车站共有5层。一层为站台层;二层为候车室,设有商业设施和办公室;三层是设有捷运系统的夹层;四层为航站层,从四层可步行至2号航站楼,并设有进入TGV火车站上方五星级宾馆的入口;五层是设有出租车和定点巴士站的平台。

应根据枢纽模式设计所需考虑因素的具体情况对以上三种形式加以选择确定。由于分层独立式将不同的交通方式在不同的层面上分开,通过交通分流消除了不同交通方式间的相互干扰,尤其是行人活动空间与车辆之间的干扰,增加安全性并提高了换乘效率,所以分层独立式是以上三种形式中最为理想的形式。深圳地铁老街站为典型的分层独立式枢纽换乘布局模式,是地铁一、三号线的换乘节点,被确定为大型综合交通枢纽。地面层为综合换乘大厅和公交枢纽站,地下一层为购物换乘层,地下二层为地铁站厅,地下三、四层为地铁站台层,地上二、三层为商业、餐饮设施,四层以上为旅馆和相应的服务设施。如图6-5所示为典型分层独立式枢纽换乘布局模式示意图[2]。

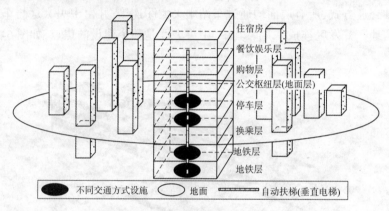

图6-5 典型分层独立式枢纽换乘布局模式示意图

三、混合式

综合交通枢纽的混合式布局模式是枢纽平面式与立体式相结合的组织模式。该模式是建立在联系化、集约化的基础上,根据城市各功能空间的特性和要求,如关联性、公共性及可达性等,结合具体环境条件进行设计的开发形式,它是大容量城市快速公共交通系统与紧凑型土地使用特征的充分表现。国外这样的例子也很多,日本九州铁路转运站就是最为典型的实例,如图6-6所示。

图6-6 日本九州铁路转运站站前广场区

日本九州铁路转运中心采用跨站式布置,它并非一个单一的火车站。其建设计划和设计概念在于:一方面是将它作为一个高效的城市内外交通的综合换乘枢纽中心。位于四层平面之上的公共通路贯穿南北,城市地面上的人流在站前地面层可通过自动扶梯直达二层入口的平台广场,进而进入南北公共通路。市际火车站台位于公共通路之下,公共通路的尽端通向日本新干线高架站台,市内高架轻轨直达中心的南北公共通道的四层平台。转运中心为州际高速铁路、市际铁路、城市高架轻轨及地面机动车流之间建立一个简明高效的立体网络。该转运中心的另一方面特色表现在其智能的整体性方面,站前二层入口步行平台向城市延伸与车站配套设施相连接,从而形成完整的步行体系,九州转运站自身也是集多种功能于一体。它的建成预示着当代大都市交通转运规划和设计的发展趋势。

第二节 公路客运场站与枢纽规划设计

一、公路客运站概述

1. 选址条件

汽车客运站选址,应满足以下条件[55]:

(1)站址应纳入所在城市的总体规划,合理布局。

(2)便于乘客集散和换乘,尽可能地节省乘客出行时间和费用,减少在市内换乘次数。

(3)与城市道路、城市公交及其他运输方式站场衔接良好,与城市主干道密切衔接,尽量减少城市道路交通压力,确保车辆流向合理、出入方便。

(4)具备必要工程、地质条件,方便与城市(道路、电力、给排水、排污、通信等)公用工程网络的连接,站址地形平坦或略有坡度,以利于建筑物及管线布置和自然排水。

(5)具备足够场地,以利于乘客、车辆集散,并能满足车站建设需要,留有发展余地。

(6)尽量避免与住宅区、学校、医院等需要安静环境的区域相距过近;同时,还应避开危险品、有毒物品及粉尘污染的地区,以保证乘客和工作人员的身体健康。

(7)旅游风景区客运站选址应注意保护名胜古迹原有面貌,使原有建筑风格不受新建站房侵犯,条件许可时站址尽量靠近风景区,以方便乘客。

(8)大城市根据人口分布情况及市内公共交通情况合理分片设置站点,不限于一地一站,以避免乘客集散困难和造成对市内交通局部压力;对于公路客流密度小于每昼夜30万人的中小城市,将汽车客运站场设在城市中心区域;客流密度大于每昼夜30万的大城市和特大城市,汽车客运站应考虑设在市区外围和中心区边缘,并配套市内公交,以方便乘客乘车和减轻城市道路压力。

2. 设施建设要求

汽车客运站设施由生产设施、生产辅助设施及生活服务设施三部分组成。

1)生产设施

生产设施是汽车客运站建设的主要内容,它包括站前广场、站房、发车位和停车场等。

(1)站前广场

站前广场是客运站房与城市联系的纽带,是乘客、行包和站外各种车辆集散场所,主要由停车场、旅游集散区、行包集散区、绿化美化区等部分组成。站前广场建设应与城市规划相协调,要结合所在地交通条件与特点,因地制宜灵活布置;站前广场平面布置要紧凑,尽量节约用地并节约投资,各组成部分应有机联系,利于乘客、行包集散与车辆进出;站前广场建设应便于合理组织广场内交通流,使进站与出站客流、车流、行包流分开,避免互相交叉干扰。

(2) 站房

站房是汽车客运站最主要的生产设备,乘客站务服务的进站、购票、行包托运、候车、检票等工作均在站房内完成。它主要由售票厅、票据库、候车厅、行包托运厅、行包提取处、小件寄存处、问询处、广播室、调度室、值班站长处、乘务员室、驾驶员室、邮电服务处、公安值勤处、乘客厕所、盥洗处、吸烟处等组成。

汽车客运站站旁建设应使各部分面积满足设计年度旅游客日发送量和乘客最高聚集人数流动的需要,又要满足各功能分区及配置设备合理布置的要求;站房平面形状与尺寸应满足乘客活动特点和市内通风、采光和音响的要求,平面布置紧凑、流线短捷明快、分区明确;门窗尺寸与位置满足乘客出入及采光、通风要求,必要时设置天井、花圃、内庭园以及改善通风采光条件;站房应具有良好的朝向与风向;服务处所设施齐全,位置适宜。

(3) 发车位

发车位必须有站台,便于使乘客进入检票口后到达待发客车。发车位一般设行包装卸廊或行包专用通道。传统行包大多装载于车顶,而新型客车更多的装载于车底两侧位,所以要根据行包装卸方式选用行包装卸廊或行包通道。一般情况下,要根据汽车客运站实际建筑结构需要为发车位设置雨棚,若为室内发车则可不设雨棚。

(4) 停车场

停车场建设在于为参营车辆在待班期间提供足够停放空间,同时,停车场设置为客运站生产提供辅助服务的洗车、检修设备以及相应的车辆安全通道和疏散口。

2) 生产辅助设施

生产辅助设施包括维修车间、洗车台、油库、配电室、锅炉房等。生产辅助设施在经营和管理上有其一定独立性,在此应该注意其特殊要求。维修设施与停车场应有间隔,设通道供待修及修缮车辆进出。锅炉房应注意有足够的存煤、存渣场地和进煤出渣的通道,不宜临近主体建筑或与主体建筑并列于城市主干道上。

3) 生活服务设施

生活服务设施包括驾乘公寓、单身职工宿舍、职工食堂、浴室等。此类生活服务设施按实际需要进行建设,其建设要求符合相应建筑设计规范即可。

交通运输部《汽车客运站级别划分和建设要求》(JT/T 200—2004)要求汽车客运站设施应根据客运站级别进行配置,在实践中应结合车站所在地实际情况参照表6-1配置车站基本设施。

3. 设备配置要求

汽车客运站的设施配置如表6-1所示,具体的配置要求如下[20]:

(1) 适用性:设备要适应车站工艺和作业特点,具有灵活性、机动性、作业连续性及"一机多用、多机联用"的可能性等。

(2) 可靠性:设备寿命周期长,安全可靠、作业质量高,易于维修。

(3) 通用性:设备系统通用,兼容,易于实现内外对接。

(4) 经济性:设备系统投资少,能源消耗小,使用成本低。

(5) 有效性:设备作业能力与其作业量相适应,利用率及劳动生产率高。

(6) 可行性:易于安装调试,操作简便,技术要求低。

(7)先进性:设备的机械化、自动化程度高,可明显改善作业环境与作业条件,提高工效。

汽车客运站设施配置表　　　　　表6-1

设施名称			一级站	二级站	三级站	四级站	五级站
场地设施		站前广场	●	●	★	★	★
		停车场	●	●	●	●	●
		发车位	●	●	●	●	★
建筑设施	站房	候车厅(室)	●	●	●	●	●
		重点乘客候车室(区)	●	●	★	—	—
		售票厅	●	●	★	●	★
		行包托运厅(处)	●	●	★	—	—
		综合服务处	●	●	★	★	—
	站务用房	站务员室	●	●	●	●	●
		驾乘休息室	●	●	●	●	●
		调度室	●	●	●	★	—
		治安室	●	●	★	—	—
		广播室	●	●	★	—	—
		医疗救护室	★	★	★	★	★
		无障碍通道	●	●	●	●	●
		残疾人服务设施	●	●	●	●	●
		饮水室	●	★	★	★	★
		盥洗室和乘客厕所	●	●	●	●	●
		智能化系统用房	●	★	★	—	—
		办公用房	●	●	●	★	—
	辅助用房	汽车安全检验台	●	●	●	●	●
		汽车尾气测试室	★	★	—	—	—
	生产辅助用房	车辆清洁、清洗台	●	●	★	—	—
		汽车维修车间	★	★	—	—	—
		材料间	★	★	—	—	—
		配电室	●	●	—	—	—
		锅炉房	★	★	—	—	—
		门卫、传达室	★	★	★	★	★
	生活辅助用房	驾乘公寓	★	★	★	★	★
		餐厅	★	★	★	★	★
		商店	★	★	★	★	★

注:"●"为必备;"★"为视情况设置;"—"为不设置。

二、公路客运场站设施规模

当前,公路客运站站场规模主要依据《汽车客运站级别划分和建设要求》(JT/T 200—2004)确定。《汽车客运站级别划分和建设要求》(JT/T 200—2004)中提出了场地类、站房类、换乘类等主要站场设施规模的量化方法。

1. 站前广场

一、二级车站按乘客最高聚集人数按每人占位 1.2~1.5m² 计算,三级车站按乘客最高聚集人数按每人占位 1.0m² 计算。

2. 日均发车班次

日均发车班次可按式(6-1)求得:

$$N = \beta \frac{F(1-\xi)}{P\mu} \quad (6-1)$$

式中:N——日均发车班次(班次);
β——不平衡系数,一般取 1.15;
F——设计年度平均日乘客发送量(人次);
ξ——过站车载乘率,指过站客车载客量与车站平均日乘客发送量之比;
P——客车平均定员(人次);
μ——始发车合理乘载率。

3. 发车位数

公路客运站发车位数可按式(6-2)计算求得:

$$M = \frac{D(1-\xi)k}{npu} \quad (6-2)$$

式中:M——发车位数(个);
D——乘客最高聚集人数(人次),计算如式(6-3)所示;
k——考虑到达客车和过站客车停靠需增加车位的系数,即增设系数,一般取 1.2;
ξ——过站车载乘率,指过站客车载客量与车站平均日乘客发送量之比;
p——客车平均定员(人次);
u——始发车合理乘载率;
n——营业时间内平均每小时发车次数,考虑到达客车和进站客车停靠需增加车位的系数,即增设系数,一般取 1.2。

$$D = aF \quad (6-3)$$

式中:a——计算百分比,其大小可按表 6-2 选取。

计算百分比的选取 表 6-2

设计年度平均日乘客发送量(人次)	计算百分比(%)	设计年度平均日乘客发送量(人次)	计算百分比(%)
≥15000	8	300~2000	20~15
10000~15000	10~8	100~300	30~20
5000~10000	12~10	<100	50~30
2000~5000	15~12		

发车位面积根据发车位数计算,每个发车位占用面积按客车投影面积的 4.0 倍计算,即：

$$发车位面积 = 4.0 \times 发车位数 \times 客车投影面积$$

4. 停车场

停车场的最大容量按同期发车量的 8 倍计算,单车占用面积按客车投影面积的 3.5 倍计算,即：

$$停车场面积 = 28.0 \times 发车位数 \times 客车投影面积$$

5. 候车厅

计算式为：

$$候车厅面积 = 1.0 m^2/人 \times 设计年度乘客最高聚集人数$$

6. 售票厅

计算式为：

$$售票厅面积 = 购票室面积 + 售票室面积$$

其中：

$$购票室面积 = 20.0 m^2/窗口 \times 售票窗口数$$

$$售票室面积 = 6.0 m^2/窗口 \times 售票窗口数 + 15.0 m^2$$

$$售票窗口数 = 乘客最高聚集人数/每窗口每小时售票张数$$

一般情况下,采用人工售票每窗口每小时售票 100 张,采用微机售票每窗口每小时的售票数可适当增加,并增设 20.0 m^2 的总控室。

三、公路客运站平面设计

1. 基本要求

(1) 客运站总平面设计应符合城市规划要求,与城市发展相适应,严格按照基本建议程序办事。

(2) 根据客运站功能要求与工艺流线组织需要,合理划分功能区域,使各区域工艺流线简捷、通畅、便于联系,客流、车流、行包流不存在交叉干扰。

(3) 按照城市规划和交通管理要求,车辆进出口尽可能分开设置。为防止进、出站客车对城市干道过往车辆干扰,在进、出站口处设置引道,引道长度不小于客车车长。同时,车辆进、出站口与主要乘客出、入口要有安全距离,以确保乘客人身安全和行车安全。

(4) 留有足够的站前广场,便于乘客集散。

(5) 充分考虑站址地形特点,合理布置站房、站前广场、发车位、停车场、维护车间等主要功能设施,力求达到节约用地、减少拆迁、节省投资的目的。

(6) 重视绿化设计,尤其对位于风景名胜区的客运站,总平面布置应与当地环境相协调。

2. 站房主要设施设计

1) 售票厅

售票厅是站房主要入口之一,根据不同站级的站务需要,可采用不同方式设置售票厅。对于一、二、三级客运站的售票厅应独立设置,而乘客较少的四、五级站的售票厅可与候车厅合用。售票厅一般与候车厅毗连,以便于乘客购票后能进入候车厅候车或办理其他手续。

具体的平面设计如图6-7所示。

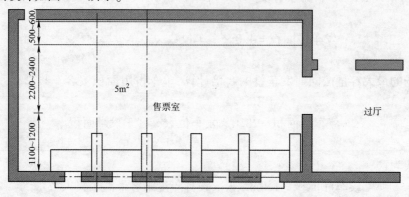

图6-7 售票厅的平面设计(尺寸单位:mm)

2) 候车厅

(1) 候车形式。

乘客购票后进入候车厅即处于候车状态。不同级别汽车客运站有不同的候车形式,如图6-8所示。图6-8a)所示为一、二、三级站基本候车形式,其特点是大面积候车,多通道检票,适应多班次客车同时检票进站台的操作程序;图6-8b)、c)为四、五级站的候车形式,由于乘客较少,因此候车形式较简单。

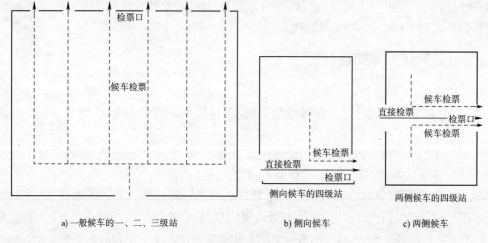

a) 一般候车的一、二、三级站　　　b) 侧向候车　　　c) 两侧候车

图6-8 候车形式

(2) 候车厅的功能关系。

候车厅既是乘客活动中心,也是站务管理的中心。图6-8中显示了一、二、三级站基本功能关系。将候车厅分成若干个小候车厅便于按乘客流向管理,将公用性设施集中在中部,便于乘客集中使用。候车厅应设足够的检票口,以供发车高峰期迅速组织乘客检票上车。考虑到发车频率和乘客检票后的左、中、右三个方向的流向,每三个发车位至少配置一个检票口。

(3) 站台设计要求。

汽车客运按站台形式分有垂直式、斜置式、齿轮式及平行式四种。垂直式应用较为广泛,站台设置时应与检票口口相连,且站台上方应设计雨棚。单独设置的到达站台应靠近出站口,可与发车站台共用的到达站台与发车站台相邻。如图6-9所示。

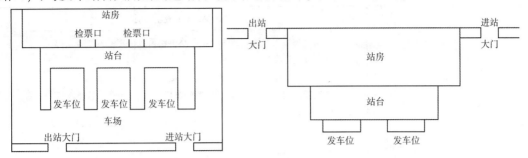

图6-9　站房的设计

3. 总体布置形式

客运站站房主体建筑平面主要由候车厅、售票厅、行包房和行政办公用房组合而成。汽车客运站平面布置主要有以下三种形式：

1)"一"字形布置

候车、售票两个大厅沿城市干道"一"字形布置,候车厅和售票厅大门朝向一致。"一"字形布置站房立面雄伟、壮观;缺点是站房占据主要街道地段长,立面处理面积大,增加造价,又因城市规划要求车站建筑增加高度,造成辅助房间过多。这种布置方式适应于大中型车站。

2)"T"字形布置

售票厅与候车厅呈"T"字形布置,临街部分采用高层建筑,首层作为售票综合服务厅,一层以上作为办公及生活用房,将大跨度的单层候车大厅布置在后院。"T"字形布置临街地段短,容易满足城市规划要求。

3)"L"字形布置

"L"字形布置适合于城市交叉路口建站。站房两面临街,候车厅大门和售票厅大门分别面临两条街道。"L"字形布置时,两个临街部分都要做处理。若城市规划要求有一定的建筑高度,临主要街道布置多层,临次要街道可以布置单层。

四、公路客运站衔接交通设计

公路客运站衔接道路交通设施基本配置应满足表6-3的要求,应符合表6-4的具体规定。外部道路交通设施设计应符合现行标准《城市道路工程设计规范》(CJJ 37—2012)和《公路路线设计规范》(JTG D20—2006)的规定[59]。

长途汽车枢纽交通设施基本配置要求　　表6-3

枢纽级别	区位	高速公路或一级公路	快速路或主干路	轨道交通	公交枢纽站	上落客区	出租车蓄车区	社会车停车场	行人过街设施
三级	中心区	—	◎	◎	◎	●	●	○	●
三级	城市外围	◎	—	◎	◎	●	●	○	●
四级	中心区	—	◎	◎	◎	●	●	●	●
四级	城市外围	—	◎	◎	◎	●	○	○	◎

注:●表示应;◎表示宜;○表示可;—表示无要求。

长途汽车枢纽交通设施基本配置要求 表 6-4

枢纽级别	区 位	交通设施基本配置要求
三级	中心区	(1)外围宜与城市快速路或多条主干路道路系统衔接； (2)宜设置轨道交通接驳； (3)宜设置大中型公交枢纽站进行客流接驳； (4)应设置出租车上落客区、社会车停车场，可根据需要设置蓄车区； (5)应设置完善的行人过街设施
三级	城市外围	(1)外围宜与高速公路、一级公路衔接； (2)宜设置轨道交通接驳； (3)宜设置大中型公交枢纽站进行客流接驳； (4)应设置出租车上落客区，根据需要设置出租车蓄车区、社会车停车场
四级	中心区	(1)外围道路宜与主干路及以上等级的道路系统衔接； (2)应设置中小型公交枢纽站接驳； (3)应设置出租车上落客区、社会车停车场，可根据需要设置蓄车区； (4)应设置完善的行人过街设施
四级	城市外围	(1)外围宜与二级公路、次干路以上等级道路衔接； (2)应设置中小型公交枢纽站接驳； (3)应设置出租车上落客区，根据需要设置出租车蓄车区、社会车停车场

1. 公路客运站与公交及地铁站场的衔接

公路客运是指枢纽内的汽车客运站对乘客提供的对外运输服务，城市公交是指城市常规公交车辆和轨道交通(地铁)。公路客运与城市公交交通组织分析的是乘坐常规公交或者轨道交通进入综合交通枢纽换乘汽车客运，或者乘坐汽车客运的乘客进入综合交通枢纽换乘城市公交。具体换乘流线分析如图 6-10 所示，乘客从汽车站的落客区下车后去站前广场乘坐公交车进行换乘，或者通过换乘通道去地铁换乘[60]。

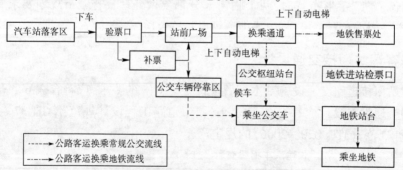

图 6-10 公路客运与城市公交交通组织流线图

2. 公路客运站与出租车、社会车辆的衔接

出租车和社会车辆是综合交通枢纽的另一种重要换乘方式，目前各枢纽的出租车和社会车辆布置位置都比较靠近枢纽的出入口，乘客换乘比较方便。出租车和社会车辆流线组织的目的是让整个车站车辆流线有序，相互交叉干扰最小，对城市主干道的交通影响最小。对于出租车，采用先到先走的原则；对于社会车辆，则采用一般停车场的组织方案。由于汽车客运站设有站前广场，进入汽车客运站的社会车辆一般需要在枢纽停留，如接送乘客的社会车辆。因此，枢纽内应设置社会车辆停车场。为减少车辆停放对广场的占用，一般设置广场地下停车库，供社会车辆停放。站前广场设有出租车上客区和下客区。具体换乘流线如图6-11所示。

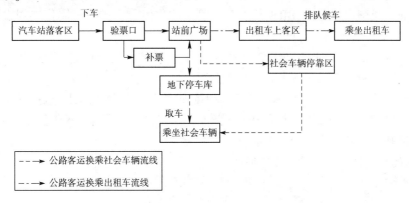

图6-11 公路客运与出租车、社会车辆交通组织流线图

五、浙江省某客运站设计

此客运站是面向城市内外客运及城乡公共交通一体化的城市综合枢纽。其所包含的交通功能分区有：对外长途客运、城乡公交BRT首末站、城乡公交BRT停车场、维修保养场、交通换乘等；主要交通方式有：长途客车、常规公交、BRT、出租车、小汽车等；客流主体为公共交通客流，并且基地以公交设施用地为主。

1. 交通需求预测

1) 公交车辆

根据预测，常规公交客流远期2025年在高峰小时单向客流为5850人次/高峰小时。按平均每辆车载30人，每条线路高峰小时的发车频率为4min一班，再结合新城总体规划中确定的新城规划结构布局，枢纽所产生/吸引的客流需要28条公交线路来分担，其中发往乡下10条、发往城里的10条、预计新线路5条、BRT线路3条，则每小时从该站共发出420辆车。

2) 长途车辆

根据预测，远期至2025年长途客运日承担客流约8900人次，高峰期间发送班次530班，日均客流量700人次。日最高客流达到21000人次，同时考虑按照每辆车下客卸货共10min计算，需要提供8个下客车位才能基本满足要求，同时设定20个发车位。按照2班/h，则该站每小时共发出40辆车。

3) 出租车

按长途预测客站高峰小时发送人数为1500人，10%的出租车承担率，载客率15人/车，则该站每小时共发出100辆车。

4) 社会车辆

按预测长途客站高峰小时发送人数为1500人，20%的小汽车承担率，载客率2人/车，则该站每小时共发出150辆车。

2. 客运站平面布局

设计理念主要是：以人为本，公交优先，无缝换乘，交通分流。

以人为本:考虑基地机动车流交通组织的同时,也充分考虑乘客步行交通问题,做好乘客步行空间设计及针对弱势群体的无障碍设计,实现与基地绿化、景观设计的协调,有以下几点原则:

公交优先:强调常规公交、BRT、长途客运等集约化出行方式的一体化规划设计,并在周边道路使用上享有优先路权分配。

无缝换乘:在地面、地下空间综合利用的基础上,强调长途客运、城乡公交(包括 BRT)、出租车、小汽车等交通方式间接驳换乘的便捷性。

交通分流:结合基地枢纽运营流程,实现不同性质交通的分流组织,包括进出分离、到发分离、人车分离、动静分离,以及长途车、公交车大型车辆与出租车、小汽车等小型车辆的适当分离,促进基地交通管理。

客运站的功能区划分如图 6-12 所示。

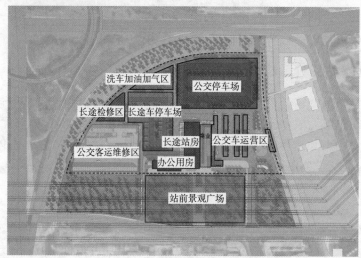

图 6-12 功能区划分图

总平面布局如图 6-13 所示。

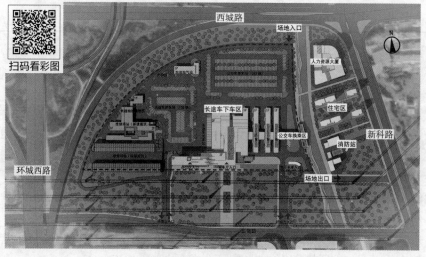

图 6-13 总平面布局

3. 交通组织流线

1) 车辆交通流线

车辆交通流线如图 6-14 所示。

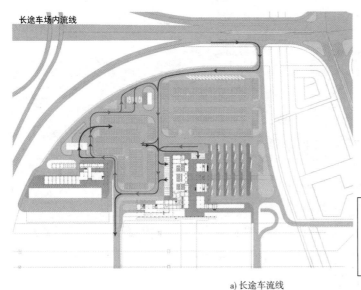

a) 长途车流线

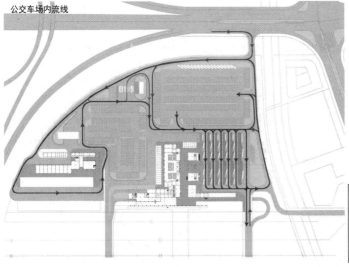

b) 公交车流线

图 6-14　车辆交通流线

2)人流交通流线

(1)长途车→公交车换乘。

长途车与公交车换乘示意如图6-15所示。

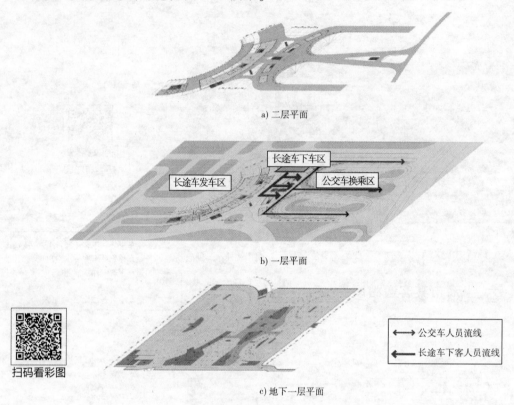

图6-15 长途车与公交车换乘示意图

(2)公交车→长途车换乘。

公交车与长途车换乘示意如图6-16所示。

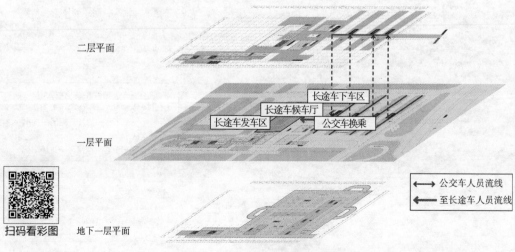

图6-16 公交车与长途车换乘示意图

(3) 出租车、私人小汽车→公交车/长途车换乘。

出租车、私人小汽车与公交车/长途车的换乘示意如图6-17所示。

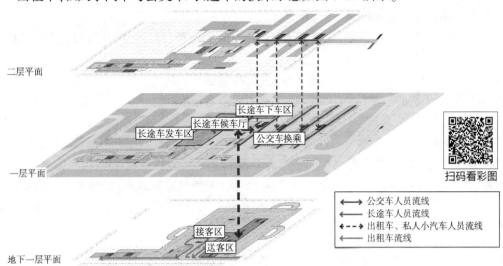

图 6-17 出租车、私人小汽车与公交/长途车的换乘示意图

六、上海市某客运站设计

1. 客运站设计经济技术指标

此客运站设计经济技术指标如表6-5所示。

客运站经济技术指标　　　　　　　　　　　　　　　　　表 6-5

		建　筑	楼　层	面　积
用地面积	48980m²			
占地面积	20000m²		地下一层	22400m²
建筑面积	50140m²		一层	19800m²
地下建筑面积	22400m²	主体建筑	二层	6240m²
地上建筑面积	27740m²		夹层	1300m²
建筑密度	40.8%		屋面	200m²
容积率	0.57	加油站等		200m²
绿化率	31.3%			
建筑高度	16.5m			
P+R停车	500辆			
内部办公停车	29辆			
大客车停车	180辆			
非机动车停车	900m²			
公交车发站场	10个			
新型公交站台	1个			
长途车发车站台	12个			
长途车日班次	100班/日	合计		50140m²

2. 建筑策略

以流线型的线条营造十足的建筑形象,使人联想到交通建筑给人带来的方便、快捷,联想到旅途中享受的乐趣与激情。

建筑造型以"速度"为主题,通过形体、材料、灯光的变换,以静止的建筑营造出一种运动的趋势和效果。体现未来交通枢纽建筑与人之间的互动关系。

建筑造型美观、新颖、独特。体现出雕塑感,凸显建筑的活力。人性化的建筑,触及人和人的心灵,体现建筑的速度感、运动感,使人对便捷交通产生联想,实现"交通以人为本"的设计宗旨。

3. 平面布局图

本枢纽是面向城市内外客运及的城市综合枢纽。其所包含的交通功能分区有:对外长途客运、城乡公交停车场、维修保养场、交通换乘等。主要交通方式有:长途客车、常规公交、出租车、小汽车等。客流主体为公共交通客流,并且基地以公交设施用地为主。具体布局如图6-18~图6-21所示。

图6-18 平面布局图

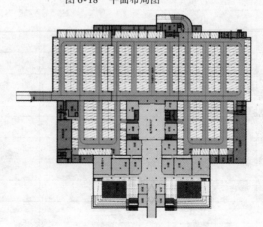

图6-19 地下一层

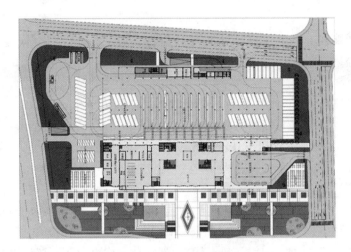

图 6-20 地面层

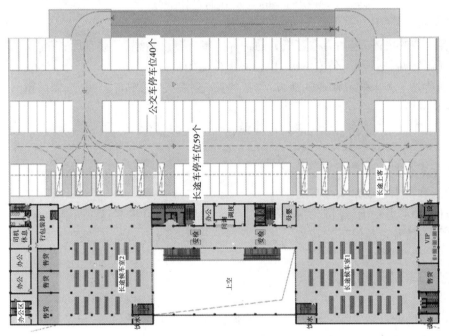

图 6-21 地上二层

第三节 铁路客运场站与枢纽规划设计

一、铁路客运站的规划与设计

在铁路干、支线的交汇点或终端地区,由各种铁路线路、专业车站以及其他为运输服务的有关设备组成的综合体称为铁路运输。铁路枢纽是连接铁路干、支线的中枢,是为城市、工业区或港埠区服务以及与国民经济各部分联系的重要纽带,也是交通枢纽的重要组成部分。

1. 客运服务作业

客运服务作业包括乘客上下车、候车、问询、小件寄存,以及对乘客文化、饮食、住宿、购物和卫生方面的服务等。

1) 客运业务

客运业务包括客票发售,行包承运、装卸、保管和交付,邮件装卸和搬运等。

2) 技术作业

按列车的种类不同,客运站办理以下技术作业:

(1) 始发、终到列车。包括列车接发、机车摘挂、列车技术检查、车底取送、个别客车甩挂以及餐车整备等。

(2) 通过列车。包括列车接发、机车换挂或整备、列车技术检查、客车上水。个别情况下还办理个别客车甩挂,变更列车运行方向,办理餐车供应以及上燃料等作业。

(3) 市郊(通勤)列车。包括列车接发、机车摘挂、列车技术检查及车底取送等。

(4) 在某些客运站还办理少量货物列车的到发和通过作业。

2. 铁路客运站设备

站房:是客运站的主体,包括为乘客服务的各种房屋(广厅、售票厅、候车厅、行包房等),技术办公房屋(运转站、站长室、公安室等)以及职工生活用房等。

站场:站场是办理客运技术作业的地方,包括线路(到发线、机车行走线、车辆停留线),站台,雨棚,跨线设备等。

站前广场:是客运站与城市的结合部,包括乘客活动地带、停车场、乘客服务设施、绿化带等。

3. 铁路客运站分类

1) 按客运量和技术作业量大小分类

按上述条件,并考虑政治、经济、文化及在铁路网上的地位,可将客运站分为特等站、一等站、二等站、三等站及三等以下客运站。三等及以下车站一般为无始发、终到乘客列车的客货运站。

2) 按其线路布置图形分类

(1) 通过式客运站

通过式客运站的特点是正线和到发线两端均连通区间,具有两个列车到发的咽喉区,站房设在线路一侧或设跨越线路的高架棚候车室,基本站台与中间站台用地道(天桥)相连,客运站与客车整备所和客运机务段纵列配置。单线或改建客运站能力满足需要时,亦可采用横列配置,如图6-22所示。图6-22a)为整备所和机务段布置在正线一侧,图6-22b)为整备所和机务段布置在两正线之间。

优点:车站有两个咽喉区,能分担接发列车的作业,使车站的客车车底取送及客车出入段与接发列车的交叉干扰减少,通过能力大;到发线使用机动灵活,办理始发、终到及通过列车作业都很适用,特别对通过列车作业更为方便。此外,便于组织乘客进出站和行包搬运,相互干扰较近端式车站小,乘客走行距离较短,改新建客运站一般应按通过式站型设计。

缺点:一般不宜深入市区,乘客乘车较不方便,与城市道路烦扰较大;站坪较尽头式长,要设乘客跨线设备,增加投资,乘客进出站上下车需克服高程。综上所述,这种类型的客运站,具有较大的优越性,因此,客运站一般设置为通过式客运站型设计。

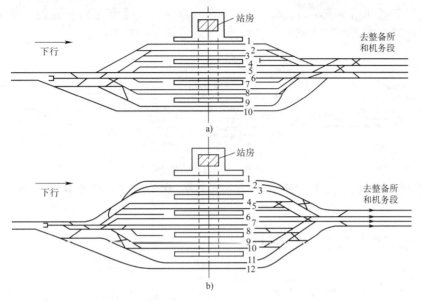

图 6-22 通过式客运站布置图

(2)尽端式客运站

尽端式客运站的特点是到发线为尽头式的,站房设在到发线的一端或一侧,如图 6-23 所示。

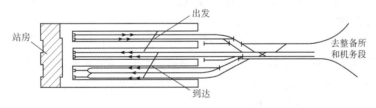

图 6-23 尽端式客运站布置图

优点:客运站比较容易深入市区,与城市干道干扰较小,乘客乘车方便,可减轻城市交通负担,乘客出入站可不必跨越线路。

缺点:全部列车到发、客车车底取送及客机出入段等作业均集中在一个咽喉厅进行,交叉干扰大,影响车站通过能力;对通过列车的换挂机车及变更运行方向等作业较为困难;列车接入尽头线时速度较低;乘客进出站走行距离较长,并与行包搬运交叉干扰较大;而客运工作的特点是按接发列车时间比较集中。同时,当客运站乘客列车到发线数量较多时,由于铺设的机车行走数量较多时,占地和铺轨数量随之增大。因此,一般新建客运站不宜采用,仅在以始发、终到乘客列车为主的客运站使用,如采用通过式站型将引起巨大工程或当地形条件不允许时,方可采用尽头式站型。

(3)混合式客运站

混合式客运站布置的特点是一部分线路为贯通式,另一部分线路为尽头式,如图 6-24 所示。贯通式线路供接发长途乘客列车用,尽头式线路供接发市郊乘客列车用。这种布置的优点是当车站衔接的某一方向市郊列车较多时,设置部分有效长较短的尽头式线路,可节省投资和用地。市郊乘客与长途乘客进、出站流线互不干扰。其缺点是到发线互换性差,使用不灵活,当二者共用整备所时,又产生市郊车底取送与长途乘客列车的到达交叉。因此,仅在改、扩建既有客运站且有充分依据时,方可采用混合式客运站布置。

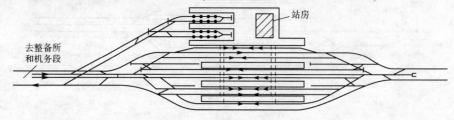

图6-24 混合客运站布置图

在混合式客运站上,为了方便地接发市郊列车,尽头式线路应设在市郊列车到发较多一端。

二、铁路客运站站前广场设计

1. 站前广场概述

站前广场与以交流、景观为主要功能的城市广场的最大区别是它主要作为交通节点,处理各种交通方式的换乘。虽然站前广场周围环境多种多样,但其功能主要由组成它的交通空间和环境空间来体现。

1) 交通空间的功能

站前广场作为铁路与城市道路的交通节点,拥有处理各种交通方式的换乘、停车换乘、停车场等针对车站的功能。

2) 环境空间的功能

站前广场作为城市广场,同时还可具有城市道路节点、交流、景观、服务、防灾五大功能。但不是所有的站前广场都一定要具有上述功能,这需要结合车站以及城市的特点,因地制宜。具体站前广场的环境功能如表6-6所示。

站前广场的环境功能　　　　表6-6

	功　能	特　性	空　间
站前广场功能	交通节点的功能	集结、转换各种交通	交通空间
	城市道路节点的功能	形成城市节点	环境空间
	交流功能	形成休闲、娱乐、交流的中心	
	景观功能	作为城市景观	
	服务功能	提供各种服务各种信息	
	防灾功能	作为防灾活动的节点	

3) 站前广场面积

对一般平面布局的铁路客运枢纽站来说,站前广场是铁路客运站的换乘空间,我国大多铁路客运枢纽站采用这种模式。在我国,通常由铁路部门根据铁路车站的乘客量来决定广场规模,其用地规模如表6-7所示。

站前广场用地规模参考数据   表 6-7

客站规模	乘客最高聚集人数(人次)	广场用地面积(hm^2)
特大型站	4000~6000(6000 以上)	2~3(最大可达 4~5)
大型站	1500~4000	1~2
中型站	400~1500	0.3~1
小型站	200~400	0.15~0.3(0.15 以下)

注:表中的乘客最高聚集量是指该站在设计年度(建成投入使用后第 10 年)最高客流月,平均一昼夜最大的同时到站人数。

这个参考值是针对客站的最高聚集人数提出的。最高聚集人数的计算考虑的是乘客的出发量。而从换乘空间的设计角度来讲,应该按站前广场上的乘客最高集结数计算,同时还要考虑为铁路客站进行集疏的城市交通所需空间以及到广场换乘的城市客流所需的空间,这也是导致我国许多铁路客运站站前广场容量不足的一个重要原因。

2. 站前广场布局模式

过去我国站前广场附属于站房,以功能为主,如今站前广场发挥了更大的作用,其空间构成、功能组织和形式都发生了深刻的变化。站前广场由平面的一维构成发展到立体和多层次的构成形式,功能组织由"管理"和"控制"发展到以人为本,注重乘客的不同层次,满足多方面的需求,外观上也由单一的功能模式向景观化发展。

1) 线侧式客站和单广场

我国许多城市的客站都是线侧式(即客站和广场位于铁路的一侧),如北京站(图 6-25)和广州站(图 6-26)。这种类型的站前广场布局往往存在以下问题:

(1) 各功能组成部分划分简单,功能分区不明确。

(2) 交通流线不够明确。

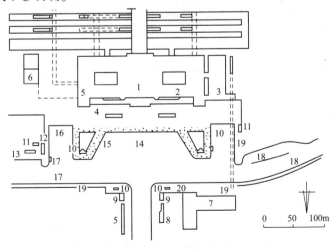

图 6-25 北京站站前广场平面

1-进站广厅;2-售票厅;3-行包房;4-出站口;5-小件寄存处;6-中转签证处;7-邮政转运楼;8-商店;9-食堂;10-地下铁道车站;11-公共厕所;12-旅馆服务处;13-公共汽车调度室;14-专用客车停车场;15-出租汽车停车场;16-行包车停车场;17-公共汽车站;18-无轨电车站;19-自行车停放处;20-标语、照明灯塔

（3）人车混行现象严重，缺乏良好的人行通道系统（包括地下人行通道和高架人行通道）。

从方便大多数乘客的角度出发，公交车辆停车场应离站房最近，其次是出租车停车场，最后才应该是社会车辆停车场。但在我国站前广场实际布置中，往往忽视了公共交通的重要性，把社会停车场和人行广场布置在客站正前方，最靠近站房的位置上，而公共交通却常常被布置在广场的两侧或外围，甚至位于主干道另一侧，交通流线不佳，导致公交换乘乘客不仅步行距离长，而且通过广场时与车流有冲突，存在很大的交通安全隐患，不利于提高公交的吸引力。

如北京站，地铁出入口离车站入口在 200m 以上，而且乘客要穿越主干道，出口厅与地铁和无轨电车换乘距离分别达到 200m 和 400m。站前步行带过于空旷，又无引导措施，造成站前人流紊乱。广州站也存在同样问题。这类模式在我国十分常见，通常都缺乏良好的换乘条件。

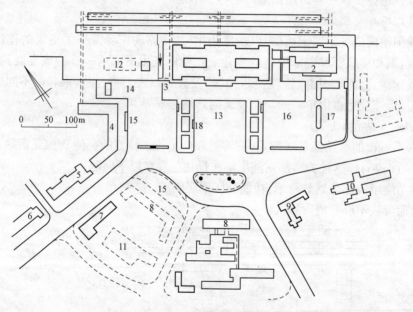

图 6-26　广州站站前广场平面

1-站屋；2-行包房；3-出站口；4-电信楼；5-邮政转运楼；6-长途汽车站；7-商店；8-旅馆；9-国际电信楼；10-研究所；11-商场；12-预留近郊乘客候车室；13-专用客车停车场；14-出租机动三轮车停车场；15-公共汽车站；16-出租汽车停车场；17-行包车停车场；18-自行车存车处

2）线上式站房和多广场布局

多数后面新建的大型客站采用"高架候车"方式，在铁路两侧都设有广场。多个规模较小但功能明确的广场比单一的大广场要有效得多，更有利于分散客流，也便于交通流线组织。如上海站（图6-27）有南、北两个广场，南广场采用东进东出、西进西出的单向交通布置，行车较为安全流畅，尤其是地铁站和公交站点与客站联系也比北京站较为紧密，换乘距离有所减少。天津站（图6-28）利用广场用地和站房建筑的特殊空间关系，形成主广场，以公交换乘为主的次广场和北部的子广场，使公交换乘有了良好的保证。这类布局的不足之处是没有充分利用高架候车的有利条件形成立体的广场交通组织，没有形成独立的人行系统,人流和车流相互干扰的情况仍未解决,且跨线的两广场间缺乏足够的联系,在广场的空间划分上也未脱离前一类型的缺点。

图 6-27 上海站站前广场平面

1-候车大楼;2-出口厅;3-行李房;4-邮政转运枢纽;5、6-商业活动;7-中亚饭店;8-饮食服务;9-铁路宾馆、公寓;10-联合售票大楼;11-长途汽车站;12-人行地道;13-绿化岛;14-出租汽车站;15-公交终点站;16-机动车停车场;17-行李取送停车场;18-地铁出入口;19-地铁车站

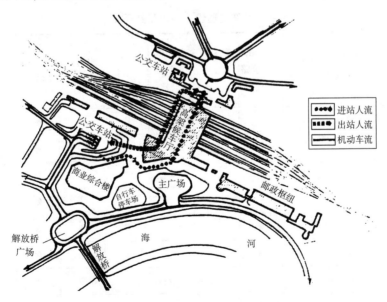

图 6-28 天津站站前广场平面

目前,我国站前广场的建设又有了许多新改进。如南京站二层设置了两条双车道高架桥,形成了一个环路。公交车及大型社会车流停车场位于地面广场的两侧,不穿越广场,而

小型社会和出租车辆全部引上高架桥,且高架广场全部为人行广场;沈阳北新站的地下街系统,扩大了环境容量,减少了广场上滞留人员。

三、铁路客运站衔接交通空间设计

1. 衔接的基本原则

铁路客运枢纽站与其他换乘枢纽衔接的原则应体现城市交通系统发展的整体性、协调性、便捷性、政策性和合理性,使两种交通方式能有机地结合在一起,既有分工,又有合作,充分发挥交通网络的运输能力,为城市的发展服务。因此,衔接方式须遵循以下原则[52]:

(1)高效换乘。尽量缩短两者的换乘距离,高效换乘的目标是要实现铁路和轨道交通换乘的总人/小时最少。

(2)统筹规划、合理安排换乘车站的分别建设计划和开发计划。轨道交通和铁路客站不一定同期建设,有时建设时间还相隔很长,这样就有个合理预留的问题:根据具体的地形、地质等条件及换乘要求,在考虑各种可行的施工方案的基础上,通过技术经济比较分析及专家论证,确定换乘车站的分期实施计划。

(3)应结合城市规划和城市环境,选择对城市干扰小的方案。

(4)应满足远期路网客流量的需求,满足远期发展规划的要求。

铁路客运站道路交通设施基本配置应满足表6-8的要求,应符合表6-9的具体规定。外部道路交通设施设计应符合《城市道路工程设计规范》(CJJ 37—2012)和《公路路线设计规范》(JTG D20—2006)的规定。

铁路枢纽交通设施基本配置要求　　　　表6-8

枢纽级别	区位	长途汽车站	轨道交通	高速路、一级公路或快速路	快速路或多条主干路	公交枢纽站、中途站	上落客区	出租车蓄车区	社会车停车场	自行车停车场	行人过街设施
特级	城市外围	●	●	●	—	●	●	●	●	○	●
一级	中心区	◎	●	—	●	●	●	●	○	○	●
	城市外围	●	●	●	—	●	●	●	●	○	—
二级	中心区	◎	◎	—	◎	●	◎	●	●	○	●
	城市外围	●	◎	●	—	◎	●	●	●	○	●
三级	中心区	◎	○	—	◎	●	◎	○	●	○	●
	城市外围	●	—	—	◎	●	●	●	●	○	●
四级	中心区	◎	—	—	◎	●	◎	○	●	○	●
	城市外围	◎	—	—	◎	●	●	●	●	○	●

注:●表示应;◎表示宜;○表示可;—表示无要求。

城市综合交通枢纽设计 第六章

铁路枢纽交通设施基本配置要求　　　　　　　　　　　　　　　　　表6-9

枢纽级别	区位	交通设施基本配置要求
特级	城市外围	(1) 应与长途汽车站进行衔接； (2) 应设置轨道交通进行接驳； (3) 外围应设置高速路、一级公路或快速路进行枢纽车流集散； (4) 宜设置大型公交枢纽站、中途站进行客流接驳； (5) 应设置出租车上落客区、蓄车区、社会车停车场； (6) 根据需要设置自行车停车场； (7) 应设置完善的行人过街设施
一级	中心区	(1) 宜与长途汽车站进行衔接； (2) 应设置轨道交通进行接驳； (3) 外围应设置快速路或多条主干路进行枢纽车流集散； (4) 应设置大型公交枢纽站、中途站进行客流接驳； (5) 根据需要设置自行车停车场； (6) 应设置出租车上落客区及社会车停车场，可根据需要设置出租车蓄车区； (7) 应设置完善的行人过街设施
一级	城市外围	(1) 应与长途汽车站进行衔接； (2) 应设置轨道交通进行接驳； (3) 外围应设置高速路、一级公路或快速路进行枢纽车流集散； (4) 应设置大型公交枢纽站、中途站进行客流接驳； (5) 根据需要设置自行车停车场； (6) 应设置出租车上落客区、蓄车区、社会车停车场
二级	中心区	(1) 宜与长途汽车站进行衔接； (2) 宜设置轨道交通进行接驳； (3) 外围应设置快速路或多条主干路进行枢纽车流集散； (4) 宜设置大中型公交枢纽站、中途站进行客流接驳； (5) 根据需要设置自行车停车场； (6) 应设置出租车上落客区及社会车停车场，可根据需要设置出租车蓄车区； (7) 应设置完善的行人过街设施
二级	城市外围	(1) 应与长途汽车站进行衔接； (2) 宜设置轨道交通进行接驳； (3) 宜设置大中型公交枢纽站进行客流接驳； (4) 外围应设置高速路、一级公路或快速路、主干路进行枢纽车流集散； (5) 根据需要设置自行车停车场； (6) 应设置出租车上落客区、蓄车区、社会车停车场
三级	中心区	(1) 宜与长途汽车站进行衔接； (2) 根据需要可设置轨道交通进行接驳； (3) 外围应设置主干路及以上等级道路进行枢纽车流集散； (4) 宜设置中型公交枢纽站、中途站进行客流接驳； (5) 根据需要设置自行车停车场； (6) 应设置出租车上落客区、社会车停车场，可根据需要设置出租车蓄车区； (7) 应设置完善的行人过街设施

续上表

枢纽级别	区位	交通设施基本配置要求
三级	城市外围	(1) 应与长途汽车站进行衔接； (2) 外围宜设置快速路、主干路进行枢纽车流集散； (3) 宜设置公交枢纽站进行客流接驳； (4) 根据需要设置自行车停车场； (5) 应设置出租车上落客区、蓄车区、社会车停车场
四级	中心区	(1) 宜与长途汽车站进行衔接； (2) 外围宜设置次干路及以上等级的道路进行枢纽车流集散； (3) 应设置中小型公交枢纽站进行客流接驳； (4) 根据需要设置自行车停车场； (5) 应设置出租车上落客区、社会车停车场，可根据需要设置出租车蓄车区； (6) 应设置完善的行人过街设施
四级	城市外围	(1) 宜与长途汽车站进行衔接； (2) 外围宜设置次干路及以上等级的道路进行枢纽车流集散； (3) 宜设置中小型公交枢纽站进行客流接驳； (4) 根据需要设置自行车停车场； (5) 应设置出租车上落客区、蓄车区、社会车停车场

2. 铁路客运站与轨道车站的衔接布局模式

1) 铁路客运站和轨道车站的配合形式分类

(1) 按轨道交通线路的空间布置形式，铁路客运站和轨道车站的配合形式可分为三种：

①轨道交通走在地下。轨道交通走在地下对城市的分割最小，但工程造价最大。对于位于城市繁荣地段的铁路客运站，轨道交通要走出地面和铁路客运站衔接将对城市造成分割并引起巨大拆迁量，此时轨道交通拟采用从地下和铁路客运站衔接为宜。

②轨道交通走在地面。轨道交通走在地面上时，客流换乘时需要克服的高度和行走的距离都很小，换乘便捷，轨道交通和国家铁路还可以在一定程度上共享设备，如站房等，可以减少投资金额。但其缺点是走出地面会对城市造成一定的分割，带来较大的拆迁，换乘客流也不宜组织，应慎重对待。此形式需综合评价再做出决定，一般适用于城市较边缘的换乘站。

③轨道交通采用高架。当轨道交通采用高架的形式时，对城市的分割比在地面上要小，但工程造价也相应较高。如果铁路客运站是高架站厅，则乘客下了轨道交通后可以直接进入铁路客运站的站厅，换乘便捷。若铁路客运站是地面站厅，那么轨道交通是否采用高架，要考虑地下与地面工程量的大小以及对城市的影响后再确定。

(2) 按换乘方式，铁路客运站和轨道交通车站的衔接可分为三种：

①通道换乘：早期铁路客运站建设多采用通道换乘方式，此方式功能较单一（仅为换乘流），且因地下空间上的制约，常带来通道较长的弊病，有时需要自动步道相辅助。其优点是：施工较方便，易实现不相邻、不同层面站厅的连接，对未来项目预留通道方便。如建于21世纪初期的纽约 Grand Central Terminal 与 Pennsylvania Railway Station 均是通过地下步行街来沟通铁路和地铁车站以及周围的各种建筑。

②垂直换乘：国外一些大型航空港、铁路客运枢纽站多采用此种形式。如法国的戴高乐航空港、美国华盛顿火车站等。这种方式体现了现代交通一体化的概念，在同一建筑内通过自动扶梯和站厅层，实现多种交通方式的换乘，换乘较便捷。但其难点在于规划的前瞻性要求高、需要合理的城市规划（含垂直空间利用）予以保证，并且工程最好能同时进行，一次建筑好，以减少运营与施工的矛盾。

③层间换乘：在交通枢纽区域内，通过多层的衔接，使人流可在地下方便地疏散、流动。如日本东京新宿火车站、法国巴黎里昂火车站等。对于综合性的城市大型枢纽站，这种方式可充分发挥地上和地下空间的优势，分散与疏解人流、车流的交叉，常可做到交通与商业功能并举。计划建设的上海铁路南火车站，拟采用这一方式，实现铁路、地铁1号线和明珠线间的乘客换乘。此换乘方式一般工程巨大，需要精心地规划与设计，并需要各方面的配合。

其中，通道换乘一般只用于换乘流量不大的换乘站或因规划调整而采取的调整措施。而新建的大型铁路客运站、国际机场等重要进出门户，应大力提供垂直和层间换乘，必须将轨道交通的换乘系统纳入交通枢纽建设的总体规划中。

（3）按站厅衔接形式，轨道车站与铁路客运站的衔接主要有四种布局模式：

①在铁路客运站的站前广场地下单独修建轨道交通车站，站厅通道的出入口直接设置在站前广场，再通过站前广场与客运站衔接。这是目前国内最普遍的一种做法，如上海地铁2号线一期终点龙东路站（地下一层站台层、地面站厅），通过站前广场与浦东铁路客运站（规划中）候车大厅进行换乘，具体如图6-29a）所示。

②由轨道车站的站厅层直接引出通道至铁路客运站的月台下，并通过楼梯或自动扶梯与各月台相连，乘客可以通过此通道在轨道交通与铁路客运之间直接换乘，只是换乘步行距离较长。如上海地铁1号线（地下两层）与铁路新客站的衔接就采用此种模式，具体如图6-29b）所示。此种模式适合于同步实施。

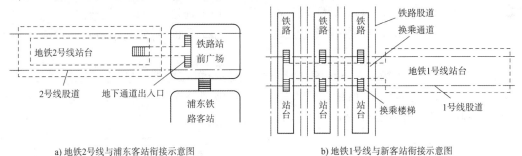

a) 地铁2号线与浦东客站衔接示意图　　b) 地铁1号线与新客站衔接示意图

图6-29　轨道车站与铁路客运站的衔接

③轨道车站的出口通道直接通到客运站的站厅层，乘客出站后就能进入客运站的候车室或售票室。广州地铁1号线与广州东站的衔接采用这种模式。

④轨道交通与铁路客运联合设站，可分为两种情形：一种情形是两者的站台平行的设置在同一平面内，再通过设置在另一层的共用站厅或者连接两者站台的通道进行换乘，上海地铁1号线与轻轨莘闵线上的莘庄站与铁路客运莘庄站（规划中）的衔接采用这种形式；另一种情形是轨道车站直接修建在铁路客运站的站台或站房下，乘客通过轨道车站的站厅就能在两者之间换乘，北京西客站与轨道车站的衔接采用这种形式。对换乘乘客来

说,这是最好的衔接布局模式,但需在管理体制、票制等方面做出改进,最终实现两种方式同站台换乘。

站前广场主要包括各种换乘设施、人行系统、连接枢纽和周边地区的道路,以及各种景观设施。站前广场的平面布局是在满足枢纽的交通功能的基础上,处理各个换乘枢纽之间的关系,构建合理的人行系统。配置人行滞留空间、景观空间,重视人行过街通道的设计,更好地发挥广场功能。避免乏味、煞风景的行人空间设计,而通过配置休息场所、停留空间、绿地、行人标志标线、安全设施等努力让人行过街通道成为充满轻松、自由气息的空间。如果采用人行天桥则应与周围街道协调,并成为枢纽景观。

2)铁路客运站的衔接布局设置[56]

(1)铁路客运站与汽车客运站的衔接

一般在城市的铁路客运站周边都有一个汽车客运站与其衔接。汽车客运站与铁路客运站衔接的形式主要有以下两种:

平面布置。汽车客运站与铁路客运站站房位于同一平面层,可分别独立布置,通过换乘广场、换乘大厅、换乘通道等设施连接;可共用站务大厅,在站务大厅内划分两者运输方式的独立业务区域,其场地设施分别与站务大厅衔接。

立体布置。汽车客运站落客区与铁路客运站出发层布置于同一平面,汽车客运站发车区与铁路客运站到达层布置于同一平面,共用站务大厅。这种布置形式重点在于需要合理设计车辆通道、组织车辆流线。

(2)铁路客运站与地面公交站衔接的布置形式

地面公交站与铁路客运站衔接的类型可分为首末站和中途站。铁路客运站和地面公交站布置形式主要有以下两种:

平面布置。公交首末站与铁路客运站通过换乘广场、换乘大厅连接;公交中途停靠站与铁路客运站通过换乘广场、过街天桥、地面换乘走廊、地下通道等换乘设施连接。

立体布置。公交车终点与铁路客运站入口位于同一平面层,公交车始发站台与铁路客运站出口位于同一平面层。

对于常规公交停车场和上下客区,如果没有条件布置在地下,可以布置在地面层,并与铁路进出站口保持适中距离,既缩短行人换乘距离、体现公交优先,又留有一定的空间供行人缓冲。例如铁路上海站北广场,如图6-30所示。

 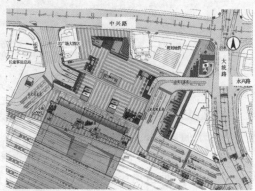

图6-30　铁路上海站北广场

对于铁路车站与长途汽车站共存的交通枢纽,公交车、出租车和社会车的接送客区宜布置在铁路车站和长途车站之间,兼顾两个对外交通产生源,缩短所有行人的换乘距离,同时为二者提供良好的服务。例如福建高铁泉州新站,如图 6-31 所示。

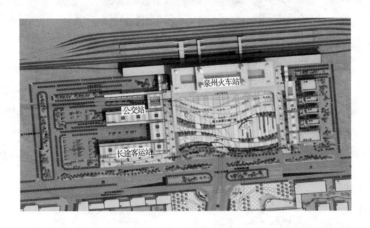

图 6-31　福建高铁泉州新站

(3)铁路客运站与出租车、社会车站场衔接的布置形式

铁路客运站应设置出租车专用通道,下客区靠近进站口,候客区靠近出站口。出租车与铁路客运站衔接的布置形式主要有平面布置、广场换乘和到发分层、直接换乘两种。

对于采用"地下一层出站"方式的铁路车站,出租车、社会车接客区也应位于地下一层,并靠近铁路出站口,其停车场蓄车区也宜布置在地下一层。例如京沪高铁天津西站,如图 6-32 所示。

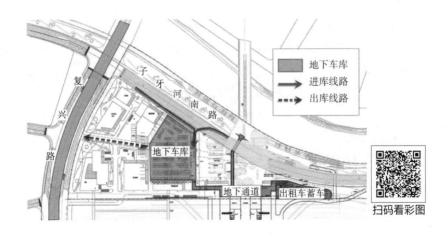

图 6-32　京沪高铁天津西站北广场

而对于采用"地面层出站"方式的铁路车站,出租车、社会车接客区也应布置在地面层,并靠近铁路出站口,其停车场和需车区也相应布置在地面层,以减少行人步行换乘距离和车辆行驶距离,体现以人为本和节能减排的理念。例如镇江高铁站,如图 6-33 所示。

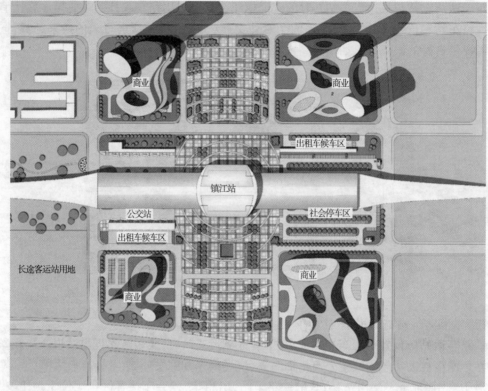

图 6-33 镇江高铁站

四、上海市某火车站设计案例

整个枢纽为梯形地块,整块用地面积 9.8hm²,包括长途客运站场、地面公交换乘站场、P+R 停车场(地面)、非机动车停车场、出租车待客区、社会停车场、南北广场、铁路及铁路客站等。枢纽主要功能定位:满足必要的长途客运、公交换乘、P+R 停车、社会停车、非机动车停车、出租车、人流集散及其配套附属设施的需要。枢纽技术指标如表 6-10 所示[62]。

枢 纽 技 术 指 标　　　　表 6-10

枢纽总占地面积(m²)	97797
研究占地面积(m²)	76381
长途汽车站场面积(m²)	6400
公交起讫站(条)	10
公交汽车站场面积(m²)	6600(公交线路 10 条)
P+R 停车位(辆)	266(其中无障碍 10)
P+R 停车场(地面)面积(m²)	9389
社会停车场面积(m²)	8451
社会停车位(辆)	164(其中无障碍 6,大巴 4)
非机动车停车场面积(m²)	3100
非机动车停车位(辆)	1375

续上表

出租车面积(m²)	4500
出租车泊位(个)	86
集散通道面积(m²)	6940
南北广场(m²)	6120
联络道(m²)	14351
绿化面积(m²)	10350
P+R停车场(地面)管理房(m²)	16
社会停车场管理房(m²)	16
自动电话亭(座)	1
流动厕所(座)	4

1. 枢纽交通需求预测

1)常规公交

根据预测,常规公交客流远期2025年在高峰小时单向客流3780人次/高峰小时。按平均每辆车载30人,每条线路高峰小时的发车频率为6min一班,再结合金山新城总体规划中确定的新城规划结构布局,枢纽所产生/吸引的客流需要13条公交线路来分担。为提高枢纽的可达性和公交服务水平,其中70%的公交线路由枢纽始发,因此枢纽需配置9条左右的常规公交线路首末站。按每条公交线路配置700m²左右的面积,规划需要用地6300m²。

2)长途客车

根据预测,远期至2025年长途客运日承担客流约7500人次,高峰小时期间承担单向客流约400人次。规划长途汽车100班次,为三级站,根据规范,规划占地面积为5000m²。为提高枢纽的公交客运服务水平,高峰小时期间到发车9辆以上,按每条线路配置700m²左右的面积,长途占地面积需要6400m²左右。

3)机动车

P+R泊位2025年需求规模为280辆,2015年需求规模为200辆。按每个车位需要35m²面积计算,所需的P+R停车场面积为9800m²。受地面用地限制,本次初步设计P+R停车场面积为9389m²。远期根据实际需求增长情况,对停车场设施采取分期建设、分步实施措施。接送乘客停车需求2025年规模为180辆,2015年需求规模为120辆。按每个车位需要40m²面积计算,所需的社会停车场面积为7200m²。根据实地用地状况,本工程社会停车场面积为8451m²,满足远期使用要求。

4)非机动车

根据需求预测,2025年高峰小时利用非机动车方式人流量约3400(双向)人次/h,考虑到非机动车泊位一定的周转率,大约需要1700辆左右的停车泊位数量;取停车面积1.8m²/辆,总面积约3100m²。2015年大约需要1100个非机动车停车泊位,总面积2000m²。

5)出租车

根据预测,2025年高峰小时期间出租车将承担到达客流458人次、离开客流466人次,人均载客系数按1.5人次/辆计算,分别需要出租车305辆、310辆。上下客泊位:按每位乘客1min的上下客时间计算,各需6~7个上下客泊位,各需要35~40m的泊位长度。出租车营业站：主要为离开客流服务，按高峰小时310人次计算，载客系数1.5人次/车，取调度周期为10min，则需要35个的出租车候客泊位，因此按三级营业站的配置标准。由于需要排队等候，因此按长度计算，需200m左右的排队候客长度。本次初步设计出租车排队长度约为280m，出租车辆停车位共计86位，根据《城市道路公共交通站、场、厂工程设计规范》（CJJ 15—2015），出租车站每个停车位面积50m²，出租车场地面积需要4300m²，本次布置为4500m²，满足出租车正常使用要求。

2. 枢纽总体布局

1）总平面布置

本工程范围位于卫阳路和同凯路之间的梯形地块，北侧为临桂路，南侧为隆安东路，整个地块呈品字形布置，枢纽以铁路为界，分为南北广场。南广场的布置格局为：左上为长途客运站，左下为P+R停车场（地面），右上为公交站场，右下为社会停车场、出租车待客区和非机动车停车场。北广场由西往东依次是：P+R停车场（地面），出租车待客区，社会停车场，非机动车停车场。枢纽整体功能布局如图6-34所示。

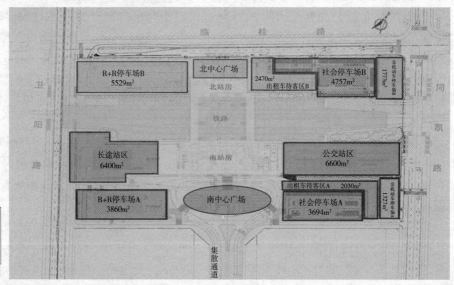

扫码看彩图

图6-34 总体功能布局图

2）基地出入口

上海市某枢纽以铁路为界，分为南、北广场。

南广场的入口主要通过枢纽南侧联络道，双向8车道，机动车道宽度15.0m。距离东西两侧的卫阳路、同凯路与隆安东路的交叉口均在200m以上，采用信号灯控制，同相邻交叉口实现信号联动。长途、出租车、社会车辆由此入口驶入枢纽后，内部交通组织方案采用逆时针单向行驶。

同凯路在铁路支线处设置人行天桥，机动车在此无法通过，同凯路此处形成断头路，南侧同凯路设有一公交出入口。另外，在同凯路上设置一非机动车停车场出入口。

北广场的对外出入口主要集中在临桂路上，由于临桂路无法与卫阳路平交（该处卫阳路为地道敞开段），临桂路在此形成断头路。临桂路在同凯路和卫阳路之间的部分，也基本上只为枢纽北广场服务。车辆由临桂路、同凯路北段交叉口进入临桂路，单向逆时针进入北广场,再由临桂路、同凯路交叉口驶出北广场。总体平面布置图如图6-35所示。

图6-35 总体平面布置图

3. 枢纽内部布置方案

1) 长途汽车站

长途汽车站场地占地 $6400m^2$,设置20个停车位和9个发车位。

位于主体站房西南侧,长途客运车辆主要从隆安东路进入,于基地内部组织逆时针流线,车辆进入站区先行至乘客下客区,后进入停车区停车,实现乘客与出租车、火车方便换乘。

如图6-36所示,停车位采用斜列式。斜列式的特点是停车道宽度随车长和停放角度不同而异,单位长度内停放车辆的数目随交角的增大而增加。车辆进出方便,且进出时占用的车行道宽度较小,有利于迅速停置与疏散。充分利用场区现有资源,车辆排列紧凑,为长途车辆提供了充足的运行空间,减少了拥堵。

同时,从车辆外观清洁角度考虑,在场地的西北角特别设置专门的洗车区域,可以让车辆进行简单的冲洗。

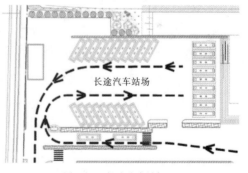

图6-36 长途汽车站场

由于南广场的车辆流程为逆时针流线,因此将出入口设于基地西南侧,基地出口与广场道路直接对接,另在基地东南侧设一个消防通道,满足消防要求。

在出入口处设置一个成品管理亭($8m^2$),便于基地出入口的管理。

在下客区设置一条步行长廊,将客流引至铁路站房,让乘客免受日晒雨淋之苦。在下客区与广场道路之间也设置一条步行长廊,起到分隔作用,同时也方便乘客到 P+R 场地换乘。

2) 公交汽车站

公交汽车站场位于主体站房东侧,占地面积 $6600m^2$,共计10条线路,19个车位。进入汽车站的公交车辆由同凯路进入,于基地内部组织逆时针流线,由同凯路驶出。

进入汽车站的公交车辆由同凯路进入,于基地内部组织逆时针流线,由同凯路驶出。

如图6-37所示,公交车辆采用直条形停靠方式,共设置19个停车位。每条候车站台宽4m,行车道宽8m,大流量的公交线路每线安排2个车位,小流量的公交线路每线安排1个车位。布置机动灵活,利用效率高,而且可以杜绝车辆随意停靠的现象,避免车辆之间的干扰,方便车辆的驶入停靠和驶出,提高了停靠效率。下客车位安排在场地内,乘客下车后,沿候车廊内的人行通道,到达铁路站房或出租车待客区,同凯路人行道与场地内候车廊接通,方便从同凯路过来的乘客直接步入候车廊。候车廊内设2排通道,靠前面行车道的通道为乘客排队等候之用;后面通道为乘客通行之用的人行通道,站台中间和两边用栏杆分隔,使乘客处在安全的环境中。

3) P+R停车场

本枢纽南、北广场各设置P+R停车场(地面)一处,南、北广场P+R停车场(地面)各占地5529 m²和3860 m²,总共占地9389 m²,近期停车位266个,随着需求的逐步增加,远期结合南侧商业地块的开发、地下空间的利用,将增加P+R停车位至500个。

南北广场各设置一处P+R停车场,共提供266个车位,包括10个无障碍车位。

北广场P+R停车场(A区)占地面积5529 m²,提供155个停车位。车辆从临桂路进入,内部组织逆时针流线,于临桂路驶出。如图6-38所示。

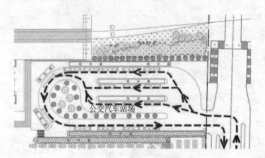

图6-37 公交汽车站场

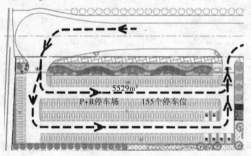

图6-38 北广场P+R停车场

南广场P+R停车场(C区)占地面积3860 m²,提供111个停车位,车辆从隆安东路进入,经南广场后进入基地,内部组织逆时针流线,于隆安东路驶出。如图6-39所示。

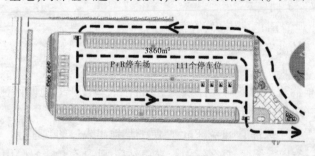

图6-39 南广场P+R停车场

停车位采用横排布局,采用后退式垂直停车方式,通道宽度均大于等于6m。整体布局简单,便于管理,最大限度地利用了现有空间。进出口宽度均大于等于7m,进出口分开设置,两个出入口之间的距离大于20m。场内的交通路线采用与进出口行驶方向相一致的单向行驶路线，避免互相交叉。

为了便于管理，在出口处各设置一个收费管理亭（8m²），同时采用停车场收费管理系统。

本枢纽南、北广场各设置社会停车场（地面）一处，各占地 3694m² 和 4757m²，总共占地 8451m²，停车位 164 个（含 6 个无障碍车位，4 个大巴车位）。

如图 6-40 所示，停车位采用横排布局，通道宽度均大于等于 7m。每个场地设 2 个出入口，进出口宽度均大于等于 7m，两个出入口之间的距离大于 20m。场内的交通路线采用与进出口行驶方向相一致的单向行驶路线，避免互相交叉。南、北广场社会停车场（地面）共可以布置 164 个车位（含 6 个无障碍车位，4 个大巴车位），其中，北广场 93 个车位，南广场 71 个车位，该方案布局简单，便于管理，最大限度地利用了现有空间。

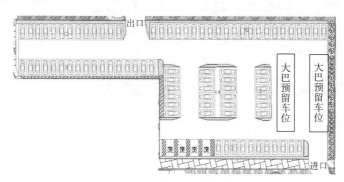

a) 北广场社会停车场

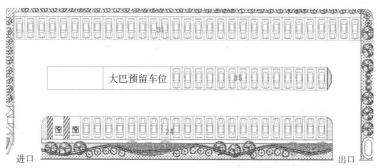

b) 南广场社会停车场

图 6-40　南北广场社会停车场

南广场社会车辆从隆安东路进入，内部组织顺时针流线为了减少对隆安东路的出入口的影响，社会车辆从同凯路驶出。北广场社会车辆从同凯路进入、临桂路驶出，内部组织逆时针流线。为了便于管理，在出口处各设置一个收费管理亭（8m²），同时采用停车场收费管理系统，如图 6-40 所示。

4）机动车停车场

南、北广场各设置非机动车停车场一处，各占地 1773m² 和 1327m²，共占地 3100m²。共计 1375 个车位数（车位统一以自行车车位计算）。

如图 6-41 所示，非机动车停车场采用单排与双排结合布置，四周采用单排停放，中间采用双排停放,停放方式采用垂直式。停车区域按非机动车排列方式分成多段,设置雨棚使非机动车免受日晒雨淋。进出口分别设置,宽度不小于3m。

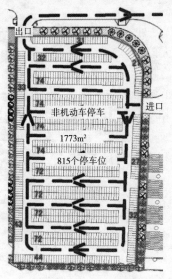

a)北广场非机动车停车场　　b)南广场非机动车停车场

图6-41　出租车待客区

南、北广场各设置出租车待客区一处,各占地2470m²和2030m²,总共占地4500m²,共计86个停车位。

如图6-42所示,北广场出租车待客区充分利用枢纽广场,将出租下客区设置于北广场之前,出租下客后直接驶入待客区,极大地提高了待客区的利用率。功能划分合理,车辆流线流畅清晰。出租车候车位为40个。出租车从临桂路进入,内部组织逆时针流线,从临桂路驶出。

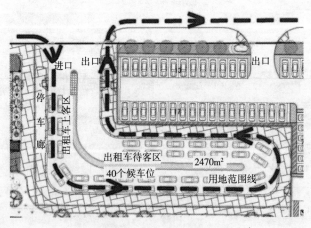

图6-42　北广场出租车待客区

如图6-43所示,为满足乘客换乘需求的多样化,南广场出租车待客区紧临公交换乘站,内部呈逆时针流线,共计38个停车位。

在待客区的人行道上设置候车雨棚,方便乘客。

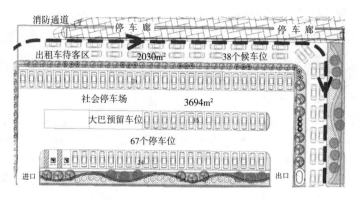

图 6-43 南广场出租车待客区

五、福建省某火车站设计案例

本枢纽设计内容涉及长途客运站规划设计、公交枢纽规划设计、出租车停车场和社会停车场规划设计、轨道交通规划、地下空间综合开发、广场景观绿化设计、与周边路网交通的衔接设计等，内容复杂。

1. 枢纽交通需求量预测

预测 2030 年，高铁站高峰小时产生交通量 1586pcu/h，长途车站高峰小时产生交通量为 445pcu/h，合计枢纽站产生的交通量为 2031pcu/h。高铁站和长途汽车站分方式交通需求预测结果如表 6-11、表 6-12 所示。

2030 年高铁站不同交通方式交通量 表 6-11

车　型	高峰小时车次（单向）	高峰小时交通量（pcu,单向）
常规公交车（高）	89	178
常规公交车	28	56
出租车	550	550
社会车辆	413	413

2030 年长途站不同交通方式交通量 表 6-12

车　型	高峰小时车次（单向）	高峰小时交通量（pcu,单向）
常规公交车（高）	33	66
常规公交车	8	16
出租车	150	150
社会车辆	113	113

2030 年火车站和长途客运西站换乘公交的比例为 50%，即客流高峰小时火车站、长途西站与公交枢纽站间换乘的客流为 7000 人次/h（双向），公交车的容量按 35 人/辆，发车班次 6min/班计算，需要 10 条线路规模的公交停车场。

根据对枢纽客流的分析以及需求预测的结果以及交通风险性评估的结果，2020 年高峰小时换乘出租车的客流有 810 人次/h（单向），2030 年高峰小时换乘出租车的客流有 1610 人次/h（单向），据此估算 2020 年高峰小时出租车的停车泊位需求为 100~150 个，2030 年高峰小时出租车停车泊位需求为 200～250 个。

根据对枢纽客流的分析和需求预测的结果以及交通风险性评估的结果,2020 年高峰小时换乘社会车辆的客流有 700 人次/h(单向),2030 年高峰小时换乘社会车辆的客流有 1540 人次/h(单向),2020 年换乘估算社会车辆停车泊位的需求为 150～200 个,2030 年社会车辆停车泊位的需求为 300～400 个。

2. 总体布局与建设规模

新泉州站竖向设计分为五层:地面一层为出站层,地上二层为火车站站厅层,地上三层为火车站站台层,地下一层轻为轨转换层,地下二层为轻轨站台层。高铁站的客流通过地下一层、地面层和地面二层的高架平台进入高铁站站房。在远期轻轨未建成以前,客流主要通过地面二层的高架平台和地面层进入高铁站站房。到达高铁站的客流通过站台的楼梯,下到地面二层的站厅层,通过站厅层到达地面层和地下一层的轻轨转换层。在远期轻轨未建成以前,客流主要通过地面层出站。车站进口位于地面二层站房正中,出口位于地面一层,站房的西侧。

高铁站站前广场布置在高铁新泉州火车站站房南侧,长途客运西站布置在高铁站站前广场西侧,长途西站广场布置在长途西站东侧(与高铁站广场相连),高铁站站前广场东侧预留城市商业开发用地,公交枢纽站布置在长途客运西站与高铁火车站之间的位置上,出租车停车场布置在长途西站广场的南侧地下一层。其总体平面布局如图 6-44 所示。

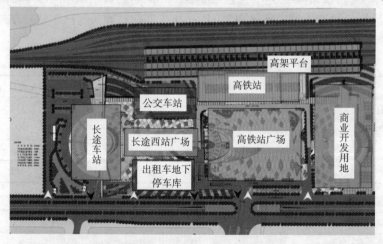

图 6-44 枢纽总体平面布局

在本项目的研究范围内,地上二层布置车行高架平台,主要供出租车和小汽车下客使用,使到达火车站的乘客能够方便地进入高铁站。长途客运西站,其建筑面积 25000m²,基地面积 17000m²,主要设置泉州市至周边省市的长途线路以及至泉州市其他片区、组团的郊区线路。

火车站前广场面积 54000m²,主要有供站区内乘客暂时停留、集散枢纽客流、作为城市景观、供市民集会等功能。

长途客运西站站前广场面积 35000m²,主要有集散枢纽客流、城市景观等功能。

地下层布置轨道交通站、地下停车场和配套商业区等。近期地下空间开发主要以停车为主,规模约为 42000m²,包括 12000m² 的下沉广场,可提供出租车蓄车位 200 个,社会停车位 295

个,略高于预测近期需求量,留有适当余量。远期考虑地铁将带来大量地下人流的影响,在满足地下停车需求的基础上,规划适量的公共服务和商业空间,地下空间开发面积约达到120000m^2,包括约500个社会停车位和300个社会停车位。地下空间总体布局如图6-45所示。

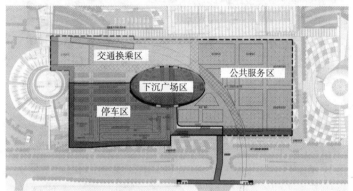

图6-45 地下空间总体布局示意图

3. 枢纽内部布置方案

1) 公交场站布置

综合考虑用地规模、运行管理以及对枢纽环境影响等因素,建议采用岛式公交站布置形式,如图6-46所示。

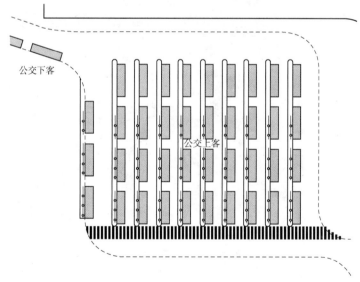

图6-46 岛式公交枢纽站

2) 出租车停车场布置

出租车停车场为地下车库的布置形式,排队方式采用如图所示,采用分列排队的方式,每列排两队,按列进行管理。出租车接客边长90m,停车位15个,车道宽度为9.5m,采用两车道加一个停车位的布置形式,如图6-47所示。

3) 小汽车停车场布置

小汽车停车场为地下车库形式,充分利用地下空间柱网间的距离布置车位,车位主要采用通道两侧垂直布置的形式。

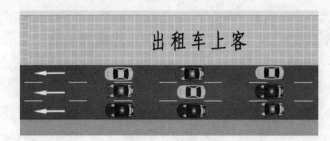

图 6-47 出租车接客示意

4) 长途西客站

站房总高 2 层，16.4m，总建筑面积为 25000m² 。整个建筑体分为三个部分，北部为行包房和出站大厅，中部售票和候车大厅，南部结合休闲广场辅助商业设施，如图 6-48 所示。这三大部分功能区连接站前广场，与广场东部的高铁站、地下出租车停车场、公共客车停靠站以及地下社会车辆停车场以及远期的城市轨道交通紧密结合，形成便捷的交通流线系统。客运车发车位 30 个，客运车停车位 39 个，客运车到站停位 7 个。

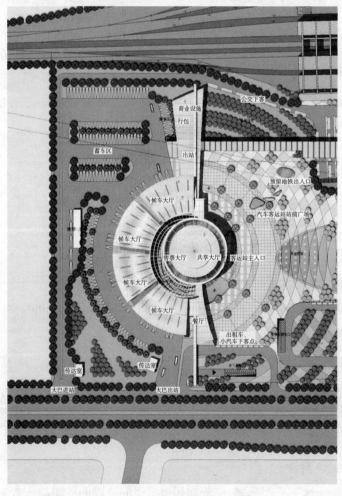

图 6-48 长途客运西站平面布局

5）高架平台布置

高架平台的布置形式如图 6-49 所示，采用"工"字形布置。

高架道路一条车道的理论通行能力为 1800pcu/h，考虑到各种折减；一条车道的实际通行能力约为 800pcu/h，两条车道的通行能力为 1600pcu/h。考虑到高架平台需要有乘客下客、汽车停车的空间和时间，以及铁路行包等需求。故高架平台主桥采用 4 车道的规模，宽 15m。进出高架平台的匝道规模为 3 车道，宽 11m。

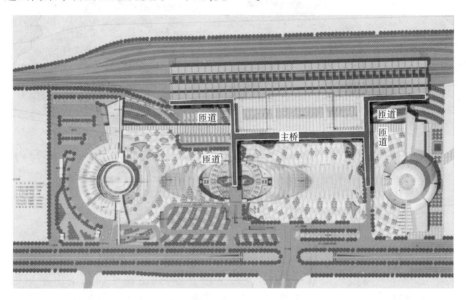

图 6-49　高架平台布置形式

4．交通组织方案

(1) 公交车交通组织

公交车从地块西侧进入公交枢纽站，在进入枢纽站之前设置了一个公交车下客区，实现上下客分离。流线分析图如图 6-50 所示。

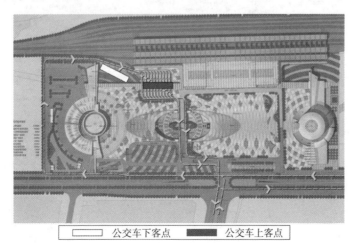

扫码看彩图

图 6-50　公交车流线分析图

(2) 出租车交通组织

出租车逆时针单向进入高铁站，通过高架平台下客，到达长途西站的出租车可以在长途西站广场的南侧下客。出租车下客后可以进入地下出租车蓄车场，也可以直接离开站区。

出租车的上客点在长途西站广场的南侧，出租车在这里排队候客。流线分析图如图6-51所示。

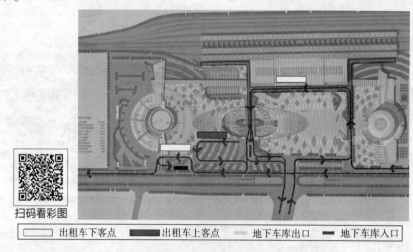

图6-51　出租车流线分析图

(3) 社会车交通组织

社会车逆时针单向进入高铁站，通过高架平台下客，到达长途西站的出租车可以在长途西站广场的南侧下客。社会车下客后可以进入地下出租车蓄车场，也可以直接离开站区。社会车辆全部停放在地下车库，乘客要步行进入地下车库乘车离开站区。流线分析图如图6-52所示。

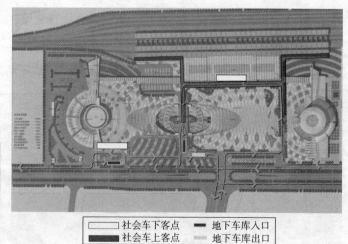

图6-52　社会车流线分析图

(4) 长途车交通组织

长途客车从站区西侧进入长途西站，在站区西北角下客，方便乘客换乘公交车。长途客车沿长途西站建筑圆形外边线候客，然后离开站区。流线分析图如图6-53所示。

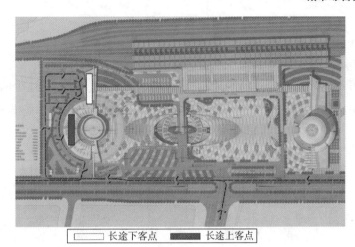

图 6-53　长途客车流线分析图

第四节　机场交通场站与枢纽规划设计

一、机场总体布局设计

1. 机场场址选择

（1）机场场址选择应根据全国与地区机场网布局并结合当地城市规划要求，按照民航总局 68 号《民用航空运输机场选址规定》选择。

（2）场址在保证飞行安全方面，应符合下列要求[58]：

①场址空域应满足机场规划空域的要求。与相邻机场的间隔距离应符合、MH5002 规范第 9 章第 9.4 节的规定。位于空中禁区和限制区附近的机场，应和有关部门研究确定机场与禁区和限制区边界间的距离。

②场址净空或经处理后的净空应符合《民用机场飞行区技术标准》（MH5001）的有关技术要求，如仍有局部不能满足要求的，应进行航行方面的专门研究。

③场址应避开气象条件不良地区。

④场址地域应满足飞行区所需的几何尺寸和构形的要求，同时也应满足机场导航台站和助航灯光地段的要求。

（3）场址在为社会服务及环境方面，应符合下列要求：

①场址地域范围应尽可能满足所服务城市和地区航空业务量发展的最大需求所需要的机场建设规模。

②场址与所服务城市的距离应根据城市发展规划、拟定的机场跑道方位、地面交通及公用设施的保障情况确定。

③拟建机场的起落航线与起飞着陆程序一般不宜飞越城市上空，必要时，应与有关当局协商允许飞越的高度和地域范围。

④跑道方向应避让学校、医院、精密仪表研究机构或工厂以及人口稠密的居民区等超级敏感设施，并符合国家有关的噪声环境标准。

⑤机场建设应与当地城镇规划和土地使用规划相互协调。

⑥机场场址应与地区无线通信网站规划相协调。

(4)场址在减少工程投资方面,应符合下列要求:

场址应选择在地形、地势、地质等有利的地段;尽可能利用荒地、劣地、拆迁少的地区等。场址应尽可能避开地质不良地段。场地应尽量结合运用附近的道路、供油设施及城市公用设施的现有条件及发展规划,充分利用就近的地方建筑材料和工业材料。

(5)应按机场场址的基本条件预选3个(含)以上可能的场址。

(6)应按机场场址选择的一般规定及场址基本条件对可能场址进行综合比较,并做出技术经济分析。

2. 机场的组成

机场作为商业运输的基地可划分为飞行区、地面运输区及候机楼三个部分。飞行区是飞机活动的区域;候机楼区是乘客登机的区域,是飞行区和地面运输区的接合部位;地面运输区是车辆和乘客活动的区域。

1)飞行区

飞行区包括净空区和地面设施两部分,主要供飞机起飞、着陆和滑行用。其中地面设施是机场的主体。

(1)机场的净空区。飞机在机场起飞或降落必须按照规定的起落航线飞行。机场能够安全有效的运行,与场址内外的地形和人工构筑物密切相关。它们使可用的起飞或着陆距离缩短,并使影响降落的气象条件受到限制。因此,必须对机场附近沿起降航线一定范围内的空域提出要求,也就是净空要求,保证飞机起飞和降落时低高度飞行不能有地面的障碍物来妨碍导航和飞行,这个区域称为机场净空区域,它是机场的重要组成部分。机场净空区条件的好坏,直接关系到乘客生命财产的安全。机场净空条件常常被超高障碍物所破坏,空中飘浮物或烟雾、粉尘也会破坏机场净空条件。为此,必须规定一些假想的平面或斜面作为净空障碍物限制面(即净空面),用以限制机场周围地形及人工构筑物的高度。机场净空区的地面区域称为基本区域,在跑道周围60m的地面上空由障碍物限制面构成。障碍物限制面有:

水平面:机场地面高程以上45m的一个平面空域。

进近面:由跑道端基本面沿跑道延长线向外向上延长的平面。

锥形面:在水平面边缘按1:20的斜度向上延伸的平面。

过渡面:在基本面和进近面外侧以1:7的斜度向上向外延伸。

导航设施等级不同的跑道,对净空面的要求不同。因此,从长远考虑,最好把所有净空面都按机场未来规划最严格的要求设置,以使今后的扩建保持在最大的主动权。

航空无线电导航是以各种地面和机载无线电导航设备,向飞机提供准确可靠的方向、距离及位置信息。来自非航空导航业务的各类无线电设备、高压输电线、电气化铁路、工业、科技及医疗设备等引起的有源干扰及导航台周围地形地物的反射或再辐射,都可能会对导航信息造成不良影响,严重时,可能导致使机场关闭。因此,对机场周围一定范围内,还必须提供电磁破坏的净空要求。

(2)地面设施。

机场地面设施主要由升降带、跑道、跑道道肩、停止道、跑道端安全地区、净空道、滑行道、机坪八部分组成，如图6-54所示。

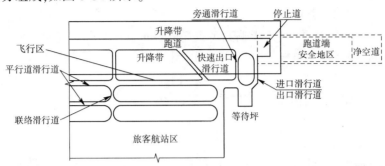

图6-54　机场地面设施

①升降带：升降带是供飞机起飞、降落及偶尔滑出或迫降时的安全而设置的长方形地带，由跑道及跑道四周经平整压实的土质场地组成。在升降带靠近跑道的地方，除轻型、易折和为航行所必不可少的助航标志外，不应有任何危及飞行安全的物体。升降带的纵横坡除了满足排水要求外，还需适应飞机运行特性和符合无线电导航设施的技术要求。

②跑道。跑道是为升降带中央供飞机正常起降滑跑时使用的、具有在预计年限内能适应运行飞机荷载能力的道面部分（见飞机场飞行区）。飞机在起飞时，必须先在跑道上边滑、边加速，一直加速到机翼上的升力大于飞机的重力，飞机才能逐渐离开地面。飞机着陆时速度很大，必须在跑道上边滑跑、边减速，才能逐渐停下来。所以飞机对跑道的依赖性很大，如果没有跑道，地面上的飞机就上不了天，天上的飞机也到不了地面。因此，跑道是机场上的重要组成部分。跑道按其作用可分为主要跑道、辅助跑道、起飞跑道三种。

a. 主要跑道。是指在条件许可时比其他跑道优先使用的跑道，按使用该机场最大机型的要求修建，长度较长，承载力也较高。

b. 辅助跑道。也称次要跑道，是指因受侧风影响，飞机不能在主要跑道上起飞着陆时，供辅助起降用的跑道。由于飞机在辅助跑道上起降都有逆风影响，所以其长度比主跑道短些。

c. 起飞跑道。是指只供起飞用的跑道。

③跑道道肩。紧接着跑道边缘要铺道肩，作为跑道和土质地面之间过渡用，以减少飞机一旦冲出或偏出跑道时被损坏的危险，也起减少雨水从邻接土质地面渗入跑道下面土基的作用，确保土基强度。

④停止道。停止道应设置跑道端部，供飞机中断起飞时能在其上面安全停住用。机场设置停止道能减短跑道长度。但由于跑道两端都要设置长度相同的停止道，使机场占地面积增大，因此在征地困难的地区，不宜设置停止道。

⑤跑道端安全地区。跑道端安全地区设在升降带两端，用来减小起飞着陆的飞机偶尔冲出跑道以及提前接地时遭受损坏的危险。其地面必须平整、压实，并且不能有危及飞行安全的障碍物。

⑥净空道。当跑道长度较短，只能保证飞机起飞滑行安全，而不能确保飞机完成初始爬升安全时，机场应设置净空道，以弥补跑道长度的不足。净空道设置在跑道的两端，其土地有机场当局管理，以便确保不会出现危及飞机安全的障碍物。

⑦滑行道。飞机场内飞机从一处安全便捷地滑行至另一处的通道。在飞机场中,飞机地面活动的路线主要为:跑道滑行道、停机坪(客货机坪)、维修(停放)机坪。滑行线路是否畅通和滑行距离的长短相关,直接影响到飞机场的容量和航班的正常运行。滑行道位于滑行带的中央,由道面和道肩组成,其技术标准主要根据飞行区等级不同而异。

a. 道面。滑行道道面宽度由飞机主起落架外轮轮距和规定的外轮即道面边缘的净距确定。国际民用航空组织和中国民用航空局规定直线部分最小宽度为7.5~23m。转弯部宽度根据主轮在道面运动的轨迹,加上规定的净距确定转弯半径值和增补面的尺寸。道面结构见飞机场道面。

b. 道肩。道肩宽度应保证飞机滑行时,在外侧发动机覆盖的范围内,能防止气流侵蚀和避免松散物体被吸入发动机。国际民用航空组织和中国民用航空局规定的滑行道道面和道肩最小总宽度为25~44m。

c. 滑行带。滑行带在一定距离的范围内,没有天然或人为的固定障碍物,以保证飞机在滑行中翼尖能在一个安全的通道内滑行。

⑧机坪。机坪是供飞机停放和进行各种业务活动的场所,一般设在候机楼外面。机坪的大小应能满足飞机滑行或拖行的安全运转和各种机动一车辆或设备进入机坪为飞机服务的需要。其中设有照明、供水、供电、供油、飞机静电接地、地面标志及必要时的飞机系统设施及防吹屏等。根据使用功能分为:客机坪、货机坪、等待机坪、停机(维修)坪。

a. 客机坪。供乘客上下飞机用的停机位置。客机坪的构形及大小,主要取决于飞机数量、乘客登机方式及乘客航站的构形。

b. 货机坪。在货运量大和专门设有货运飞机航班的机场,需要有专门处理空运货物陆空转换的货物航站及相应的货机坪。航空运输业的货运量增长很快,货机坪的位置要充分适应预测货物吞吐量的发展。

c. 等待机坪。一般设在跑道端部,为预备起飞的飞机等待放行或为另一架飞机绕越提供条件。选用等待机坪或绕越滑行道,主要根据飞机场高峰飞行架次、场址条件和可能性确定。

d. 停(维修)机坪。为飞机停放及各种维修活动提供的场所。停(维修)机坪的布置,除应考虑维修设备的不同要求外,还要考虑飞机起飞时气流的吹袭影响,它可能对停放、滑行的飞机,地面设备及人员造成威胁。

2) 候机楼区

候机楼区包括候机楼建筑本身以及候机楼外的登机机坪和乘客出行通道,它是地面交通和空中交通的结合部,是机场为乘客服务的中心地区。

(1) 登机机坪。登机机坪是指乘客从候机楼上机时飞机停放的机坪,这个机坪要求能使乘客尽量减少步行至飞机的距离。按照乘客量的不同,登机机坪的布局可以有很多种形式,如单线式、指廊式、卫星厅式等。乘客可以采取从登机桥登机,也可采用车辆运送登机。

(2) 候机楼。候机楼是航空港内为乘客提供地面服务的主要建筑物,又称航站楼,分为乘客服务区和管理服务区两大部分。通常由以下五项设施组成:

①连接地面交通的设施:上、下车的车道边(航站楼前供车辆减速滑、短暂停靠、启动和驰离车道的地段及适当的路缘)及公共汽车站等。

②办理各种手续的设施：乘客办票、安排座位、托运行李的柜台以及安全检查和行李提取等设施。通常国际航站楼还有海关、动植物检疫、卫生检疫、边防（移民）检查的柜台。

③连接飞机的设施：靠近飞机机位的候机室或其他场所，视乘客登机方式而异的各种运送、登机设施，中转乘客办理手续、候机及活动场所等。

④航空公司营运和机场管理部门必要的办公室、设备等。

⑤服务设施：餐厅、商店、临时存放行李处等。

目前，由于一些较为发达的城市并不具备建设飞机场的条件，但由于贸易来往繁多使候机楼产生了另一种模式，即候机楼设在飞机场以外相距较远的某个城市，且同样具备以上所述候机楼的功能。例如：在顺德就有4个候机楼，它们都有直达机场的大巴，每天的班次达12次左右，往返于白云机场以及顺德之间，为当地和附近的居民提供了不少方便。同时，这些候机楼还具有物流货运等功能，并兼具商务酒店等服务设施。

3）地面运输

地面运输区包括两个部分：空港进入通道、空港停车场及内部道路。

(1)空港进入通道。

空港是城市的交通中心之一，因而从城市进出空港的道路是城市规划的一个重要部分。空港进入通道的功能是机场和附近城市链接起来，将乘客和货物及时运进或运出空港。进出机场的地面交通系统的状况直接影响空运业务。大型城市为了保证证空港交通，通常都修建了市区到空港的专用公路或高速公路。为了解决乘客来往于空港和市区问题，空港要建立足够的公共交通系统。有的空港开通了到市区的地铁或高架铁路，大部分空港都有足够的公共汽车线路，以方便乘客出行。

(2)空港停车场及内部道路。

①空港停车场。除考虑乘机的乘客外，还要考虑接送乘客的人以及空港工作人员的车辆、观光者和出租车的需求，因此空港的停车场必须有足够的面积。停车场面积太大也会带来不便。繁忙的空港按车辆使用急需程度把停车场分为不同的区域，离候机楼最近的是出租车辆和接送乘客车辆的停车区，以减少乘客步行的距离；空港职工或航空公司使用的车辆则安排到较远位置或安排专用停车场。

②空港内部道路系统。空港内部道路包括候机楼下客区、停车场和乘客离开候机楼的通道（公共车辆、出租车、其他车辆的载客区和出入通道）。对通往候机楼的道路区要合理安排和有效管理，这里各种车辆和行人混行，而且要装卸行李，特别是在高峰时期容易出现混乱的事故。

3. 机场航站楼构型

航站楼构型是否适应合适设计是否合理将直接影响乘机乘客流程。布局适宜、设计合理的航站楼将使得乘客出行方便有序。目前，国内各大机场的航站楼构型多种多样，但主要有前列式、指廊式、卫星厅式、转运车式和组合式[57]。

1）前列式

前列式也叫作线形式、单线式。航站楼呈线形，一般为弧形，登机口和登机桥设置在弧形外侧，飞机机头向内停靠在航站楼旁，乘客通过登机桥上下飞机。楼内出发层设置在二层,近机位到达层设置在一楼与二楼之间的夹层,行李提取和远机位到达口设置在一层。楼内安检口多设置在中间,两侧为办理乘机手续区域,乘客进入航站楼办理乘机手续后进入隔离区,即位于航站楼中间,到达最远近机位登机口的位置为航站楼长度一半的距离。远机位登机口根据布局多设置在近机位登机口对应的楼下区域,一般选择在进入安检口附近区域。乘客到达远机位登机口距离一般不足航站楼长度的一半。目前,国内大部分机场一期建设均为前列式的航站楼布局,如图6-55所示。

2)指廊式

指廊式航站楼是由航站楼的主楼朝停机坪的方向伸出一条或几条廊道,沿廊道的两侧布置机位,对正每一机位设登机口。一个指廊适合6~12个机位,两条指廊适合8~20个机位。出港手续、安检口和进港行李提取设置在主楼内,指廊内设置登机口和到达口。目前国内机场中,成都双流机场、广州白云机场和西安咸阳机场的二期建设航站楼为指廊式布局,如图6-56所示。

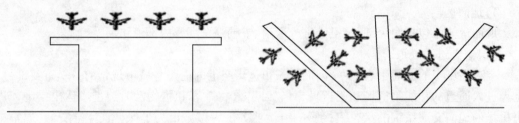

图6-55 前列式航站楼　　　　　　图6-56 指廊式航站楼

3)卫星厅式

卫星式航站楼是在主楼之外建一些登机厅,用廊道与主楼连通。登机厅周围布置机位,设相应的登机口。出港手续、安检口和进港行李提取设置在主楼内,登机厅内设置登机口和到达口。目前国内机场航站楼布局卫星厅式的很少,远期规划使用卫星厅式较多,如图6-57所示。

4)转运车型

这种形式下,飞机不接近航站楼,而是远停在站坪上,通过接送乘客的转运车来建立航站楼与飞机之间的联系,如图6-58所示。转运车型即通常所说的远机位,乘客使用摆渡车到达飞机下,然后使用客梯车登机,国内每个机场的航站楼都具有这样的布局。转运型的航站楼布局,乘客可有独立的远机位候机区域和登机口,也可与近机位乘客使用同一个候机区域和登机口,即远机位近登机流程。

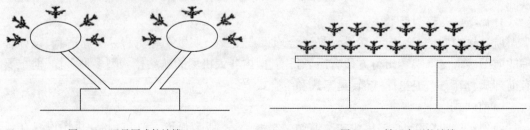

图6-57 卫星厅式航站楼　　　　　　图6-58 转运车型航站楼

5）综合式

采用上述三种或其中两种形式而建造的航站楼。国内大型机场目前的航站楼布局多为综合式。

二、机场交通换乘中心设计

换乘中心（亦称地面交通中心、GTC）是指为解决大型机场陆侧交通换乘问题而产生的，它是机场内外衔接系统的重要组成部分，是乘客在机场陆侧区域进行各种交通方式之间的转换以及各种活动的场所，如图6-59所示。它整合了多种交通方式，具备完善的集散功能和齐全的相关配套设施，在一定空间范围内，能够实现各种交通方式之间的换乘。

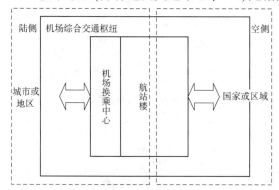

图6-59　机场交通换乘中心设计

1．换乘中心分类

在航空枢纽方面，国际上一般也采用机场换乘中心（Airport Intermodal Terminal）的模式。根据机场换乘中心和航站楼的衔接情况，一般可以把机场换乘中心分为以下三种情况：

1）分离式

机场换乘中心与航站楼完全分离，机场换乘中心位于机场范围以外时，需要在航站和中心之间提供固定的公交服务，具体如图6-60所示。

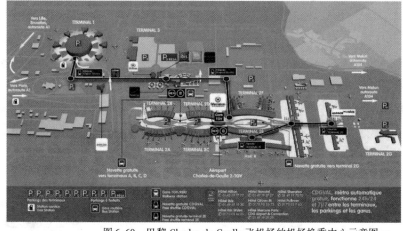

扫码看彩图

图6-60　巴黎Charles-de-Gaulle飞机场的机场换乘中心示意图

2）联合式

中心与机场航站楼接近，通过专用换乘通道设施就可以衔接轨道交通和航站楼。如图6-61所示。如阿姆斯特丹的斯契福尔机场、日本大阪的关西机场。

3）一体式

机场换乘中心直接与航站楼相结合，乘客通过设置在站台上的楼梯或自动扶梯就可进入航站楼。具体如亚特兰大国际机场和东京成田机场（图6-62）。

图 6-61 联合式机场换乘中心的剖面图

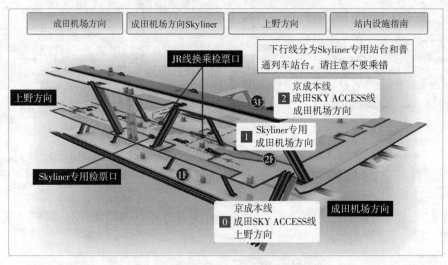

图 6-62 东京成田机场一体式机场换乘中心示意图

2. 换乘中心衔接交通方式

一般来说,机场陆侧交通系统的组成从范围来讲,分为机场内部交通和进出机场交通。研究的对象主要是进出机场交通的集散能力。从陆侧交通系统的交通方式来说,主要分为轨道交通与道路交通系统。根据国内外学者的研究成果,具体的交通方式组成如图 6-63 所示[51]。

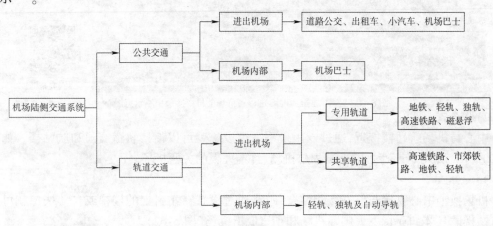

图 6-63 陆侧交通系统

道路交通设施基本配置应满足表6-13的要求,应符合表6-14的具体规定;外部道路交通设施设计应符合《城市道路工程设计规范》(CJJ 37—2012)和《公路路线设计规范》(JTG D20—2006)的规定。

航空枢纽交通设施基本配置要求　　　　　　　　　　　表6-13

枢纽级别	轨道交通或机场轨道专线	机场专线巴士、常规公交或长途汽车站	高速公路、快速路或一级公路	循环路	上落客区分别设置	出租车蓄车区	社会车停车场
一级	●	●	●	●	●	●	●
二级	●	●	●	●	●	●	●
三级	○	●	●	◎	◎	●	●
四级	—	●	◎	○	○	●	●

注:●表示应;◎表示宜;○表示可;—表示无要求。

航空枢纽交通设施基本配置要求　　　　　　　　　　　表6-14

枢纽级别	区位	交通设施基本配置要求
一级	城市外围	(1)应采用分散布局,各个航站楼之间应设置陆侧联系通道; (2)应设置轨道交通或机场轨道专线进行接驳; (3)应与机场专线巴士、常规公交或长途汽车站衔接; (4)外围应设置1~2条专用快速路、高速公路或一级公路进行枢纽车流集散; (5)客流量大于50万人次/日的航空枢纽外围应设置2条及以上专用快速路、高速公路或一级公路进行车流集散; (6)应设置循环路; (7)应设置出租车上落客区、蓄车区、社会车停车场; (8)上客区、落客区应分层独立设置
二级	城市外围	(1)宜采用分散布局,各个航站楼之间宜设置陆侧联系通道; (2)应设置轨道交通或机场轨道专线进行接驳; (3)应与机场专线巴士、常规公交或长途汽车站衔接; (4)外围应设置1条及以上专用高速公路、快速路或一级公路进行车流集散; (5)应设置循环路; (6)应设置出租车上落客区、蓄车区、社会车停车场; (7)上客区、落客区应分层独立设置
三级	城市外围	(1)根据需要可设置轨道交通进行接驳; (2)外围应设置高速公路、快速路或一级公路进行车流集散; (3)宜设置循环路; (4)应与机场专线巴士、常规公交或长途汽车站衔接; (5)应设置出租车上落客区、蓄车区、社会车停车场; (6)上客区、落客区宜分层独立设置
四级	城市外围	(1)外围宜设置高速公路、主干路或一级公路进行枢纽车流集散; (2)上客区、落客区可独立设置; (3)应与机场专线巴士、常规公交或长途汽车站进行衔接; (4)应设置出租车上落客区、蓄车区、社会车停车场

3. 换乘中心布局

航空站总平面规划设计,包括的范围很广,涉及的内容很多。空侧包括停机坪、滑行道、跑道、飞行空间等相关设施;陆侧包括站前广场、交通道路、航站楼等。航站楼是整个机场的中心,它是连接空侧和陆侧的枢纽。按照机场接入轨道交通线路及站点布局与航站楼的关系,将我国机场综合交通枢纽换乘中心的设计归纳为垂直尽端式、垂直穿越式、平行式以及综合式四种模式[57]。

1)跑道垂直航站楼的布置

在这种模式下,轨道线路的规划与航站楼成垂直或近似垂直的关系,轨道交通到达航站楼前即为轨道线路的终点,它不存在对航站楼主体建筑的影响。垂直尽端式的轨道站往往设置在地上,与社会车辆停车库以及换乘大厅结合布置,形成换乘中心的核心功能区,换乘中心与航站楼的衔接往往主要通过架空廊道来实现。北京首都国际机场T3航站楼换乘中心是运用此模式的典型案例。垂直尽端式如图6-64所示。

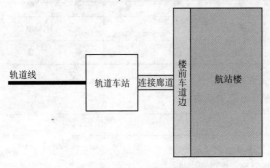

图6-64 垂直近端式示意图

此种模式衔接换乘中心与航站楼的架空廊道的布置方式,共有两种,即平层连接和坡道连接,二者并无绝对的优劣之分,采取何种方式主要取决于轨道交通站厅层高程与航站楼出发、到达层高程的相对关系。

(1)平层连接

采用平层连接的情况有如下两种:一是如果航站楼的到达大厅位于0m层,可在出发大厅与到达大厅之间设置换乘夹层,通过换乘夹层与轨道交通站厅平层连接;二是如果航站楼的到达大厅位于二层时,可将轨道站厅与航站楼到达大厅同层布置,二者直接平层相连。浦东国际机场T1航站楼与换乘中心的衔接属第一类情况,但其廊道的利用率并不理想,因此对于新建机场而言,如采用平层连接,本书推荐第二种方式,即轨道大厅与航站楼到达大厅直接相连的方式。其示意图如图6-65所示。

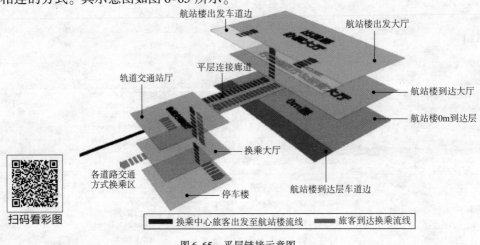

图6-65 平层链接示意图

（2）坡道连接

当航站楼的到达层位于二层时，如果将轨道站厅的高程设置在航站楼的出发层与到达层中间，则可采用坡道连接的方式。北京首都国际机场 T3 航站楼换乘中心与航站楼的衔接正是采用了此种方式。其示意图如图 6-66 所示。

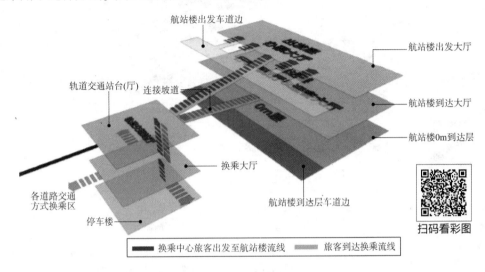

图 6-66　坡道连接示意图

2）垂直穿越式

此种模式轨道线路的规划需穿越航站楼，为尽量减少轨道线路穿越航站楼对航站楼主流程设计以及空侧规划所带来的影响，轨道线路适宜设置在地下；同时，为了尽量缩短乘客的换乘距离，轨道交通站可紧邻航站楼或直接进入航站楼布置，二者仅通过竖向交通设施便可实现便捷的联系。同时，轨道车站可与社会车辆停车库及换乘大厅结合布置，形成换乘中心的核心功能区，其与航站楼的衔接主要通过地下步行平层以及竖向交通设施来实现。垂直穿越式示意图如图 6-67 所示。

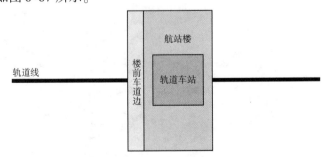

图 6-67　垂直穿越式示意图

垂直穿越式换乘中心与航站楼的衔接方式主要是通过地下步行平层和竖向的交通设施来实现的。其具体示意图如图 6-68 所示。

3）平行式

此种模式是指轨道线路的规划与航站楼成平行关系，由于其不存在对航站楼主体的影

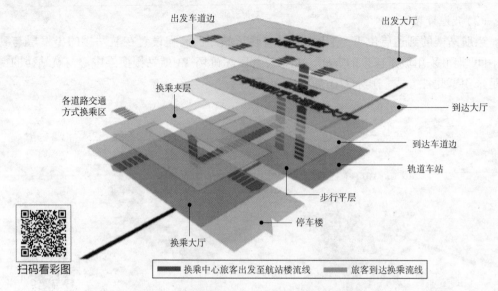

图 6-68 垂直穿越式中心与航站楼的衔接示意图

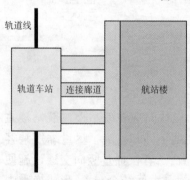

图 6-69 平行式示意图

响,因此其轨道站的布置也相对自由。例如香港赤腊角国际机场采用地上设置轨道交通车站的方式,而昆明长水国际机场则采用地下布置轨道交通车站的方式,二者均是运用此模式的典型案例。平行式示意图如图 6-69 所示。

(1) 平层衔接

当轨道交通车站位于地上,且采用到发同层模式运行时,宜采用平层衔接方式。在平层衔接的做法上,宜将轨道交通站厅与航站楼到达大厅相连。浦东国际机场换乘中心是采用此种衔接方式的典型案例。平层衔接式示意图如图 6-70 所示。

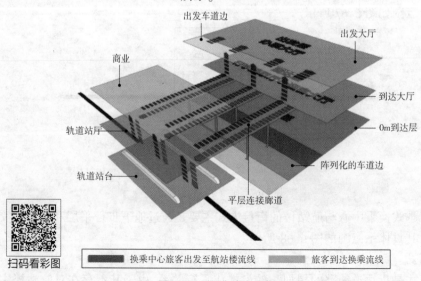

图 6-70 平层衔接式示意图

(2)坡道衔接

①地上坡道衔接。

当轨道交通站位于地上且采用到发分层运行模式时,宜采用此种衔接方式。在衔接的做法上,宜将轨道交通到达站台(城市到达机场站台)高程设置在航站楼出发层与到达层高程之间,并通过坡道直接联系航站楼的出发大厅。轨道交通的出发站台(机场出发至城市站台)宜与到达层同层布置,并平层连接。香港赤腊角国际机场是运用坡道式衔接的典型案例。坡道衔接式的示意图如图6-71所示。

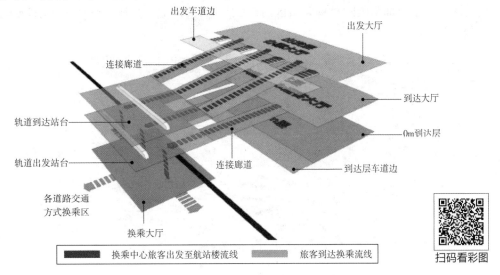

图6-71 坡道衔接式示意图

②地下通道衔接。

当轨道交通站位于地下时,宜采用此种模式。在航站楼与换乘中心的衔接做法上,宜将换乘中心与航站楼通过地下步行平层以及竖向的交通设施连接起来,以实现乘客的便捷换乘。昆明长水国际机场换乘中心是运用此模式的典型案例。地下通道衔接式的示意图如图6-72所示。

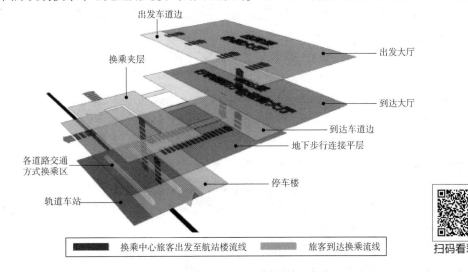

图6-72 地下通道衔接式示意图

4）综合式

综合式是指综合运用上述两种或三种模式所形成的综合模式。当机场规划有两条或以上不同方向的轨道线路时，可采用此种模式。上海虹桥国际机场换乘中心和韩国仁川机场换乘中心是采用综合式的典型案例。

三、西部某国际机场换乘中心设计案例

1. 总平面布局

建设用地位于西部某国际机场航站区内，处于T3A、T2航站楼围合地带，紧临T3A航站楼，如图6-73所示。

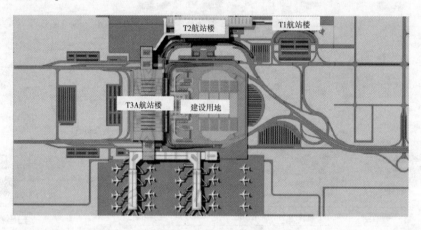

图6-73 综合交通枢纽换乘中心建设用地示意图

根据综合交通枢纽的业务功能，将用地划分为交通枢纽换乘大楼、大巴发车区、长途班车发车区、出租车等候发车区、乘客休闲广场、车辆站务区五个区域。换乘大楼紧邻航站楼，呈方形布局，地下二层，地上一层，地上一层设有候车厅、集中商业等的交通换乘大厅，地下两层均为停车场。大巴发车区由发车位、站台、出站验票口等组成，位于换乘大楼南侧；长途班车发车区由发车位、站台、出站验票口等组成，位于换乘大楼北侧；出租车等候发车区在换乘大楼的东侧出口处，便于乘客换乘出租；换乘大楼西侧除底层可与T3A航站楼直接连通。车辆站务区由停车场、安检台、清洗台、维修车间等组成。车辆入口设置在站址东面南侧，出口设置在东面北侧[60]。

总体布局符合机场总体规划的要求，符合航站区交通流线的要求，各部分交通流线清晰、简洁。如图6-74所示。

2. 平面布局

交通枢纽换乘中心平面设计成矩形，地下两层，地上一层，如图6-75所示。

地下层为社会车辆停车库，在南北两侧分别设有两个圆形坡道和两个直线坡道和地面相通；地下一层设有两个地下人行通道可直达T3A航站楼，并设有职工餐厅方便职工就餐。设计还预留了未来与轨道交通相连的通道。

首层换乘大厅设有站务用房、办公用房和服务设施用房，各功能区域划分明确，流线简洁、通畅，客流、车流、行李流线互不交叉干扰。如图6-76所示。

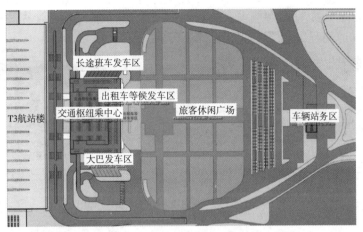

图6-74 综合交通枢纽换乘中心总平面示意图

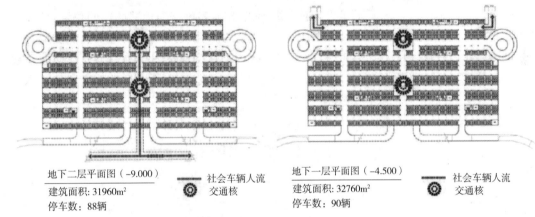

图6-75 综合交通枢纽换乘中心地下层平面图

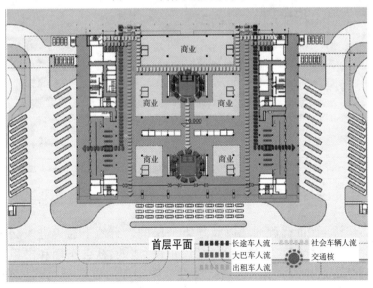

图6-76 综合交通枢纽换乘中心首层平面图

屋面设计为停车场,南北两侧设有坡道和地面连接,并设有两座连廊和高架桥相连,乘客可直接到达10m高程出发层。如图6-77所示。

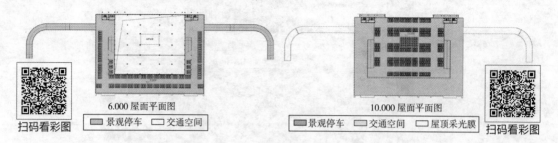

图6-77 综合交通枢纽换乘中心屋面层平面图

3. 交通组织

1)车行流线交通组织

交通枢纽换乘中心采用大循环的交通组织形式,拉开各种交通形式的空间位置,使其设置于不同的方向,减少相互之间水平方向的交叉干扰,提高了运行效率。各类陆侧交通形式从东进场路和西进场路进入航站区内,进入航站区内通过交通枢纽换乘中心外部交通环线进场系统的有效组织,分别到达各类陆侧交通形式的等候发车区,再通过外部交通环线离场系统的有效组织离开机场,具体如图6-78所示。

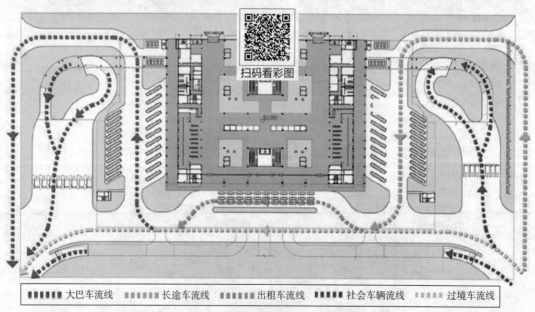

图6-78 综合交通枢纽换乘中心车行流线示意图

2)人行流线交通组织

到达乘客通过高架桥下0m高程通道以及地下一层的人行地下通道进入交通枢纽换乘中心,经过换乘中心的有效分流,分别到达大巴、长途、地铁、社会车辆和出租车的出发等候区。出发乘客到达交通枢纽换乘中心后,经过换乘大厅的有效分流,分别通过高架桥,高架桥下0m高程通道以及地下一层的人行地下通道行至T3A航站楼的出发层,如图6-79所示。不同高程层的人行流线简洁、通畅,为满足乘客高效集散、便捷换乘的需求提供了条件。

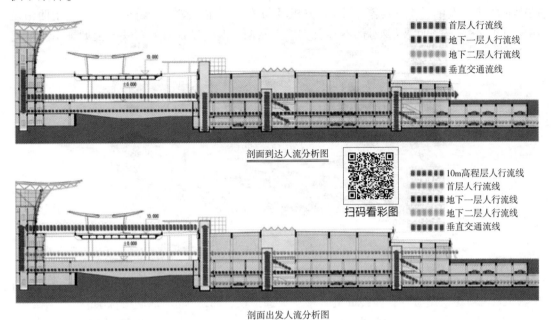

图 6-79　综合交通枢纽换乘中心人行流线示意图

四、某国际机场设计案例

1. 枢纽交通需求预测

经预测，不同对外交通设施的不同车种交通需求（2020年）如表6-15所示。

不同交通方式下不同车种的交通需求（pcu/d）　　表6-15

交通方式	铁路	机场	磁浮	高速巴士	高速公路	轨道	地面公交	出租	客车	小计
铁路					7610		2462	23586	33694	67352
机场					7770		662	7967	11472	27870
磁浮					1865		440	3976	5679	11960
长途巴士					0		72	706	1008	1785
高速公路	7644	7800	1865	0						
轨道										
地面公交	2224	570	398	64						
出租	20505	6476	3433	623						
客车	29292	9325	4904	889						
小计	59664	24170	10599	1576						

2. 某国际机场的功能布局图

1）水平向功能布局

由东至西分别布置某机场西航站楼、东交通广场、磁浮、高铁、西交通广场；在东交通广场设置公交巴士东站及候车大厅,可布设高速巴士和线路巴士、服务机场与磁浮。公交巴士站南北两侧分设单元式社会停车库、服务机场与磁浮。在西交通广场布置公交巴士西站及高速巴士主站、候车厅及售票厅,并在公交巴士站南北两侧设置服务高铁的大型地下三层停车库。如图 6-80 所示。

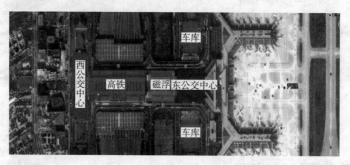

图 6-80　某国际机场水平功能布局

2）垂直向功能布局

17.3m 为高架出发层,12.8m 为机场、磁浮段与东交通中心沟通的换乘廊道层面,5~7.2m 为轨道及站台层,-4.2m 的为地下大通道层,-12.1m 为地铁站台层。

其中,17.3m 为地上出发层,12.8m 为机场、磁浮段与东交通中心沟通的换乘廊道层,-4.2m 地下大通道层,为交通中心三大换乘层面,如图 6-81 所示。

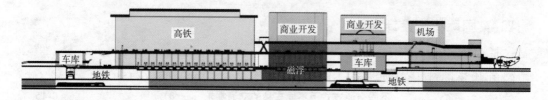

图 6-81　某国际机场剖面布局

3. 交通组织

1）对外交通

对于出发旅客,巴士(高速、线路及专线等)、社会巴士(部分)及出租车可以直接停靠车道边落客,根据时段和交通流量弹性控制社会车辆(小型汽车)进入车道边落客或进入车库落客,其车道边换乘格局如图 6-82 所示。

对于到达乘客,巴士(高速、线路及专线等)停靠在西交通广场或磁浮、机场间东交通广场设站上客,出租车由蓄车场排队至相应的到达车道边上客,其余社会车辆均进入车库上客;对于长途汽车由于需要进行车外售票、安检等一系列程序,因此考虑在地面交通广场设站,并配以相应的建筑设施,其到达车道边的示意图如图 6-83 所示。

为了达到减少换乘距离、快速疏散乘客、提高车道边利用效率的目的,机场的外部应结合不同层面提供多车道边与对应的多个出入口接驳。

2）内部交通

机场交通枢纽的四大交通设施为:机场、磁浮、高铁及地铁。它们之间的换乘属于内部换乘,其中,机场、磁浮、高铁是有发车时刻控制的,地铁是承担了大客运量的城市轨道交通。

磁浮、高铁、地铁与机场的流线图,以及交通中心的总体流线图(以7m层为例)如图6-84~图6-88所示。

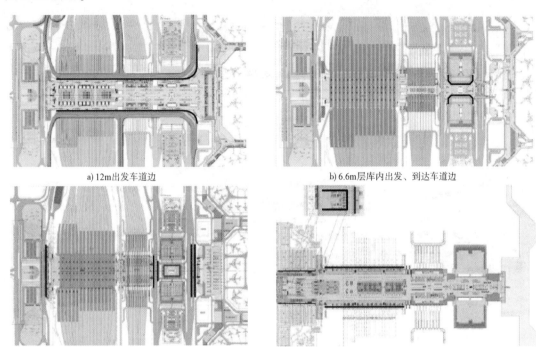

图 6-82 车道边换乘格局

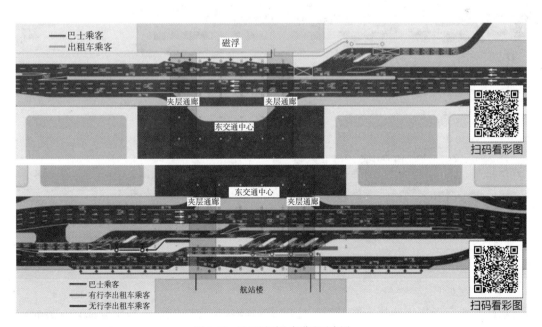

图 6-83 地面层到达车道边示意图

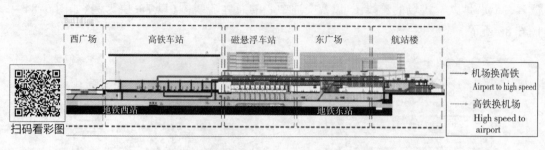

图6-84 高铁与机场换乘流线图

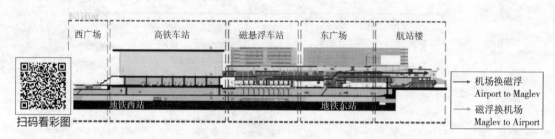

图6-85 机场与磁浮换乘流线图

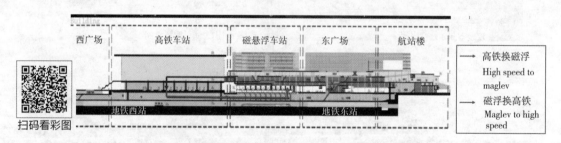

图6-86 高铁与磁浮换乘流线图

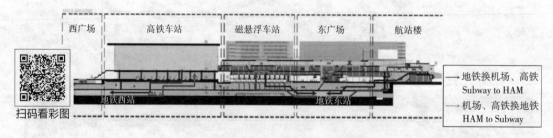

图6-87 地铁与机场、磁浮、高铁换乘流

3)东西交通广场

东西交通广场提供小客车和长途巴士服务,其中:东交通广场室外规模:26.9万m^2;小型车位:2732个;大中型车位:288个;各种巴士发车位:16个;临时停车位:3个。西交通广场规模:17.5万m^2;小型车位:3028个;大型车位:134个;各种巴士上下客车位:50个;长途

巴士蓄车位:10 个。其具体布设如图 6-89、图 6-90 所示。

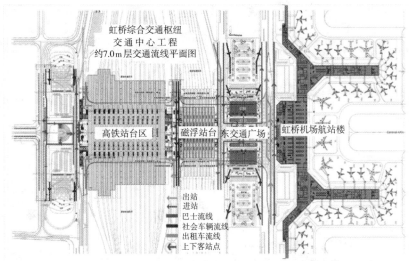

图 6-88 交通中心的总体流线图(约 7m 层)

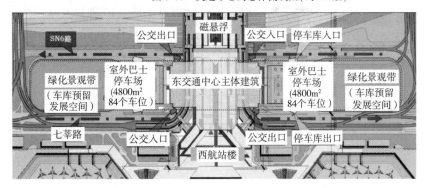

图 6-89 东交通广场总体功能布局图

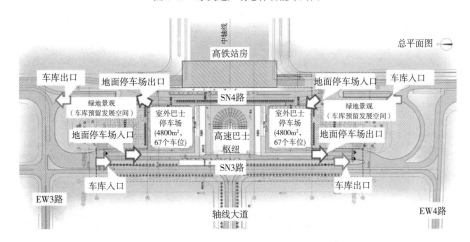

图 6-90 西交通广场总体功能布局图

本章小结

本章以交通功能为衡量标准,根据其城市对外运输方式和城市内部交通方式,将综合交通枢纽按主导交通方式划分为以下三种:以公路汽车客运为主导,结合城市内部交通方式;以铁路为主导,结合公路汽车客运和城市内部交通方式;以航空为主导,结合铁路、公路汽车客运和城市内部交通方式,讨论了公路客运站、铁路客运站、机场客运站的平面布局、规模确定、流线设计等。

复习思考题

1. 公路客运站设施规模是怎样确定的?
2. 铁路客运站的设备有哪些?其布置要求有哪些?
3. 机场换乘中心的分类有哪些?
4. 以某铁路客运枢纽为例,在对客运站的规模和周边交通环境分析的基础上,对该枢纽进行功能布局设计。

第七章 综合交通枢纽地区疏解道路设计

【课前导读】 本章讨论交通枢纽地区疏解道路设计的理论和方法,从宏观的角度分析疏解道路交通组织设计。第一节介绍内部疏解道路设计;第二节介绍内外衔接道路设计;第三节介绍对外疏解道路的设计方式。

【知识学习目标】 掌握交通枢纽疏解道路的分类和功能;掌握内部、内外、对外三种疏解道路的系统设计。

【能力培养目标】 建立学生对交通枢纽疏散道路设计的基本思路和方法,为交通综合交通枢纽的建设打下基础。

【教学重点】 疏散道路的层次分类;内部、内外、对外三种疏解道路的系统设计。

【教学难点】 内部、内外、对外三种疏解道路的系统设计。

第一节 内部疏解道路设计

枢纽常常使各个方向的人流和地面车流汇集于十分狭小的区域内,容易造成交通拥挤,特别在道路资源常常短缺异常的情况下。因此需要结合枢纽周边地区的交通系统、路网系统综合考虑,通过合理的道路交通组织来缓解交通压力。

(1)一般而言,交通流组织的要素包括:
①交通流量。
②交通的通行空间。
③道路的通行能力。
④换乘设施的布局。
⑤枢纽产生吸引的交通流与过境交通流的关系。
⑥枢纽周边的土地利用以及客流产生吸引源的分布。

(2)交通流组织中必须处理以下几个问题:
①如何为不同的交通流提供相互分开的通行空间,让各种交通流线分离。
②如何组织交通流的进出口。
③如何实现进入交通流和离开交通流的分离。
③如何实现枢纽交通流和过境交通流之间的相互干扰最小。
④如何实现道路交通压力在有限的道路空间上的均衡。

⑤枢纽周边及内部道路应注重与公交车站、出租车停靠点及上落客区的衔接,保证步行和自行车交通系统的连贯性、便捷性。

⑥枢纽内部道路的设置应满足《城市道路工程设计规范》(CJJ 37—2012)、《城市道路交叉口设计规程》(CJJ 152—2010)以及《无障碍设计规范》(GB 50763—2012)的相关规定。

⑦枢纽车辆和行人的出入口应分别设置,宜对枢纽车辆出入口的数量和位置进行控制。

⑧当枢纽地块边长大于500m时,在符合平面交叉口间距要求,同时也满足路口渠化段的长度要求前提下,出入口可采用信号灯控制。

⑨对于地块边长小于300m的枢纽地块,在周边道路通行能力允许条件下,可借助周边市政道路完成区内循环;或可结合区域整体开发,整合不同地块出入口,设计可以公用的内部循环道路。

⑩当出入口机动车流量、人流量较大,需设置天桥或地道时应符合行业标准《城市人行天桥与人行地道技术规范》(CJJ 69—1995)的要求。

枢纽内部疏解道路设计的根本目标是各种交通方式之间的换乘要保持"安全、便捷、高效",实现这一目标的交通策略包括:公交优先、人车分离、一体化换乘等。

倡导"公交优先"的方式,在多种交通换乘方式中,首要保证大运量公交换乘的便捷性和舒适性,以减轻个体交通对外部路网产生的交通压力。

倡导"人车分离"的方式,消除人车冲突、优化交通组织,提高交通安全性和交通效率,体现人性化理念。可采用人与车分布在不同竖向空间的模式,达到人车立体分离的效果。也可以采用人与车在地面层的不同区域各自独立的模式,达到人车在同一层平面分离的效果。

倡导"一体化换乘"的方式,充分利用空间资源、优化总体空间布局、整合各种交通设施,以缩短换乘距离,简化换乘流线,实现各种交通方式之间的无缝衔接,提高换乘效率和舒适性。

本节将从机动车和步行交通角度出发进行内部疏解道路设计。

一、机动车交通系统设计

枢纽的疏解交通流必须通过多个通道与外围道路连接,充分利用"微循环系统",而不能简单依靠某条道路或立交。通过多条道路与周边路网衔接可以分散交通压力,把交通流快速分流到路网上去,不会因为一个"瓶颈"而影响到整体效率。

而过于依赖某一快速路或者立交,使得交通压力过于集中,会降低枢纽集散的弹性和安全性。比如,北京西站北广场的集散交通过于依赖快速路莲花池东路,所有的进出交通都通过这条"树干"来解决,结果造成枢纽的道路交通的集散不畅。而南广场的道路规划中,则通过多个"根须"(如吴家村路、马连道路和车站南路)为枢纽提供道路交通集散的通道。把客流从多条道路汇集到轨道交通车站和线路,就如同是树木通过树根来汲取营养和水分,大大提高了枢纽集散的整体效率。

车道边布置形式及其设计参数研究[50]如下。

1.车道边的定义

车道边是布置在枢纽建筑物边缘或内部,用于人车转换的交通设施,满足机动车在此区域上落客,是内部交通与外部交通换乘的界面,是枢纽内实现人、车换乘的区域。

2.车道边的组成

车道边由人行道(出发人流、到达人流),车行道(停车车道、通过车道)及附属设施(排队通道、行李手推车、栏杆等)组成,如图7-1所示。

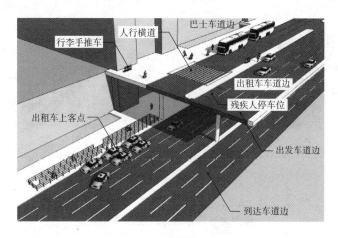

图7-1 车道边示意图

3.车道边的分类

按枢纽出发到达流程分为出发车道边和到达车道边。出发车道边对应的出发层,承担车辆下客功能,引导客流迅速进入站房内部。到达车道边对应枢纽到达层,承担车辆上客功能,引导客流迅速至指定候车区域。

按服务对象分为大型车道边(公交车、大巴士)和小型车道边(出租车、小型车)。

按布设位置分为高架层车道边、地面层车道边、地下层车道边。

按布置形式分单组车道边(平行式、锯齿式、斜列式)和多组车道边(单个形式或多个形式组合)。

4.车道边的停靠方式

出发车道边的停靠方式可选择平行式和锯齿式。出租车及社会中小车辆车型选择平行式。大巴车可根据使用情况,选择平行式或锯齿式。

到达车道边的停靠方式可选择平行式、斜列式及港湾式。公交/长途巴士,可根据线路站牌布置成锯齿式车道边,每条线路停车位相对独立。社会巴士车辆可采用港湾式车道边,车辆停靠驶离方便快捷。出租车到达车道边为出租车专用的上客点,停靠方式可根据用地条件与使用情况来选择平行式或斜列式。其车道边的类型图如图7-2所示,其停靠方式的优缺点如表7-1所示。

5.车道边的设计参数

(1)小客车车道边设计应符合下列规定:

小客车落客区单车道宽度不应小于3m,行车道宽度宜为3.5m。

小客车单位车道边长度宜为7m。

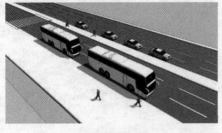
a) 平行式车道边

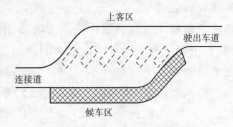
b) 斜列式车道边

c) 锯齿式车道边

d) 港湾式车道边

图 7-2 车道边的基本类型示意图

车道边车辆停靠方式适应性分析　　　　　　　　　　　　　　　表 7-1

停靠方式	平 行 式	斜 列 式
优点	占用车道边宽度窄,对相邻的通行车道影响小	车辆出入泊位耗时短,单位车道边长度泊位多
缺点	在车道边长度一定情况下,可停靠泊位少	占用车道边宽度较大,对相邻通行车道影响大,离开泊位的车辆由于受驾驶员视线限制,比平行式有更大的潜在威胁
适用条件	车道边具有足够长度,但宽度不是特别富裕,同一车道边多种车辆混合使用	道路宽度相对富裕,同一车道边车辆停靠种类单一

小客车车道边规模应依据小客车车辆载客人数和平均停靠时间来计算,出租车平均载客人数取值宜为 1.4～1.6 人/车,社会车平均载客人数取值宜为 1.7～2.0 人/车,小客车落客时间取值宜为 40～60s。

小客车落客区车道边的设计通行能力应符合表 7-2 的规定。

小客车落客区车道边设计通行能力　　　　　　　　　　　　　　表 7-2

车道边布置形式	车 道 数	设计通行能力(pcu/h)
单组	2	490
	3	600
两组	2	400
	3	515
三组	2	265
	3	365
混合两组(包括小车在内)	3	310

注:该表为 100m 标准段的车道边通行能力。

100m落客区车道边宜对应枢纽建筑2个出入口设置。

小客车上客区车道边布置应综合考虑车道边通行能力与交通组织和管理的需求,可采用平行式或斜列式。车道边规模应依据小客车车辆载客人数和平均停靠时间来计算,小客车上客时间取值宜为6~26s。

城市对外综合交通枢纽应根据出租车乘客需求量和枢纽内外部条件,安排出租车蓄车区。

(2)大客车车道边设计应符合下列规定:

大客车停靠站设计应符合《城市道路公共交通站、场、厂工程设计规范》(CJJ/T 15—2011)的规定。

大客车落客区单车道宽度不应小于3m,行车道宽度宜为3.5m。

大客车单位车道边长度宜为16~24m。

大客车落客区车道边的设计通行能力应符合表7-3的规定。

大客车落客区车道边通行能力　　　　表7-3

车道边布置形式	车道数	设计通行能力(辆/h)
单组	2	55
	3	55
两组	2	45
	3	45
混合两组(大车在内)	3	50
混合三组(大车在内)	3	40

大客车上客区车道边布置应综合考虑车道边交通组织和管理的需求,可采用平行式或斜列式形式。

(3)车道边的类型。

①出发层车道边。

a.1组车道边。1组车道边可以有2个车道或3个车道,如图7-3所示。

b.2组车道边。2组车道边的车辆行驶可以有三种情形:内侧大型车、外侧小型车;外侧大型车、内侧小型车;内侧混合车流、外侧小型车。如图7-4所示。

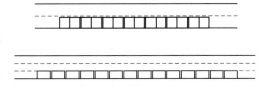

图7-3　1组车道边

图7-4　2组车道边

c.3组车道边。3组车道边的车辆有两种行驶情形：内侧大型车和其他小型车行驶；内侧混合车和其他小型车。其车道边的设置如图7-5所示。

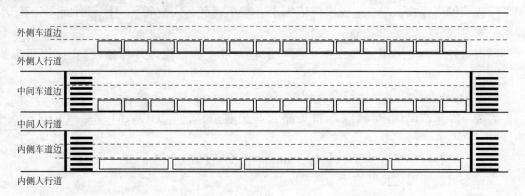

图7-5　3组车道边

②到达层车道边的形式。

a.平行并发式车道边。

平行并发式车道边有两种形式：一种形式是车辆排成两排但可以排成3列、4列、5列……7列；另一种形式是在一条道路上有两个上客点，两个上客点错时控制即可，如图7-6所示。

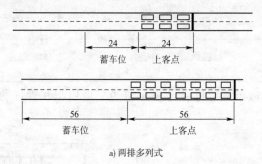

a) 两排多列式

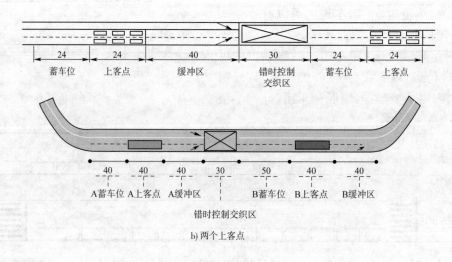

b) 两个上客点

图7-6　到达层车道边的形式（尺寸单位：m）

b. 斜列式车道边。

斜列式车道边的具体形式如图7-7所示。

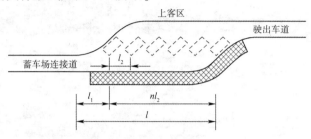

图 7-7　斜列式车道边

l-停靠区域长度；l_1-驶入渐变段长度；l_2-平行于通车道的停车位长度；nl_2-平行于通车道的停车带长度

二、步行交通系统设计

"以人为本"是步行系统设计最基本也是最重要的理念。因此，"以人为本"的设计理念必须贯穿步行系统设计的始终，并且体现在"安全"与"平等"两个方面。所谓"安全"是要保证交通主体的安全性；"平等"强调的是交通主体的公平性，对交通、道路资源均等的公平占有。

在综合交通规划设计中，应倡导人车分离，提高交通安全性，体现人性化理念。具体形式可分为：人车立体分离和人车平面分离[56]。

人车立体分离即人车在不同的竖向空间立体分离的形式。

1. 建筑一体化型换乘

建筑一体化型换乘是指铁路车站与站前交通设施布置在同一建筑体内，地上、地面、地下的各种交通空间主要沿垂直方向分布，客流以垂直换乘为主，并在一栋建筑体的室内完成。在条件允许时，应尽可能将多种方式之间的换乘设计成为在同一建筑体的室内垂直换乘，实现建筑一体化型换乘，这样不仅可以最大限度地缩短行人换乘距离，而且有利于创造更舒适的换乘环境。

比如将轨道交通车站、公交枢纽站布置在铁路站屋下方，将出租车接客区、社会车接客区设在铁路股道下方，可以实现上述在同一建筑体内垂直换乘的目标。具体案例如图7-8所示。

2. 空间一体化型换乘

铁路车站与站前交通设施不在同一建筑体内，各种交通设置多数安排在站屋的室外，并以室外行人广场为核心和纽带，建立有机和紧密的联系，而且各种交通设施之间的换乘距离都达到A级服务水平（即"零换乘"），才能称为空间一体化型换乘。

枢纽各种交通设施与行人广场之间也可以按照地上、地面、地下的方式形成立体式布局，具体布局方式有以下几种情况：

1）行人广场位于地面层

交通设施中的行人广场位于地面层，其他交通设施按照"送客区靠近铁路站屋进站口，接客区靠近铁路站屋出站口"的原则和铁路站屋进出站口的设置方式，分别布置在高架层、地面层和地下层，保持人车分离。这种布置方式是目前比较常用的形式。

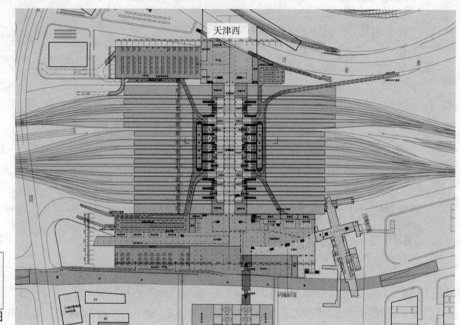

扫码看彩图

图7-8 京沪高铁天津西站案例

2）行人广场位于高架层

交通设施中的行人广场位于高架层，形成人行平台，其他交通设施按照"送客区靠近铁路站屋进站口，接客区靠近铁路站屋出站口"的原则和铁路站屋进出站口的设置方式，分别布置在地面层和地下层，保持人车分离。

这种布置方式可以充分发挥地面层的车行交通功能，适合场地比较局促的枢纽。

3.人车平面分离形式

1）线式组合方式

线式组合方式是把一系列的单元空间沿着以"带状"人行广场为线形轨迹的序列相接布置。人行广场作为综合体的中介公共组织空间，形成综合体中心流线的路径，串联各个以平面形式分布的交通设施。人行空间和车行空间在地面层的不同区域各自独立的模式，达到人车在地面层平面分离的效果，如图7-9所示。其具体案例如图7-10所示。

线式组合方式简洁清晰，适合中等交通量的枢纽。当交通量较大、交通设施比较复杂时，采用线式组合方式，行人步行距离增加。

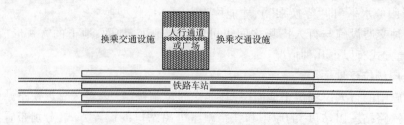

图7-9 人车平面分离之线式组合方式

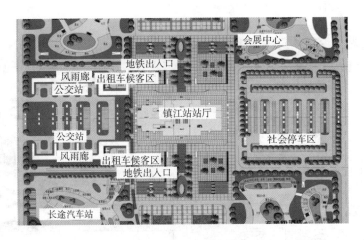

图 7-10　沪宁高铁镇江站案例

2）放射式组合方式

放射式组合方式是以"聚合状"的人行广场为核心，用多个线式组合方式向多方向伸展，形成外向型的、与周围设施发生关系的放射性综合体。如图 7-11 所示。其中心一般是聚合状的，也可是带状的主轴线，伸出的线形"手臂"可以因功能或场地要求而有长短异同。通过"手臂"（路径）与中心体连接的位置和方向的变化而产生不同的空间形态。

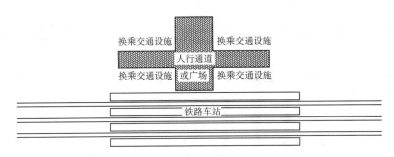

图 7-11　人车平面分离之放射式组合方式

放射式组合方式适合交通量较大、交通设施布局比较复杂的情况，可以缩短行人步行距离，但要配置比较清晰的指示和导向标志，如图 7-12 所示。

无论采用哪一种组合方式非机动车和步行系统，设计均应符合下列规定：

(1) 自行车存放处宜设置在枢纽入口附近，并设置与主要步行道的连接道路。

(2) 在乘客集中的车站宜设置安全充足的自行车存放点，并设置遮阳棚。

(3) 人行道系统设计应符合下列规定：换乘步行长度超过 5min 路程时，应提供含有挡风、遮阳、风景或是移动步梯等设施的高品质步行空间。

①在步行通道入口处宜设置车辆到达即时信息。

②宜在换乘通道两侧设置零售商店，且不可阻挡通行线路或者遮挡指路信息。

③宜运用公共艺术、照明和景观造型，提高环境的愉悦度。

④宜设置高峰客流方向的电动步道，同时可设置语音提示。

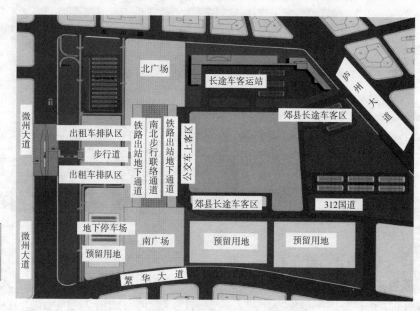

图7-12　沪蓉高铁新合肥站案例

(4)主要的出行发生地和自行车及行人路线与快速公交车站之间宜设置优先、安全直接的行人和自行车路径。

(5)步行路径设计应符合期望线原则,在枢纽和周边市政步行设施之间设置直接的连接。

(6)城市中心区枢纽应将周边市政道路步行系统接入枢纽;在枢纽周边步行范围内完善行人或非机动车系统。

(7)枢纽内部人行通道需要穿行机动车流量较大道路,需设置天桥或地道时应符合行业标准《城市人行天桥与人行地道技术规范》(CJJ 69—1995)的有关规定;若穿行道路车流量不大,宜设置中央安全岛隔离车流,保障行人安全。安全岛的设置应符合《城市道路交叉口设计规程》(CJJ 152—2010)及《城市道路工程设计规范》(CJJ 37—2012)的有关规定。

(8)枢纽内部路路段行人过路设施最小间距为150m。

(9)非机动车和人行系统的其他设置条件应符合《城市道路工程设计规范》(CJJ 37—2012)和《无障碍设计规范》(GB 50763—2012)的有关规定。

第二节　内外衔接疏解道路设计

枢纽内外衔接的根本目标是安全、高效、便捷、通畅。

枢纽内外衔接设计主要取决于枢纽对外交通组织的需要,同时与枢纽外部路网系统等级和形态关系密切。在枢纽出入口设置时,宜多进多出、有主有辅、功能清晰、层次分明、规模适度、布局均匀。每个出入口设置方式和标准要与车站功能定位相匹配,与交通需求相适应。

对于高等级车站，充分利用交通功能强的骨干路网系统集散枢纽交通，要实现多方向、多层次快速集散，避免交通集中。条件允许时，枢纽出入口宜同时连接快速系统和地面干道系统，分别服务于中长距离交通和中短距离区域交通。

对送客车流的进场离场和接客车流的进场离场要同时研究，这四种车流的内外衔接都要保持便捷顺畅。

在枢纽内外衔接设计时，在枢纽范围内尽可能适度分离枢纽到发交通与外围道路过境交通。

枢纽出入口的规模和布局首先要满足相关规范规定的基地出入口和地下车库出入口的设置要求，有条件时宜适当提高标准，尽可能设多个出入口，并保持出入口分离，出入口尽可能分布在不同道路上，同时，还要根据设计年限的交通流量进一步验算枢纽出入口的规模和布局是否合理。

进行城市内外交通转换，屏蔽过境交通城市快速路系统一般由环状道路（闭合或不闭合）和放射状道路组成城市对外交通的主通道，城市的内外交通联系，主要通过放射道路加以实现。由于城市路网的等级较多，密度较大，各级道路不可能全部实现与放射道路的直接连接。因此，从道路衔接的合理性快速路的建设标准和城市布局上考虑，应当设置一条或几条环状快速道路，把各级道路有机地联结起来，使城市的内外交通在环路上重新进行流量、流向的再调整和再分配，同时，通过进出口和立交，实现道路等级的过渡。

枢纽内外衔接方式主要分为平面交叉和立体交叉，立体交叉又可分为一般互通立交（或简易立交）和枢纽互通立交，选择什么形式主要取决于枢纽性质及枢纽交通集散的时间或速度目标、衔接道路的性质、内外衔接点的交通供需情况。

一、平面交叉

1. 衔接道路性质

当枢纽出入口衔接道路的等级为干路及其以下等级的道路，可以考虑采用平面交叉形式。

2. 交通供需情况

根据内外衔接节点的交通流量进行验算，采用平面交叉形式时，节点服务水平保持在E级以上（交叉口车均延误小于80s，饱和度小于0.95）。另外，还要验算交叉口车辆排队长度，保证交叉口车辆排队不能深入到地下车库出口、地面停车场内部、高架坡道或下一个相邻交叉口等。

在满足上述条件的情况下，内外衔接点可以采用平面交叉形式。

3. 设置方式

平面交叉口要充分渠化，并辅以合理的信号控制方案，以更好地满足交通需求，提高服务水平。上海新客站北广场（图7-13）、上海西站南北广场（图7-14）就属于这种情况。

扫码看彩图

图7-13　上海新客站北广场案例

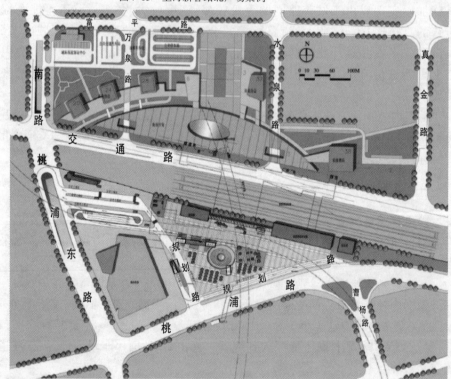

扫码看彩图

图7-14　上海西站南北广场

二、一般互通立交(或简易立交)

1. 衔接道路性质

当枢纽出入口衔接道路的等级为干路及其以下等级的道路,可以考虑采用平面交叉形式。

2. 交通供需情况

内外衔接结点的交通流量较大,采用平面交叉时,即使充分渠化后,交叉口服务水平仍然在 E 级以下(交叉口车均延误大于 80s,饱和度大于 0.95),平面交叉不能适应交通需求,采用立交交叉主要用于提高节点通行能力。

3. 设置方式

当枢纽与外部主干路及以上等级道路衔接,并且过境交通较大时,可采用直行方向的简易立交分离外部直行过境交通,例如天津东站,如图 7-15 所示。

当枢纽与外部交通性主干路及以上等级道路衔接,并且出入枢纽的交通较大时,可采用连接枢纽的转向或直行匝道,用以分离枢纽的出入交通。

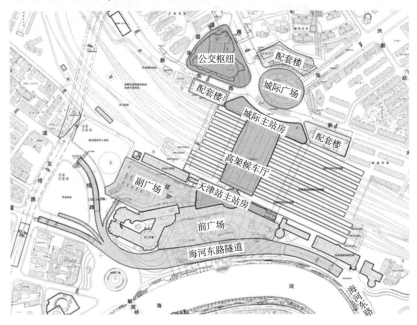

图 7-15 天津东站案例

三、枢纽互通立交

1. 衔接道路性质

外部衔接道路等级为快速路或高速公路,枢纽与此类道路衔接时必须采用立交形式。

2. 交通供需情况

内外衔接结点的交通流量较大,采用平面交叉时,即使充分渠化后,交叉口服务水平仍然在 E 级以下(交叉口车均延误大于 80s,饱和度大于 0.95),平面交叉不能适应交通需求。

3. 枢纽性质

高速铁路、城际铁路等车站已经向机场化方向发展,因此对内外衔接的标准和交通的时效性要求更高,出入枢纽需要的交通要形成连续流,在此类结点设置立交主要是为了提高枢纽的交通集散效率以及提高节点通行能力。

4.设置方式

当枢纽与外部快速系统衔接时,应采用枢纽互通立交作为枢纽的出入口。例如合肥南站交通枢纽(图7-16)、上海虹桥交通枢纽(图7-17)、上海南站交通枢纽(图7-18)等。

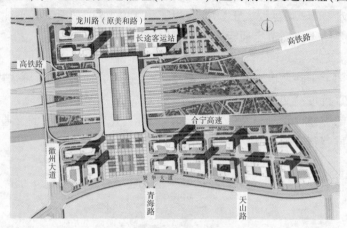

图7-16　合肥南站交通枢纽

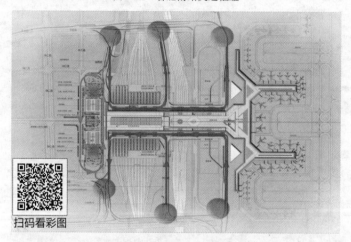

图7-17　上海虹桥交通枢纽

图7-18　上海南站交通枢纽

四、步行交通系统设计

内外衔接人行系统服务于进出站客流、换乘客流,设施包括自动扶梯、自动步廊、楼梯、换乘通道和集散广场等。人行设施比一般道路中两侧的设施具有更多的用途,比如站前广场的人行道,除了保证必要的通行能力,提供绿化、照明、指路信息、埋设管线等设施的空间外,还需要有供行人停留候车的空间。

合理组织人行交通流线,分析换乘枢纽人流的性质、目的和分类,探讨人流的有序化与合理化。首先就需要明确表示枢纽的各种交通方式、换乘设施以及周边土地利用等因素;然后在明确各种交通方式的通行空间的基础上,分析枢纽的主导人流和其他各种交通流;最后争取在交通设计中优先考虑人流设施的配置、大人流和大车流的空间分离、进站人流和出站人流分离。

第三节 对外疏解道路设计

一、过境交通设计

对于城市中心区的枢纽,应提倡"交通保护核"模式。"交通保护核"是指对城市的一些重要的地区给予"交通保护"。在这些地区进行交通规划时应有特别的要求,如:对于交通工具使用的选择、交通拥挤、交通污染的净化、环境保护、景观的要求等。

交通保护核中建议位于城市中心的枢纽地区采取以下交通政策:
(1)公共交通为主导结构性出行方式。
(2)强化公共交通方式的可达性、便捷性,方便各种公共交通方式的换乘。
(3)为步行者开辟良好、舒适的空间。
(4)限制机动车包括出租车的大量驶入、分流过境机动车流量。
(5)严格限制机动车停车泊位,加强停车管理。

二、对外交通系统设计

枢纽的对外交通一般分为中长距离交通和中短距离区域交通。中长距离交通更多依赖城市快速系统,中短距离区域交通更多依赖城市干道系统,因此,针对不同服务对象,枢纽的对外衔接必须遵循"多层次多通道疏解、多方向多路径集散"的原则,提高枢纽交通运行的灵活性和保障度,避免交通集中冲击,实现安全便捷高效的目标。

枢纽对外交通组织主要分为以下三种流程。
(1)送客。
公共交通(包括轨道交通等):进场—下客—蓄车。
出租车:进场—下客—离场。
社会车辆:进场—下客—离场。
(2)接客。
公共交通(包括轨道交通等):蓄车—上客—离场。

出租车：进场—蓄车候客—接客—离场。
社会车辆：进场—蓄车候客—接客—离场。
(3) 送客后直接接客。
这种交通组织流程主要用于出租车辆。
出租车：进场—下客—蓄车候客—接客—离场。
枢纽外部交通系统和内外衔接系统设计的主要目标就是确保上述三种流程的便捷、畅通。

1. 对外交通系统设置原则

综合交通枢纽必须具备较高的对外集散效率，道路交通系统和公共交通系统是交通枢纽客运集散主要依托的两大系统。公共交通和道路交通要共同发展，但二者的侧重点有所不同，具体分析如下：

针对城市外围、公交覆盖率较低，但需要与铁路车站枢纽快捷连通的区域，要加强道路交通系统，包括快速路系统和交通性主干路系统，提升枢纽对外中长距离车行交通的时间可达性和便捷性。

枢纽外围快速系统的功能主要是集散枢纽对外中长距离的车行交通，因此快速系统宜布置在城市组团之间，保证中长距离的快速和畅通；枢纽外围主干路的功能主要是集散枢纽至城市组团内中等距离交通，因此宜布置在两个城市组团之间。

针对城市核心区主客流方向、道路交通又比较脆弱的区域，要做强集约化、大运能的公共交通系统，包括轨道交通、干线公交(如 BRT)等，以及适当发展干道系统，用以支撑地面公交。

枢纽外围大容量公共交通与城市的关系：要与城市用地中客流集中的区域紧密衔接，尽可能与城市的核心区域串接，与城市组团形成"串珠式"的关系，更高效地满足枢纽客流集散需求。这一点与城市快速系统的布局有区别。

在上述政策中，关键是限制机动车包括出租车的大量驶入、分流过境机动车流量及为步行者开辟良好、舒适的空间。

而对于区域道路交通组织，所需要遵循的具体原则包括：

(1) 实现道路系统的均衡、完善、协调和效率，枢纽内部道路和周边道路相互协调。

(2) 完善以快速路、主干路、次干路为骨架的道路系统。形成功能匹配、系统均衡的路网系统，疏散大量过境交通，枢纽疏解道路宜采用尽端路。

(3) 必须保证公共汽车与路网的有效相接。设置专门的公共汽车进出道路，并尽量将公共汽车场站的车辆出入口分开设置。

(4) 有效地利用立体交通手段来完善道路系统。通过必要的立体交通设施减少进出交通对周边城市道路的干扰，但须将立体交通压缩至最小范围，使得建设投资发挥更好的效益，而非滥用立交。

(5) 枢纽疏解道路建设"要密，不需宽"。

(6) 出租车采取"人等车"的设计和管理概念，尽量方便乘客，减少出租车对道路和枢纽的干扰。

2. 枢纽对外道路交通系统

枢纽的内外衔接与枢纽外部路网系统等级和形态关系密切，一般情况下是依托和适应外部路网,但对于一些新规划区域,外部路网尚未成形,此时也可以结合新增的交通枢纽,对规划路网适当调整,以此适应交通枢纽的功能要求和未来区域发展的需要。

铁路车站枢纽周边区域往往是城市未来高强度开发的区域,因此枢纽周边一般存在三种交通:区域过境交通、枢纽到发交通、周边区域开发吸引的到发交通。因此,在规划区域路网时,应该针对三种不同交通,确定不同道路的功能定位,使不同的道路侧重不同的功能和服务对象,保证三种交通适度分离,避免完全混行、互相干扰,降低交通效率。

铁路车站枢纽周边的路网也要保持结构完整、功能清晰、层次分明,其外部路网系统宜规划构造成两个层次。第一层次道路系统主要解决区域过境交通,兼顾枢纽集散交通,道路等级以快速路、主干路和重要的次干路为主,这一层次的道路部分平行于铁路线,部分垂直于铁路线。此类道路垂直于铁路线时,应与穿越城市的铁路线形成分离式立交,如果铁路两侧均规划为城市化区域,则此类道路的合理间距宜保持在1~1.5km,不宜大于2km(行人通道另行加密);第二层次道路系统主要解决铁路车站枢纽到发交通,道路等级以主干路和次干路为主,这一层次的道路部分平行于铁路线,部分垂直于铁路线,但以枢纽为尽端,为铁路枢纽专用,不必穿越铁路线形成过境通道,此类道路的间距可保持在500~700m,如图7-19所示。

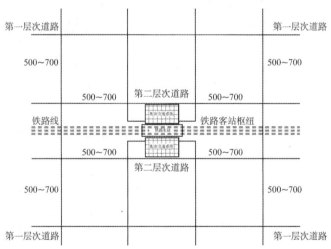

图7-19 枢纽周边路网层次和布局(尺寸单位:m)

在实际的路网规划布局时,受建设条件所限,第一层次的道路有可能会与第二层次的道路在空间上重叠,此时可以通过立体交叉的方式,将两种路网在同一线位上立体分离,以区分不同的功能。这样的路网可基本实现结构完整、功能清晰、畅达高效的目标。

3. 枢纽对外公共交通系统

为了提高综合交通枢纽的集散效率,在适当增强道路系统的集散能力的同时,还要大力倡导公交优先,使公共交通的客流分担比例达到50%以上。因此,铁路车站处的轨道交通和干线公交的车站和线路可适当调整增加,并且要与客运走廊的方向吻合,这样才能保证公共交通为铁路车站提供良好的服务,实现预期的公交分担比例目标。例如:在连接枢纽和城市核心区的客运主流向上,宜设置大容量公共交通系统。

轨道交通线网在铁路客运枢纽附近可以适当加密,一般情况下,铁路客运枢纽可以布置

2~3条轨道线,形成一个轨道交通换乘站,但也不宜将太多轨道线路集中布置在铁路客运枢纽,轨道交通线网布局还是以服务城市全局为重,讲求"网络均匀、线路舒顺、站点协调"。如果一个铁路客运枢纽的轨道交通线路超过3条,可在铁路客运枢纽范围内分设2个轨道交通换乘站。提高铁路客运枢纽公共交通疏解能力的关键不在于车站处轨道交通线路一定要非常集中,而是经过铁路客运枢纽的轨道交通线与全市轨道网络具有良好的连通性和换乘条件,使乘客通过不多于一次的换乘即可到达城市核心区全部范围。

三、步行交通系统设计

合理步行区以内,各种人行设施不再是单一要素的布置,而是要组成彼此连续的线形关系,以结合枢纽与周围的土地利用。合理的步行环境中枢纽往往位于客流产生吸引的中心,合理步行区内人行设施分布均匀,土地利用的强度由枢纽向外依次递减,出行者通过步行在短时间内很方便地到达区内的所有地点,具体如图7-20所示。其中,不规则的曲线所表示的是实际步行区,基本上与合理步行区吻合,不同色度的阴影则表示了步行出行和土地利用的强度。

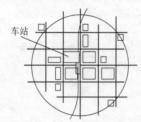 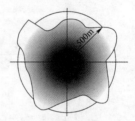

图7-20 合理的人行系统

由于受到枢纽本身条件和相关因素的影响,轨道车站也可能位于对行人不友好的环境中,人行系统中存在诸多物理上的障碍,降低了可达性,具体如图7-21所示。

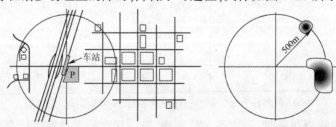

图7-21 不利于步行的人行系统

影响合理步行区人行系统的负面因素包括:轨道交通车站位于主要客流吸引产生区的边缘;位于路网条件较差的、低密度开发和分散布局的区域;位于物理隔离设施的一侧,比如快速路、高速路以及铁路;停车楼、立交桥或其他设施阻挡了人行系统的延续。这些不利因素导致了枢纽合理步行区覆盖的居住人口和岗位数较少,轨道交通的可达性差,交通设施的浪费和缺乏的现象并存。对于已建成的枢纽和设施而言,采用大规模的工程措施是不可能的。

鼓励枢纽周边地区乘客选择步行来乘坐轨道交通,需要从两个方面着手:一方面是通过修建人行天桥或地道等设施,连接枢纽和铁路、高速公路等所分隔的人行设施,或者是在分隔带的两侧都建设相应的站前广场,在概念上实现两者的统一,比如北京西站分为南广场和北广场。另一方面是采取完善周边道路路网和人行系统的措施,或者在枢纽步行区内进行土地和枢纽地区的整合规划,达到高密度的土地开发,为轨道交通饲喂客流,如图7-22、图7-23所示。

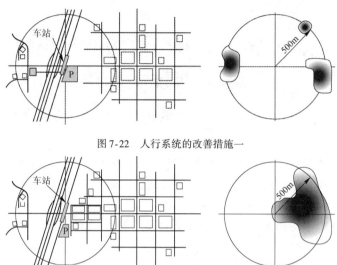

图7-22　人行系统的改善措施一

图7-23　人行系统的改善措施二

本 章 小 结

枢纽常常使各个方向的人流和地面车流汇集于十分狭小的区域内,容易造成交通拥挤,特别在道路资源常常短缺异常的情况下。需要结合枢纽周边地区的交通系统、路网系统综合考虑,通过合理的道路交通组织来缓解交通压力。

疏解道路的交通组织与设计可以分为三个层次:第一层次是枢纽内部道路。需要重点考虑如何为不同交通方式提供相互分开的道路,使各种交通流线分离。第二层次是内外道路的衔接。这是交通疏解的瓶颈,是提高人流吞吐量的关键。第三层次就是枢纽周边地区的道路。地区道路交通组织应该优先服务于枢纽进出交通,尽量分流过境交通,减少或消除过境交通和枢纽集散交通之间的相互干扰。

复习思考题

1. 疏解道路的设计一般从哪些方面考虑?
2. 内部、内外、对外疏解道路的设计有什么共同点?
3. 疏解道路设计中"以人为本,兼顾人车关系"的理念在设计中具体体现在什么方面?
4. 区域交通组织设计所要遵循的原则有哪些?

第八章 城市交通场站与枢纽内部交通标志系统设计

【课前导读】 本章主要介绍了城市交通场站与枢纽内部交通标志系统的设计。第一节介绍了乘客在场站或枢纽中,换乘时对于各种交通信息的需求;第二节介绍了整个场站与枢纽内部交通标志系统的设计内涵及流程;第三节介绍了交通导向标志的设计,它是城市交通场站与枢纽交通标志系统的重要组成部分;第四节介绍了综合交通枢纽交通标志系统的设计,包括公共汽车、轨道交通、火车站、机场等交通方式的标志系统设计。

【知识学习目标】 熟悉枢纽中乘客的交通信息需求;掌握枢纽内部交通标志系统的设计内涵及流程;了解交通导向标志系统的设计;掌握综合交通枢纽交通标志系统的设计。

【能力培养目标】 建立城市交通场站与枢纽内部交通标志系统设计的理论和方法体系,使学生具备城市交通场站与枢纽内部交通标志系统设计的能力。

【教学重点】 枢纽内乘客信息需求分析,枢纽交通标志系统设计以及综合交通枢纽内部的交通标志系统设计。

【教学难点】 综合交通枢纽的交通标志系统的设计,包括轨道交通、火车站、机场等。

第一节 枢纽乘客信息需求分析

一、交通信息及其分类

关于信息的定义,较为共识的表述有:信息是客观事物运动的反映,可以通过语言、文字、图像和视频四种形式来表现。交通信息则主要是指与交通运行、营运、管理及服务相关联的信息。

随着我国交通运输业的不断发展和交通网络的覆盖,出行的范围越来越大。当一个人因工作、学习、旅游或其他目的来到一个陌生的城市环境时,往往会觉得通过当地的公共交通方式来实现出行的目标是比较困难的,需要通过城市地图、公交线路图或者询问当地的居民来了解目的地、出行方式、出行费用、出行时间、是否需要换乘以及换乘是否方便等信息。仅仅这一个过程就给出行者带来了巨大的烦恼,使人厌恶甚至害怕公交出行,其影响不仅使个人的人际交往和经济收入减少,甚至还影响到整个城市的交通系统和经济发展。公共交通出行信息就是指在为出行者在出行之前或者出行过程中提供多种多样的信息,帮助其选择合适的出行方式和路径;同时使出行者可以通过不同的媒介,无论是在家里、办公室、枢纽站内,还是公交车辆中,都可以经济地获得和利用交通信息[17]。

为了便于研究交通信息的服务系统,首要的任务就是需要根据不同的标准对交通信息进行合理的分类,有以下几种分类方式:

1. 根据信息描述的对象不同进行分类

整个城市公共客运系统是由城市道路,各种公共客运方式(即公交车辆、轨道列车、出租汽车等)及人(包括出行者和公交运营者)组成的。因此,按照描述对象的不同,交通信息大致可以分为五种,具体见表8-1。

交通信息分类　　　　　　　　　　　表8-1

描述对象	信息内容
道路条件	描述公交车辆运行的道路信息,如公交线路、公交专用道、公交停靠站场
交通运行状况	描述包括公共交通在内的城市交通流的周期性归路和当前的运行状况
公交运营	主要包括:有关公交的图定和实际运行时刻表;运行路线图;票价和收费的方式;公交车内的载客状况和拥挤程度;公交车辆的实际位置;公交车辆到达站点的时间等
公交黄页	公交站点、换乘枢纽等主要场站与其周边土地利用状况的信息
天气信息	与出行有关的天气信息

2. 根据信息的更新频率和变化进行分类

城市交通系统是由动态交通系统和静态交通系统两大部分构成的。相关的出行信息可以分为三类,如表8-2所示。

交通信息分类　　　　　　　　　　　表8-2

更新变化	信息内容
静态信息	主要包括:道路条件信息;公交换乘、运行时刻表、运行线路图、票价和收费方式等;黄页信息
动态信息	主要包括:对出行有影响的天气信息;交通运行状况信息;公交实际运行时刻表和运行状况(实时地理位置、公交车辆的拥挤程度等)
预测信息	主要包括:根据实时路况预测未来时段的相关道路交通状况;公交车辆到达站点或目的地需要运行的实际时间

3. 根据信息获取的时间进行分类

根据出行者获取信息的时间,大致可以分为出行前信息和出行过程中的信息。

出行前信息,主要是指在出行前为出行者提供的有助于出行规划的信息。出行者可以根据这些信息进行决策,选择最佳的出行路线和出行时间,制订让自己满意的出行计划。

出行过程中的信息,主要是指出行者在出行过程中突然遇到交通事件或者因个人原因要改变原来的出行目时,为求得最佳出行而调整原有计划所需要参考的信息,可细分为场站信息和车载信息。常见信息内容举例,具体见表8-3。

交 通 信 息 分 类　　　　　　　　　表 8-3

获取时间	信息内容
出行前	道路信息:施工(维护信息等出行前); 公共交通信息:换乘信息、服务时间、发车间隔、费用等; 通行限制信息:限高、限宽、限重、限车型等; 辅助服务及其他:停车场、加油站、旅游信息等; 路况信息:通行条件等出行前
出行中	事件信息:事故地点、严重程度等; 应对措施信息:出行路径、出行模式等; 气象信息:大雨、雾、雪等影响出行的天气等; 其他信息:预测通行条件、换乘地、停车场状况

二、枢纽乘客信息需求分析

1. 换乘枢纽的特征分析

科学、合理、规范的静态换乘标志系统是枢纽人流疏导的灵魂,只有充分考虑枢纽的功能布局和建筑结构特点,设置完善的枢纽静态换乘标志,才能保证枢纽的高效运营和乘客的快速换乘[61]。

根据广泛调研和分析,枢纽普遍具有如下特点:

多种交通方式集中设置于同一建筑体内,各交通方式场站之间没有明确的界限,也没有标志性建筑可供参照,导致乘客没有方位感。

枢纽建筑规模大、层数多,大部分乘客活动空间和换乘通道都位于地下或封闭空间,空间特征缺乏变化,乘客无法分辨方向,很难利用对空间的理解来实现换乘。

枢纽内乘客流线复杂、乘客通道较多、转换节点多,经常需要乘客选择下一步行进方向。

2. 乘客信息需求分析

公共交通系统的使用者是各类乘客,乘客对信息平台的需求主要体现在出行前和出行中希望得到的公交信息,从而对乘客出行方式的选择和出行行为的规划产生影响。以下对计划出行者和到达换乘枢纽的乘客的出行信息需求进行分析。

1) 计划出行者

对于计划出行者而言,一次出行的行为涉及:出行目的的确定—交通方式的选择—出行线路的安排—出行费用的多少—出行时刻的选定。这要求换乘枢纽信息服务系统在规划设计时,要考虑到与整个城市公共交通信息以及其他交通信息的接驳,要能够实现信息的共享,不能仅局限在只为枢纽内部使用者提供服务。同时,也要为计划出行的居民提供准确而翔实的枢纽信息,来帮助其制订合适的、令其满意的出行计划。

出行者的出行行为是一个动态而又充满着变化的过程,为了更加快捷而畅通地实现出行过程,换乘枢纽的信息服务系统必须满足出行者在整个出行过程中产生的信息需求。这些信息需求大致可以概括成四种,具体见表8-4。对于途中的乘客而言,一般没有表中出行目的地信息和出发时刻的选择,但对于出行方式和出行路径信息,则可根据实际的交通状况(交通阻塞或突发事件),选择最佳的出行方式和出行路径。

计划出行乘客信息需求　　　　　　　　　　　　　　　表8-4

出行选择信息	含　义
出行目的地信息	提供目的地在城市中的位置及其周边土地利用信息
出行方式信息	城市公共客运系统中各种公交方式(轨道交通、公共汽车、出租车或者个体交通工具等)的相关站点及运营时间信息
出行路径信息	当选择公共交通出行时,表现为:换乘路线和站点的选择;采用个体交通方式出行时,则表现为:关于道路行驶路线的选择和拥堵状况
出发时刻的选择	交通出行者根据实际的交通状况(估算的行程时间)为能够按时到达目的地而选择的出发时刻

2) 到达换乘枢纽者

对于已经到达换乘枢纽的出行者而言,其对信息的需求主要有以下三种可能:

对出行目的地或中途换乘站点的名称和周边环境不熟悉,从而导致不知道要在哪一站下车或者换乘,下车后不知道怎么到达站点或者目的地。

出行途中由于道路或者交通条件(交通拥堵、交通事故)等客观条件的改变,希望可以调整出行方式,更新出行计划。

出行途中由于出行目的(工作或其他主观原因)要求临时变更目的地,宜新制订或者改变出行计划。乘客在枢纽站的信息需求内容,具体见表8-5。

到达枢纽乘客信息需求　　　　　　　　　　　　　　　表8-5

类　别	信　息　内　容
常规公交、轨道交通相关信息	公交车辆实时到站信息和离站信息、公交误点信息、公交拥挤状况(是否有空位和空位数)信息、到站换乘提示信息、换乘车次票价信息、售票地点信息、票价信息等
飞机、火车等对外客运方式相关信息	航班或车次即将到港(站)或离港(站)信息、航班或车次晚点及晚点发展情况信息、航班或车次拥挤状况信息、与市内交通的换乘信息、目的地交通系统当前状况信息、当前天气情况等
黄页服务信息	通过各种媒体、声讯电话以及个人便携装置接收和访问公众信息服务系统,获取与出行有关的社会综合服务及设施的信息,又称"黄页信息",包括新闻、天气、娱乐、购物、旅游、食宿等相关信息,乘客知道这些信息后,能够制订或调整合适的出行计划,选择合适的路径,从而减少多余的无谓出行和因此造成的延误
特色信息	特定条件下的信息需求,如奥运信息服务、世博会信息服务等

第二节　枢纽交通标志系统设计

一、枢纽标志系统的内涵

1. 综合交通枢纽标志系统的影响因素

综合交通枢纽静态标志系统是对在综合交通枢纽这一特定环境中提供静态信息,引导出行者进出枢纽、实现换乘以及使用各种公共设施的各类标志的总称。它是对枢纽建筑空间功能的一种直观诠释,是对交通流线的一种管理手段,其主要功能是向出行者提供管理、导乘和服务信息。随着我国综合交通枢纽的发展,静态标志系统对枢纽的换乘效率、安全管理、秩序保证等有着极大的影响[62]。

影响综合交通枢纽静态标志系统的重要因素主要有两个:枢纽内人流特征和内部空间环境特点。枢纽内人流特征对标志系统的影响主要体现在三个方面:行为路径、人流特点、个体特征。

首先,静态标志系统的设计应以方便人的行为为中心,其布局必须以乘客的基本行为路径为基础,注重转角设计,见图8-1。

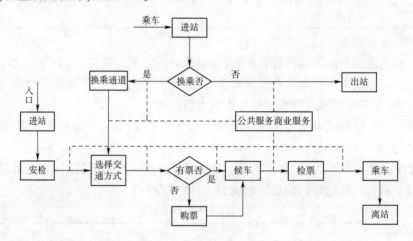

图8-1 乘客基本行为路径

其次,综合交通枢纽内不同交通方式的交通流特征不同,对标志系统的需求也不尽相同。以大型综合交通枢纽为例,其既有大运量城际交通,又有快速便捷的市内交通。城际交通的出行者大多对城市客运枢纽不熟悉,携带行李较多,行走不便,对标志信息的系统性、完善性要求较高,通常为获取必要信息进行下一步决策不得不经历较长时间的滞留。而市内交通换乘者则相对熟悉环境,选择性强,行走速度快,对标志信息的针对性要求较强,获取所需信息速度较快,对标志传达内容的(瞬间识别)要求较高。

最后,乘客的个体特征也是静态标志系统合理设置的基础。与交通标志专门针对驾驶员不同,枢纽内的静态标志系统服务对象是所有乘客。乘客的年龄、文化水平、认知能力等不尽相同,同时综合交通枢纽作为城市形象的地标,其服务对象来自不同国家和地区,这就要求标志系统尽量采用易懂的标准化图形符号,有文字表述的标志应采用中英文双语形式。同时,标志系统还应兼顾老、弱、病、残、孕以及视觉障碍人士等出行弱者的需求。

综合交通枢纽作为结构复杂的大型建筑物,内部空间环境复杂,具有交通换乘、购物休闲、候车休息等多重功能,交通流交织现象普遍。同时,内部视野、视线条件不佳,存在商业广告等嘈杂的视觉背景,这些对静态标志系统的连续性、醒目性提出了要求。

2. 标志系统的面向对象

交通枢纽的标志系统设计主要包括面向机动车的交通语言设计及面向乘客的交通语言设计。在设计过程中,要把交通标志作为一个整体通盘考虑,并根据功能和服务对象的不同随之改变。

1）面向机动车的交通语言

首先，在枢纽周边路网需要向驾驶员提供前往枢纽方向的指路标志，这是枢纽外部机动车交通语言。在进入枢纽周边路网区域前约1km处，连续设置包含距离等数字信息的指示标志，提醒驾驶员即将进入枢纽。

枢纽内部存在中途停靠公交线路和始、终点站公交线路，应该在周边路网上明确公交车辆进站入口以及公交专用道设置。枢纽附近一般都设置一定的出租车站位，应在周边区域利用交通宣传标志，对出租车进行引导，及时通报火车到站信息以及枢纽内出租车运行情况，对空驶出租车进站进行诱导和控制。由于社会车辆需要进入枢纽停车场，而停车场泊位数有限，所以社会车辆要根据当前枢纽内的停车场泊位数来选择进站停车或在枢纽外停车。因此，周边路网沿途要配备动态信息板，及时、准确地显示当前停车场停车泊位情况，便于驾驶员根据目前停车场停车情况选择枢纽内部或枢纽外部停车场。另外，还要设置标志指示停车楼各区的入口走向。

其次，对于枢纽内部机动车交通语言而言，枢纽内部多种交通方式共存，总体布局交通组织方式的成功与否，很大程度上取决于交通标志系统设计的成败，包括公共交通标志设计、出租车交通标志设计、社会车辆停车场交通标志设计。

（1）公共交通语言设计

通过在路面规定停车位的方式规范公交车辆，同时为乘客换乘提供便利。

（2）出租车交通语言设计

在出租车下客处，可通过增设标志牌提醒驾驶员注意临时停车的时间等，并辅以必要的管理手段。出租车辆在乘客下客后，根据流线指向，可以直接驶出枢纽，也可进入枢纽继续载客。因此，在站前广场增设出租车排队系统指示标志，引导下客后，希望载客的出租车前往排队系统排队。

（3）社会车辆停车场交通语言设计

社会车辆需要进入停车场泊车，并采用标志提醒社会车辆全部进入停车场下客。进入停车场或由停车场驶离时，各入口和出口的指示标志必须明确，停车场中停车收费的标准可利用交通语言进行说明。停车场内将根据泊位使用情况，实行车辆分区停放，因此各区当前的泊位数、各区在停车场内的位置分布都应该通过增设动态和静态标志加以说明。

2）面向乘客的交通语言

面向乘客的交通语言，分为枢纽外部交通方式信息和枢纽内部集散道路导行信息。

首先，在枢纽外部需要向乘客提供以下基本信息：

提供出行前乘客交通信息。借助网络、通信等先进的科技手段提供有效的关于公共交通换乘站地点、接驳线路等相关信息，使乘客可以根据这些信息及早地进行出行决策，选择合适的出行时间和出行路线。

使用电子站牌，满足各类乘客的信息需求。将信息进行分类，通过电子站牌等形式发布，提供出行前交通信息，有针对性地提供给不同需求的乘客。

提供车内公共交通乘客换乘信息。公交可以考虑通过视觉与听觉等媒介提供各种信息,诸如将公共交通车辆位置动态信息、到站所需时间、沿途站点换乘信息通过车内电子显示设备提供给乘客,方便乘客到站换乘。

其次,对于枢纽内部集散导行信息,可以通过枢纽布局图、枢纽内部导向标志向乘客提供相关的交通信息。

枢纽布局图可以提供枢纽内公交停靠站等各个枢纽组成要素的设置位置及名称,以及提供周边主要建筑物或景点的位置,同时提供主要的步行通道。

不同出行目的的乘客,可以通过枢纽内的导向标志了解到所到达目的地的信息。对于到站乘客,需要提供各种交通方式下客点至候车室的指引信息标志,做到指示正确。对于离站乘客,需要通过路线诱导为其提供准确的步行引导信息。在主要出口处,应增设集散导行信息和交通方式搭乘位置信息,使乘客根据自己的需要,选择合理的厅内路径和出口。出口处不仅要提供信息,还应增设动态信息板,提供关于公交线路或长途客运班车的线路、停靠站台等主要换乘点信息。出了候车室后,要有明确指示前往各候车点的路线标志和各线路时刻表等信息。路线诱导信息标志图通过箭头和简单的文字指出通往某地点的总体方向。

二、标志系统设计流程

1. 乘客的行为过程

由于枢纽乘客信息需求不同,要对枢纽进行标志系统设计,首先应该了解客运标志系统信息服务过程[63]。完整的枢纽标志信息服务系统包括:进站、出站及换乘等项信息的服务过程。乘客在客运枢纽的行为过程有进站、出站及换乘(图8-2)。

1)进站过程

第一阶段:衔接城市道路交通标志系统,由周边街区引导至枢纽入口。乘客从枢纽周边街区步行、骑自行车、驾车、乘公交车或出租车等前往枢纽。

第二阶段:引导至客运场所入口。乘客进入枢纽辖区后,继续步行、骑自行车、驾车、乘公交车或出租车等前往目标客运场所。

第三阶段:引导至客运场所内各类客流终点。乘客进入客运场所后,步行到达场所内各类客流终点,如出发口、到达口、售票处等。

进站过程中,应针对乘客前往枢纽的不同方式,分别提供相应的引导信息,以保证乘客能够顺利到达枢纽。

2)出站过程

第一阶段:引导至客运场所出口(到达口)。乘客从客运场所内各类客流起点,如站台、停车位等,步行、骑自行车或驾车前往客运场所出口。

第二阶段:引导至枢纽出口。乘客离开客运场所后,继续步行、骑自行车或驾车前往枢纽出口。

第三阶段:引导至枢纽周边街区,与城市道路交通标志系统无缝衔接。乘客离开枢纽辖区后,继续步行、骑自行车或驾车到达枢纽周边街区,进而去往出行的目的地。

出站过程中,应针对乘客离开枢纽的不同方式,分别提供相应的引导信息,以保证乘客能够顺利离开枢纽。

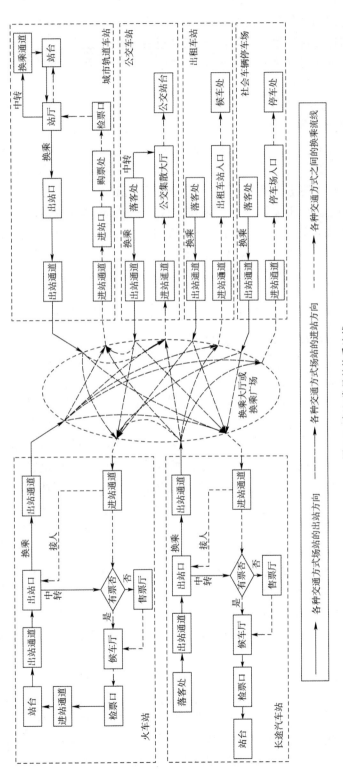

图 8-2 枢纽常见的换乘流线

3)换乘过程

第一阶段:与出站过程第一阶段重合,引导至客运场所出口(到达口)。

第二阶段:与进站过程第二阶段重合,引导至另一客运场所入口。

第三阶段:与进站过程第三阶段重合,引导至客运场所内各类客流终点。

2. 标志设置注意事项

目前枢纽标志系统的设计多有以下问题:

枢纽内外各类客运标志数量多,单块标志版面内容过多。多个层次的服务信息同时出现,乘客很难迅速针对自己的出行需求确定行进路线。枢纽内外各客运场所及设施普遍存在名称使用不唯一的问题,"一个设施存在多个名称,一个名称用于多个设施"现象突出,经常造成乘客误识,给乘客进行换乘、寻人汇合造成很大困难。枢纽由于缺乏位置标志,造成枢纽建筑及入口不醒目,不易识别。在枢纽主体建筑顶部、外侧及入口处往往缺乏以枢纽LOGO为基础的枢纽位置标志,乘客在复杂的道路环境中无法准确辨识枢纽位置,到达枢纽后却无法快速找到枢纽入口。广告挤占客运标志位置,比客运标志更加醒目。枢纽内悬挂、墙面及落地广告挤占客运标志的设置位置,严重影响乘客对客运标志的识别,干扰了客运标志功能的发挥。

因此,在对枢纽标志系统设计时应注意相应的问题,以下分别进行说明。

1)标志系统按流线设计,满足大客流需求

标志系统按乘客和机动车交通流线进行设计,导向标志满足90%以上客流量的信息需求。设置客运标志是为了引导乘客从客流起点顺利到达客流终点,同时通过渠化乘客行进路线,均衡路径客流量,减少因乘客自主选择路径造成的客流拥挤、混乱和安全隐患。同时,乘客的信息需求不能100%地依靠悬挂或附着的导向标志来满足。少数乘客需求的信息若出现在导向标志上,势必造成标志数量和体量的增大,不利于多数乘客检索所需信息,同时将提高标志前期施工和后期维护的成本。因此在进行枢纽客运标志系统设计时,应对乘客进站、出站和换乘行为需求的客流OD量进行统计筛选,规划行进路线,导向标志主要满足90%的客流信息需求,其余10%的客流信息需求将通过综合信息标志进行满足。

2)在客流分岔口处设置客运标志

在分流点、合流点和交织点等客流分岔口处设置客运标志。面面俱到的客运标志虽然可以一定程度地满足乘客的信息需求,但是客运标志设置数量过多会提高标志的视认难度,乘客无法快速辨识自己需要的信息,反而造成客流拥挤,引起安全隐患。因此客运标志应以合理的数量设置在合理的位置,以引导合理的信息,均衡各路径的客流,不一定引导最短路,更不可片面追求设置的标志面面俱到。

3)分级引导乘客服务信息

乘客服务信息按照客运枢纽、客运枢纽中各类交通方式客运场所、每一类交通方式客运场所中具体设施,从一般信息到详细信息逐级设置。乘客在进站、出站和换乘行为的不同认知阶段有着不同广度的信息需求,如乘客在进站过程中的三个阶段需要的信息依次为客运枢纽、客运场所及服务设施。同时,枢纽内外客运场所及设施众多,如若不进行分级引导,势必造成同一标志上出现大量信息,导致乘客视认所需信息的难度增大。因此枢纽客运标志系统应充分考虑按乘客信息需求层次不同进行分级引导,将同方向同类信息合并引导。这样不仅符合乘客信息需求的层次规律,易于乘客视认标出信息,而且可以减少标志版面内容数量,降低施工成本。由于采用分级引导,北京西站客运枢纽标志系统升级改造后的标志数量较改造前减少约30%,在优化乘客信息服务的同时有效降低了施工成本。其中,信息分级方法参见表8-6。

枢纽乘客服务信息分级 表8-6

信息等级		信 息 内 容
主要信息	第1级	客运枢纽主体建筑信息:××客运站
	第2级	各种交通方式客运场所信息:火车、飞机、轮渡、地铁、公共汽车、长途汽车; 重要的安全信息:紧急出口等
	第3级	各种交通方式客运场所内部具体服务设施信息:进口站、出口站、售票处、安检等
次要信息		非交通类服务信息:商业、餐饮、洗手间、乘客休息区、咨询中心、急救室等; 较重要的安全信息:紧急避难所、医疗服务区、公安、消防信息等
辅助信息		文字说明信息,对主体标志进行解释说明。采用中文和英文双语形式,其他语种根据枢纽所在的特殊需求进行增加

4) 设置综合信息标志,展示设施详细信息

配合导向标志设置综合信息标志,展示设施详细信息,满足不同乘客的信息需求。出于导向标志主要满足90%客流量的信息需求,剩余10%客流量的详细需求将通过综合信息标志来满足。因此枢纽内外应配合导向标志设置内容丰富、形式多样的综合信息标出,展示设施详细信息,满足不同乘客的信息需求。

5) 枢纽内外各客运场所及设施名称应统一

枢纽名称使用不统一,同一个客运场所或设施有多个名称,同一个名称用于多个客运场所或设施,极易引起客运场所或设施引导混乱,进而造成不必要的往复客流,同时也不利于警务及消防事件处理。因此,枢纽内外各客运场所及设施名称应唯一,同一类客运场所或设施多于一个时,宜以数字、字母或方向编号区分。一方面可为乘客提供客运场所或设施唯一的引导信息,利于乘客分辨进而选择行进路线;另一方面利于运营服务部门快速定位客运场所或设施的位置,提高运营服务的效率。其中,编号形式可参考以下规则:

当同一类客运场所或设施多于一个时,可对其进行数字、字母或方向编号,如停车场1、停车场4或停车场(南)。

对于服务功能相同的设施,如出租车、售票处、出口等,为提高标志的视认性,可将其编号适当缩小设置,如出租车1、售票处(南1)、小出口(南4)。

6) 醒目设置枢纽位置标志

枢纽主体建筑顶部、侧面及入口处应醒目设置枢纽位置标志,用以确认枢纽的位置,同时树立城市客运枢纽形象。随着枢纽集成交通方式种类的增多,枢纽建筑规模不断壮大,建筑的复杂程度也不断提高,但枢纽往往缺乏设置醒目的位置标志,导致乘客在复杂的道路环境中无法准确辨识枢纽的位置;乘客到达枢纽建筑物,却无法快速找到枢纽入口的情况时常发生。因此在进站过程中,根据乘客的信息需求,可以在枢纽主体建筑的顶部、侧面、站前广场、机动车和行人入口处醒目地设置枢纽位置标志,帮助乘客确认已到达枢纽,并快速找到入口。

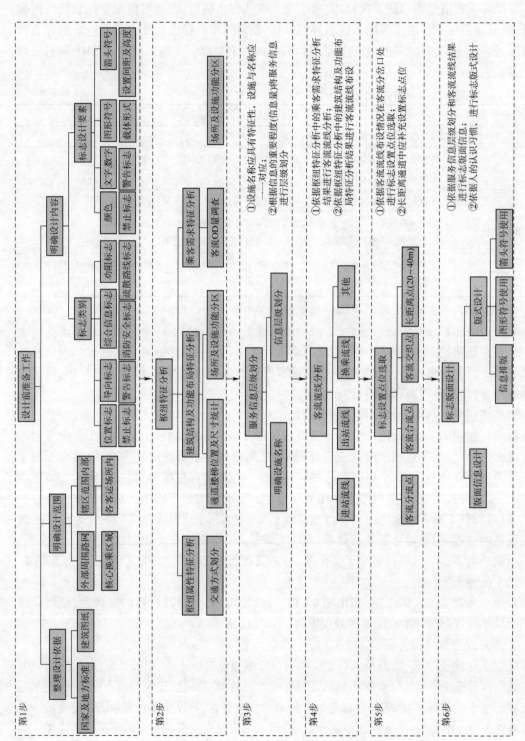

图 8-3 枢纽客运标志系统设计步骤

7)规范广告设置

规范广告设置,避免影响客运标志的识别。枢纽的首要功能是交通功能,其建筑空间应首先满足客运标志设置的需要。因此,在客流主流线上醒目的位置、客流流线的分合流点及交织点等客流分岔口处,应当优先考虑设置客运标志。广告应与客运标志系统同步设计,以协调彼此的关系。

(1)垂直于客流流线不应设置广告。

(2)客运标志应独立设置,标志平面外边缘 2m 范围不应设置广告。

(3)墙面广告(含灯箱广告)的面积应少于站厅、站台客运标志面积的 3 倍。

(4)设置广告的立柱数量宜少于站厅、站台独立立柱数量的 30%。

3.规范化设计与协调机制

枢纽客运标志系统设计涉及内容多,协调部门多。因此,在进行标志系统设计时应当完善、落实各项基础工作,并就遇到的问题及难点,建立联动机制进行协调。

1)明确枢纽客运标志系统设计步骤,完善设计工作

枢纽客运标志系统设计步骤依次为设计前准备工作、枢纽特征分析、服务信息层级划分、客流流线分析、标志设置点位选取和标志版面设计(图 8-3),每一步都应当认真落实。其中,枢纽特征分析是确保乘客需求的根本,服务信息层级划分是分级引导乘客的基础,而客流流线分析是客运标志系统设计的精髓。

2)建立联动机制,协调各单位工作

枢纽设计、建设、运营、管理各部门应就枢纽客运标志系统设计建立联动机制,协调需求。枢纽建筑结构设计与客运标志系统设计应同步进行,同步审核,以保证建筑前期设计与后期使用不脱节,避免枢纽建筑结构的先天缺陷。枢纽各交通方式客运场所运营管理部门应协调需求,以保证不同区域客运标志系统的设计不相冲突且很好地衔接。客运标志系统的设计与施工应分开完成,以保证客运标志能够满足乘客的信息需求,同时避免盲目设置造成工程浪费。

第三节 交通标志设计

一、交通导向系统标志设计

导向标志是枢纽标志系统中最重要的组成部分。导向标志系统包括指示标志、位置标志、图解标志和限制标志,见图 8-4。具体而言,借助表示前后左右方向性图形传达信息的标志,称之为指示标志。以说明语、图形符号来明确目的地具体位置的标志称之为位置标志。在距离目的地较远的情况下,从"这里"到"那里"需要经过的一定的路线,这时通常用地图、图解进行说明,这样的标志称之为图解标志。限制标志,是指根据现场的具体情况,在保障安全的基础上,告知人们行为必须遵守某些规则的标志。这四种标志构成了整个导向标志系统,它们通过不同的信息内容、表现样式、空间位置,使人们快捷、便利地获取所处环境的导向信息[64]。

1. 导向标志的大小设置

在庞杂的公共空间环境中,使用者如何清晰、便利地看到导向标志,这是导向标志系统能否发挥其作用的前提所在。而导向标志大小的设定是影响其识别难易的重要因素,导向标志的大小如何设定,应考虑以下几个方面:

(1)导向标志自身大小尺寸与周围环境的谐调。

(2)标志图形与中英文字体的大小比例关系。

(3)不同视距下导向标志尺寸的设定。

(4)导向标志的大小和行驶速度的关系。

(5)导向标志的大小设定要符合人的视觉习惯。

(6)正确地掌握标志图形尺寸和视距的关系,是使用者能够清晰看到导向标志的首要条件。

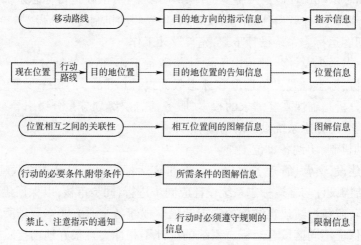

图 8-4 导向标志

在大多数情况下,导向标志中的标志图形需要和中英文对照结合使用,表 8-7 表示在一定的视距下,标志图形尺寸和中英文尺寸的关系。依据通路交通标志设置的基准(日本交通协会),在时速 70km 以上的情况下,标志图形和汉字的边长不能低于 0.3m;时速在 40~60km 的情况下,标志图形和汉字的边长在 0.2m 左右;时速在 30km 以下时,标志图形和汉字的边长在 0.1m 左右。高速道路上的标志要比时速 70km 的情况下扩大 1~3 倍,为了提高醒目度,警示标志要适当加大。

图 形 文 字 大 小　　　　　　　　表 8-7

视 距	标志图形的边长尺寸	汉字字体高度	英文字体高度
距离 40m	480mm 以上	160mm 以上	120mm 以上
距离 30m	360mm 以上	120mm 以上	90mm 以上
距离 20m	240mm 以上	80mm 以上	60mm 以上
距离 10m	120mm 以上	40mm 以上	30mm 以上
距离 5m	60mm 以上	20mm 以上	15mm 以上
距离 1m	35mm 以上	9mm 以上	7mm 以上

2. 导向标志的位置设定

在纵横维度交错的公共空间里,从纵向维度讲,城市建筑物林立,公共交通呈梯次分布;从横向维度讲,人群密集,车水马龙,道路交叉口、拐角众多。因此,导向标志设计时,必须要考虑到标志设置的高度、角度,从而让使用者(正常人和残疾人)在由远及近的过程中,可以避开人群、建筑物的遮挡,直视无碍地看到标志。当然,放置标志牌时,还要考虑到标志牌的面积、倾斜度以及阅读者视轴可能形成的角度,从而让使用者在近距离阅读内容繁杂的图解导向标志牌时,可以清晰地阅读到细节内容。

1)导向标志位置高度的设定

远距离观看导向标志的情况下,仰视视线与水平线成10°夹角仰视时感觉最舒适,这就是最佳视觉角度。人们在用眼睛接受信息的时候,有效视野通常是左右约15°、上约10°、下约12°以内,导向牌的设置要充分考虑人的有效视野。在人感到舒适的视觉角度下,如果使用者前方5m有行人遮挡,导向标志高度应设定为离地面2.5m,这样使用者可看到导向标志的范围最大。

近距离要看清楚导向标志,同样存在着标志设计高度的问题。日本建筑协会相关机构通过研究,得出的结论为:使用者在正常视野70°范围内,距离导向标志牌1m的前提下,导向标志牌的中心点距离地面1.35m时,使用者(不包括轮椅使用者)所能看到导向标志牌的范围最大。

2)导向标志与使用者视角的界限设定

使用者视轴和导向标志牌形成的角度,是决定其是否能够清楚读到导向标志内容的一个关键因素。我们在阅读报纸或书籍的时候,经常会无意识地调整自己的视觉角度直至接近直角,这样有助于我们清晰地阅读到内容。如果视觉角度处在上下45°范围之外,则会增加视觉上的误读率。

在机场、观光景点、医院等场所的入口处,经常会有大型的内容复杂、文字图形众多的图解导向标志牌。在这种场合下,导向标志设计就必须要考虑符合人们的视觉习惯,使导向牌的上下左右都要在使用者的视觉角度内,最大不要超过90°。在设定导向标志牌的高度、面积、倾斜度的时候,无论是水平方向还是垂直方向,都尽量避免和阅读者的视觉角度形成小于45°的情况。

3)导向标志的形态和设置方法

经过长期的发展、演变,导向标志形成了形态各异的表现形式和设置方法。在现代社会里,导向标志牌的基本形态一般有七种,在这七种基本类型之上又繁衍出多姿多彩的新形态。

(1)导向牌的形态分类如下:

①单柱型。

这种类型的导向标志牌构造简易,设置场所一般选择在狭窄的街道上,通常作为交通导向标志牌来使用,起到表示名称的作用。柱子上可以同时设置数量较多的指示牌,传达众多的指示信息和相应的指示方向,见图8-5a)。

②双柱型。

双柱型导向牌是用两根柱子支托,中间设置导向牌。此类导向牌面积较大,可容纳大量的导向信息,适合设置于广场、入口处等面积广阔的场所。设置时要考虑到导向牌的前后两面,如果只有一面设置导向信息,在设计中对导向牌的后面效果决不能轻易忽视,见图8-5b)。

③倾斜型。

这种导向牌以倾斜状设置,高度一般在1.2m以下。倾斜型导向牌相对于垂直式导向牌(墙壁型、箱式型)没有压迫感,有利于近处仔细观看。倾斜型导向牌适于承载城市交通图、时刻表、文字说明等详细的图解导向信息。同时,由于画面位置低,还适合于轮椅使用者观看,见图8-5c)。

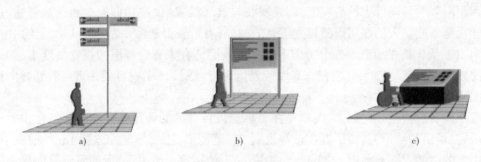

图8-5 导向牌的形态

④地面型。

导向牌设置位置很低、与地面平行,甚至经常把导向信息直接设置在地面上,使用者从上往下观看画面。这种方式有很强的方向性指引功能,非常直观而易于理解。但地面型导向牌经常被流动的人群遮挡,不宜长时间仔细观看,因此所含信息量要少而精,见图8-6a)。

⑤墙壁型。

导向信息设置在垂直于地面的展板、墙壁等物体上。这种导向牌的画面可依据信息含量而扩大或缩小,适合于承载信息含量较大的展览会、商业中心等场所的综合导向示意图内容,见图8-6b)。

⑥箱式型。

箱式型是由墙壁型转变而来,利用墙壁型的厚度在侧面承载信息。这种导向牌造型丰富多样,可以出现多块面、多角度,针对不同的方向传达信息。箱式型非常适合设立于广场中心,把周围各个方向的导向信息汇集于一身,见图8-6c)。

⑦艺术型。

根据自然实物制作成立体的模型。既可以是抽象的几何形,又可以模仿动物、植物等自然形态,整体造型新颖、奇特而富有个性。在设置此类导向牌时,注意不要单纯追求视觉效果而忽视与周围环境的和谐,见图8-6d)。

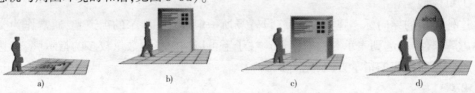

图8-6 导向牌的形态

(2)导向牌设置方法分类如下:

①壁面悬挂法。

导向牌在墙面上悬挂,可以自由摘取、更换和调整位置。壁面悬挂法要注意导向牌自身的材质重量,以便拿取方便。悬挂位置尽量设在建筑物出入口、街道丁字口、电梯口等处,能和观看者视线形成垂直交接,见图8-7。

②壁面突出法。

壁面突出法是导向牌突出于墙面并与墙面垂直交接。此种设置方法因为和人们的行动路线正对而有很高的认知度,常常被用在室内建筑功能、交通、门牌房号等方面的指示。商业上的户外广告牌多是这种衔接方法,见图8-7。

③垂吊悬挂法。

垂吊悬挂法是从建筑物的天花板或房梁上自上而下悬挂,和人们的移动路线正对。在高度设置上,不能妨碍人们行动;在宽度设置上,注意不要超越导向牌下通道的宽度,见图8-7。

④张贴法。

张贴法是把导向信息通过机械图像输出的方式喷印在背面背胶的纸面或其他合成材料上,再通过裁切把导向标志或文字直接粘贴在玻璃或墙的壁面上。近年来,图像输出设备和背胶技术不断提高,张贴法的使用越来越广泛,见图8-7。

⑤自立固定法。

自立固定法是在地面或台面上单独固定的导向牌设置方法。此种方法形式自由、位置设置灵活。脱离了建筑物的墙面和顶面,受室内外设置场所的限制较小,见图8-7。

⑥可移动法。

小型、独立的导向牌装置方法。此种方法既脱离了建筑物的墙面和顶面,又可以使导向牌在地面上移动,灵活性强。为了移动安全,导向牌的高度和面积不宜太大,滑轮要经久耐用,见图8-7。

⑦立柱环绕法。

经过特殊工艺加工,使导向牌形体弯曲依附于立柱表面。大型建筑物的立柱有很强的连续性,有利于导向信息的系列化和延伸。例如,地铁站的立柱排列密集,柱面上的导向牌通过重复设置,对拥挤的人群起到了很好的分流效果,见图8-7。

图8-7 导向牌设置方法

二、其他标志设置

地铁枢纽站动态信息服务是通过先进的技术手段,在重要换乘中心设置可变情报标志,向驾驶员或乘客提供道路交通及公交运行的实时状况信息,诱导出行者更加舒适、便捷地换乘公共交通。

动态信息服务系统由调度监控中心、车载设备、上行无线数据传输、下行无线数据传输和电子站牌等部分组成。系统首先将正在运营的公共汽车电车车辆GPS位置及轨道交通车辆位置信息通过上行无线数据传输方式送到公交调度监控中心,经过实时数据处理后再通过下行无线数据的方式将车辆的位置信息传送给设置在地铁站厅或公交站台的电子显示候车站牌。最后通过电子站牌的显示,乘客即可获悉当前公交换乘的位置信息和时间信息。

1. 动态信息的设计要素

信息要素指的是信息在内容、方式等方面的特征。主要包括:

信息的内容:为乘客换乘公共交通所提供的公交车辆到、发时空信息和线路概况,公共交通拥挤程度,以及枢纽停车设施利用状态的实时信息。

信息的提供方式:使用设置在轨道交通站厅和公共汽车、电车站台的电子显示屏,公布相互换乘信息。

信息的时间性:主要有描述现状(公共交通当前运行状况、换乘设施当前设用状况)和预测(对未来状况的预测)两种。

信息的更新周期:动态信息内容更新一次的间隔时间。信息的更新周期需要以车辆运行状态的改变、换乘者对信息变化的感知能力及相应的行为模式进行分析来确定。

2. 信息标志的设计

信息标志由于要为各种文化层次的乘客服务,应尽量使用标准图形符号。

标志的设计也应当"以人为本",考虑乘客所需。当行人需要的只是部分信息内容时,就不应列举出全部信息。根据调查,乘客并不是关注动态信息标示的所有内容,而只是偶尔注意一下,所以,信息的提供应具有一定的易读性、可认性、醒目性,是易于使乘客清楚地理解所表达的内容,必要时配有英文。不同功能、性质的信息服务应当使用不同的字体或不同的大小规格,以各成体系,不易混淆。对于动态提供的信息内容,也应根据所显示信息条目的重要性排出次序进行提示,不要用同样大小、同样的字体;地图的方位设计可以不采用传统的上北下南的方式,而是与实际方位一致。为使文字容易识别,其确认距离以及文字的高度应有相应的比例。

3. 信息标志的设置

标志提供的有效信息不仅取决于其设施在什么位置,而且取决于标志的可视范围。所以,标志设施的安放应考虑其有效位置的可视范围,标志所表达的信息应当在可视范围之内不易被误解,使乘客感觉到标志的位置同它所应有的功能相符。

所需信息牌的摆设位置,离出站口应有一段距离。因为乘客出站后,会有一段跟群、适应的过程,在此过程中极易漏掉沿途设置的信息。因此,在乘客换乘通道内,应适当重复设置类似的信息,以增加乘客的信心。

第四节　综合交通枢纽交通标志系统设计

一、综合交通枢纽标志系统组成

1. 标志系统组成

综合枢纽换乘交通标志系统应由引导标志、确认标志及平面示意图三类标志构成,功能定位不同的三类标志相互配合共同构成严密的乘客换乘引导体系[61]。

引导标志由标志图形、文字和箭头(图8-8)组成,表示标志文字或图形所示目的地的前进方向[图8-8a)],用于引导乘客继续前行。确认标志的版面由标志图形和文字组成,表示标志文字或图形所示目的地[图8-8b)],用于告诉乘客已经到达目的地。枢纽平面示意图由图名、平面图及图例组成,主要用于表示枢纽或特定区域内的服务设施的分布信息,使乘客能准确分辨自己所处方位及周围空间内各种设施的分布情况,为选择行进方向提供参考。

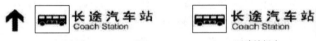

　　a) 引导标志　　　　　　　　b) 确认标志

图8-8　综合枢纽换乘交通标志示例

2. 标志设置要求

1) 引导标志和确认标志

(1) 布设规则

枢纽换乘标志的设置应该能够准确反映枢纽乘客换乘流线的设计意图,从乘客步入枢纽空间时始,就应让乘客看到清晰、易懂的目的地换乘引导标志。枢纽内铁路乘客车站、长途汽车站内的出站口、售票厅、候车厅、集散大厅,城市轨道交通车站的站台、站厅,公交车站、出租车站和社会车辆停车场(库),换乘广场(大厅)、地下通道、天桥、商业区等公共区域都应设换乘引导标志。换乘引导标志应连续设至目的地入口处,并在目的地入口处设目的地确认标志。但根据运营组织方式及其场站空间布局的差别,各种交通方式场站内换乘引导标志的设置要求不尽相同。

对有多个出站口的铁路车站,换乘引导标志应连续设在从站台至出站口的通行区域各个空间转换点的相应位置。对有唯一出站口的铁路车站,换乘引导标志应从出站口(或出站验票机)开始设置。

长途汽车站出站口处的换乘引导标志应设在从下客区至出站口的通行区域各个空间转换点的相应位置,并与出站引导标志并列设置。

城市轨道交通车站内的换乘引导标志,应与出站引导标志并列连续设在从站台通往出站口的通行区域各个空间转换点的相应位置。

(2) 布设位置

枢纽内换乘乘客对引导标志信息的依赖性很强,如果乘客所需信息突然在前进视线内中断,或者相邻两块引导标志间距超过乘客视线范围时,乘客便会无所适从。相关的调查统计表明，信息链中断现象最容易出现在枢纽出入口、各建筑空间出入口及乘客通道的交叉口、分岔口、转弯处和楼梯（自动扶梯、电梯）口等空间转换点。

为了避免引导信息链中断现象的发生，在各个空间转换点前后必须连续设置换乘引导标志。同一乘客流线上两个相邻标志间距不能超过乘客视线范围，否则应在两块标志之间重复设置相同信息的换乘引导标志。静态换乘标志应设置在乘客的视线范围内，位于该标志前通道内的相邻标志之间。比如，自动扶梯出口处的静态标志应设置在扶梯出口的正上方，以便扶梯上的乘客利用乘坐扶梯的这段时间来阅读标志引导信息。

（3）安装要求

静态标志系统的常用安装方式主要有悬挂（吸顶）、落地、悬臂、门架、摆放和附着等。枢纽静态换乘标志采用何种安装方式，应综合考虑枢纽的建筑结构类型、区域功能和换乘引导标志数量等因素，总体目标应符合快速行进中乘客的视读习惯，方便乘客快速获取所需引导信息。对于容易引起人流聚集的特殊空间，必要时可同时采用多种安装方式设置换乘引导标志，不同安装方式的标志信息应该一致，以增加引导信息的密度。

枢纽换乘标志一般采用悬挂（吸顶）方式设置在乘客换乘通道的正上方。对于换乘大厅、集散大厅等乘客流线复杂区域，可以设置悬挂（吸顶）方式引导标志。此外，还应充分利用建筑空间内的立柱或墙壁，采用附着方式把换乘引导标志固定在立柱或墙壁上正对乘客前进方向的位置，形成非常显眼的引导信息带。

对于大跨度、高空间、无立柱的现代化枢纽建筑，由于建筑空间比较高，不方便使用悬挂（吸顶）方式引导标志，一般采用落地、悬臂或门架等安装方式。

对于换乘通道转弯处、通道分岔口和楼梯口等转换节点，应充分利用正对乘客前进方向的墙壁，把换乘引导标志固定在墙壁上，形成非常显眼的墙壁附着式引导标志。

对于地下通道、天桥等空间相对封闭的乘客换乘通道，除了设置悬挂（吸顶）方式引导标志外，还应在通道两侧墙壁或栏杆上设置与悬挂标志信息一致的附着式换乘引导标志。

2）平面示意图

（1）布设规则及位置

枢纽平面示意图的主要功能是帮助乘客分辨自己所处方位、枢纽分区、周边主要建筑物、街区和著名景区，以及枢纽内部设施分区、主要换乘通道、主要出入口等信息。乘客分辨出自己的方位和目的地道路信息后，即可跟随换乘引导标志直达目的地，避免了由于对枢纽站房空间布局不了解而迷路。

平面示意图作为枢纽换乘标志体系的主要组成部分，其设置应置于整个换乘标志体系中予以综合考虑，其设置位置及版面信息应与枢纽换乘引导标志和确认标志相互配合。

根据平面示意图的功能分析，平面示意图应主要设置在枢纽站前广场和枢纽站房的主要出入口、乘客换乘通道（包括进出站通道）的交叉口、换乘大厅（换乘广场）、换乘通道上不同交通方式场站站房的交界点、各种交通方式场站的候车厅（室）等处。

（2）设置要求

枢纽平面示意图上的方位应与实际方位一致，例如，位于图中观察者左侧的设施，在实际环境中也应该位于观察者左侧。枢纽平面示意图上应该以醒目方式标出观察者位置和观察者本人周边通道方向，对每个通道方向赋予特定编号。在每个编号下列出每个方向可达目的地信息(包括枢纽周边道路、枢纽内各种交通方式场站和公共服务设施等),枢纽平面示意图附近的引导标志信息也应该与枢纽平面示意图上的位置信息一致。

二、公共汽电车交通标志设计

公共汽电车换乘枢纽包括常规公交停靠站和在客流集散点设置的综合公共汽电车换乘枢纽。根据研究分析,完善、有效的换乘信息服务有助于提高乘客换乘效率,减少换乘时间、换乘距离及其他换乘风险,改善公共汽电车站换乘系统的可靠性,提高乘客在换乘过程中的安全感,有效提升换乘服务水平。公共站牌是在常规公交中途停靠站最常见的用于发布公交运营及换乘信息的主要设施,它对乘客具有重要作用,它可以吸引乘客,使乘客尽快找到乘车方向,决定换乘地点,避免造成混乱和拥挤的现象。

在北京市地方性标准《公共交通客运标志 第 3 部分:公共汽电车》(DB 11/T 657.3—2009)的相关说明中,公共汽电车标志分为九大类:位置标志、导向标志、劝阻标志、禁止标志、警告标志、消防安全标志、疏散路线标志、综合信息标志和道路交通标志。对于枢纽站,应设置的标志有:

(1)公共汽车站、公交 IC 卡服务网点、卫生间、出租车落客区、电梯、服务台等位置标志。

(2)入口、出口、枢纽内交通设施(轨道交通、道路乘客运输站)、枢纽外交通设施(火车站、机场)、公交 IC 卡服务网点、卫生间、电梯、楼梯、出租车、服务台等导向标志。

(3)禁止吸烟、禁止攀爬、严禁携带易燃易爆等危险品进站等禁止标志。

(4)当心碰头、当心车辆等警告标志。

(5)站牌、线路图、平面示意图、乘车信息板和街区导向图等综合信息标志。

(6)根据需要,设置劝阻标志和消防安全标志。

在此标准中,各种标志的具体说明如下:

1. 位置标志

1)场站用标志

场站用标志是标明场站内设施、场所、服务等所在位置的标志,由图形符号、颜色和(或)文字组成。场站标志应提供场站内设施、场所、服务等对应的图形符号和(或)文字(中英文)。由单一图形符号形成的位置标志,其颜色设置为蓝底、白字、白色图形,相关图形如表8-8 所示[65]。

位置标志　　　　　　　　表8-8

序号	标志名称	图形符号	说　明
1	中途站	知春路 ZHICHUN LU	确认公共汽车站名称
2	首末站和枢纽站	四惠公共汽车站 SIHUI Bus Station	确认公共汽车站名称

续上表

序号	标志名称	图形符号	说　明
3	公交IC卡服务网点		公交IC卡服务网点标用于确认公交IC卡的充值、销售及相关服务的地点，并应根据所提供的不同服务辅以相应的文字，如公交IC卡退卡窗口应使用"IC卡退卡"的字样
4	服务台标志		表示服务台的位置

此外，还应该设置无障碍设施标志。无障碍设施标志用于表示场站内无障碍设施（如无障碍出入口、无障碍坡道、无障碍电梯、无障碍售票窗口、无障碍厕所、无障碍厕位、无障碍电话、无障碍停车位、轮椅爬楼车、升降平台等）的位置。

2）车辆用标志

车辆用标志是标明车辆上相关设施和服务的标志，由图形符号、文字和颜色组成。其字体和图形的颜色均为白色，底色应根据车身颜色恰当搭配，示例中给出了底色为蓝色的设计方案。形状为长方形或正方形，尺寸宜根据实际情况确定。车辆用标志应提供车辆上设施和服务对应的图形符号、文字（中英文），不同的车辆用标志可组合设置，相关图形见表8-9。

车辆标志　　　　　　表8-9

序号	标志名称	图形符号	说　明
1	车门标志		用于表示车门的上下方向
2	老幼病残孕专座		用于表示专座位置，也可用特殊颜色表示专座
3	刷卡标志		表示刷卡设备的位置，尺寸应该根据刷卡设备的实际情况而定
4	无障碍设施标志		表示所示车辆为无障碍用车或车厢内无障碍设施的位置

此外，对于路牌的设置也有相关要求。路牌是由文字、数字和颜色组成的，向乘客提供

公交汽电车线路信息。路牌应提供路号和始发站站名、终点站站名等信息。其字和图形的颜色均为白色,其中底色应根据车身颜色恰当搭配,形状为长方形,其尺寸应根据车型确定,文字应根据实际线路确定。空调车的路号牌上应有醒目的空调车标志。设置在车辆尾部的路牌可不提供始发站站名、终点站站名的信息。

2. 导向标志

导向标志用于首末站、枢纽站标志系统,导向标志应提供方向、目的地的中英文及对应的图形符号。单一图形符号形成的导向标志,其颜色设置常为蓝底、白字、白图形,形状为长方形。设计组合标志时,应将同一方向的单一标志集中设置。具体相关标志设置如表8-10所示。

导 向 标 志　　表8-10

序号	标志名称	图形符号	说　明
1	公共汽车车站导向标志	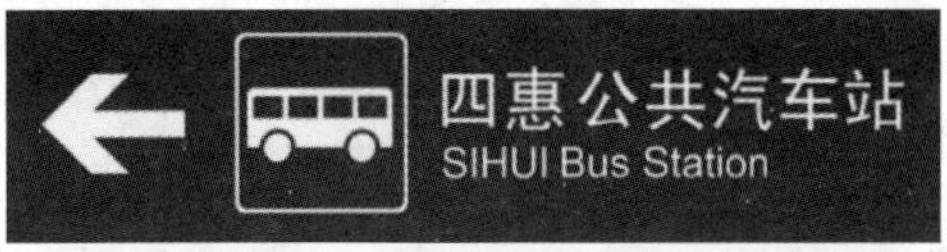四惠公共汽车站 SIHUI Bus Station	用于引导乘客前往公共汽车站,图中文字应与实际站名一致
2	电车车站导向标志	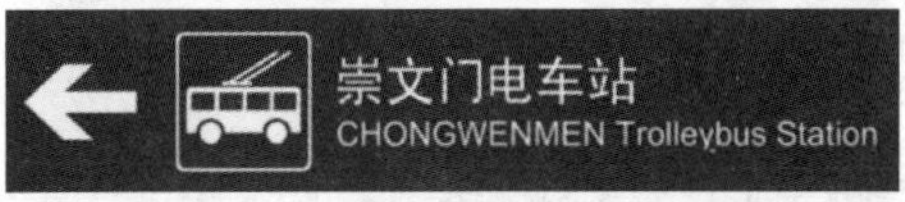崇文门电车站 CHONGWENMEN Trolleybus Station	用于引导乘客前往电车车站,图中文字应与实际站名一致
3	轨道交通车站导向标志	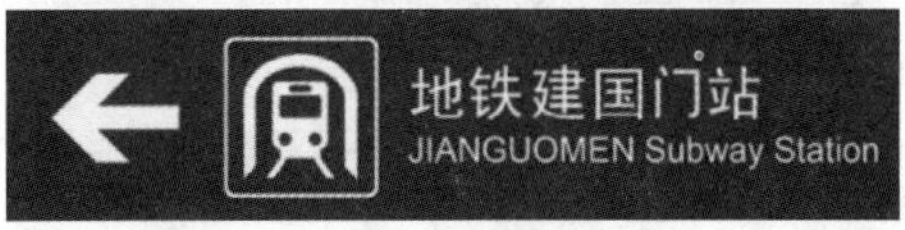地铁建国门站 JIANGUOMEN Subway Station	用于引导乘客前往轨道交通车站,图中文字应与实际站名一致
4	道路乘客运输站	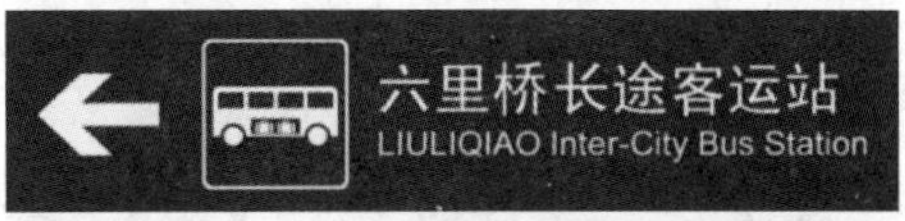六里桥长途客运站 LIULIQIAO Inter-City Bus Station	用于引导乘客前往道路乘客运输站,图中文字应与实际站名一致
5	火车站导向标志	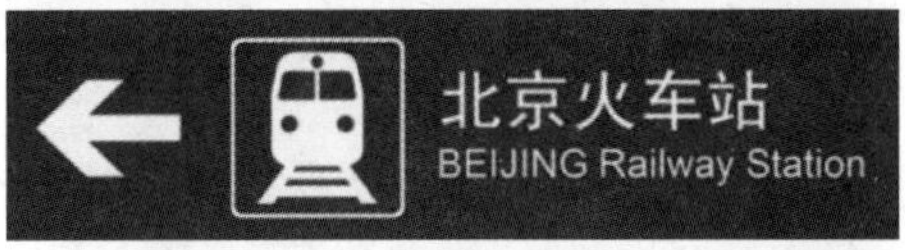北京火车站 BEIJING Railway Station	用于引导乘客前往火车站入口,图中文字应与实际站名一致
6	指路标志	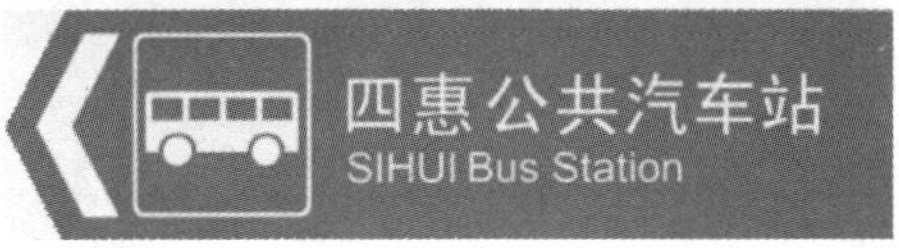四惠公共汽车站 SIHUI Bus Station	用于从公共汽电车场站外路口处指示公共汽电车站方向的导向标志

3. 综合信息标志

综合信息标志包括站牌、平面示意图、信息板、街区导向图、线路图、票价标志等。各种标志的具体设置如下:

1)站牌

站牌是用于向乘客提供乘车信息的标志。站牌应提供路号、始发站站名和终点站站名及汉语拼音、首末车时间、全线站名、票制票价、运行方向、当前站和(或)公里数等信息,并应用箭头或颜色等方式突出本站站名(图8-9)。

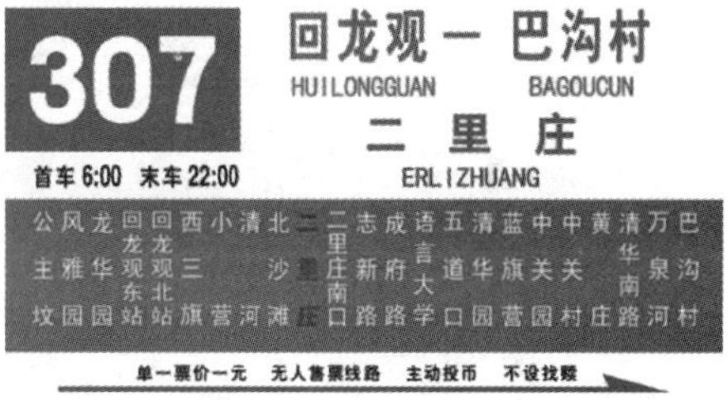
307
回龙观－巴沟村
HUILONGGUAN
BAGOUCUN
二 里 庄
ERLIZHUANG
首车6:00 末车22:00
单一票价一元　无人售票线路　主动投币　不设找赎

图8-9　站牌设计示例

2）平面示意图

公共汽电车场站平面示意图是提供场站内部特定区域内公共设施位置平面分布信息的标志,多层公共交通汽电车枢纽站和开放式公共汽电车场站平面示意图如图 8-10、图 8-11 所示。

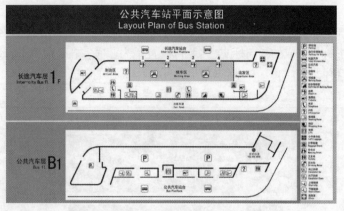

图 8-10　多层公共汽电车枢纽平面示意图

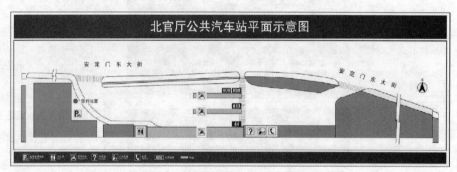

图 8-11　开放式公共汽电车场站平面示意图

3）信息板

信息板（图 8-12）是提供公共汽电车枢纽站各楼层设施和服务分布的标志。

图 8-12　信息板示例

4）街区导向图

街区导向图（图 8-13）是提供公共汽电车场站周边公共设施位置分布的图。

城市交通场站与枢纽内部交通标志系统设计 第八章

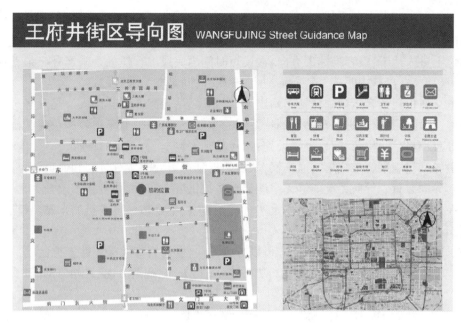

图8-13 街区导向示意图

5）线路图

线路图（图8-14）是向乘客提供车辆运营线路信息的图。

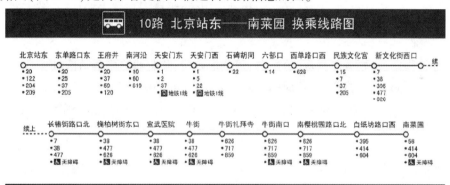

图8-14 换乘线路图设计示意图

6）票价标志

票价标志是向乘客明示车辆收费标准的标志（图8-15），其中，票价应使用阿拉伯数字表示。

此外，还应设置禁止标志、警告标志和劝阻标志，用于场站和车辆，而消防安全标志用于确认首末站、枢纽站内设置的消防设施的位置，如紧急出口、消防水带和消防栓等。

图8-15 票价标志

三、轨道交通标志设计

轨道交通枢纽站由于结构复杂、规模及换乘量较大的特点，其换乘系统信息服务的设计

259

更为重要。从乘客的交通需求特征分析,出行目的明确性是客运需求的基本共性。对不熟悉线路的乘客,特别是外地乘客,不了解城市地理环境,通常最担心的是上错车、坐过站。当乘客从地上进入地下,极容易迷失方向,在最短时间内完成出行任务是乘客外出最普遍的心理要求。因此,在出行中明确了解换乘地点、车次、时间是非常关键的。

轨道交通枢纽的客运设施包括车站出入口、站厅、站台三部分。出入口是乘客进出站的建筑设施;站厅则是乘客进入车站后到达站台的过渡空间,也是下车乘客尽快疏散出站的通道,为此应设有售票、检票、问事处等设施;站台是乘客候车、上下车的场所。

为引导和组织乘客乘轨道交通车辆,从进站处到乘车处的所有过程和通道,都应设有不同功能的导向装置。导向系统能够无声地给乘客提供方向指示、警告指示及公共信息指示,尤其是在几条线路交汇的换乘车站以及实行自动售票、不设站台乘务员的车站,导向系统尤为重要。

按导向标志的性能不同,导向标志可以分为方向性、警告性及服务性三类:

(1) 方向性导向标志:包括列车运行方向、车站口方向、购票方向、进站方向、各交通方式换乘方向。

(2) 警告性导向标志:包括乘客停留标志、乘客不能进入标志等。

(3) 服务性公共信息导向标志:包括轨道交通系统线路图、运行时刻表、早晚开行时间表、车站周围公共服务设施导向标志。

导向装置的安装位置从车站外部沿出入口、站厅、站台一直到车辆,是连续不断布置的,其安装位置基本可以分为:

车站外部:站名牌、站位图、线路图、出入口导向图。

站厅部:售票、检票方向指示、价格表、紧急出入门、公交线路换乘站信息。

站台部:时间表、线路图、车站周围示意图、出入口导向图、车站各种用房标志。

根据《城市轨道交通客运服务标志》(GB/T 18574—2008)中的相关规定,轨道交通客运服务标志设置如下:

1. 位置标志

1) 城市轨道交通位置标志

城市轨道交通位置标志应设置在车站出入口的醒目位置,其信息内容应包括表示城市轨道交道的图形,可包括文字注释等[66]。

城市轨道交通位置标志中表示城市轨道交通的图形应符合相关国家标准的规定,不得使用企业徽标代替。在城市轨道交通位置标志中增加企业徽标时,表示城市轨道交通的图形应布置在主要位置,企业徽标应布置在次要位置;企业徽标的面积不得大于表示城市轨道交通的图形面积的三分之一。

2) 车站位置标志

车站位置标志应设置在车站出入口的醒目位置,其信息内容应包括车站名称、线路名称及线路标志色,宜包括出入口编号、文字注释等(图 8-16)。车站位置标志可与城市轨道交通位置标志组合设置。

3) 出口位置标志

出口位置标志应设置在出入口内的相应位置,其信息内容应包括出入口编号、文字注释,宜包括周边地理信息、方位(图 8-17)。

图 8-16 车站位置标志  图 8-17 出口位置标志

2. 导向标志

1) 站外导向标志

站外导向标志,宜在轨道交通车站周围 500m 左右范围内的公交车站、商业设施、交叉口等人流密集的地点连续设置。其信息内容应包括箭头和城市轨道交通位置标志;宜包括线路的名称及线路标志色和车站名称;可包括距车站的距离等。

站外导向标志中的城市轨道交通位置标志应符合相关国家现行标准的规定,不得使用企业徽标代替。

2) 乘车、换乘导向标志

乘车导向标志应设置在车站出入口、通道、站厅等通往站台通行区域的相应位置,换乘导向标志应设置在换乘站台通往目的站台通行区域的相应位置。当通行区域行程大于 30m 时,宜重复设置。

地面或侧墙上的附着式乘车、换乘导向标志可作为辅助导向标志,其颜色应使用线路标志色。

乘车、换乘导向标志信息内容应包括箭头、线路名称及线路标志色;宜包括文字注释等(图 8-18 ~ 图 8-20)。

图 8-18 乘车导向标志 图 8-19 换乘、出站导向标志示意图

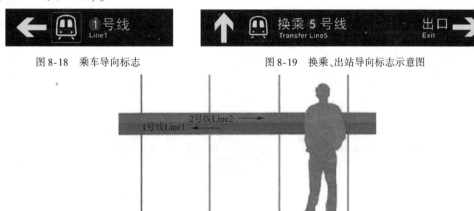

图 8-20 乘车、换乘导向标志示意图

3) 客运服务设施导向标志

自动售票机、自动查询机、自动充值机、乘客服务中心、自动扶梯、自动步道、楼梯、升降梯等导向标志应设置在乘客通往该设施的通行区域的相应位置。自动扶梯、自动步道、楼梯、升降梯导向标志可与乘车、换乘、出站导向标志组合。客运服务设施导向标志信息内容应包括箭头、图形符号;可包括文字注释等。见图 8-21、图 8-22。

图 8-21 售票设施导向标志 图 8-22 自动扶梯、楼梯、升降梯导向标志

4）检(验)票设施导向标志

检(验)票设施导向标志可根据实际运营需要选择设置。

需要检(验)票设施导向标志时,检(验)票设施导向标志应设置在站厅非付费区的乘客通往自动检(验)票设备或人工检(验)票口的通行区域的相应位置。

检(验)票设施导向标志信息内容应包括箭头、文字注释等(图8-23)。

图8-23 检票设施导向标志

5）站台导向标志

站台导向标志应设置在乘客通往站台的通行区域的相应位置。

站台导向标志信息内容应包括箭头、列车行进方向的文字注释,可包括线路名称和线路标志色等见图8-24。

图8-24 站台导向标志

6）列车运行方向导向标志

列车运行方向导向标志应根据站台形式和结构设置在站台的侧墙、立柱或屏蔽门或站台边缘上方等位置。

站台上用于列车内乘客视读的列车运行方向导向标志设置的位置应使乘客都能够透过车窗视读。

列车运行方向导向标志信息内容应包括箭头、下一站站名及本站站名;宜包括线路标志色;可包括上一站站名(图8-25)。

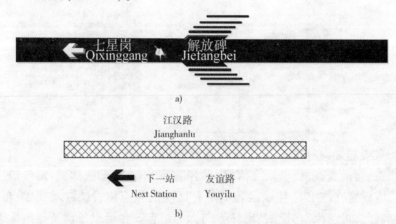

图8-25 列车运行方向导向标志

本站站名的字号应大于下一站站名和上一站站名的字号,下一站站名宜比上一站站名醒目。

7）出站导向标志

出站导向标志应设置在站台通往出入口的通行区域的相应位置。当通行区域行程大于30m时,可重复设置。

出站导向标志信息内容应包括箭头、出入口编号,宜包括车站周边信息、文字注释、方位(图8-26)。

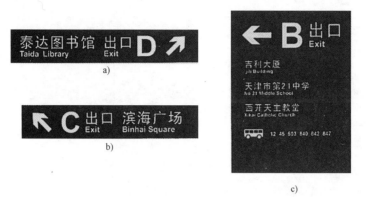

图8-26　出站导向标志

3. 综合信息标志

1)运营时间

运营时间应包括本站首末车时间和车站开、关门时间。在城市轨道交通形成网络运输后,轨道交通运营时间表上还应包括轨道交通线路运营时间(图8-27)。

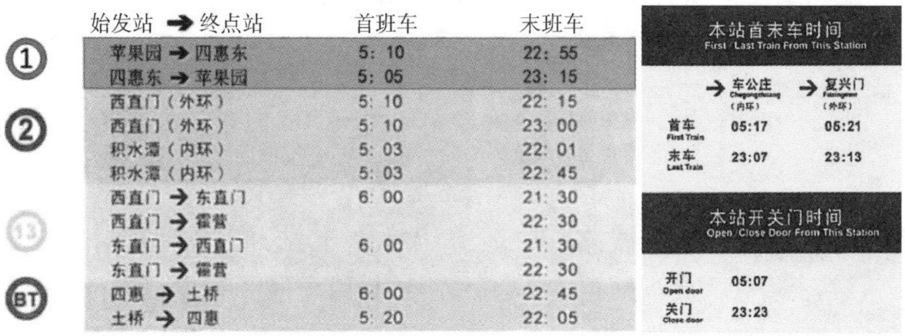

图8-27　本站时间与线路运营时间

本站首末车时间,车站开、关门时间,轨道交通线路运营时间表宜设置在车站的出入口等适当位置,轨道交通线路运营时间宜设置车厢等处。

2)轨道交通线路网络图

轨道交通线路网络图宜设置在车站的出入口内、通道、售票机(处)、站台、车厢等适当位置。轨道交通线路网络图中的各条线路应使用标志色,轨道交通线路网络图中可突出标注本站,图中的换乘车站应区别于非换乘车站(图8-28)。

3)线路图

线路图宜设置在车站的出入口、通道、售票处、站台、车厢等适当位置,各条线路应使用标志色。

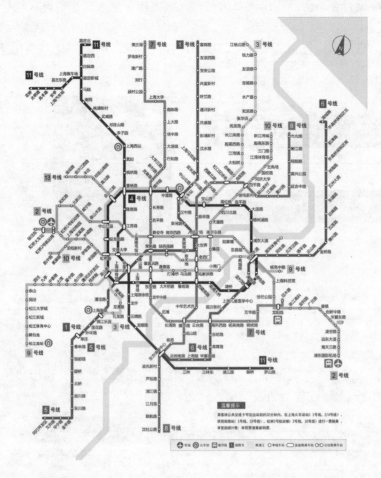

图8-28 轨道交通线路网络图

线路图中应突出标注本站,图中的换乘车站应区别于非换乘车站(图8-29)站台上和车厢里的线路图,可与列车运行方向标志结合。

4)站内示意图

站内示意图应设置在车站的站厅、站台等适当位置,应提供车站功能区域分布、服务设施分布等信息,见图8-30。站内示意图应标注乘客的当前位置,图中的信息的方位应与乘客所在位置的实际场景一致。

5)车站所在街区导向图

街区导向图宜设置在站台和站台通往出入口的通行区域的适当位置,应包括车站道路、主要公共服务机构、著名景区、轨道交通与其他交通工具换乘等重要信息(图8-31)。

图8-29 线路图

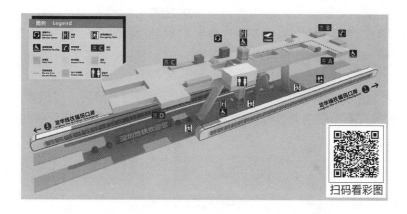

图 8-30　站内示意图

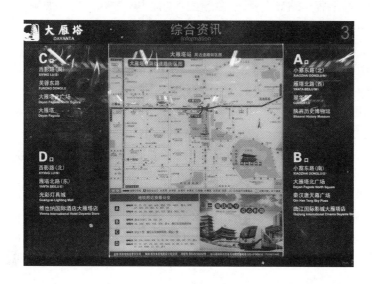

图 8-31　街区导向图

4. 无障碍设施

1）无障碍设施导向标志

无障碍设施导向标志应设置在通往无障碍设施（无障碍通路、自动检票机轮椅通路、升降梯、专用厕所、列车轮椅席等）通行区域的相应位置，其信息内容应包括箭头、无障碍设施图形符号；可包括文字注释等（图 8-32）。

2）无障碍设施位置标志

无障碍设施位置标志应设置在无障碍设施（无障碍通路、自动检票机轮椅通路、升降梯、专用梯、专用厕所、列车轮椅席等）的上方等相应位置，其信息内容应包括无障碍设施图形符号；可包括文字注释。

图 8-32　专用电梯

3）视觉障碍者标志

车站出入口至站台候车处应连续铺设用于引导视觉障碍者步行的盲道,合理设置行进盲道和提示盲道,以利于有视觉障碍的乘客顺利、安全地完成进站—乘车—出站的全过程。

车站出入口、站厅、站台、楼梯扶手的起点和终点、列车内车门等处应设置盲文触摸信息牌,可设置声音提示等信息装置。轨道交通线路各车站的视觉障碍者专用标志应尽可能一致,以利于视觉障碍者掌握设置规则,帮助他们发现和使用此标志。

四、火车站交通标志设计

1. 导向标志设置原则

根据标志承载信息类型的不同,可分为四类:导向标志、位置标志、综合信息标志、禁止提示标志。为实现整体布局、合理引导、明晰易辨、快速进出的导向系统设计目标,为乘客提供人性化导向服务,乘客车站导向标志系统设计过程中必须执行以下原则:

1) 标志本体的醒目性

标志本体的醒目性是标志本身设置的位置,应使之显而易见,从环境中分离出来,易于乘客在复杂的站区环境中发现导向标志本身。标志设置位置应避免被其他固定物体遮挡,导向标志与广告应分离设置。导向标志在夜间使用时,应保证有足够的照明和使用内置光源,方便乘客使用。

2) 导向信息的易辨性

导向信息的易辨性是指在图形符号、中英文字、数字等彼此之间可分辨,它有赖于笔画粗细、字体形式、色彩对比以及照明等条件来实现。同时,图形、文字的间隔群组方式,行列间距、周边留白等版面设计也是导向信息易辨性的重要因素。导向标志版面信息排版方式应首先考虑人体生理器官的特征及国民阅读习惯,导向标志版面信息以横向排版为主。参考人体视觉在视野范围内的注意力不均衡的视觉特点,应把导向标志版面的左上部及中间偏上部分作为视觉优选区,将主要的导向信息和乘客最需要获取的信息排列在此位置,以达到"主动"传递信息的效果。

3) 标志布局的合理性

标志必须设置在车站最合理的位置,能为乘客提供在此位置最需要的信息。合理的标志设置方向应将标志本体的正面与主客流来向垂直设置。从乘客所在位置至欲达目的地的距离,导向流程愈短愈好,流线改变方向(180°或90°)的次数愈少愈好,避免标志重复设置混淆乘客观感。

4) 传递信息的连续性

导向标志系统的点位设置不能仅考虑某个标志的单体,而是要将前后的标志关联起来进行考虑,形成导向信息的前后呼应,同时在不同的导向流线各环节之间应保持连续一致,避免形成导向信息的断链。在大空间内,在通道、区域没有明显分割的情况下,导向标志的设置应考虑乘客的合理视觉范围,在乘客视线范围内考虑复视设置。

5) 标志系统的整体性

导向标志系统的设计应注重整体性。各类标志在材质、形式、规格、色彩等方面都要保持统一,形成一个较为稳定连贯的体系,以保证有效地引导客流的连续移动。

2. 标志系统点位设置

乘客进出站流程(图8-33),根据乘客行为目的的不同,铁路乘客车站内乘客的活动路线可分为进站乘车流程、下车出站流程、中转流程及接站流程[67]。

图8-33 乘客进出站流程节点示意图

(注:乘客进出站流程节点示意图仅为示意说明,各乘客车站因站型不同,乘客进出站流线会有所区别,在参考使用过程中,应因地制宜,做出具体调整)

1)进站标志系统点位设置

进站标志系统点位设置如表8-11所示。

进站标志系统点位设置　　　　　表8-11

标号	点 位 信 息 设 置
1	铁路乘客车站主建筑物的显眼位置应设置站名标志,为车站附近公共交通站点的来站乘客提供指示信息
2	站前广场来站客流集中位置,应设置进站口、售票处、行包房、出站口等场所的导向标志。条件允许的可设置车站的总平面示意图
3	售票处入口上方应设置售票处位置标志
4	售票处内应设置车站平面示意图。售票窗口、退票窗口和中转签证窗口应设置相应的位置标志
5	售票处出口外侧应设置候车区、行包房等场所的导向标志
6	行包托运处和行包提取处的入口上方应设置相应的位置标志。行包托运处和行包提取处内应分别设置行包托运流程图和行包提取流程图,宜设置车站平面示意图

续上表

标号	点位信息设置
7	行包房出口外侧应设置候车区、售票处等场所的联络导向标志
8	铁路乘客车站站房集散厅入口上方应设置进站口的位置标志
9	集散厅内应设置综合信息标志,提供候车区域的导向信息及车站平面示意图等方面的信息
10	车站内的公共设施,如问询处、公安值班、无障碍电梯、卫生间、饮水处、行李寄存、医务室、邮政等应设置相应的位置标志
11	如果候车区域空间是分隔开的,应设置相应的位置标志。不同候车区域的主要连接通道内应设置候车区域导向标志
12	检票口处应设置检票口的位置标志
13	进站通道内应设置站台导向标志
14	站台上应设置站台编号标志、站名标志

2）出站标志系统点位设置

出站标志系统点位设置如表8-12所示。

出站标志系统点位设置　　　　　　　　　表8-12

标号	点位信息设置
1	站台上应设置出站口导向标志及无障碍电梯位置标志
2	出站通道内应设置出站口导向标志,并设置各站台的导向标志
3	补票处应设置补票处位置标志
4	出站检票口处应设置出站口位置标志,出站检票口附近应设置分流导向标志
5	出站检票口外的适当位置应设置售票处、行包房、中转签证等场所的导向标志
6	出站检票口外的适当位置应设置城区简明地图
7	离站乘客流线上的适当位置应设置附近公共交通站点的导向标志,如地铁、公交、出租车、长途汽车等,条件允许可设置公共交通工具的运行线路图

3．进出站导向标志流程

1）进站导向标志

进站导向标志（图8-34）是为经购票、检票等环节由通道进入站台乘车的乘客所准备的,以蓝色为引导色。

2）出站导向系统

出站导向标志,是为经通道至出站检票口出站或者换乘的乘客所准备的,并提供周边区域的主要信息与指南,以绿色为引导色,相关设置如图8-35所示。

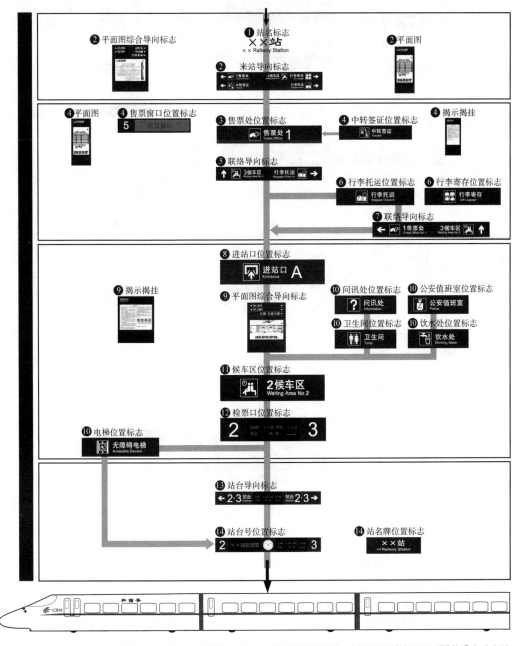

图8-34 进站导向标志(进出站流程图仅为通用图示,各站在参考使用过程中,应根据不同站型和不同的乘客进出站流线来合理设计)

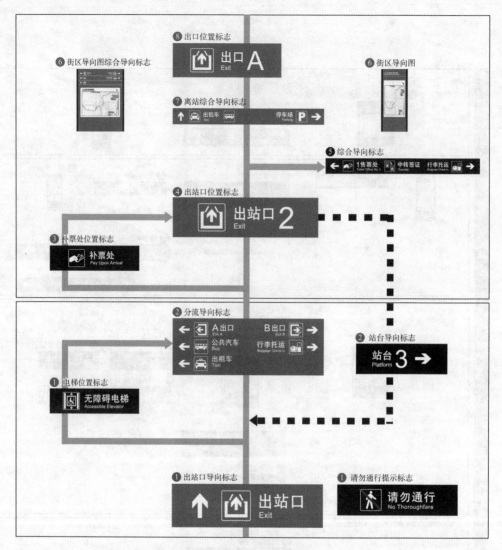

图8-35 出站导向标志(图中虚线为接站流程示意)

4. 综合信息标志

1)车站平面示意图

在乘客集中的空间内,应设置为乘客提供上车、下车等综合信息的标志,见图8-36。

(1)组成部分

平面示意图应由图名、平面图及图例三部分组成。

图名是平面示意图的具体称谓,应含有"××站平面示意图"字样,通常位于平面示意图的上部。

平面图表现采用二维平面示意图的形式。底图由车站建筑构造的轮廓线构成,轮廓线为单一实线,基本线宽 a 不应小于2mm,站内主要设施的轮廓线宽应为$0.25a$。

(2)图形标志

车站内主要的公共服务设施应用国家标准图形标志示意标注,平面图上图形标志不应带有与其含义相同的文字,相应地在示意图下方应备注国家标准图形符号的中英文组合,以作注释,供乘客查询,图形标志尺寸应大于 10mm。

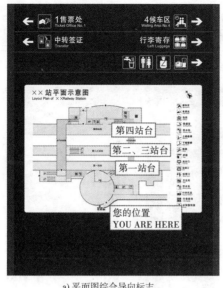 

a) 平面图综合导向标志　　　　b) 平面图

图 8-36　平面示意图

(3) 色彩及文字

平面示意图背景色为白色,其他功能区域的色块分割应选择与车站整体风格相符的色彩体系,涉及有相应国家标准的图例应严格按照国家标准执行。平面图中的文字字体应采用黑体,文字的行高不得小于 5mm。

(4) 坐标方向

平面示意图的方位应与实际方位一致,即乘客直视的平面图角度与乘客在当前位置鸟瞰车站的角度一致。平面图中应标出乘客所在的具体位置,同时标注指北符号。

(5) 平面图所占比例

平面图综合导向标志中平面图部分的高度宜占标志本体高度的 40%,且平面图下边缘距地高度不应小于 600mm。独立的平面图标志,平面图部分的高度宜占标志本体的 60%,且平面图下边缘距地高度不应小于 600mm。

2) 街区导向图

街区导向图应由图名、地图及图例三部分组成,见图 8-37。

地图的表现采用二维平面示意图的形式。地图显示内容应以铁路乘客车站为中心,覆盖车站周边 2km² 范围。具体内容包括:车站周边的主要街道、河流、著名建筑等城市地标,以及政府、学校、医院、酒店、公交、地铁、邮政等公共服务设施。

(1) 色彩及文字

地图背景色为白色,其他色块分割选择与车站整体风格相符的色彩体系,涉及有相应国家标准的图例应严格按照国家标准执行。例如:河流采用蓝色,绿地采用绿色。地图中文字字体应采用黑体,文字的行高不得小于 5mm。

(2) 坐标方向

地图坐标遵循上北、下南、左西、右东的原则。地图图中应重点标出乘客车站所在的具体位置,同时标注指北符号。

(3)地图所占比例

街区导向图综合导向标志中街区导向图部分的高度宜占标志本身高度的40%,且街区导向图下边缘距地高度不应小于600mm。独立的街区导向图标志,地图部分的高度宜占标志本体的60%,且地图下边缘距地高度不应小于600mm。

a) 街区导向图导向标志　　　　　　b) 街区导向图

图8-37　街区导向图

五、机场交通标志系统设计

相对于汽车站、火车站,机场的乘客地域更广,机场是世界各地乘客聚集的场所。相对于车站、地铁,机场远离城市中心,是一个独立的、特定的空间。车站、地铁处于城市中心,是和城市建筑浑然一体连接的复合空间。机场空间里人群较为固定,以出入机场为主。而车站、地铁空间里人流变化快,换乘线路多,以到达目的地为主。与车站、地铁的导向标志系统相比较,机场的导向标志系统以指示功能为主,车站、地铁的导向标志系统则以引导功能为主。

根据乘客乘机流程,机场导向系统由相互关联的三个子系统构成:航站楼出发导向系统、航站楼到达导向系统、机场地区导向系统。构成机场导向系统的导向要素有:位置标志、导向标志、平面示意图、信息板、流程图、便携印刷品、电子导向设施。根据《公共信息导向系统设置原则与要求》(GB/T 15566)中的相关规定,其基本导向信息设置如下。

1.航站楼出发导向系统

1)设置范围

航站楼出发导向系统是为乘客出发提供导向信息的系统,其设置范围为从航站楼出发大厅入口至登机口。

2)出发流程

国内出发流程(图8-38)为:售票→办理乘机手续、行李托运→安全检查→候机→登机。

国际及港澳台地区(图8-39)出发流程通常为:售票→办理乘机手续、行李托运→海关→卫生检查、动植物检疫→边防检查→安全检查→候机→登机。

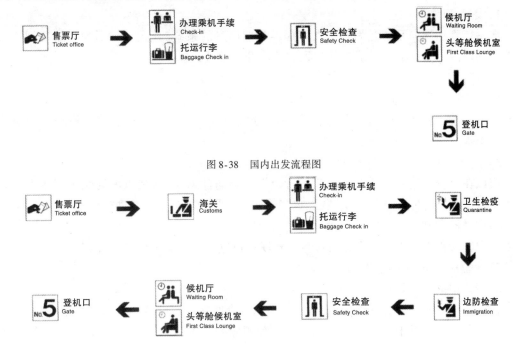

图8-38 国内出发流程图

图8-39 国际出发流程图

3)出发大厅

应在航站楼出发大厅出口上方设置出发标志,国际机场应分别标明国内、国际及港澳台地区出发入口。宜在出发大厅的电梯、自动扶梯和楼梯附近设置出发大厅平面示意图及信息板,并且在平面示意图旁边设置出发流程图。在出发大厅入口及问讯处,宜设置便携印刷品和电子导向设施。出发大厅航班信息显示牌上,应显示各航班的航班号、出发时间、目的地等航班信息以及办理乘机手续的编号。

4)海关

在海关处,应设置位置标志,并在红色通道、绿色通道入口处设置相应的位置标志。

5)乘机手续办理区

应在办理乘机手续柜台设置位置标志、柜台编号并显示所办理的航班信息。在办理乘机手续柜台设置托运行李检查、禁止托运物品及应托运物品、超限托运行李等导向标志。在乘机手续办理区应设置出发导向标志,引导办理完乘机手续的乘客按流程前往登机口。

6)检验检疫站、边防检查站位置标志

所在检验检疫站、边防检查站设置卫生检疫、动植物检疫、边防检查位置标志。

7)安全检查站

在安全检查站前方设置安全检查位置标志,在安全检查站后方设置登机口导向标志。

8)候机区

在候机区,应设置登机口导向标志。

9)登机口

应该在登机口上方设置登机口位置标志并显示航班号、出发时间及目的地等航班信息。

2. 航站楼到达导向系统

1) 设置范围

航站楼到达导向系统是为到达乘客提供导向信息的系统,其设置范围为从航班到达入口至换乘市内公共交通工具或其他交通方式离开航站楼。

2) 到达流程

国内到达流程为:航班到达入口→行李提取→出站。

国际及港澳台地区到达流程通常为:航班到达入口→卫生检疫、动植物检疫→边防检查→行李提取→海关→出站。

3) 航班到达入口

应该在航班到达入口处设置出口和行李提取导向标志,在枢纽机场的航班到达入口处设置中转联程导向标志,引导中转联程乘客前往中转联程乘机手续办理柜台。

4) 中转联程乘机手续办理柜台

在中转联程乘机手续办理柜台设置中转联程位置标志及登机口导向标志。

5) 检验检疫站、边防检查站

6) 行李提取厅

在行李提取处应设置位置标志、编号并显示行李所在的航班号和航班始发地,必要时应显示航班所经地。对于超限行李提取处应设置相应的位置标志,在行李提取厅设置行李查询位置标志和出口导向标志。

7) 海关

8) 到达大厅

应在到达大厅设置航班到达显示牌、信息板、前往其他航站楼的导向标志,宜在到达大厅放置市区交通图等便携印刷品。同时,在到达大厅应设置公共交通(机场巴士、出租车、公共汽车、地铁、轻轨等)车站导向标志和停车楼(场)导向标志。在到达大厅相应位置设置出口和到达位置标志,在大厅出口外侧设置公共交通车站平面图。

3. 机场地区导向系统

1) 设置范围

机场地区导向系统的设置范围为机场地区停车楼、公共交通车站及道路。

2) 航站楼

有多个航站楼的机场应在各航站楼设置醒目的标志,航空公司专用航站楼或专用区域应在出发大厅设置相应的标志。

3) 停车楼(场)

停车楼应该分区,设置醒目的编号。在停车楼(场)的入口外侧设置停车场入口,内侧设置禁行标志;在出口内侧设置出口标志,外侧设置禁行标志。在停车楼(场)出入口、电梯口处设置停车楼(场)平面示意图以及前往航站楼及其他设施的导向标志,并应设置航站楼以及其他设施的平面示意图和信息板。

4) 公共交通车站

应在机场公共交通(机场巴士、出租车、公共汽车、轻轨等)车站设置相应的位置标志、线路图及线路号。

5）道路

应在机场的道路交叉口设置通往各航站楼、停车场和市区道路的导向标志。

从机场到目的地，有换乘公交汽车、地铁、高架轨道车、出租车、私人小汽车等不同的交通方式。机场内的导向标志系统，不仅要清晰地为乘客划分出乘坐不同交通工具的区域，还要明确地告诉乘客乘坐每种交通工具到达城市中心所经过的路线和途经站点。这样，乘客虽然身处城市之外，仍然可以掌握城市信息，对到达目地的行车路线、换乘方式做到心中有数。

本章小结

本章在介绍了城市交通枢纽及场站乘客交通信息需求的相关概念、基本分类的基础上，阐述了枢纽交通标志系统的内涵及设计流程，并且详细介绍了综合交通枢纽中各种交通方式内部交通标志系统的设计。

复习思考题

1. 什么是交通信息？
2. 乘客的信息需求主要有哪些？
3. 在对枢纽标志系统设计时应注意什么问题？
4. 导向牌的设置方法有哪些？
5. 综合交通标志系统的组成有哪些？其设置要求分别是什么？
6. 参考本章所学内容，以你所在的城市为例，对某一综合交通枢纽的标志系统进行简要设计。

第九章 交通枢纽地区土地利用规划

【课前导读】 本章主要介绍了交通枢纽地区的土地利用规划。第一节介绍了交通枢纽地区的圈层发展模式;第二节主要介绍了交通枢纽地区的功能布局;第三节主要介绍了轨道交通地区的土地开发;第四节简单介绍了新兴的交通枢纽城市综合体。

【知识学习目标】 了解交通枢纽地区的发展模式;熟悉枢纽地区的功能分区;熟悉轨道交通枢纽地区的规划模式;了解交通枢纽型城市综合体的概念。

【能力培养目标】 建立城市交通枢纽地区土地利用规划的理论和方法体系,使学生具备城市交通枢纽地区土地利用规划的能力。

【教学重点】 交通枢纽地区的圈层发展模式及其核心布局,交通枢纽地区的功能布局以及轨道交通枢纽地区的土地规划。

【教学难点】 圈层模式;功能布局;轨道交通的用地开发。

第一节 交通枢纽地区发展模式

一、圈层结构理论

早在 180 多年前,杜能的《孤立国》中就已经指出,城市郊区的农业经济活动,将会以城市为中心,围绕城市呈向心环状分布[69]。

1925 年,美国芝加哥大学社会学教授 E. W. 伯吉斯对城市功能区进行布局研究后指出,城市五大功能区是按同心圆法则,自城市中心向外缘有序配置的,并认为这是城市土地利用结构的理想模式。这种模式的空间结构,是从中心向外,分别是中心商务区、过渡性区域、工人阶级住宅区、中间阶层住宅区、高级或通勤人士住宅区,呈现出有序的圈层状态。

20 世纪 50 年代以后,狄更生和木内信藏对欧洲和日本的城市分别进行研究后,提出了近似的城市地域三地带的学说,认为大城市圈层是由中心地域、城市的周边地域及市郊外缘的广阔腹地三大部分组成,它们从中心向外有序排列。1979 年,木内信藏在《都市地理学》一书中对三个城市地带做了进一步说明:中心地域是城市活动的核心;周边地域是与市中心有着上班、电话、购物等密切联系的日常生活圈;市郊外缘是城市中心和周边外缘向外延伸的广大地区或远离区。

纵观世界城市和其周围区域,从内到外最少可以分为三个圈层,即内圈层、中圈层及外因层,各圈层都有自己的特点。

1. 内圈层

内圈层可称为中心城区,是城市核心建成区。该圈层是完全城市化了的地区,基本上没有大田式的种植业和其他农业活动,以第三产业为主,人口和居住密度都较高,地价较贵,商业、金融业、服务业高度密集。内圈层是地区经济中核心的部分,也是城市向外扩散的源地。

2. 中间圈层

中间圈层即城市边缘区是中心城区向乡村的过渡地带,它是城市用地轮廓线向外扩展的前沿。该区域既具有城市的某些特征,又保留着乡村的某些景观,呈半城市、半乡村状态。农业土地利用方式大量变为城市土地利用方式,农业居民点和村庄虽然得以保留,但范围逐步缩小,甚至被街区包围,出现"都市村庄"。城市道路和各种基础设施延伸进入村庄,城市型建筑物越来越多,许多原来低矮的农房被周围市民使用的高楼大厦包围起来。

按照城乡相似程度,该中间圈层又可分为内缘区和外缘区两个层次。内缘区的土地利用已经处于农村转变为城市的高级阶段,多数土地已被城市建设使用,但土地利用的冲突较多,即城市的平面膨胀与郊区农用地保留之间的矛盾问题突出。外缘区城乡过渡的特色更加明显,更近似农村,许多地方仍以农业土地利用为主。

3. 外圈层

外圈层可以称为城市影响区,土地利用以农业为主,农业活动在经济中占绝对优势,与城市景观有明显差别,建筑物高度低,居民点密度小。在许多地方,外圈层是城市水源地保护区、动力供应基地、假日休闲旅游之地。外圈层中也会产生工业区、新居住区的"飞地",并且一般在远郊区都有城市卫星镇或农村集镇或中小城市。

城市圈层向外扩展表现出周期波动的特征,与经济周期波动密切相关,呈现出加速、停滞、稳定等状态。在经济高速增长时期,城市工业投资增加,居民住宅、工业小区和道路建设大规模地展开,边缘区土地被征用,改变为工业、商业、文化、娱乐、城市住宅和基础设施等建设用地,城市建成区规模迅速扩大。在经济萎缩时期,基本建设项目少,较大的建设项目停建或缓建,投资减少,就业率下降,城市人口规模停止增长甚至减少,城市圈层扩展基本上停止下来,处在稳定状态。经济复苏阶段是城市经济从萎缩向增长的转折点,城市建设主要在原有圈层内进行结构调整,边缘区向外扩展的能力非常有限。只有当经济再次进入高速增长时期,城市圈层结构才会变动,产生扩大、向外延伸等新的阶段。

二、枢纽地区的圈层模式

1. 区域用地规划

综合枢纽的建设会带动城市及其周边区域的发展,枢纽区域的规划布局模式与城市的圈层发展模式有类似之处,可划分为三个圈层[70],如图 9-1 所示。

第一圈层:枢纽交通核心区。距离站点步行时间 5~10min,一般为站区(站本体)及站前广场为中心的 500m 范围内。核心区的规模根据枢纽客流量规模确定,一般面积为 $0.4 \sim 2 km^2$。主要布置与枢纽交通集散相关的设施及必要的商业,为枢纽交通集疏运的核心区,且建筑密度和高度较高。

第二圈层:商务核心区。距离站点 10~15min 车程可达范围,具体根据实际用地限制条件,一般区域面积3~10km²。第二圈层主要依托枢纽交通便利的优势,可布置商业、商务、研发和企业总部等商务集聚区,建筑密度和高度相对较高。

第三圈层:枢纽影响拓展区。在上述商务区外围一定区域,可布置为上述商务区配套和辐射的拓展区。枢纽影响拓展区的布局会使周边区域有相应的变化,但整体变化不明显。

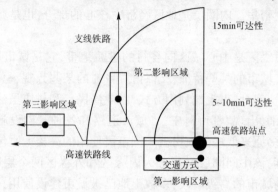

图9-1 综合交通枢纽区域规划布置

2.核心区布局

综合交通枢纽本体构成概念如图9-2所示。

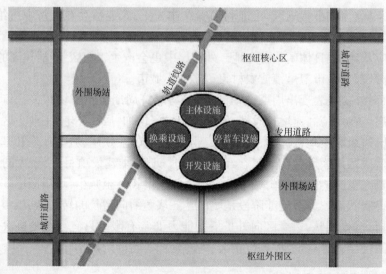

图9-2 枢纽构成概念

1)布局目标

首先,综合交通枢纽应高效集约,换乘便捷。其次,综合交通枢纽是多种交通方式和辅助设施的集合,作为整体系统服务于到发乘客,应做到系统最优。

2)布局策略

枢纽本体布局主要有以下布局策略:

整体集中紧凑:应做到水平贴邻,无缝衔接;上下叠合,垂直换乘;水平向,近大远小;垂直向,上轻下重,宁地上勿地下。

换乘衔接,公交优先:枢纽的各设施衔接应突出公交优先,公交优先主要体现在大运量轨道交通优先和大载客率地面公交优先两方面。

设施可分可合,界限清晰:交通枢纽由不同的业主建造、管理。枢纽建成后,需各部门协调合作,统一运营管理,清晰的界限便于各部门操作。

商业开发与交通设施结合布置:商业开发提升枢纽品质,枢纽的大量人流带来多元功能需求,枢纽内商业设施作为功能补充,提升枢纽的服务水平和品质。

第二节 交通枢纽地区功能组成

一、功能分区原则

合理的功能分区及布局,可使场地秩序井然、结构明确,为使用者提供良好的使用条件,保证枢纽正常运作[71]。

1. 分区明确,空间简洁、清晰,识别度高

不同功能分区应明确并相对独立,有利于人车、车车分流的交通组织,避免流线交叉混杂。

功能分区及空间设计应充分考虑人的行为习惯,使乘客不必依赖复杂的标志系统,就可以方便、快捷地使用枢纽的各种功能。

2. 重视换乘功能的设计

换乘功能区是连接交通枢纽各种交通节点的纽带,决定了交通枢纽运行效率的高低,是交通枢纽设计能否成功的关键。

考虑换乘的综合性、多样性。在换乘功能的设计中,应考虑多种交通工具的综合换乘。避免片面强调某种交通工具的换乘,而忽视其他类型换乘。设计中应根据各种换乘的人流量排序,确定换乘设计的优先级,从而确定换乘模式。

结合商业功能进行设置。在强调换乘功能区设计高效的同时,还应重视其商业价值,结合商业功能设置,既充分利用客流资源,又可为乘客提供在两种交通工具间休憩的空间,提高枢纽的舒适度。

3. 建立适当联系,提高空间容错率

综合考虑乘客的行为特点,在功能布局时,不仅要按最佳流线设计乘客的行走路线,更要考虑当乘客未按导向标志的指引行动时,在各条行走路线间提供适当的联系,允许乘客及时纠错,提高空间容错率,使枢纽成为一个轻松、舒适的场所,降低乘客的紧张感。

4. 以人为本,合理选用平面或立体的交通组织设计

交通枢纽最重要的设计原则是为乘客服务,在功能布局时,应以方便乘客、减少乘客行走距离、保障乘客安全为宗旨,合理选用平面或立体的交通组织设计,必要时还可将不同的形式组合应用,以达到最佳换乘效果。

5. 注重环保、生态、节能

在枢纽的站房设计中,较常采用高大空间的形式,因此,应注意自然采光、自然通风的设计,在保证空间舒适度的前提下,降低运营成本、节约能源。

枢纽站场汇聚了大量的车辆,其尾气、噪声对枢纽建筑本身和周边环境都造成污染。在

布局时应与周边建筑保持足够的距离,并采取绿化隔离、尾气收集系统、隔音墙等多种设计手段,以降低污染。同时,应将车场布置在当地主导风向的下风向。

枢纽占地较大,并设计有大量的广场、道路等硬质铺装场地,设计中应选用透水型铺装。

枢纽地区的功能组成主要有:交通功能区、商业开发区及生态环境区。交通功能区在本书前面已介绍,本节主要介绍商业开发区和生态环境区。

二、商业开发区

交通枢纽虽然是解决城市交通问题的建筑,但不能以静止的观点去看待建筑在城市空间中的作用。由于市场运作的需求,交通枢纽往往是集众多功能于一身的综合性建筑。甚至于开发面积可能会远远大于其客运部分所需的面积。建筑的交通功能和开发功能相结合不但能够满足市场运作的需求,同时也方便了乘客的使用。交通枢纽可以同多种开发功能相结合,如大型的商业设施、办公楼、酒店、文化娱乐设施等。在众多的开发功能之中,商业设施的设置是对交通枢纽的交通功能影响最大的。交通枢纽的商业价值来自便利的交通和大量的客流。但是我们应该看到:交通枢纽的交通功能和商业功能是相互制约的,商业面积的扩大和商业客流的增多在一定程度上会对交通枢纽的交通功能的正常发挥产生一定的阻碍作用,因此,交通枢纽内的商业设施应该遵循其特定的设计原则。

1. 商业设施的设计原则

商业设施的设置应以不对交通枢纽的交通功能产生负面影响为前提,商业设施的客流量和客流组织应满足于交通功能的需求。交通枢纽的商业功能应该同交通功能相结合,充分利用其不同的人流特点,使两方面的功能都得到充分的发挥。交通枢纽内的商业设施应同周边的城市商业设施相结合,使枢纽内的商业客流分散于周边的城市商业设施之中,以减轻对交通枢纽的压力。根据枢纽内商业设施的设置情况扩大交通枢纽的功能范围,使其同周边的城市交通网络产生紧密的联系,将大量的商业客流疏散到相邻的城市空间中去。

2. 商业设施的设置方式

交通枢纽的商业设施有多种设置方式,从商业设施在交通枢纽内的相对关系来看,可以将其分为集中设置的商业设施和分散设置的商业设施两类。

集中设置的商业设施一般为大型超市、百货商店等,这些商业设施与交通枢纽的其他物业开发功能相结合,作为整体开发功能的组成部分,服务于整个交通枢纽及周边城市客流。在一般情况下,这种集中设置的商业设施规模较大,可以吸引大量交通枢纽周边的城市客流。因此,在这种情况下,交通枢纽的交通功能同商业功能往往是各自独立的,以交通为目的的客流同以商业为目的的客流通过各种建筑手段被区分开,避免其相互影响。

集中设置的商业设施的设计应结合交通枢纽的疏散能力考虑,不应为交通枢纽增加过多的负担。枢纽内的交通和商业人流、车流应根据各自特点设计,避免交叉干扰,影响各自功能的发挥。集中设置的商业服务设施应充分考虑其在城市商业活动中的地位和作用,只有融入城市商业活动之中才可能发挥其最大的商业价值。不能用静止的眼光去看待交通枢纽的商业开发功能,在设计中应具备充分的灵活性,随着市场的需求来调整和完善商业开发功能。

分散设置的商业设施主要是针对交通枢纽自身客流的商业需求而设置的,所以这部分商业设施往往结合交通枢纽的等候、换乘空间设置。从国外诸多类似的交通建筑的发展变化来看,一座交通枢纽必须具备灵活应变的能力,而分散设置的商业面积为今后交通枢纽功能的调整提供了可能性。同时,分散设置的商业设施也是丰富交通枢纽空间形式,调整乘客空间感受的重要手段。设置合理的商业设施不但不会影响交通枢纽交通功能的发挥,反而会促进交通功能的发挥,与交通功能相辅相成,相得益彰。

由于交通枢纽的客流主要是以交通为目的的,因此,这部分客流在商业需求上有一定的随意性和盲目性。在分散设置的商业设施的经营形式和内容上应充分适应这一特征。一般情况下,以零售形式经营的音像制品、食品、日常用品等小商品较为符合交通枢纽客流的商业特征。商业设施的设置位置应结合客流特征,顺应客流方向。商业设施的布置形式应以不影响交通设施的布置形式和交通功能为前提。

商业设施的实质应该能够与交通枢纽功能的发展变化相适应,分散设置的商业面积应能够为交通枢纽功能的灵活调整提供条件。

三、生态环境区

1. 枢纽景观设计目标

1) 效率性

市区综合客运交通枢纽是加速城市对内对外总体交通量运转的主轴,每天承担着极高强度的吐纳客流任务。此种提供特定功能的建筑场所类型,要求设计师必须运用合理的空间组织和科学的管理机制来创造优质高效的城市公共空间。确保城市外部交通网络和交通枢纽中心连接方式快速有效,确保场地内部不同交通工具和不同线路换乘使用连续、流畅,这两方面是评价交通枢纽运转效率的核心,场地内的一切设计应当围绕这两个标准来进行[68]。

枢纽景观设计应从各方面做到辅助人流快速通过,通过疏导作用有效提高交通运行综合能力。在总体规划指导下,不仅枢纽本体建筑内部流线需要符合交通枢纽的特性,外围各个广场和辅助交通设施处的景观设计也应当致力于帮助人们控制在时间、空间、金钱与精神上消耗的成本。

2) 导向性

交通枢纽场地内部和周边汇集了来自本地外地、境内境外和市区各个方向的人群,并需要容纳多种类型交通工具的到达和出发。另外,枢纽还处在以其为核心的交通综合体所在地,附加有许多商业设施,并且伴随着各种商业行为。由于场地中的各类人群均具有极强的流动性,枢纽内外的使用者从行为到心理上都会产生各种干扰活动或被干扰所影响,这些问题都对景观设计的导向性提出了具体的要求。

在景观设计手法上应注意,要尽可能设法让在空间中穿梭的枢纽乘客和其他人群在视觉上认识到场地中的方向,心理上接受场地的向心性引导。例如,可以在面积较大的区域在地面铺设具有方向感的铺装(图9-3),行人比较不会迷失方向,也在心理上暗示了加快步伐。也可以在顺应人流流向的方向采用序列感较强的植栽排成阵列,如为外部交通干道和专用道路选取适宜的道路树种,也是设计体现导向性的一种方式,此类线性设计都可以加强穿行空间的序列感和流畅感。

 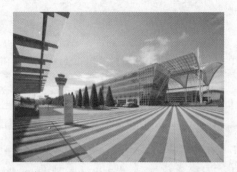

图9-3 慕尼黑机场

另外,对人流形成停顿与聚集的作用也是设计体现导向性的方式。可以通过适当分割完整大面积场地来达到塑造简洁空间的目的,使人们在繁杂的交通枢纽空间用简洁的场地对人流形成吸引力。此外,在人流流线不产生交叉或人群很少干扰到的地方嵌入适宜形式的分隔绿化带,也是塑造开敞空间形成围合场地的基本手法。

3)统一性

枢纽景观设计应当辅助改善交通公共空间中的混乱状况,可以从空间色彩、材料质感及光线的使用等方面制造安定情绪的氛围,在景观元素形成一协调秩序的同时改善人们对交通枢纽的空间印象。

从具体的设计形态上来说,广场铺装和植物规划应当和交通枢纽建筑的外立面的造型体量、色彩冷暖相匹配或相对比。比如深圳罗湖口岸地区综合交通枢纽,即使在空间中区分了地面层和地下层,但地面的休闲步行道路和地下广场都采用同样颜色、同样铺排方式的材料,形成空间裱花视觉统一的整体效果。德国GMP建筑事务所设计的杭州新南站项目是一个2014年建成的大型综合交通枢纽,其建筑设计风格采用了杭州传统建筑形式,主楼的白色墙壁将候车大厅的层面围合在内,立式镂空百叶环绕期间。因此地面广场为了配合建筑意向,选用了和基座灰色花岗岩统一的灰色石料做铺装,条带状绿的呼应建筑的立式百叶,建筑和景观环境共同刻画出中国古典"窗枢"的情趣意象(图9-4)。

图9-4 杭州南站

从空间的联系性上说,交通枢纽作为城市基础设施用地,应当在规划控制允许的范围内尽量设计出可以加强公众参与的有效公共绿地,在提高绿化率的同时,促使枢纽公共空间积极融入城市绿地系统和城市整体空间。

4) 实用性

枢纽的景观设计在配合枢纽运转时，要考虑管理者对景观设施维护的方便程度和维护管理的经济性。

枢纽场地公共景观设计应当避免出现"形式主义"，设计思维和方法上的形式主义往往会带来的空间尺度失衡和使用效率低下的问题，枢纽景观设计要本着从实际功能需求出发的基准原则，配合场地中的流线动向。

在户外出入口和重要景观节点选取的植物品种不应当追求表面装饰作用，要采用适合当地气候的本土植物和城市特色植物创造亲切的空间。

5) 安全性

城市综合枢纽地区往往聚集着众多本地和外来人口，这一定程度上会给周边居住区居民的日常生活带来安全困扰，所以枢纽景观空间的边界要尽量呈现开放而不是封闭的特征，避免在地区中形成城市安全和卫生死角，否则会造成潜在的不安全因素聚集。

交通枢纽地区机动车繁多且交通状况较为拥堵，噪声污染和空气污染等公共卫生问题往往导致枢纽周边地区不符合宜居环境建设的标准和要求。在城市气候和水资源允许的前提下，景观设计要见缝插针地寻找加强绿视率和绿化率的机会，塑造尽可能多的绿色空间，以满足人们渴望拥有舒适公共环境的心理安全需求。

枢纽景观照明设计方面要应用合理的灯光系统布置，尤其在枢纽立体化趋势发展的状况下，更要充分确保行人和机动车驾驶员在枢纽区域暗处、桥梁架构低处的使用舒适性。城市综合客运交通枢纽不应当仅是一个钢筋混凝土体块，而是作为一个整体环境友好的空间体系对使用者和公众开放。

生态手段也可以降低防灾管理的难度。在国外早已使用太阳能系统、雨水循环系统和耐践踏草坪等技术手法来改善区域环境，它们可以缓解和制约暴雨和洪灾等带来的特殊重大问题，如许多南方城市就利用垂直绿化滞留雨水，缓解城市下水和排水压力。

枢纽景观设计要在设计具体形态的过程中考虑到特殊重大情况下群体可能发生的突发性行为。如深圳罗湖地区火车站的交通层集合了采光绿化带和绿化天井等景观元素，室内外园林景观融为一体的设计理念不仅给地下空间带来自然光与自然风，其通透的设计同时也为防范各种突发事件提供了安全保障。此外，要避免出现不符合通行规律的坡道、高度不适宜的台阶及过于狭窄的通道等。

以上五点内容相互关联依存，充分了解并重视以上规则就基本把握到了综合交通枢纽景观设计的普遍适用规律，也是完成设计目标的最基本标准。

2. 枢纽景观设计

1) 绿地

(1) 中央绿地

中央绿地是指枢纽规划建设片区内，邻近枢纽建筑占地面积较大的公共绿地，一般和交通枢纽建筑以及站房入口广场形成一定的组合关系，在此以广州市天河区广州东站前中央绿地为例（图9-5）。

图9-5　广州市天河区广州东站

东站位于广州新城的中轴线上,和中信大厦形成对景。两栋标志性建筑之间有一个占地面积4.7万 m² 的大型绿地,绿地处在中轴线的中心地段。该绿地和站房入口广场所形成的区域统称东站绿化广场,于1999年7月1日正式施工完成并交付使用。绿地中草坪面积2.6万 m²,铺种马尼拉草18315m²,草坪中还有6000m²标志性的种植纹样,分围种植1300 m²的福建茶绿篱。中央大草坪、步行道路和行道树、喷泉联合形成一个具有指向吐的统一完整空间,成为繁华局促的建筑群、机动车道和站房建筑之间的城市绿岛。

枢纽地带的中央绿地景观设计,首先要明确它是为周边商业区、办公区和交通枢纽核心建设区的边界起到接驳作用的,其内部应当提供可供多方向人流和多方面因素转化功能和服务的设施和分区,其中以输送和接应进出枢纽的乘客为核心考虑对象。

(2) 高架桥下绿地

随着交通枢纽功能的综合化,交通枢纽建筑体和整体区域的一体化,以往平坦空旷的站前广场场区以外或上空产生了和引桥及城市快速干道相连接的高架桥,用以提供使机动车直接进入枢纽区域及枢纽建筑入口的快捷便道,由此产生了高架桥下绿地。在一些其他类型的大型工程项目中,如果采用通过架桥的方式来分离建筑综合体和城市环路、干道,也会产生此类绿地。如北京南站综合枢纽(图9-6),桥下绿地给城市空间提供了面积较为集中的绿化带和绿视环境。

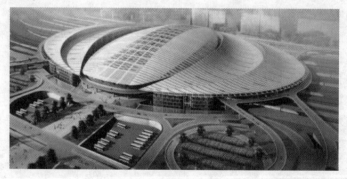

图9-6 北京南站综合枢纽

高架桥下的绿地景观设计总体上要符合城市绿地系统规划和城市道路绿化规范。遵循以下原则:第一,通过大面积绿化来实现不规则空间的形制统一,但要注意绿化所用草种和乔木、灌木要适合本土气候,草坪需耐旱耐踩,树木能起到吸尘降噪功能,保持场地的易打理性;第二,在塑造空间的时候需要保持交通视线的通畅和架桥下方被隔离场地的安全性;第三,根据城市降雨量和气候适应性可以考虑利用部分梁柱结构做立体绿化。多方位的绿化工程可以发掘交通枢纽空间可绿化的空间层次,有效增加城市绿化量。

(3) 站区广场绿地

综合交通枢纽建筑的形制随着技术发展、使用格局和人流量而演变,目前的站房格局以"上进下出"为主,但天津市滨海新区新建的于家堡综合交通枢纽整体位于地下,主要从地面直接进出地下(图9-7)。这两种铁路建筑格局形式都使枢纽区域中地面公共场地更加开敞,且独立性更强,枢纽广场景观绿化的形式较过去发生一定的改变。

于家堡站坐落在滨海新区于家堡中心商务区,是京津城际铁路天津至于家堡区的延伸线上的新建终点站。它的车站主体三层全部利用地下空间,其中地下一层为候车室,地下二层和三层为城际列车及地铁站台,由于用了大跨度的穹顶,地下空间具有很好的透光效果。景观设计策略是在站房周围建设一座大型景观公园,上进下出的乘客通行方式决定站房出入口都设在公园内,而看上去类似椭圆形贝壳的屋顶被恰到好处地打造成公园一景。公园景观为了呼应站房的水滴造型,设计出大面积弯曲圆弧状的曲线绿地,乘客出站后,将直接欣赏到生动如画的园林美景。于家堡综合交通枢纽的站区景观设计把枢纽打造成为国内第一个地处公园里的大型综合枢纽,具有突破性意义。此类在紧邻枢纽站房外围设计大面积绿地的景观手法要注意绿地内道路和枢纽外部道路的连通性,不可一味提高绿化率而使绿地包围建筑过于紧实或者局部植栽密度过高,否则不利于乘客使用的方便度和舒适度。

图9-7　于家堡车站

（4）其他形式绿地

综合交通体系规划被要求具备"适度超前"的前瞻性。该原则一方面体现在枢纽建筑本体内部功能区要满足大量人口换乘行为,另一方面也要考虑枢纽场地和外部交通网络及城市空间的合理衔接,因此在枢纽开发区域的规划控制中可能要求场地局部功能是可调节或拓展的。景观设计可以根据规划要求设置具有临时功能的绿地,作为枢纽核心建设区和开发区之间的缓冲地带。可暂时提供给换乘人流及周边居住人群户外使用的景观设施,应当具有迁移灵活和方便拆卸、改造的功能特性。

2）道路景观

（1）人行道

城市综合交通枢纽作为城市门户地区,需要设置与枢纽不同区域功能相对应的景观段落,并根据道路首末端相连通的节点功能来确定道路的走向、道路景观的形态和道路以及周边设施形成的系统格局,通过景观设计加强道路环境和人们行为模式之间的互动。正如著名学者路易斯·康所说的那样:"城市始于作为交流场所的公共开放空间和街道,人际交流是城市的本原。"

在此,以中国城市规划设计研究院于2000年进行的深圳罗湖口岸火车站地区综合规划设计项目为例。该地区城市规划主题为"可持续·管道化·生态",规划要求以地铁站为核心,从北向南连接火车站和口岸,形成"十一"字形步行走廊空间,即内部十字轴与外围环状[图9-8a)],实行交通流向的"管道化"。

总规划交通系统分析图的中心轴线,即虚线线路即"十"字结构中的竖向流动空间

[图9-8b)],同时也是枢纽工程设计中的人行平台层,即步行大道[图9-8c)]。本枢纽工程由地铁罗湖站工程、人行地下交通层和平台层工程、地面广场、交通场站及市政道桥隧道工程、环境景观工程四部分构成,整体区域集罗湖口岸、火车站、客运大巴站、出租车站、社会车辆停放站和休闲广场为一体。从地块平面图中可以看出,虽然它和站房入口附近下沉广场在空间中连成一体,但在实际使用情况中,以步行者的角度看是一条贯穿南北方向的步行道路。道路中间是地下交通层的采光井和地铁出入口,景观设计为地铁口创造了简洁清凉的玻璃廊架,并利用采光井地向以上边缘部分,安装大理石和玻璃铺面作为的步行休息区。在宽度各约10m的双步道两侧做大理石路牙,两道路牙外侧分别对称种植行道树木,达到围合道路边界并软化空间边缘的作用。此外还特别设计大型磨砂玻璃灯具,从而和道路中间的玻璃廊架在垂直要素方面相互呼应,景观设计最终在竖向空间上达到了规划要求的"管道效应"。

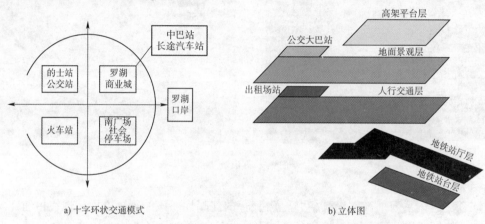

a) 十字环状交通模式　　　　b) 立体图

c) 步行大道

图9-8　深圳罗湖口岸火车站

(2) 车行道

枢纽场地对内部车行道的要求是,公交车和机动车要快速通达交通站场以及各类换乘转换点,车行道周边景观设计主要体现在标志系统和隔离设施上。如果车行道和广场是平行相邻关系,可在道路边界设定简单构筑物,形成对车流和广场人流的隔离。如果车行道和广场空地是成角度交叉关系,则在道路转弯和交叉地带要设置合理的标志标牌,形成对驾驶员和步行乘客的提醒,约束人流,提示方向以提高场地内运转效率。需要注意的是,内部车行道一般不设置或少设置栽植绿化带,以免造成行道树形成的荫蔽区对人群产生聚集和吸引作用。

枢纽和城市衔接区域车行道的景观设计,主要体现在道路绿化方面。衔接区域指枢纽核心建设区边缘和城市原有道路、专用快速路、城市环路交接的部分。城市原有道路直接连通枢纽的场地,此类道路上车流较多,绿化应注意所选树种的高度、树种分叉形态和枝叶茂密程度以成长完全后不影响驾驶员对枢纽建筑的可视程度为原则;该道路上一旦发生意外碰撞事故,树种不应有过多枝叶散落,以免导致交通状况更加混乱。对于专用快速路导入交通枢纽的区域,道路绿化树种应当和场地周边其他树种进行区别,以形成对枢纽核心区的空间划分,也对驾驶员及人流对即将到达的目的地起到引导作用。城市环路和枢纽区衔接区域,绿化树种倾向选择和驶入方向两侧道路的树种相同,以利于加强枢纽地区、引桥、城市空间三者的连续贯通性,让乘客形成整体植物廊道的体验感。此外,树种配置上要形成整体大气、枝叶有四季色彩变化等不易,令人疲劳的视觉观赏感受。

3)景观照明

城市综合客运交通枢纽是城市空间中的标志性建筑和场所,需要独具特色和科学系统的灯具照明设计来衬托和点缀。照明设计应当结合户外场所规划要求以及建筑形式的特点,将空间中的特色设施用光、影、色充分表现出来。除了突显建筑主体以外,也要根据场地内不同功能区域的使用特性合理分配光线照射范围和照明使用方式,为使用人群塑造一个完整的照明场景。

(1)强调观赏性。从旅游价值角度说,建筑和景观的灯光系统是城市夜间风光中最重要的价值体。如洛杉矶国际机场的标志(LAX)灯柱,高度随交通干道深入机场区而规律性增加,像路标一样把乘客引入枢纽区域,15根36.6m的灯塔为机场入口处呈现出动态和绚烂的景色,乘客即使在914m的高空中也可以看到,其时尚缤纷的造型象征了洛杉矶"天空之城"的多元文化(图9-9)。

(2)体现针对性。从灯光功能服务上说,枢纽场地内的景观照明设计要分区域、分时段服务于不同需要的人群。以主要应用的广场区域为例,分为傍晚、晚上、凌晨、早晨四个基本时间段,分别对应不同时间段使用场地的乘客或者周边生活居民。照明灯具的位置要根据广场不同区块的功能划分,灯具的个数要按照不同时间段使用人群的活动方式和频率来设置。对枢纽使用乘客来说,照明要配合场地内不同方向人流和车流的交通线路设置,以引

图9-9 洛杉矶国际机场

导性灯光为主,灯光亮度和时间段的控制应该智能、环保、合理。对非枢纽使用乘客来说,夜间照明设施要有针对性地配合场地内构筑物要素,通过灯光塑造空间来带动人们在傍晚和夜间时段充分利用公共场地,由此实现外部开放空间的场地价值。如南非的Kuyasa Transport Interchange项目(图9-10)。

a)　　　　　　　　　　　　　　　　　b)

图 9-10　Kuyasa Transport Interchange

设计师在场地内设计的两种不同特性的灯光即体现了公共区域的功能分区：游廊式候车站内部及外沿是线性引导灯光，有明确的方向感[图9-10a)]；站前广场配备的是呈点状散布的灯柱，和彩色环形座位相结合[图9-10b)]。照明设计分别辅助圈定了场地内交通空间和开放休闲空间分区，灯具配合马赛克装饰的休憩区和彩色地面，使整个区域具有非常高的辨识度，所有这些设施和装饰细节使枢纽区散发出成为本市经济、文化、商业中心的潜质。

（3）加强关联性。从枢纽和外部空间的关系上说，场地内景观照明设计应该符合城市整体灯光规划的规范和要求，如北京站站区照明设计就和城市道路灯光系统融为一体[图9-11a)]。环保、合理的景观照明设计不利于闲杂人员在夜间聚集、逗留，可防止开敞大面积的公共空间形成公共卫生和公共安全的死角，如广州东站平时的灯光较节日期间更柔和，照亮范围更有针对性[图9-11b)]，站房入口广场前庭和对面的中央绿地内部选用相同的地灯灯具和间隔距离，形成匀称、统一的夜景效果。综合交通枢纽场地内的景观照明设计要注意符合枢纽建筑和枢纽场地的等级和规模，不为装饰效果造成铺张浪费；照明气氛要符合枢纽在城市中的定位和作用，并从数量设定上配合智能操控系统的控制，做到高效节能。

a)　　　　　　　　　　　　　　　　　b)

图 9-11　北京站照明

（4）创造雕塑性。从景观设计美化环境的角度说，灯具是一种可以灵活体现设计理念的景观元素，一般来说都以较小体积按规则分布在场地内，但很多综合枢纽为了强调其公共空间的特殊性质，在设计中配合使用质坚耐旧的高分子材料塑造具有雕塑意味的大体量灯具造型。在枢纽场地中创造出让人们可以进行休憩、交谈和观望行为的灯下空间是现代综合枢纽整体空间中必不可少的环境要素，也是照明设计从功能和美学层面都应达到的目的。

具有雕塑感的灯具可以较别的景观元素更明确地表达地域文化,这是评判设计是否注重地方特色的重要指标之一。

第三节 轨道交通枢纽地区规划

轨道交通枢纽促进城市空间发展的作用正日益得到规划从业者的认同。无论是在繁华的城市核心区,还是在新兴的市镇,轨道交通枢纽正成为地区的标志性建筑,对周边地区的城市发展发挥着强劲的带动和辐射作用。城市轨道交通枢纽的开发模式,对于充分发挥其引导作用具有重要意义。

根据《城市轨道沿线地区规划设计导则》中的相关说明,可将城市轨道交通线网分为两级:Ⅰ级和Ⅱ级。Ⅰ级为规划中心城区、市人口超过500万人的城市轨道线网,Ⅱ级为规划中心城区、市人口级为150万~500万人的城市轨道线网。站点类型可分为六种,分别为:枢纽站、中心站、组团站、特殊控制站、端头站、一般站(表9-1)。城市轨道的用地功能应与其交通服务范围及水平相匹配;城市公共交通服务水平高的轨道枢纽站和重要站点,应作为城市各级核心商业服务中心[48]。

枢纽分级　　　　　　　　　　　　　　　表9-1

站点类型 线网等级	A类	B类	C类	D类	E类	F类
Ⅰ级	ⅠA 枢纽站	ⅠB 中心站	ⅠC 组团站	ⅠD 特殊控制站	ⅠE 端头站	ⅠF 一般站
Ⅱ级	ⅡA 枢纽站	ⅡB 中心站	ⅡC 组团站	ⅡD 特殊控制站	ⅡE 端头站	ⅡF 一般站

一、以公共交通为导向的开发(TOD)模式

TOD(Transit Oriented Development)是"以公共交通为导向"的开发模式。这个概念由新城市主义代表人物彼得·卡尔索尔普提出,是为了解决第二次世界大战后美国城市的无限制蔓延而采取的一种以公共交通为中枢、综合发展的步行化城区。其中,公共交通主要是地铁、轻轨等轨道交通及巴士干线,然后以公交站点为中心、以400~800m(5~10min步行路程)为半径建立集工作、商业、文化、教育、居住等为一体的城区,以实现各个城市组团紧凑型开发的有机协调模式。TOD是国际上具有代表性的城市社区开发模式,同时也是新城市主义最具代表性的模式之一(图9-12)。目前被广泛利用在城市开发中,尤其是在城市尚未成片开发的地区,通过先期对规划发展区的用地以较低的价格征用,导入公共交通形成开发地价的时间差,然后出售基础设施完善的"熟地",政府从土地升值的回报中回收公共交通的先期投入。

1997年塞维罗和科克曼提出了关于"TOD"的"3D原则",即"密度""多样性""合理的设计"。主要倡导交通枢纽周边紧凑的用地布局和土地的混合使用,提高土地和公共服务设施的使用效率。

城市公共交通枢纽是为出行者实现换乘而配备各种设施和控制系统的多功能综合性场

所,是不同交通方式、不同方向客流的转换点。其基本功能是汇集以各种方式到达的乘客,然后快速、有效地疏散到各自期望的公共交通线路上。美国学者韦恩·阿托和唐·洛根提出的城市触媒理论,强调将交通枢纽作为城市中的新元素,通过枢纽的综合开发,达到城市功能集聚效应和建立城市地上地下步行系统,引发城市地上地下空间开发等一系列经济、社会和建筑的活动。

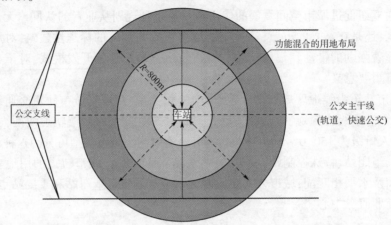

图9-12　城市型TOD社区

总体来说,国外的研究强调把交通枢纽与城市规划结合起来考虑:

(1)综合交通枢纽区域是城市转型的新动力。
(2)鼓励枢纽区域进行复合集约的、高强度的公共开发。
(3)强调枢纽与周边城市的一体化协调设计。
(4)具备完善的配套设施。
(5)重视面向步行者的设计。
(6)重视地上地下空间的联动开发。
(7)营造良好的城市环境。

TOD模式下,城市公共交通枢纽设计除了应该遵循城市枢纽设计本身所需遵循的原则与方法外,还应该遵循以下几条TOD模式下所特有设计原则,其目的在于创造公交导向型、利于步行者的公共交通枢纽地区,提高公共交通枢纽的吸引力。

1. 与公共交通枢纽周边用地的一体化协调设计

具体来说,就是要充分考虑枢纽与周边环境的结合与协调,重视与既有或拟建建筑、设施之间的衔接设计,在保证满足客流换乘疏导的同时,为周边及枢纽本身用地纵向空间的充分利用与开发做好预留,为提供购物、娱乐、交通等全方位服务提供基础条件。

2. 面向步行者、自行车使用者的设计

TOD模式下的城市公共交通枢纽设计应细致地创造良好的步行环境,如减小枢纽内部道路转弯半径以降低车速,减少行人换乘行走时间,增强各种土地利用的可识别性和诱导性,考虑步行者的身体尺度与人们对空间的舒适度要求等。

3. 合理的停车设施规划设计

在TOD开发的模式下,这个枢纽地区内的各种出行活动以步行和自行车为主。因此,公共交通枢纽所设计提供的停车设施主要是作为换乘设施,在设计中应合理地确定停车设施的规模,不能过多地吸引小汽车,又要能满足换乘和进行其他城市活动的需求,并且停车设施的布局必须与步行者的活动特点相适应,不能牺牲行人的便利性。

二、轨道交通枢纽地区土地开发

1. 土地利用

轨道交通枢纽站的定位为城市综合交通枢纽和城市门户,以保障城市内外交通安全高效换乘为基本要求,并充分发挥其城市综合服务功能。在用地功能和开发强度引导方面应满足以下要求。

功能定位:在满足综合交通的基础上,鼓励进行开发,包括商业、办公、会议酒店娱乐等功能(表9-2)。表中数字越大,表示匹配度越高,位于城市中心区的枢纽站应考虑城市综合体的建设方式。

各类站点的功能匹配度 表9-2

站点类型		业态类型与匹配度								
		交通	办公	商业	酒店	居住	文教	旅游	会展	市政
A类	枢纽站	5	3	5	5	—	1	5	5	2
B类	中心站	4	5	5	5	4	4	2	5	5
C类	组团站	4	4	4	5	3	2	—	—	4
D类	特殊控制站	2	—	3	3	1	3	5	—	2
E类	端头站	4	3	4	3	3	2	—	2	4
F类	一般站	3	2	3	1	5	2	—	—	2

交通设施:合理配套长途汽车站与公交场站、小汽车配建停车场、出租汽车停车场、自行车停场等设施,确保城市轨道与对外交通枢纽一体化衔接。交通集散应充分利用立体空间,提供的疏散通道,避免大尺度广场。

建设强度:应遵循集约用地和便捷换乘的原则,协调不同开发主体,合理确定枢纽站周边地区的建设强度,并应根据轨道及周边交通设施承载力进行校核。

其他要素:建筑密度、绿地率等规划控制指标,应主要根据枢纽所处区位及该区域城市发展的实际需求确定,并应通过概念性城市设计方案进行调整。山地城市应充分结合地形特征灵活确定各功能单元的关系,灵活掌握建筑密度、容积率及绿地率的测算方式。

轨道站点核心区鼓励合理的功能混合,以保证站点地区24h的活力。

下面以广州市轨道交通枢纽为例介绍其用地开发。理论上轨道交通枢纽范围可达3hm^2,但受到道路及轨道交通车站出入口等基础设施布置的影响,可供开发的空间并不富裕。因此,需要明确开发的主导功能,一方面要确保发挥土地的最大开发价值,另一方面要避免对枢纽交通的正常运行带来干扰[71]。

1)主要开发功能的特性分析

结合国内外经验,从吸引的客流特性、服务时间、土地增值三个方面对轨道交通枢纽用地开发常见的三种功能——居住、商业、办公的特性进行研究,以此分析其与轨道交通枢纽交通服务功能的契合程度。

(1) 客流特性

轨道交通枢纽的开发定位除了受枢纽区位的影响,更是由乘客组成和消费特点所决定,不同用地吸引客流的特性各异。

商业用地客流特性相对复杂,按照消费特点可以分为三种:一是以交通换乘为目的、停留时间较短的消费者;二是出行目的单一且停留时间充裕、品位较高的消费者;三是以长时间停留为目的(如酒店住宿、商务会议)且属富裕阶层的消费者。办公用地主要吸引通勤客流,客流特性相对简单,居住用地则是商业和办公客流的产生点。

轨道交通枢纽用地开发时,应考虑枢纽客流分布特性。从客流需求出发,合理配置各类服务功能,同时也应确保枢纽所在区域的用地平衡,均衡化和长久性考虑枢纽的综合开发,促进地区繁荣和活力的提升。

(2) 服务时间

不同性质用地具有不同的服务时间特性,对枢纽的繁荣和交通运行产生较大影响。商业用地的服务时间分布最广:综合商业、金融保险和贸易咨询等大约为12h;餐饮、酒店为24h;娱乐休闲业的服务时间也较长,且相对集中在夜间,如卡拉OK等通常为21:00至次日凌晨2:00,休闲咖啡茶室等一般为16:00~24:00,非工作日服务时间可能更长。办公用地的服务时间一般为星期一至星期五,通常为7:00~18:00。居住用地作为客流的产生点,工作日出行时间较为固定基本与办公相同,而非工作日则与商业性质关联度高。轨道交通枢纽应开发服务时间多样的用地,从而确保枢纽尽可能长时间得到有效使用,促进枢纽地区的繁荣和活力提升,最大限度地发挥土地价值。

(3) 土地增值

根据国内外开发经验,办公、商业和居住三种性质的用地在轨道交通车站不同距离处开发,其土地的增值有较明显的差别。从土地的增值对比来看,在距离轨道交通车站100m范围内的核心区域,应优先开发商业及部分商住或商业性办公等用地;在100~300m范围内可适当提高居住用地和办公用地的比例;400~500m范围内的开发宜以居住为主;距离更远的范围可以考虑其他较低密度的开发性质。

2) 枢纽用地开发的主导功能建议

结合各类轨道交通枢纽的功能定位,对照各类枢纽主要开发功能的特性分析,并参照国内外案例经验(表9-3),分析得广州市轨道交通枢纽用地开发的主导功能(表9-4),推荐广州市轨道交通枢纽用地开发的主导功能(表9-5)。

国内外轨道交通枢纽用地开发案例　　　　　表9-3

	枢纽名称	分类	开发经验
日本	京都火车站	综合枢纽	开发理念是建成象征京都文化色彩和城市活力的标志性建筑,以酒店、综合性商业设施、文化场所为主
	东京银座站	核心区枢纽	以商业为主,主要包括娱乐、零售
	东京涉谷站	核心区枢纽	以商业、餐饮、文化、娱乐为主
	东京池袋站	中心区组团枢纽	以商业、餐饮、文化、娱乐为主,商业运作非常成功

续上表

枢纽名称		分 类	开 发 经 验
香港	香港站	核心区枢纽	包括高强度办公和商业,所占比例分别为61.1%和38.9%,其中商业业态以综合商业和酒店为主
	九龙站	片区中心枢纽	包括居住、商业和办公,所占比例分别为55.8%、22.6%和21.6%
	奥运站	片区中心枢纽	包括居住、办公和商业,所占比例分别为74.0%、16.7%和9.3%
	青衣站	外围区组团枢纽	包括居住和商业,所占比例分别为84.2%和15.8%,其中商业开发以综合商业、文化、餐饮为主
	东涌站	外围区组团枢纽	以居住和商业为主,所占比例分别为91%和7.6%
首尔	中心城枢纽	核心区枢纽	包括交通、银行、中心公园、商业服务等
	清凉里枢纽	片区中心枢纽	包括大量高层住宅和商业
加拿大波纳文图尔枢纽		片区中心枢纽	以商业和办公为主,所占比例分别为90%和6.1%,其中商业开发以酒店和综合商业开发为主
上海火车站		综合枢纽	包括交通和商业用地,所占比例分别为56.4%与43.6%
北京东直门枢纽		综合枢纽	以商业和交通为主,所占比例分别为38.0%和19.7%,其中商业开发以综合商业和酒店为主

广州市轨道交通枢纽用地开发的主导功能分析　　　　表9-4

枢 纽 类 型	开发的主导功能
综合枢纽	交通功能强大,开发应以交通用地为主,优先建设交通保障设施;客流全天候均匀分布,宜以开发可24 h服务的酒店、综合商业、餐饮和文化等为主;避免对枢纽客流造成冲击,不宜再引入其他客流,故不宜开发办公、居住用地
核心区枢纽	从土地增值角度考虑,枢纽用地开发应以商业和办公为主,不宜进行居住开发;宜开发金融商贸、综合商业、酒店、娱乐、餐饮等商业业态;应适当减少小汽车泊位的供应,引导乘客选择轨道交通出行,减小对枢纽交通的影响
片区中心枢纽	具有引导核心区城市功能转移的作用,因此应加强办公和商业开发;乘客以换乘、片区内出行为主,可开发商业功能,宜配置酒店、休闲、娱乐、餐饮等多样化业态,以保持片区活力;应加强小汽车停车场等交通衔接设施的配套,促进各种交通方式的衔接
中心区组团枢纽	是轨道交通网络客流的主要供给源,应加强居住用地的开发,并提高开发强度;应兼有一定的商业开发满足乘客需求,以休闲、娱乐、餐饮等业态为主
外围区组团枢纽	开发应以较高强度的居住用地为主,形成外围区城市拓展的集中区域;应兼容一定的商业开发,业态应多样化,以综合商业、休闲、娱乐、餐饮为主,增强枢纽地区对外部客流的凝聚力;还需加强自行车、小汽车停车场及公交总站等设施的配套,提高地区交通可达

广州市轨道交通枢纽用地开发主导功能建议　　　　　表 9-5

枢纽分类		交通	商业							办公	住宅
			总体	金融商贸	综合商业	酒店	娱乐	餐饮	文化		
综合枢纽		◆	◆	√	√	√	√	√	√	√	◇
一般枢纽	核心区枢纽	◎	◆	√	√	√	√	√	√	◆	◇
	片区中心枢纽	◎	◆	√	√	√	√	√	√	◆	○
	中心区组团枢纽	◎	◆	○	√	○	√	√	√	○	◆
	外围区组团枢纽	◆	◆	○	√	○	√	√	√	○	◆

注：◆为开发主导功能；√为商业开发推荐功能；◎为开发保障功能；○为可选开发功能；◇为不宜开发功能。（此表仅供参考）

2. 分层控制

考虑到分层确定产权和办理规划手续的需要，轨道站点核心区的功能与业态布局应分层分区做出详细规定，充分考虑时序要求，以便对分层开发做出引导（图 9-13）。

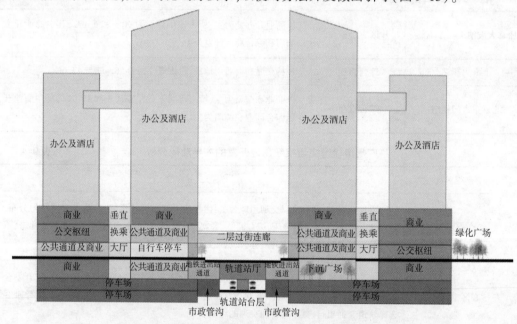

图 9-13　站点核心功能区竖向分层示意图

（1）以人行集散与换乘功能为主的公共空间应结合站点发展需要，贯穿设置于地面层、地下一层、地下二层以及地上二层，并应采用无障碍设计标准，设置一体化的垂直交通系统。

（2）与轨道接驳的交通换乘场站应设置在地面层、地下一层或地上二层，通过垂直交通实现快捷换乘。

（3）商业结合公共设施、地下空间及换乘空间布置于地下二层至地上四层；鼓励结合轨道站点及周边功能，安排地下商业服务设施，酒店、办公等对环境要求相对静谧的空间，宜布置于地上三层及以上。

（4）为社区服务的文化娱乐设施、体育设施、教育设施及与之配套的开敞空间，在满足使用需求的基础上可布置于地下二层至地上四层。

(5)中小学校、养老设施及与之配套的开敞空间,在满足使用需求的基础上可布置于地面层至地上四层。

(6)停车设施宜布置于地下二层或以下。

(7)轨道交通设施或综合体可设置统一盖板层作为人工地面和避难层,其耐火等级应按不小于4h设计,同时应设置室外消防车道与地面连接。

第四节 交通枢纽型城市综合体

目前"城市综合体"还没有统一的定义,一般意义上认为"城市综合体"是将城市中的商业、办公、居住、旅店、展览、餐饮、会议、文娱和交通等城市生活空间的三项以上进行组合,并在各部分间建立一种相互依存、相互助益的能动关系,从而形成一个多功能、高效率的综合体。美国纽约的洛克菲勒中心是世界上第一个成熟的现代城市综合体,于1939年完成全部建筑。大型城市综合体适合经济发达的大都会和经济发达城市,在功能选择上要根据城市经济特点有所侧重,一般来说,酒店功能或者写字楼与购物中心功能是最基本的组合。

交通枢纽型城市综合体一般包括轨道交通、公交站点等,人流量巨大,在大型城市商业圈具有较高商业价值。例如,上海大学城城市交通综合体包括轨道交通中心站点、长途汽车站、公交汽车站和大型购物中心、酒店及高档住宅开发,配套两个城市广场和多个地下停车场,多物业功能组合。交通枢纽型城市综合体包括交通物业和商业物业,商业物业一般包含写字楼、酒店公寓、购物中心。这种方式强调服务与效益均衡,符合城市发展的TOD模式。

目前,在我国城市综合体中,以轨道交通为载体的城市综合体所占的比例过半并持续上升,二线城市尤为明显。随着轨道交通体系的持续铺开,"轨道"加"综合体"的形式被越来越广泛地使用,逐渐显示出常态化的态势。

1. 东京六本木城市综合体

东京六本木新城(图9-14)是东京具有地标性质的城市综合体,也是世界上著名城市综合体,是按照下个世纪理想东京风貌而建的社区。该项目历时17年,于2003年建成,是集住宅、办公、酒店、商业设施等诸多要素于一体的城市综合体。六本木新城项目地块面积约为11.6hm^2,场地用地面积约为84000m^2,并且基地所处位置交通条件十分便利。

图9-14 东京六本木

1)六本木区位与交通

项目位于东京都港区六本木,毗邻新桥、虎门的商业街,霞官的政府机关街道,青山、赤坂的商业街，麻布、广尾的高档住宅区，交通十分便利，有 4 条轨道交通在此通过。游客可以乘坐地铁、公车，而且地铁直接连通 B1 层。六本木新城在规划时就考虑到将地铁交通系统与都市公共交通系统相结合，并建立了良好的区内交通体系。到达六本木新城主要可以经地铁日比谷线到"六本木站"、经地铁大江户线到"六本木站"或"麻布十番站"及经地铁南北线到"麻布十番站"。都营公共汽车有 4 条线路，港区社区公共汽车有 2 条线路通往六本木新城。

在项目区内总体停车位有 2762 辆，共计 12 个停车场，并且 24h 营业，方便顾客就近停车。顾客可以直接将车停在不同楼层的停车场，方便、迅速地进入自己喜欢的空间，或搭乘高速电梯与电动手扶梯到达个楼层。六本木项目区内还设有 50 辆摩托车和 332 辆自行车停车位以及出租车乘车处与租车服务处，其中自行车免费，为人们提供了多样化的交通选择。

2）六本木的规划设计

美国捷得建筑事务所负责六本木购物中心及公共空间设计。

捷得的设计思想不仅实现了项目与城市的完美融合，在项目本身的设计上更加注重将设计与旅游目的地，商业、旅游观光等多功能相结合，整个业态组合考虑顾客的多种要求。

六本木新城由 A、B、C 三个基本区域（图 9-15）构成。A 区位于项目北端，面对六本木大街，是六本木新城的主要入口。该广场直通六本木地铁车站，同时还集商业、教育等综合设施于一体。B 区是六本木新城的核心区，包括 54 层的"森大厦"主办公楼、拥有 300 间客房的五星级君悦酒店、朝日电视台、综合影院和空中美术馆"森艺术中心"等，一些商业空间、街道和公园把这些主体建筑馆连接起来。C 区位于项目的南端，其中的 4 幢住宅共有 840 单元，能容纳大约 2000 人，此外，还有一幢多层的办公楼和其他生活辅助设施。各街区建筑的群房都和"山边""西街""榉树坂大道"等商业设施相连；随处可见绿地和广场，增加了街道的趣味，形成热闹的步行空间。

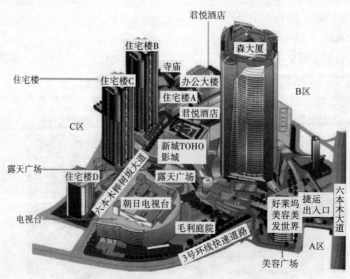

图 9-15　六本木规划设计

3）六本木的商业设施

六本木之丘集中了时尚名店、五星级酒店、餐厅、朝日电视台、美术馆、住宅公寓、54 层楼高的森大厦、维珍影城、精品店、主题餐厅、日式庭院、办公大楼、美术馆、户外剧场、开放空间、街道、公共设施等,各种设施的面积如表9-6所示。面向毛利庭院的"山边"是半开放式的购物中心,有几段大的石墙面,充分利用原有土地的高低差组成进楼梯和斜坡,产生各种各样的序列体验,既热闹又令人期待。西街是镶嵌在森大厦和凯悦大酒店之间的商业街,由玻璃顶和玻璃大墙围合而成。高22～25m、面积约1900㎡的四层共享空间中,瀑布溪流潺潺,寓意溪谷。在酒店和办公大楼各层之间通过天桥产生了立体交叉流线,形成丰富的活动空间。榉树坂大道是六本木东西相连的主要干道,带有欧洲街道风格和舒缓的曲线,使整个街道弥漫着一种高雅的气氛。300m长的墙面蜿蜒起伏,分为几段,并创造出立体复杂的路面空间,其视觉效果十分醒目。

商 业 设 施　　　　　　　　表9-6

商 业	面积(m²)	所占比例(%)	商 业	面积(m²)	所占比例(%)
零售	22000	57.9	其他	4000	10.5
餐饮	12000	31.6	合计	38000	100

4)六本木的办公设施

六本木森大厦作为六本木中心的超高层办公楼,地上54层,高238m,实现了日本国内最大的单体约4500㎡的无柱空间。作为六本木最高的建筑,森大厦无可厚非地成为六本木的地标及名片,每天接待成千上万的访客参观访问。综合体的地上部分分成地铁出入口和好莱坞美容广场。好莱坞美容广场以美容专科学校、公司办公为主,是一个不折不扣的时尚聚集地。

5)六本木的空中花园

六本木新城的空中花园,从人的最基本生存需求出发,设置了稻田、蔬菜等田园风格的景观,强调了可参与性,为大城市带来清新的田园景观。六本木新城再开发计划结合了良好的艺术规划与开放空间设计,将整体空间塑造得更加艺术化和人性化,不但为居民提供了一处舒适宜人的集都市生活、办公与休闲、购物及娱乐的综合性空间环境,而且带来了一种新的都市设计思考方向。

2. 深圳北站综合交通枢纽

随着科技高速发展,中国高铁实现了质的飞跃。作为深圳规模最大、设备技术最先进、接驳功能最为齐全的深圳北站枢纽中心,已经逐渐成为全国重要的轨道交通线路。深圳北站综合交通枢纽的规划建设首次将深圳纳入国家高速铁路线网,汇集了"京—广—深—港"和"杭—福—深"线[59]。

1)枢纽规划概况

项目选址位于深圳龙华片区,居于深圳城市几何中心及人口居住中心,距离城市最核心区9.3km,成为能辐射全市域的综合对内、对外门户型客运枢纽[77]。广深港客运专线近南北向贯穿整个枢纽用地范围,铁路站房位于枢纽中央,东、西站前广场分居两侧,枢纽同时引入3条城市轨道线路组成核心接驳方式,并由枢纽四周的玉龙路主干道、留仙大道主干道、民塘路次干道、致远路次干道等围合形成内层交通接驳圈;新区大道下穿枢纽并通过辅道与枢纽进行接驳,梅龙路、福龙路、白龙路、腾龙路、简上路以及龙大高速、梅观高速等组成次级交通接驳圈。本项目集国铁、城市轨道、公交车、出租车、长途车、社会车辆及自行车等多种接驳换乘方式于一体,总占地面积40万m²,枢纽总布局图如图9-16所示。

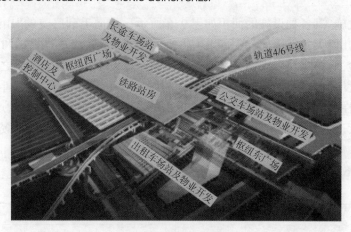

图9-16 枢纽总布局图

项目采用"上进上出"的客流组织模式,利用地形高差,以站厅+90.0m层(即地面层)为核心,向西延伸与山体相连,向东延伸与城市综合商业开发区相连,形成东西轴向"十"字形步行集散平台,并首次采用"上进上出"的铁路客流组织模式,东广场为地上2层结构,西广场为2层地下结构,并辅以景观绿化、灯光水景、文化雕塑等生态艺术设计,与城市街区有机融合一体。铁路站房结构采用"上平下曲"的新型钢结构体系,采用方环索结构无柱雨棚和单层索网玻璃幕墙等先进技术,实现了简洁、通透的候车环境;在枢纽东广场一侧上方与轨道4/6号线高架车站一体设计,并整体向外悬挑63.35m,与枢纽配套物业共同构筑成一座气势恢宏、富于动感的现代枢纽。

2)枢纽总体布局

枢纽的交通组织及配套设施应以优先保障大客流之间的接驳需求为布局原则。根据枢纽客流预测分析,轨道交通、铁路+口岸、公交车占总客流比例最高,轨道交通将承担大部分铁路客流,轨道交通之间的换乘总客流量较大。根据客流换乘需求分布,将东、西广场分别定位为枢纽主、副广场。枢纽东广场靠近站房侧+78m、+84m层为综合换乘大厅,东北象限为3层公交车接驳设施,东南象限为3层出租车接驳设施,公交车及出租车场站上方为枢纽配套物业开发,东广场东侧+78m、+84m层为商业开发。枢纽西广场+84m层为出租车上落客换乘厅及社会停车场,+78m为社会车辆落客换乘厅及社会停车场,西北象限地面层为长途车场站、旅游巴士场站,西广场地面层以上南北两侧分别设置了商业办公、酒店、枢纽办公及应急指挥中心。轨道交通5号线全地下东西向下穿枢纽,并于东广场下方设站,轨道交通4/6号线以高架方式近南北向穿越铁路站房,并于东广场上方设站,轨道4/6号线与5号线之间通过扶梯直接换乘。铁路客流在站房东西两侧中央各设1个进站口,站房南北两侧各设1个出站口,枢纽立体交通及总体布局如图9-17所示。

西广场为枢纽副广场,以社会车辆和长途车辆接驳为主,配套为酒店、办公、银行、运营管理设施;东广场为枢纽主广场,以轨道交通、公交车、出租车接驳为主,配套有购物、餐饮、娱乐等物业。枢纽的配套物业提高了枢纽的综合服务功能,并为公共交通提供了日常客流,提升了公共交通客流峰谷的运输效益。

深圳北站为广深港高铁、厦深高铁、茂深高铁、赣深高铁四条高铁交汇点,同时也是地铁4、5、6号线交汇点。如今,4号龙华线到福田中心约10km,5个站;2020年开通的6号线的南延到福田另外一个中心区华强北 12km,6 个站左右。5 号线到前海也经过深圳北站这块中心"高地"。北站综合体项目是集办公、商业、酒店、公寓于一体的商务中心区及深圳北中心区的双门户综合体物业,也是高铁 CBD 商务体;它与北站枢纽融为一体,是龙华新区着力规划的深圳北站商务中心区首发项目,这种方式践行了"轨道+物业"发展模式。

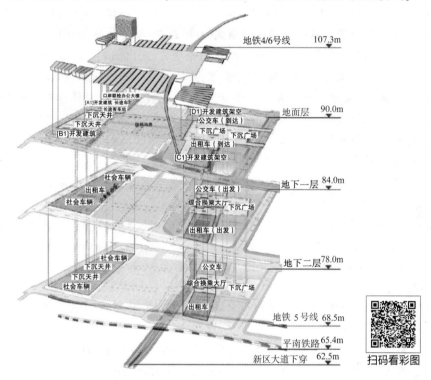

图 9-17　立体交通及总体布局

本 章 小 结

本章在对枢纽地区圈层发展模式介绍的基础上,讨论了枢纽内部商业开发区、生态环境区的设置,并且进一步阐述了轨道交通枢纽地区的用地开发。

复习思考题

1. 对于枢纽地区来说,什么是圈层发展模式?每一圈层的设计重点是什么?
2. 枢纽地区的功能分区原则是什么?
3. 对于生态环境区的景观设计有哪些?
4. 什么是 TOD 发展模式?
5. 轨道交通地区如何实现分层控制?
6. 以你所在的城市为例,选取某一轨道交通枢纽分析其土地利用开发及功能布局。

参考文献

[1] 加藤晃,竹内传史.城市交通和城市规划[M].江西省城市规划研究所,译.1979.
[2] 林国成.城市综合客运枢纽换乘衔接研究[D].西安:长安大学,2010.
[3] 陈萍.一体化综合交通枢纽[J].城市建设理论研究,2011(17).
[4] 斯卡洛夫.城市交通枢纽的发展[M].北京:中国建筑工业出版社,1982.
[5] 孔哲,孙相军.交通枢纽城市分级方法研究[A].第十五届中国科协年会第11分会场:综合交通与物流发展研讨会论文集[C].2013.
[6] 刘武君.综合交通枢纽规划[M].上海:上海科学技术出版社,2014.
[7] 彭辉.城市轨道交通系统[M].北京:人民交通出版社,2008.
[8] 齐岩,战国会,柳丽娜.综合客运枢纽功能空间组合设计——理论与实践[M].北京:中国科学技术出版社,2014.
[9] 邱丽丽,顾保南.国外典型综合交通枢纽布局设计实例剖析[J].城市轨道交通研究,2006,9(03):55-59.
[10] 方韧.日本名古屋市"荣"综合交通枢纽站的简介和启示[J].交通与运输,2003,(4):29-32.
[11] 仁怀乡.城市综合客运枢纽规划设计——以北京西直门枢纽站区为例[J].规划师,2004,20(5):66-68.
[12] 王敏,马昌.城市公共交通场站建设研究[J].城市公共交通,2008(1):23-25.
[13] 《综合客运枢纽设计指南》课题组.综合客运枢纽设计指南[M].北京:人民交通出版社股份有限公司,2015.
[14] 交通运输部规划研究院课题组.综合客运枢纽项目可行性研究指南[M].北京:人民交通出版社股份有限公司,2014.
[15] 李志平,尹海林.城市综合交通枢纽对周边影响区初探[A].中国城市交通规划年会暨学术研讨会论文集[C].2012.
[16] 张立军.城市公共交通换乘枢纽规划[D].武汉:武汉科技大学,2007.
[17] 韩印,范海燕.公共客运系统换乘枢纽规划设计[M].北京:中国铁道出版社,2009.
[18] 张赢.基于层级模型的综合交通枢纽选址研究[D].北京:北京交通大学,2014.
[19] 董炜,张雪梅.综合客运枢纽设施及设备配置研究[J].华中建筑,2011,29(11):116-117.
[20] 中华人民共和国交通行业标准.JT/T 200—2004 汽车客运站级别划分和建设要求[S].北京:中国计划出版社,2004.
[21] 中华人民共和国国家标准.GB 50226—2007 铁路乘客车站建筑规模设计规范[S].北京:中国计划出版社,2007.
[22] 中华人民共和国行业标准.建标 157—2011 民用航空运输机场工程项目建设用地指标[S].北京:中国建筑工业出版社,2011.

[23] 中华人民共和国行业标准. 建标 105—2008 民用机场工程项目建设用地标准[S]. 北京:中国建筑工业出版社,2008.

[24] 中华人民共和国行业标准. 建标 104—2008 城市轨道交通项目建设标准[S]. 北京:中国建筑工业出版社,2008.

[25] 中华人民共和国工程建设项目标准. 建标 99-104—1996 城市公共汽车和无轨电车项目建设标准[S]. 北京:中国建筑工业出版社,1996.

[26] 中华人民共和国行业标准. CJJ/T 15—2011 城市道路公共交通站、场、厂工程设计规范[S]. 北京:中国建筑工业出版社,2011.

[27] 崔曙光. 大型客运枢纽客流疏散关键问题研究[D]. 西安:长安大学,2008.

[28] 李春梅. 城市客运枢纽客流集散问题研究[D]. 西安:长安大学,2011.

[29] 张帅. 城市轨道交通枢纽内部空间流线设计初探[D]. 北京:北京交通大学,2011.

[30] 田苗. 铁路客运站综合交通枢纽换乘流线设计研究[D]. 成都:西南交通大学,2009.

[31] 高晶鑫. 基于流线分析的客运枢纽内部设施布置优化研究[D]. 吉林:吉林大学,2009.

[32] 唐子涵. 综合客运枢纽站流线组织与分析[D]. 成都:西南交通大学,2010.

[33] 上海市工程建设规范. DGTJ 08-2057—2009 公共汽车和电车首末站、枢纽站建设标准[S]. 上海市城乡建设和交通委员会,2009.

[34] 中华人民共和国行业标准. CJJ 37—2012 城市道路工程设计规范[S]. 北京:中国建筑工业出版社,2012.

[35] 北京市地方标准. DB 11/995—2013 城市轨道交通工程设计规范[S]. 北京:中国标准出版社,2013.

[36] 中华人民共和国国家标准. GB 50157—2013 地铁设计规范[S]. 北京:中国标准出版社,2013.

[37] 王炜,杨新苗,陈学武,等. 城市公共交通系统规划方法与管理技术[M]. 北京:科学出版社,2002.

[38] 段高鹏. 西安市公共交通站点分类分级研究[D]. 西安:长安大学,2014.

[39] 包丹文,顾仕珲,许春平. 公交站点微观优化设计方法[C]. 海峡两岸都市交通学术研讨会,2008.

[40] 李娜,陈学武. 公交车中途停靠站停靠能力及设计站长计算初探[J]. 土木工程学报,2003,36(07):72-77.

[41] 韩宝睿,马健霄,邵光辉. 港湾式公交停靠站的设计分析[J]. 南京林业大学学报(自然科学版),2003,27(05):69-71.

[42] 李薇. 快速公交(BRT)车站设计方法浅析[J]. 城市道桥与防洪,2013(8):13-14.

[43] 张聪聪. 常规公交换乘枢纽选址方法研究[D]. 成都:西南交通大学,2011.

[44] 胡小雨. 城市综合交通枢纽出租车场站接驳设计研究[J]. 建筑与设备,2013(3):5-7.

[45] 杨梅,王峰,鲁亚晨. 轨道交通站点慢行交通设施衔接规划研究[C]. 中国城市交通规划 2012 年年会暨第 26 次学术研讨会,2012:166-169.

[46] 美国交通研究委员会 TRB. 道路通行能力手册[M]. 北京:人民交通出版社股份有限公司,2017.

[47] 北京市地方标准.DB 11/T 1236—2015 轨道交通接驳设施设计技术指南[S].北京：北京市质量技术监督局,2015.

[48] 住房和城乡建设部.城市轨道沿线地区规划设计导则[S].2015.

[49] 王晓凯.论城市公交场站功能分类及设置——以重庆为例[D].重庆：重庆交通大学,2012.

[50] 大型综合交通枢纽快速集散道路系统设计关键技术研究[R].上海：上海市政工程设计研究总院,2010.

[51] 冯继平.大型枢纽机场陆侧交通系统客运服务水平[D].北京：北京工业大学,2014.

[52] 胡永举,黄芳.交通港站与枢纽设计[M].北京：人民交通出版社,2012.

[53] 贾倩.综合交通枢纽布局规划研究[D].西安：长安大学,2006.

[54] 雷变玲.综合交通枢纽交通换乘衔接研究[D].西安：长安大学,2008.

[55] 张三省,姚志刚.公路运输枢纽规划与设计[M].北京：人民交通出版社,2007.

[56] 综合客运交通枢纽集散系统关键技术设计方法研究[R].上海：上海市城市建设设计研究总院,2011.

[57] 孙一兵.我国机场综合交通枢纽换乘中心建筑设计浅析[D].西安：西安建筑科技大学,2014.

[58] 姚胜永,傅成红.交通枢纽规划与设计[M].北京：人民交通出版社,2013.

[59] 焦长洲.深圳北站综合交通枢纽总体设计分析[J].广东土木与建筑,2013(1)：36-40.

[60] 范璐.综合客运枢纽交通组织研究[D].西安：长安大学,2010.

[61] 苗聪,邢燕颖,林国鑫,等.城市综合客运枢纽静态换乘标志设置规则研究[J].交通标准化,2010(17)：70-75.

[62] 李先锋,陈剑威,罗石贵.综合客运枢纽静态标志系统研究[J].交通标准化,2009(3)：192-195.

[63] 刘小明,张伟,荣建,等.枢纽客运标志系统问题分析与对策研究[J].重庆交通大学学报：自然科学版,2015(3)：127-134.

[64] 王瑾.导向标志设计[M].石家庄：河北美术出版社,2008.

[65] 北京市地方标准.DB 11/T 657.3—2009 公共交通客运标志[S].北京：北京市质量监督局,2009.

[66] 中华人民共和国国家标准.GB/T 18574—2008 城市轨道交通客运服务标志[S].北京：中国标准出版社,2008.

[67] 铁道部运输局.铁路乘客车站导向标志系统设计指南[M].北京：中国铁道出版社,2010.

[68] 郝蔚然.综合客运交通枢纽景观环境研究[D].北京：北京林业大学,2012.

[69] 赵淑玲.城市边缘区土地可持续利用理论与实证[M].北京：石油工业出版社,2008.

[70] 张胜,冯宝.大型综合交通枢纽规划设计[J].交通与运输：学术版,2014(A02)：10-14.

[71] 邓兴栋,甘勇华,李橘云.广州市轨道交通枢纽用地开发模式研究[J].城市交通,2012,10(02)：15-20.